PSICANÁLISE II

OBRAS COMPLETAS
PSICANÁLISE II

Sándor Ferenczi

Tradução
ÁLVARO CABRAL

Revisão técnica e da tradução
CLAUDIA BERLINER

wmf **martinsfontes**

Título original:
BAUSTEINE ZUR PSYCHOANALYSE
Copyright © vols. I-IV segundo as edições Payot.
Publicados por acordo com Patterson Marsh Ltd e Judith Dupont
Copyright © 1992 e 2011, Livraria Martins Fontes Editora Ltda.,
São Paulo, para a presente edição.

1ª edição 1992
2ª edição 2011
3ª tiragem 2021

Tradução
ÁLVARO CABRAL

Revisão técnica e da tradução
Claudia Berliner
Revisões
Ana Maria de O. M. Barbosa
Maria Luiza Favret
Produção gráfica
Geraldo Alves
Paginação
Studio 3 Desenvolvimento Editorial
Capa
Katia Harumi Terasaka

Dados Internacionais de Catalogação na Publicação (CIP)
(Câmara Brasileira do Livro, SP, Brasil)

Ferenczi, Sándor, 1873-1933.
  Psicanálise II / Sándor Ferenczi ; [tradução Álvaro Cabral ; revisão técnica e da tradução Claudia Berliner]. – 2ª. ed. – São Paulo : Editora WMF Martins Fontes, 2011. – (Obras completas / Sándor Ferenczi ; v. 2)

  Título original: Bausteine Zur Psychoanalyse.
  Bibliografia.
  ISBN 978-85-7827-270-8

  1. Psicanálise I. Título. II. Série.

	CDD-616.8917
10-03387	NLM-WM 460

Índices para catálogo sistemático:
1. Psicanálise : Medicina   616.8917

Todos os direitos desta edição reservados à
Editora WMF Martins Fontes Ltda.
*Rua Prof. Laerte Ramos de Carvalho, 133 01325-030 São Paulo SP Brasil
Tel. (11) 3293.8150 e-mail: info@wmfmartinsfontes.com.br
http://www.wmfmartinsfontes.com.br*

Sumário

Prefácio do dr. Michaël Balint IX
Nota dos tradutores franceses XV

    I. Importância da psicanálise na justiça e na sociedade   1
   II. Adestramento de um cavalo selvagem 13
  III. A quem se contam os sonhos? 19
  IV. A gênese do *jus primae noctis* 21
   V. Liébault, sobre o papel do inconsciente nos estados psíquicos mórbidos 23
  VI. Excertos da "psicologia" de Hermann Lotze 25
 VII. Fé, incredulidade e convicção sob o ângulo da psicologia médica 31
VIII. O desenvolvimento do sentido de realidade e seus estágios 45
  IX. O simbolismo dos olhos 63
   X. O "complexo do avô" 67
  XI. Um pequeno homem-galo 69
 XII. Um sintoma transitório: a posição do paciente durante o tratamento 77
XIII. Averiguação compulsiva de etimologia 79
XIV. Simbolismo dos lençóis 81
 XV. A pipa, símbolo de ereção 83
XVI. Parestesias da região genital em certos casos de impotência 85
XVII. Os gases intestinais: privilégio dos adultos 87

XVIII.	Representações infantis do órgão genital feminino..	89
XIX.	Concepção infantil da digestão	91
XX.	Causa da atitude reservada de uma criança	93
XXI.	Crítica de *Metamorfoses e símbolos da libido,* de Jung...	95
XXII.	Ontogênese dos símbolos	115
XXIII.	Algumas observações clínicas de pacientes paranoicos e parafrênicos	119
XXIV.	O homoerotismo: nosologia da homossexualidade masculina	129
XXV.	Neurose obsessiva e devoção	143
XXVI.	Sensação de vertigem no fim da sessão analítica	145
XXVII.	Quando o paciente adormece durante a sessão de análise	149
XXVIII.	Efeitos psíquicos dos banhos de sol	151
XXIX.	Mãos envergonhadas	153
XXX.	Esfregar os olhos: substituto do onanismo	155
XXXI.	Os vermes: símbolo de gravidez	157
XXXII.	O horror de fumar charutos e cigarros	159
XXXIII.	O "esquecimento" de um sintoma	161
XXXIV.	Ontogênese do interesse pelo dinheiro	163
XXXV.	Análise descontínua	173
XXXVI.	Progresso da teoria psicanalítica das neuroses (1907-13)	177
XXXVII.	A psicanálise do crime	191
XXXVIII.	Contribuição para o estudo dos tipos psicológicos (Jung)	195
XXXIX.	Anomalias psicogênicas da fonação	199
XL.	O sonho do pessário oclusivo	205
XLI.	A importância científica dos *Três ensaios sobre a teoria da sexualidade,* de Freud	213
XLII.	*Nonum prematur in annum*	217
XLIII.	Uma explicação do *déjà-vu,* por Hebbel	221
XLIV.	Análise das comparações	223
XLV.	Dois símbolos típicos fecais e infantis	233
XLVI.	Espectrofobia	235
XLVII.	Fantasias de Pompadour	237
XLVIII.	Loquacidade	239
XLIX.	O leque como símbolo genital	241
L.	Policratismo	243
LI.	Agitação em fim de sessão de análise	245

LII. A micção, meio de apaziguamento 247
LIII. Um provérbio erótico anal 249
LIV. Supostos erros 251
LV. A psicanálise vista pela escola psiquiátrica de Bordéus 257
LVI. A era glacial dos perigos 283
LVII. Prefácio para a obra de Freud: *Sobre os sonhos* 285
LVIII. A propósito de La représentation des personnes inconnues et des lapsus linguae (Claparède) 287
LIX. Inversão de afetos em sonho 289
LX. Uma variante do símbolo "calçado" para representar a vagina 291
LXI. Dois tipos de neurose de guerra (histeria) 293
LXII. Formações compostas de traços eróticos e de traços de caráter 311
LXIII. O silêncio é de ouro 315
LXIV. Ostwald, sobre a psicanálise 317
LXV. Polução sem sonho orgástico e orgasmo em sonho sem polução 319
LXVI. Sonhos de não iniciados 327
LXVII. As patoneuroses 331
LXVIII. Consequências psíquicas de uma "castração" na infância 343
LXIX. Compulsão de contato simétrico do corpo 349
LXX. *Pecunia olet* 351
LXXI. Minha amizade com Miksa Schächter 355
LXXII. Crítica da concepção de Adler 361
LXXIII. A psicanálise dos estados orgânicos (Groddeck) 369
LXXIV. A propósito de "Um sonho que satisfaz um desejo orgânico", de Claparède 373
LXXV. A psicologia do conto 375
LXXVI. Efeito vivificante e efeito curativo do "ar fresco" e do "bom ar" 377
LXXVII. Consulta médica 383
LXXVIII. Neuroses do domingo 391
LXXIX. Pensamento e inervação muscular 397
LXXX. Repugnância pelo café da manhã 401
LXXXI. Cornélia, a mãe dos Gracos 403
LXXXII. A técnica psicanalítica 407
LXXXIII. A nudez como meio de intimidação 421

Bibliografia 425

Prefácio do dr. Michaël Balint

Sándor Ferenczi, período de 1913 a 1919

De acordo com a proposta que apresentei no meu prefácio para o Volume I das Obras completas, meu projeto consiste em expor brevemente em cada volume os principais eventos da vida de Ferenczi, acompanhando-os de uma curta apreciação dos artigos mais importantes redigidos durante o período considerado.

Os anos de 1913 a 1919, que correspondem ao período dos 40 aos 46 anos de idade de Ferenczi, foram férteis em acontecimentos, o que acarretou importantes variações em sua produtividade de um ano para o outro. Em certos anos, como 1913 e 1915, escreveu mais de 25 artigos, e houve outros, como 1918, por exemplo, em que sua produção foi de apenas dois artigos. De resto, nenhum artigo desses anos magros é de importância capital, ao passo que aqueles escritos durante os anos fecundos compreendem alguns clássicos da literatura psicanalítica. Naturalmente, essas variações estão em relação estreita com a evolução interior de Ferenczi, como iremos mostrar.

No início desse período, em 1913, Ferenczi apresentava-se como um solteirão empedernido, aproximando-se dos 40 anos. Somente seus melhores amigos sabiam que ele estava profundamente ligado, havia muitos anos, a uma mulher casada, dotada de excepcional charme, Gizella, cujo marido, que vivia separado dela, recusava-se a conceder o divórcio. Tinha sete anos a mais do que ele, e Ferenczi não podia, portanto, esperar de Gizella os filhos, que eram um de seus mais caros desejos.

Durante boa parte do ano de 1912 e praticamente durante todo o ano de 1913, Ferenczi esteve profundamente envolvido na controvérsia entre Freud e Jung. Desde o início, e de todo o coração, opôs-se a qualquer espécie de compromisso com Jung; quando o rompimento se tornou público, coube a Ferenczi, primeira personalidade da psicanálise depois de Freud, a tarefa de refutar as ideias de Jung no âmbito de um importante ensaio crítico.

Desde 1910, aproximadamente, Ferenczi consagrou toda a sua prática à psicanálise. Por isso, quando a guerra eclodiu em 1914, perdeu toda a sua clientela, e o mesmo aconteceu a Freud. Na época, Ferenczi já passara dos 40 anos e não podia, portanto, ser convocado para servir no front, somente na retaguarda. Como os homens de sua idade tinham de manter-se à disposição para uma eventual chamada, empregou os poucos meses de intervalo para fazer uma análise com Freud. Os dois homens tinham esse projeto desde longa data; creio que a referência a isso aparece pela primeira vez na correspondência deles do final de 1912 ou começo de 1913. A análise durou apenas alguns meses, até que Ferenczi foi convocado para o exército. Nomearam-no médico-chefe no quartel de uma unidade de cavalaria em Pápa – pequena cidade na região oeste da Hungria, a umas três horas de trem de Viena. Aí passou Ferenczi todo o ano de 1915, aproveitando a maior parte de suas licenças para ir a Viena continuar sua análise. Uma ou duas vezes Freud foi visitá-lo em sua cidade de guarnição.

No começo de 1916, Ferenczi foi transferido para Budapeste, a fim de servir em tempo parcial como neuropsiquiatra num grande hospital militar, o que lhe permitiu reatar em parte sua prática analítica.

A análise que fez com Freud deixou-lhe uma profunda impressão. Dessa vez, vivia a situação analítica do lado do paciente. Ferenczi era desse tipo de homens que respondem facilmente e com todo o seu ser, quando encontram simpatia e reconhecem sua afinidade com alguém. Pode-se imaginar a atmosfera que se desenvolveu entre esses dois homens, Freud e Ferenczi, que tinham alimentado o projeto dessa relação durante mais de um ano, tinham tomado consciência de sua necessidade, tinham falado e escrito cartas a esse respeito, em suma, tinham-se preparado longamente para isso. A intensidade das emoções, transferidas e atuais, foi certamente considerável. Certas repercussões desse período, breve mas muito carregado, transparecem na correspondência que trocaram, anos mais tarde, assim como no diário de Ferenczi.

Essa experiência afetiva teve por efeito, entre outros, reduzir temporariamente a produtividade de Ferenczi. Afirmei que ele foi de uma espantosa fecundidade no decorrer dos anos de 1912 a 1915; em contraste com esses anos férteis, escreveu apenas seis artigos em 1916, dezesseis em 1917 e dois em 1918. Aparentemente, precisava de tempo para elaborar sua experiência, assimilá-la e verificar a solidez de suas constatações e de suas deduções no âmbito do trabalho analítico realizado com seus pacientes.

No final de 1918, a monarquia dos Habsburgo desmoronou e desintegrou-se; a Hungria, que durante vários séculos tinha sido um país quase feudal, livre no papel mas, na realidade, praticamente uma colônia austríaca, tornou-se uma vez mais independente e liberal. O novo governo progressista ofereceu a Ferenczi a cátedra de Psicanálise recém-criada – de fato, a primeira cadeira de Psicanálise em todo o mundo. A legislação obsoleta sobre divórcio foi modernizada, e Ferenczi e Gizella estavam, pois, de toda forma livres quando o marido dela morreu, subitamente, e puderam enfim casar após tantos anos de espera.

Depois, a atmosfera política mudou fundamentalmente de novo. Primeiro, a Hungria foi palco de um golpe de Estado comunista, rapidamente sufocado em consequência da coalizão dos romenos e dos exércitos aliados, por um lado, e dos insurretos reacionários, por outro. Chegou-se assim à instauração do que se chamou o regime Horthy, que governou a Hungria até a queda da Alemanha durante a Segunda Guerra Mundial.

Desse modo se explica a divisão em dois grupos dos textos contidos no presente volume:
(a) os textos do período que precedeu a análise de Ferenczi com Freud;
(b) os textos do período de assimilação.

À parte o artigo polêmico de Ferenczi sobre Wandlungen und Symbole der Libido, de Jung, seus textos clássicos do primeiro período são "O desenvolvimento do sentido de realidade e seus estágios", sem dúvida o primeiro artigo que se escreveu sobre o desenvolvimento do ego, "Um pequeno homem-galo", precioso contraponto para o "Pequeno Hans" de Freud, e vários artigos em que examina as relações entre homossexualidade e paranoia. Como se sabe, Ferenczi foi um dos primeiros, depois de Freud, a se interessar por esse complexo problema. Vem depois certo número de artigos mais curtos que contêm observações clínicas esclarecedoras e multiplicam as novas provas a favor das ideias expressas no artigo "Sintomas transitórios no decorrer de uma psicanálise"[1].

Um dos últimos artigos desse período, "A técnica psicanalítica", que foi objeto de uma comunicação à Sociedade Húngara de Psicanálise em

---
1. O.C., I, p. 185.

1918, *mas só veio a ser publicado em 1919, constitui um admirável resumo da técnica "clássica", tal como Ferenczi a modificou.*

Embora a maior parte de suas proposições tenha passado a fazer parte integrante da técnica psicanalítica comumente utilizada, algumas delas ainda hoje nos impressionam por seu caráter audacioso, quase revolucionário. Os três temas principais do artigo são: a necessidade, por parte do analista, de prestar a mesma atenção ao conteúdo das associações e aos "elementos formais" *do comportamento dos pacientes na situação analítica; a importância da natureza invasora das associações e, finalmente, a interação entre a transferência do paciente e a técnica do analista, ou seja, a sua* contratransferência.

A última parte desse artigo intitula-se "O controle da contratransferência" *– um assunto que adquire cada vez mais importância no período posterior da obra científica de Ferenczi. Após uma breve referência à sua descoberta – exposta no artigo intitulado "Transferência e introjeção" (1909)*[2] *– de que, em última instância, toda transferência na situação analítica se relaciona ora com a mãe indulgente, ora com o pai severo, mostra que, inversamente, isso implica, em princípio, que todo paciente é, de certa maneira, uma criança e que um de seus mais caros desejos é ser tratado como tal por seu analista. Por conseguinte, todo analista deve aprender a dosar, segundo o caso, sua severidade, sua tolerância, sua objetividade ou sua simpatia. Em outras palavras, cabe ao analista uma dupla tarefa. Por um lado, deve escutar com simpatia e aceitar tudo o que o paciente lhe oferece, para estar em condições de deduzir ou de reconstruir, a partir do material verbal e do comportamento atual, o conflito e os problemas inconscientes do paciente; por outro lado, deve ter um domínio total de suas próprias reações contratransferenciais. Segue-se depois o comentário de que certo número de análises se viu num impasse, por causa de um domínio insuficiente da contratransferência pelo analista, permitindo-se assim ao paciente conhecer os sentimentos inconscientes do seu analista.*

Cumpre mencionar aqui que no mesmo volume de Internationale Zeitschrift *em que foi publicado esse texto, e somente alguns meses antes, Ferenczi tinha publicado outro artigo,"Dificuldades técnicas de uma análise de histeria" (1919), que anunciava o início de um novo período de pesquisas, um período que receberia depois o nome de* técnica ativa. *Isso representa, sem dúvida, uma importante mudança, uma verdadeira ino-*

---

2. O.C., I, p. 77.

vação; entretanto, visto de outro ângulo, é a continuação lógica do que precede. Uma vez obtido pelo analista um domínio suficiente de sua contratransferência, o que lhe permitirá controlar seus sentimentos, a questão que se impõe é a de saber se, em certos casos, de uma estrutura mais rígida, mais resistente, não seria mais eficaz, mais terapêutico para o paciente, que o analista fosse além do controle de sua contratransferência e interviesse voluntariamente, tentasse influenciar a interação entre a transferência do paciente e a sua própria contratransferência, modificando esta última num sentido preciso.

Os artigos reunidos nos dois volumes seguintes relatarão as experiências de Ferenczi nessa nova direção.

Dr. MICHAËL BALINT

Nota dos tradutores franceses

A tradução deste segundo volume das *Obras completas* de Ferenczi apresentou, em seu conjunto, as mesmas dificuldades e os mesmos problemas do primeiro volume. Entretanto, a equipe de tradução evoluiu o bastante desde o início do empreendimento para que possamos falar agora do nosso método de trabalho.

Eis, pois, como trabalhamos atualmente.

A primeira dificuldade com que nos defrontamos continua sendo a escolha entre os dois textos originais: o alemão e o húngaro. Os critérios que presidem a essa escolha são, essencialmente, a riqueza do texto e sua clareza no plano teórico. Contudo, essas duas qualidades não se encontram, necessariamente, no mesmo texto. Eis como procuramos levar em conta a versão que não retivemos. Depois de ter escolhido, portanto, a versão original, que deve servir de base à nossa tradução, um de nós traduz o artigo. A tradução passa então para um segundo tradutor que compara a versão francesa a partir de um primeiro texto original com o segundo texto original.

Evitamos tanto quanto possível misturar os dois textos originais em nossa tradução. Não obstante, acontece-nos elucidar um ponto obscuro do primeiro texto recorrendo ao segundo e, na versão traduzida do húngaro, acrescentar um adjetivo ou um fragmento de frase particularmente reveladores, tomados do artigo em alemão. Se as adições chegam a exceder o fragmento de frase, ou inserimos uma nota, ou revemos a nossa escolha primitiva.

Em contrapartida, a tradução dos artigos redigidos em alemão segue estritamente o texto das "Bausteine". O que se justifica na medida em que optamos, em geral, pela versão alemã para os artigos de caráter mais "teórico".

Como já mencionamos em nossa nota do volume I, esse modo de proceder decorre das circunstâncias em que foram estabelecidas as duas versões originais. Ferenczi escrevia na maioria das vezes (mas não sempre) em alemão, depois traduzia a si mesmo com uma extraordinária displicência. Eliminava os termos e as expressões que lhe parecessem ter importância secundária e cuja tradução lhe criava problemas demais; em compensação, acrescentava ideias novas que lhe tinham ocorrido depois da redação do artigo.

Uma vez comparada a nossa primeira tradução com a segunda versão original, o terceiro tradutor revê esse texto e corrige o modo como as frases estão ordenadas e os termos que lhe parecem impróprios ou inadequados, guiando-se pelo texto original alemão.

Depois, esse texto comparado e corrigido volta ao primeiro tradutor, que estabelece a versão considerada definitiva. Os últimos pontos obscuros são cotejados com a tradução inglesa, quando ela existe; e, em caso de necessidade, submetidos ao dr. M. Balint, que desempenha o papel de perito nesta edição.

Enfim, esse texto definitivo é lido por todos, seja o artigo na íntegra, sejam certas passagens, segundo o maior ou menor grau de dificuldade da tradução. Os derradeiros pontos litigiosos são discutidos e resolvidos nessa ocasião.

No presente volume, tivemos certos problemas particulares de terminologia a resolver:

Ferenczi serve-se com muita frequência do termo *innervation*, que não tem em francês o mesmo sentido que em alemão, mas que decidimos conservar porque não há equivalente francês. Eis o que diz a esse respeito o *Vocabulário da psicanálise**, de J. Laplanche e J.-B. Pontalis: "inervação". Termo utilizado por Freud nos seus primeiros trabalhos para designar o fato de certa energia ser veiculada para esta ou aquela parte do corpo, produzindo fenômenos motores ou sensitivos. A inervação, fenômeno fisiológico, poderia produzir-se por conversão de energia psíquica em energia nervosa. – O termo "inervação" pode suscitar dificuldades ao leitor de Freud. Com efeito, é geralmente usado hoje para designar um fato anatô-

---

* Utilizamos a tradução do verbete na edição brasileira do *Vocabulário* (Martins Fontes, 5.ª ed., 1979). (N. do T.)

mico (trajeto de um nervo até determinado órgão), ao passo que Freud designa por inervação um processo fisiológico, a transmissão, a maior parte das vezes no sentido eferente, da energia ao longo de uma via nervosa.

Outro termo alemão, *Versagung*, também nos criou problemas. É de uso corrente traduzi-lo por "frustração", mas, nos textos de Ferenczi, resulta às vezes impossível traduzi-lo assim sem falsear todo o sentido do texto. Por isso fomos obrigados a voltar ao sentido próprio do termo que, segundo o contexto, traduzimos por "recusa" ou "renúncia". Respeitamos o uso na medida do possível. Entretanto, para melhor compreensão do problema, o leitor poderá reportar-se ao verbete que o *Vocabulário da psicanálise* consagra ao termo "frustração".

Esses dois problemas de tradução não são muito importantes no que diz respeito a este volume. Assinalamo-los, porém, desde agora, visto que nos próximos textos, principalmente os relativos à "técnica ativa" e às "patoneuroses", esses termos ameaçam deter o leitor.

Discutiremos pouco a pouco as novas dificuldades que possam surgir nos volumes vindouros.

Os tradutores
Dr. J. Dupont e M. Viliker
com a colaboração do
Dr. Ph. Garnier

I

Importância da psicanálise na justiça e na sociedade[1]

Todo progresso da psicologia acarreta igualmente um progresso nos outros ramos das ciências do espírito. O menor passo adiante em nosso conhecimento do psiquismo humano obriga-nos a rever todas as disciplinas cujo objeto está relacionado com a vida psíquica. Não estão as ciências jurídica e social compreendidas, por excelência, nessa categoria? A sociologia trata das leis que regem as condições de vida dos indivíduos agrupados em coletividade. O direito resume em regras precisas os princípios aos quais os indivíduos deverão adaptar-se se quiserem continuar sendo membros da sociedade. Essa adaptação é, acima de tudo, um processo psíquico; por conseguinte, de acordo com um ponto de vista mais geral, tanto o direito quanto a sociologia são, de fato, psicologia aplicada e devem levar em consideração todos os fatos novos, todas as orientações novas que porventura apareçam em psicologia.

Gostaria de falar hoje sobre os importantes progressos registrados no domínio da psicologia durante os últimos decênios. Esses progressos estão associados ao professor vienense Freud, que reuniu sob o nome de psicanálise o seu novo método e o farto material que ela permitiu descobrir.

Quando procuro definir o principal mérito da psicanálise, o meio pelo qual ela agitou as águas estagnadas e cada vez mais vazantes da psicologia, devo mencionar indiscutivelmente a descoberta das leis e dos mecanismos da *vida psíquica inconsciente*. O que

---

1. De acordo com uma conferência pronunciada na Associação Nacional de Juízes e Advogados em Budapeste, em 29 de outubro de 1913.

os filósofos – que superestimam tanto a importância da consciência – julgavam ser simplesmente impossível, o que alguns concebiam, sem dúvida, mas consideravam fora do alcance do nosso saber, ou seja, a vida psíquica inconsciente, tornou-se acessível graças às investigações de Freud. Não posso retomar aqui o histórico dessa ciência ainda tão jovem mas já tão rica em experiências e em resultados; limitar-me-ei a mencionar que foi o estudo das doenças mentais e os esforços para curá-las que levaram Freud a desvendar as camadas profundas do psiquismo humano. Tal como certas enfermidades orgânicas permitiram entender dispositivos de proteção e de adaptação do organismo antes inteiramente desconhecidos, também as doenças mentais, neuroses e psicoses apresentaram-se como se fossem caricaturas da vida psíquica normal, revelando de modo mais evidente, nítido, processos que agem igualmente nos indivíduos normais. Conhece-se desde longa data este irônico paradoxo de um satirista inglês: se queres estudar a natureza humana, vai a Bedlam (isto é, ao asilo de alienados). Mas até agora distinguimos, no máximo, alguns espécimes humanos raros, interessantes ou bizarros, entre a população dos hospitais psiquiátricos. Os nossos psiquiatras só se interessavam, e muitos deles só se interessam ainda hoje (apesar de seu zelo humanitário), pela classificação de diferentes sintomas com base em princípios variados. Isso se explica pelo considerável impulso registrado na área das ciências biológicas, desde meados do século passado, o que incitou os psiquiatras a também se orientarem exclusivamente para o campo anatômico e a negligenciarem, até há pouco, os pontos de vista psicológicos. Kraepelin e sua escola bem que tentaram aplicar nos hospitais psiquiátricos o que a experiência lhes ensinou acerca dos fenômenos psíquicos elementares, mas seus esforços não fizeram a nossa *compreensão* das doenças mentais progredir mais do que o escalpelo ou o microscópio. Foi somente quando Charcot e Janet, logo depois Breuer, libertos do terror sagrado que impelia os cientistas, até então, a abandonar aos poetas e romancistas a exploração de todos os fenômenos psíquicos que escapam à medição pelo cronômetro ou balança, aplicaram os pontos de vista psicológicos ao estudo da *histeria*, que os progressos vinculados às descobertas de Freud tornaram-se possíveis. Por trás da sintomatologia bizarra e aparentemente absurda dos histéricos, Freud descobriu uma notável organização de defesa própria do psiquismo: o *recalcamento*. Apurou-se que o psiquismo possui os meios de se desembaraçar de traços mnêmicos demasiado penosos e de uma percepção lúcida excessivamente dolorosa da realidade, enterrando os conteúdos da consciência impregnados de desprazer numa camada muito mais profunda do psiquismo, o *inconsciente*, onde se manifestam, no máximo, ao modo deformado de sintomas neuróticos, incompreensíveis para o próprio doente e, por conseguinte, mais suportáveis. No início, para investigar esse complexo de representações recalcadas, Freud hipnotizava o paciente, que, sob hipnose, tomava consciência dos problemas que tinham determinado sua fuga para a doença. Depois, ele descobriu que era possível penetrar nas camadas mais profundas do psiquismo sem hipnose, recorrendo ao método de *associação livre*, menos rápido, mas de maior eficiência. Quando podia convencer o seu paciente a dizer-lhe tudo o que lhe passava pela cabeça, sem escolher, sem se preocupar com o valor lógico, ético ou estético de seus pensamentos, vinham à tona, geralmente após uma forte resistência psíquica que era preciso, em primeiro lugar, vencer, os "complexos" até então recalcados. Assinale-se que, uma vez abolidos os recalques e trazidas para a consciência as representações desagradáveis, a produção de sintomas cessa espontaneamente. Assim, a doença, tão penosa, dos *pensamentos e atos obsessivos* pôde ser relacionada com um conteúdo latente, e foi o recalcamento que permitiu explicar, quando não curar, certas doenças mais graves, como a demência e a demência precoce. Foi analisando os *sonhos* de pacientes que Freud pôde compreender o verdadeiro significado psicológico do sonho e obter, mediante a interpretação científica dos sonhos, um primeiro modo de acesso à vida psíquica do indivíduo normal. Veio depois a análise psicológica das pequenas *distrações* e *atos falhos* da vida cotidiana: *lapsus linguae* e *lapsus calami,* esquecimentos inexplicáveis de nomes próprios, grandes e pequenas inépcias; ela assinalou a nossa propensão para atribuir injustamente ao acaso a responsabilidade desses fenômenos, quando são determinados com muito maior frequência pelas tendências latentes do nosso inconsciente.

A análise psicológica do chiste e do cômico foi o primeiro passo no sentido da apreciação dos determinantes inconscientes dos efeitos *estéticos.*

O resultado surpreendente e notavelmente geral de todas essas investigações foi a constatação de que o ego inconsciente do homem, adulto e normal, de todos os pontos de vista, contém em estado recalcado e latente todos os instintos primitivos humanos ou, se assim quiserem, animais, *no mesmo estado em que, na infância, a adaptação cultural os condenara ao recalcamento.* E esses instintos não estão inativos; eles apenas aguardam, por assim dizer, a ocasião de se manifestar, rompendo as barreiras da razão e da moral. Quando essas barreiras são muito fortes, exprimem-se sob a forma de chistes, absurdos ou malévolos, ou então irritam a nossa consciência superior e refinada sob a forma de atos falhos. Se tudo isso não bastasse, esses instintos exteriorizam-se nos sintomas das doenças mentais.

As tendências em estado latente no inconsciente estão a serviço das duas pulsões fundamentais: o egoísmo e a sexualidade. A experiência analítica mostra que as pulsões do ego suportam melhor o recalcamento do que as pulsões sexuais. Apurou-se que todas as neuroses e psicoses resultam do conflito entre as pulsões sexuais e os interesses vitais do indivíduo e que se constituem no decorrer do confronto entre as pulsões sexuais e as outras.

Quem quiser apreender a vida psíquica em toda a sua verdade deverá renunciar às visões românticas sobre a "inocência" da alma infantil. O psiquismo da criança – no que se refere ao ego – caracteriza-se pela vontade ilimitada de se fazer valer, pelo egocentrismo e ausência de consideração pelos outros. Também se verificou que aquilo a que se dá o nome de "maus hábitos" da criança (citarei a violência e a crueldade selvagens e tantas vezes sanguinárias, suscetíveis de se alternar com a humildade, os prazeres e os jogos ligados à defecação, a tendência para levar à boca toda espécie de objetos, inclusive os mais "sujos", e o prazer de tocá-los ou cheirá-los, a exibição particular nessa idade da nudez e da curiosidade), aos quais se soma desde a primeira infância, e mesmo desde os primeiros meses de vida, a excitação mecânica dos órgãos genitais, corresponde a manifestações precoces e verdadeiramente perversas da sexualidade, que só cederão o passo aos modos mais bem adaptados às necessidades de conservação da espécie no momento da puberdade. Portanto, podemos atualmente caracterizar a criança pequena da seguinte maneira: do ponto de vista de suas pulsões do ego, de suas paixões *egoístas* e *anarquistas*, ela ainda é *"perversa"*. Não há nisso nenhum motivo para nos lamentarmos: o erro estava em pretender que desde o seu nascimento o pequeno homem era um ser desejoso de se colocar a serviço de objetivos sociais superiores, o que nos levava a negligenciar tudo o que sabíamos sobre as origens animais da evolução humana (evolução que todo indivíduo – como sabemos desde Haekel – deve repetir por conta própria). Ora, é a educação que tem por tarefa conter, domar, domesticar essas pulsões associais. Para tanto, dispõe de dois meios: o *recalcamento* e a *sublimação*. O primeiro esforça-se por paralisar completamente as pulsões primitivas, por impedir suas manifestações pela severidade e intimidação, e por rechaçá-las da consciência. Em contrapartida, a sublimação, que reconhece as preciosas fontes de energia contidas nessas pulsões, orienta-as a serviço de objetivos admitidos pela sociedade. No quadro da educação atual, a descarga de afetos sob a forma de zelo religioso e de obediência submissa, a transformação de tendências sexuais em pudor e repugnância são exemplos de sublimação. Se existem dons e aptidões nervosas apropriados (órgãos sensoriais e da motricidade), as pulsões primitivas podem orientar-se para um domínio artístico (belas-artes, música, atividade literária, poesia); a curiosidade infantil pode evoluir como pendor para a pesquisa científica; os impulsos egoístas podem exprimir-se sob uma forma útil para a comunidade, por intermédio das chamadas formações de compensação (por exemplo, o próprio processo social). Dos dois meios de adaptação, o *recalcamento* (mesmo que não possa ser inteiramente eliminado) é aquele que impõe, sem sombra de dúvida, o maior esforço, que predispõe para a doença, que é mais difícil de suportar e que, além de tudo isso, é o mais oneroso, por deixar inutilizadas energias preciosas. A educação deve descartá-lo, na medida do possível. A pedagogia baseada nas teses da psicanálise recorrerá, portanto, sempre que possível, à *sublimação*; isso significa que, sem rigor nem coerção inúteis, pelo amor e pelas recompensas – eventualmente, apenas recompensas morais e doçura – explorará as pulsões sociais (segundo as tendências individuais). Mais de um grande cirurgião alicerçou sua atividade humanitária numa crueldade infantil bem orientada, que outrora se manifestava pela retalhação de pequenos animais. Quantas pessoas conhecidas por sua generosidade compensam assim, pelo amor, a parte de felicidade pessoal que lhes escapa. A pedagogia do futuro não confiará ao acaso o curso de uma evolução que raramente é tão feliz mas que, com muito maior frequência, torna os seres infelizes e incapazes de uma atividade plena; fundamentada no conhecimento das pulsões e de suas possibilidades de transformação, a própria pedagogia criará as condições favoráveis ao bom desenvolvimento, orientando de modo eficaz, mediante uma sábia diplomacia, a *formação do caráter*.

Esse conhecimento aprofundado do psiquismo individual não podia deixar de ter efeito sobre a nossa concepção da psicologia coletiva. Freud e seus alunos tomaram inicialmente os *mitos* por objeto de suas investigações e descobriram que eles são a expressão simbólica das pulsões recalcadas da humanidade, tal como os sintomas histéricos e os sonhos de indivíduos normais. O mito de Édipo, por exemplo, cujo núcleo é constituído pelas relações "incestuosas" entre pessoas do mesmo sangue e pelo parricídio, e que reencontramos na mitologia religiosa de todos os povos, adquire seu sentido se levarmos em conta a presença latente dessas mesmas tendências no homem hodierno, embora inconscientes e severamente condenadas, e o fato de se tratar de restos atávicos de um estado primitivo da humanidade. O estudo da psicologia dos "selvagens", que vivem em diversas regiões do mundo de hoje, permitiu conhecer o estágio primitivo de adaptação à civilização, que recorda vivamente o modo de funcionamento do psiquismo infantil. A religião mais primitiva, o *totemismo*, em que o respeito supersticioso de um animal considerado o ancestral da tribo ou clã alterna com o sacrifício solene, o desmembramento e a distribuição dos pedaços desse mesmo animal, encontrou sua explicação a partir do momento em que a psicanálise identificou numerosos traços característicos desses modos de expressão na relação entre pais e filhos, sobretudo o respeito amedrontado, em que o amor e a revolta coexistem de forma *ambivalente*, como dizemos em nossa terminologia. Desde antes de Freud, o estudo comparado das religiões considerou o totemismo como o protótipo de todas as religiões existentes; em todas elas foi encontrado o princípio fundamental do pecado original e seu castigo. Freud completou isso mostrando que o sentimento de culpa e o desejo de punição constituem as sobrevivências atávicas de uma vasta revolução que teria reproduzido na pré-história da humanidade: a horda revoltou-se contra esses seres mais fortes que, em consequência de sua própria força, reservavam-se todas as vantagens materiais e sexuais, ou seja, contra os "pais". Numerosos dados da história das civilizações e inúmeras cerimônias religiosas depõem a favor do fato de que existiu verdadeiramente um tempo em que a aliança dos filhos, a horda dos irmãos, despedaçou com uma ferocidade bestial o tirano que contrariava seus instintos para se apossar dos seus bens. Contudo, após a eliminação do pai, quando os irmãos, em vez dos prazeres antegozados, se encontraram frente a frente, quando a inutilidade de todo o sangue derramado se tornou evidente, começaram a lamentar seu ato, a lamentar a ausência da autoridade paterna; restabeleceram, então, o patriarcado sob uma forma mais rigorosa e desenvolveram, sob o efeito da culpa, a noção de um pai incomensurável: deus[2]. Por outro lado, sob o manto da "comunhão", do "pecado original", são ainda hoje as antigas tendências antropofágicas que ressurgem sob forma sublimada.

Assim como o totemismo foi a primeira religião, o *tabu* foi o primeiro código não escrito e permanece em vigor em algumas ilhas polinésias. O tabu confere um caráter intocável a tudo o que dele for objeto: a pessoa do rei, os parentes consanguíneos, as crianças e os mortos, os bens de outrem; a transgressão do tabu acarreta a pena de morte para o culpado. Toda a tribo zela pelo permanente respeito do tabu. Numerosos são aqueles que morreriam de medo se ousassem erguer os olhos para o rei; mas, mesmo que permanecessem vivos, tornar-se-iam por sua vez temidos tabus, evitados por toda a tribo, pelo que acabariam, de qualquer modo, por morrer de fome. Muitas explicações foram propostas para esclarecer as origens dessa forma muito primitiva do sentido da lei e, sobretudo, o significado das consequências particulares que a violação do tabu acarreta. A explicação racionalizante que quer que essa organização seja obra dos chefes de tribo agindo em seu interesse pessoal, guiados pela lucidez e pela prudência, e que o disfarce supersticioso e místico que a envolve esteja simplesmente destinado a satisfazer a tola ingenuidade do povo, é insustentável, porquanto deixa de lado o principal problema psicológico da instituição do tabu, ou seja, como se explica que o povo, apesar da superioridade de sua força, se submeta à pretensa magia que emana da pessoa de um só homem, chefe ou rei? Para chegar a uma concepção adequada da origem do sentido da lei, devemos, com Freud, explicar o tabu pela introdução da noção de pecado original, tal como acabamos de des-

---

2. Ferenczi, dadas as suas convicções, que transparecem claramente em seus textos, ortografa a palavra "deus" com "d" minúsculo, seja qual for a religião ou o deus em questão. (Nota dos Tradutores Franceses, doravante NTF)

crevê-la, e a legislação primitiva pela religião primitiva, derivando a primeira da segunda.

Existe uma categoria de neuroses, a neurose obsessiva, que se caracteriza por toda uma série de interdições supersticiosas, cuja violação acarreta a execução de atos propiciatórios obsessivos os mais diversos. Os obsessivos alimentam o temor perpétuo de prejudicar o seu semelhante; para escapar a isso, evitam ansiosamente tocar em tudo o que possa ter estado em relação com um objeto que, por sua vez, esteja relacionado – mesmo indiretamente – com a pessoa que é o suporte de sua angústia mórbida. Se, apesar de tudo, o contato com tal objeto não pode ser evitado, o neurótico obsessivo vê-se compelido, a fim de reencontrar a paz de sua alma, a se lavar durante horas e horas, a infligir-se sofrimentos, a fazer o sacrifício voluntário de uma parte de sua liberdade e de sua fortuna. Por meio da análise, Freud descobriu que esses doentes alimentam em seu inconsciente certa animosidade vinculada a uma tendência para a crueldade, precisamente contra essas pessoas superprotegidas, e que seu horror aos objetos em relação mesmo longínqua com elas provém do fato de que bastaria um só dentre eles para despertar seu feroz ódio latente. O comportamento do selvagem e do obsessivo permite-nos compreender a indignação que se apodera do mais evoluído dos seres civilizados quando constata alguma violação do direito. Indiscutivelmente, a punição legal não é apenas uma instituição prática a serviço da defesa da sociedade, uma medida visando corrigir o culpado e destinada a ter um valor exemplar, mas satisfaz igualmente o nosso desejo de vingança. Quando procuramos entender, por analogia com o tabu, o que provoca esse desejo de vingança, constatamos que é a nossa revolta inconsciente diante do culpado que ousa traduzir em atos o que existe em nós próprios em estado latente e que temos tanta dificuldade em controlar; evitamos o culpado com horror, pelo receio inconsciente de ceder a um contágio fácil. Se essa explicação do sentimento de culpa e de submissão voluntária ao castigo fosse geralmente aceita, não poderia com certeza ficar sem efeito sobre o modo atual de determinação e de aplicação das penas; pois, em nossos dias, todos os que refletem estão de acordo em admitir que a punição não deve ser um meio de satisfação de paixões, mas uma disposição legal para proteger a sociedade.

Tendo assim passado da psicologia abstrata para o plano prático da justiça repressiva, não posso resistir ao desejo de evocar uma possibilidade talvez um pouco utópica, de momento: refiro-me ao tratamento psicanalítico de criminosos, em particular os recidivistas, cuja personalidade recorda tanto a dos obsessivos anteriormente descritos. O método atual, repressivo, que consiste em privar de liberdade, tem tão poucas chances de culminar num resultado duradouro quanto a sugestão no tratamento das neuroses. Só a psicanálise pode, ao permitir o acesso em profundidade à personalidade e um melhor conhecimento de si mesmo, contrabalançar a influência exercida pelo meio desde a infância e permitir o controle de instintos que se exprimiam até então inconscientemente ou de um modo deformado; em outras palavras, só ela pode realizar uma reeducação radical. Mas ainda que devêssemos renunciar a essa esperança, seria nosso dever prosseguir nas investigações psicanalíticas, que mais não seja para chegar a uma visão realista dos fatores psicológicos determinantes do crime. Mesmo que nada mudasse no plano das sanções legais, do ponto de vista da psicologia do criminoso é indispensável reconsiderar as diferentes espécies de crimes, com base na experiência psicanalítica. Os delitos cometidos por "negligência" apresentar-se-ão na análise, frequentemente, como o desfecho de uma *moção* inconsciente. Muito mais vezes do que atualmente se pensa, a análise descobrirá que a tendência criminosa para o *roubo* e para o *atentado contra a vida de outrem* são a expressão deformada de tendências libidinais. Seja como for, a análise quantitativa e qualitativa da respectiva influência da constituição e do meio fará aparecer com maior nitidez os verdadeiros fatores determinantes dos atos criminosos. Em outras palavras: o determinismo penal – esse princípio doravante universalmente admitido – aplicar-se-á de modo muito mais convincente aos casos particulares se se apoiar no método psicanalítico para elucidar os fatores determinantes dos processos psíquicos.

"Principiis obsta – sero medicina paratur."[3] Esse princípio não é somente válido em medicina. O *médico* e o *juiz* não têm outra tarefa senão o trabalho de Sísifo de cuidar, de acomodar de uma forma ou de outra os males já ocorridos; é unicamente da evolução das organizações sociais que podemos esperar um verdadeiro progresso.

---

3. "Opõe-te aos primeiros sintomas – os remédios chegam sempre tarde demais." (NTF)

Se, por uma analogia antiga mas inevitável, e que é, sem dúvida, mais do que uma analogia, comparamos a sociedade a um organismo, podemos, tanto num caso quanto no outro, classificar as tendências em egoístas e libidinais. O "panem et circenses" esgota hoje, tal como no tempo dos antigos romanos, todas as exigências da sociedade; a transformação, ou seja, a maior complexidade do "pão" e do "circo" é puramente qualitativa. Para que uma sociedade possa constituir-se, é necessário que o egoísmo e a libido do indivíduo consigam adaptar-se mutuamente, o que significa que ele deve renunciar a exteriorizar livremente todos os seus instintos. E, com efeito, ele renuncia à satisfação de uma parte de seus instintos na esperança de que, em troca desse sacrifício, a sociedade lhe ofereça uma compensação pelo menos parcial. Em linguagem psicanalítica, a evolução social poderia descrever-se como a vitória do princípio de realidade sobre o princípio de prazer. Assim é, sem dúvida, que o Estado e seu ideal social se desenvolveram a partir do anarquismo individual da primeira infância da humanidade.

Nossos sociólogos e nossos políticos têm, contudo, uma forte tendência a esquecer que a renúncia ao individualismo, o Estado, não é um fim em si, mas apenas um meio a serviço do indivíduo, um meio que não merece da parte deste último mais sacrifícios do que o estritamente necessário. Em outras palavras: é estúpido e insensato retirar do indivíduo mais liberdade do que a exigida pelo interesse público. O ascetismo excessivo que caracteriza os Estados fundamentados na religião, como os social-democratas, corresponde perfeitamente ao processo de recalcamento cujos efeitos nefastos sobre o desenvolvimento individual normal acabo de expor. O método de recalcamento empregado pela sociedade contribui de maneira importante para a produção das doenças da sociedade.

Se eu procurasse ao nível da sociedade analogias com as neuroses individuais, o fanatismo religioso corresponderia às cerimônias obsessivas mórbidas dos indivíduos; o paroxismo das guerras e das revoltas seria a descarga histérica da tensão produzida pelos instintos primitivos acumulados; a epidemia, tantas vezes fulminante, engendrada por diferentes sistemas sofísticos elaborados por falsos sábios, poderia chamar-se a demência precoce, a paranoia da sociedade; o sucesso demagógico de certos tribunos populares só se pode explicar por um estado hipnoide do povo, cuja consciência embotada e estreita foi habituada a uma submissão infantil. O capitalismo, em seus piores excessos, extrai incontestavelmente sua força – além do egoísmo – do recalcamento de certas pulsões eróticas parciais, essencialmente, na minha opinião, da obsessão exacerbada de limpeza.

Entre a anarquia e o comunismo, em que um preconiza a satisfação individual ilimitada e o outro a ascese social, existe certamente uma forma lúcida de *individualismo socialista*, que consideraria não somente o interesse da sociedade, mas também a felicidade individual, e que, em vez do recalcamento social, que é uma fonte de explosões, consagrar-se-ia à tarefa de valorizar, de sublimar a energia dos instintos selvagens, assegurando assim à evolução um curso mais calmo, mais saudável, sem paroxismos, sem revoluções nem reações.

Para abordar o tratamento dos males sociais, necessito ainda voltar à reforma da pedagogia. O dirigente socialista mais intransigente fará sempre de seu filho um escravo se, em sua família, no lugar de princípios altamente proclamados, instaurar um autocratismo tirânico, habituando assim os que o cercam ao respeito da autoridade. Em sua relação com os filhos, o pai deve descer do trono instável da pretensa infalibilidade, da onipotência quase divina em que se refugia para escapar a toda e qualquer crítica; não deve esconder seu caráter humano nem suas fraquezas. Arrisca-se, por certo, a perder com isso uma parte de sua autoridade, mas unicamente aquela que, mais cedo ou mais tarde, acabaria soçobrando de qualquer maneira, para grande decepção de sua prole, a partir do instante em que esta começasse a refletir, a menos que lhe tivesse sido inculcada a cegueira psicológica. Um homem adulto e experimentado conserva suficiente autoridade, mesmo após o abandono de tais exageros, para ensinar a seu filho o controle lúcido de seus instintos; não se deve temer, portanto, que a redução da autoridade parental destrua a ordem social.

Se, em vez dos dogmas impostos pelas autoridades, deixassem exprimir-se a faculdade de julgamento independente que está presente em cada um, agora, em grande parte, reprimida, a ordem social nem por isso deixaria de existir. É verdade que talvez surgisse uma nova ordem social que não estaria necessariamente centrada, de modo exclusivo, nos interesses de alguns poderosos.

II

Adestramento de um cavalo selvagem

Em 29 de abril de 1912, com a autorização do comandante da gendarmaria montada de Budapeste, assisti à demonstração do ferrador de cavalgaduras de Tolna, Joseph Ezer, que se gabava de domar e ferrar numa só sessão o mais chucro dos cavalos.

Já fazia algum tempo que os jornais andavam cheios de histórias sobre o extraordinário poder de Ezer; contava-se que ele podia reduzir à obediência o cavalo mais indômito somente pelo efeito de sua vontade, por "sugestão". Uma comissão, composta de oficiais superiores de cavalaria e da gendarmaria, reuniu-se no pátio do quartel da gendarmaria com o objetivo de provar a arte do domador com um cavalo particularmente selvagem. Czicza[1], uma esplêndida égua puro-sangue de quatro anos e meio, propriedade de um tenente de hussardos, não podia ser utilizada, apesar de suas notáveis qualidades, porque nenhum mestre ferrador conseguira ainda ferrá-la. Nenhum estranho podia aproximar-se do animal, por causa de seu caráter selvagem e de seus violentos coices.

Mesmo o seu moço de estrebaria habitual só o abordava com precauções, e precisava de aturados esforços antes de conseguir escovar seu dorso. Mas, quando queria tocar nas suas patas, o animal desencadeava coices furiosos em todas as direções, ao mesmo tempo que soltava relinchos assustadores. Como, por outro lado, a égua era perfeitamente saudável, qualificava-se o seu estado de "selvajaria" e de "nervosismo", sendo considerada imprópria para

---

1. "Gata" em húngaro. (NTF)

as corridas ou para a reprodução; não obstante, foi submetida à experiência para ver se a misteriosa arte de Ezer podia levar a melhor sobre a arrogância de Czicza e induzi-la a deixar ferrar seus cascos ainda intatos.

Finalmente, o domesticador apareceu: era um homem de seus trinta e poucos anos, de aparência rústica, gestos desembaraçados, muito senhor de si, e conversou sem o menor constrangimento com as altas personalidades presentes. Foi então trazida a égua, que todos os especialistas reconheciam como um puro-sangue de excelente família (seu pai: Kisbéröccse; sua mãe: Gerjer). Em geral, Czicza tolerava o seu moço de estrebaria habitual, mas, desta vez, quando ele quis tocar nas suas patas, ela relinchou e escoiceou violentamente.

Compreendi logo que o método de Ezer não consistia simplesmente em recorrer a um poder espiritual extraordinário, pois começou o seu trabalho substituindo a brida habitual do animal por outra que ele próprio trouxera e na qual o freio se prolongava por rédeas donde pendiam pesados anéis logo acima das ventas. Como, ao dispor-me a assistir à demonstração de Ezer, eu tinha em mente certo número de hipóteses, baseadas em considerações teóricas que desenvolverei mais adiante, prefiro reproduzir a descrição de um jornalista imparcial para noticiar o que se passou nesse dia[2].

"Avançando para o animal, o mestre ferrador pôs-se a falar com ele em voz forte, num tom autoritário, mas, ao mesmo tempo, com uma ternura infinita, quase um arrulho; toma simultaneamente as rédeas das mãos do moço de estrebaria.

— Vamos, eh, minha belezinha – sussurra o ferrador. – Não tenha medo de mim, gosto muito de você. Olá, sua maluquinha, olá, ho!

Faz menção de tocar no pescoço da égua para acariciá-la, mas esta relincha violentamente e dá um salto enorme, espinoteando com os quatro cascos. Ainda não tinha tocado a terra e o ferrador já estava agachado diante dela, pondo-se a gritar com uma voz estentórica, assustadora, que até a nós sobressaltou:

— Eh, que vem a ser isso, sua bruta?

E dá um puxão brusco na brida. Aterrorizada, a égua imobiliza-se, depois tenta uma vez mais escoicear e curvetear, mas logo ouve a voz terrível do ferrador e percebe seu olhar. Um momento depois,

---

2. Ver o jornal *Az Est* (NTF: "A Tarde"), de 1.º de maio de 1912, reportagem de Làszlò Fényes, "O domador de cavalos".

Ezer fala-lhe de novo no mesmo tom que teria uma mãe com o seu bebê recém-nascido:
— Vamos, vamos, não tenha medo de nada, minha bela, gosto muito de você, minha bonequinha, seria capaz de comer você*.

Nesses instantes, o rosto de Ezer resplandece de amor e ternura e, lenta mas firmemente, *num gesto que não hesita por um momento*, aproxima a mão espalmada do pescoço do animal e logo na direção da boca. A égua escoiceia de novo e empina-se verticalmente; dir-se-ia que no segundo seguinte seus cascos iriam espatifar a cabeça do ferrador. Mas este pulou ao mesmo tempo gritando: Ha!!! — Puxou a brida e de novo o animal se imobilizou. O primeiro resultado sensível foi Czicza parar de relinchar. Era evidente que se dera conta de que o homem em pé diante dela sabia gritar mais forte do que ela.

Ao fim de um quarto de hora, Czicza tremia com todos os seus membros, transpirava, e seus olhos, até então cintilantes, embaçavam-se pouco a pouco, mas de um modo bastante visível. Meia hora depois, o animal deixava-se tocar nas patas, e o ferrador pôde, num gesto firme mas suave, acariciá-las, flectir-lhe as articulações. Czicza, subjugada, permanecia de pé sobre três patas diante dele, a quarta pata dobrada na posição que o ferrador lhe dera, como se fosse de cera...

Isso durou uma hora; assim que o animal tentava mostrar-se indócil, o ferrador punha-se a gritar de novo; caso contrário, ficava o tempo todo sussurrando-lhe palavras carinhosas junto ao pescoço:
— Oh, minha pobre, você está suando, não é? Transpiramos os dois. Não se preocupe, ninguém vai repreender você, *eu sei que tudo o que você quer é ser bem comportada*, você é uma eguinha bem comportada, um amor de eguinha. — O sentido das palavras do mestre ferrador estava no tom com que as proferia, não era necessário compreender a significação delas.

Uma hora depois, o ferrador já se ocupava em ferrar Czicza a golpes de martelo e, ao fim de uma hora e cinquenta minutos, tudo estava terminado. Czicza estava completamente extenuada, mas perfeitamente calma e obediente; deixou-se acariciar nas patas e foi reconduzida à estrebaria."

---

* Em francês, expressão terna de uma mãe com seu bebê, falando de sua vontade de enchê-lo de beijos e carícias. (N. da R. T.)

Ezer apresentou certidões oficiais atestando que esse método tinha produzido um efeito duradouro em todos os cavalos assim domesticados.

Após essa demonstração, tão perfeitamente observada pelo jornalista perspicaz, pediram-me que dissesse se, na minha opinião, o adestramento tinha sido realizado com a ajuda da transmissão de pensamento, da hipnose ou da sugestão. Respondi que só era preciso invocar forças extraordinárias e misteriosas se o fenômeno observado não se enquadrasse no âmbito das leis da natureza e da psicologia. Mas não era esse o caso e eu pensava poder demonstrá-lo da seguinte maneira:

O estudo psicanalítico dos efeitos e dos métodos da hipnose e da sugestão permitia-me relacionar esses fenômenos à tendência infantil para a obediência cega, que pode persistir a vida toda[3]. Pude estabelecer que havia dois meios de mergulhar um indivíduo na hipnose: a doçura e a autoridade. Dei ao método da doçura (carícias afetuosas, ternos encorajamentos, murmúrios persuasivos) o nome de *hipnose maternal*; ao método autoritário (interpelação enérgica, injunções, intimidação), o de *hipnose paternal*.

É a história dos quatro primeiros anos, em particular a maneira como se constrói a relação com os pais, o que determina se um indivíduo ficará toda a sua vida receptivo a uma, à outra ou às duas formas de influência.

A receptividade à hipnose de um sujeito adulto não depende, portanto, de uma aptidão especial do hipnotizador, mas de uma disposição inata ou adquirida (filogenética ou ontogeneticamente) do "médium" para despojar-se de sua vontade própria sob a influência da doçura ou do temor, que são precisamente os meios educativos de que dispõem os pais. Claparède considera que essa hipótese vai muito mais longe do que as outras explicações da hipnose[4]. Em seu

---

3. Ver "Sugestão e psicanálise", *O.C.*, vol. I, p. 221.
4. "Esta teoria vai muito mais fundo do que as outras, ao procurar explicar como é deflagrada essa hipersugestionabilidade do sujeito, por quais mecanismos particulares podem realizar-se ações tão poderosas quanto as que se observam na hipnose, qual é o veículo afetivo que vai fazer o sujeito aceitar a pílula da sugestão dada." (Prof. Ed. Claparède, "Interprétation psychologique de l'hypnose", *Journal de Psychologie et de Neurologie*, 1911, vol. XVIII, n.º 4.)

artigo recapitulativo, ele confirma com numerosos exemplos essa disposição específica de certas espécies animais – que a teoria da evolução poderá, sem dúvida, explicar – para deixar-se mergulhar na hipnose por um *terror* súbito (como no caso da rã, da cobaia, da galinha, etc.).

Ele próprio tinha conseguido mergulhar uma macaca selvagem e rebelde à domesticação num estado de passividade completa e de rigidez cataléptica, olhando-a fixamente e *acariciando-a afetuosamente* no peito e nos braços. Claparède explica essa docilidade súbita por uma disposição instintiva, provavelmente a expectativa do prazer, e vê aí uma confirmação dos meus pontos de vista, ou seja, que a sugestionabilidade pressupõe uma dependência sexual em relação ao sugestionador[5].

Morichau-Beauchant[6] e Ernest Jones[7] corroboraram as minhas concepções com base na observação humana.

Nada nos impede de aplicar essas conclusões à técnica sugestiva do mestre ferrador Ezer. De forma instintiva, Ezer parece ter recorrido aos métodos de *doçura* e de *terror* habilmente associados, e por essa combinação de *hipnose maternal e paternal* pôde amansar um animal indomável. Essa combinação, sem dúvida, impressionou profundamente o animal por seus efeitos de contraste, cuja importância psicológica é conhecida, e podemos facilmente conceber que o efeito tardio de uma experiência tão marcante pudesse persistir nele, tal como o efeito de inúmeras experiências infantis persiste no ser humano.

Esse gênero de adestramento só tem interesse, por certo, para os animais domésticos cuja qualidade principal é a docilidade. Mas um ser humano submetido no decorrer de sua infância a tais excessos de ternura e de intimidação corre o risco de perder para sempre a sua capacidade de agir com independência. São essas crianças "domesticadas" que fornecem mais tarde os sujeitos sempre recep-

---

5. Claparède, "État hypnoïde chez un singe" (*Archives des Sciences Physiques et Naturelles*, vol. XXXII, Genebra).
6. R. Morichau-Beauchant, professor na Escola de Medicina de Poitiers, "Le rapport affectif dans la cure des psychonévroses" (*Gazzette des Hôpitaux*, 14 de novembro de 1911).
7. Prof. E. Jones (Universidade de Toronto), "The action of suggestion in psychotherapy", *The Journal of Abnormal Psychology*, Boston, dezembro de 1910.

tivos à sugestão maternal ou paternal, e igualmente a maioria dos neuróticos.

É difícil estabelecer de antemão se essa técnica brutal de adestramento pode prejudicar em seguida a saúde do cavalo.

III

A quem se contam os sonhos?

Os psicanalistas sabem que tendemos inconscientemente a contar nossos sonhos à própria pessoa a quem seu conteúdo latente concerne. Segundo parece, Lessing teve essa premonição quando escreveu o seguinte dístico:
Somnum
Alba mihi semper narrat sua somnia mane
Alba sibi dormit: somniat Alba mihi[1].

---

1. Tradução do epigrama de Lessing:
 Do sonho.
 Alba conta-me sempre seu sonho pela manhã.
 Alba dorme para ela: Alba sonha para mim.
 (NTF)

IV

A *gênese do* jus primae noctis

Sempre suspeitei de que o direito do senhor de desflorar todas as suas servas era um remanescente da época patriarcal em que o pai de família tinha o direito de dispor de todas as mulheres da casa. A favor dessa tese invocarei – levando em conta o que sei acerca da identidade entre a autoridade do pai, do sacerdote e de deus – certas cerimônias religiosas. Na região de Pondichéry, a noiva sacrifica sua virgindade ao ídolo. "Em certas regiões da Índia, são os sacerdotes que substituem os deuses nessa tarefa. O rei de Calcutá entrega para a primeira noite a donzela que escolheu para esposa ao sacerdote mais respeitado do reino" (H. Freimark, "Occultismus und Sexualität", p. 75). Bem perto de nós, na Croácia, afirma-se que mesmo nos dias de hoje certos pais de família reservam-se o direito de ter relações sexuais com sua nora até o momento em que o filho, casado muito jovem, atinge a maturidade. Existe um paralelo neuropatológico entre esses costumes étnicos e religiosos e as fantasias geralmente inconscientes de numerosos neuróticos que, durante o ato sexual, imaginam ter tido o pai deles por predecessor.

IV

Agones in ius primae noctis

V

Liébault, sobre o papel do inconsciente nos estados psíquicos mórbidos

Liébault, a quem devemos as bases de nossos atuais conhecimentos sobre a hipnose, expõe em sua excelente obra *O sono provocado e os estados análogos* teorias que parecem uma premonição dos conhecimentos psicanalíticos. Elas merecem ser citadas textualmente:

"Uma emoção... uma vez desenvolvida, não se extingue ao mesmo tempo que a ideia que foi a sua causa ocasional; ela persiste mesmo quando uma segunda ideia afetiva e contrária vem suceder-lhe... Aconteceu-nos uma noite despertar com uma sensação de medo, sem lhe conhecer a causa; essa sensação era, sem dúvida, apenas o abalo resultante das emoções experimentadas num sonho cujas ideias já estavam apagadas do nosso pensamento" (*loc. cit.*, p. 138).

"Foi aventado que as emoções, os sentimentos, etc. podem nascer sem ideias que os despertem, e que suas características especiais não decorrem dessas ideias. Para sustentar esse paradoxo, tomou-se por base o fato de que os hipocondríacos, os epilépticos, os maníacos garantem experimentar o sentimento de medo sem motivo. Isso era próprio tanto do sentimento desses pacientes quanto de suas alucinações; tinha sua origem numa inconsciência de sua causa e nos devaneios de que tinham perdido a lembrança" (*loc. cit.*, p. 140).

É claro que Liébault não podia sustentar suas teses mediante uma argumentação porque não dispunha do método psicanalítico. Os trabalhos de Liébault datam de 1866. O estudo citado foi escrito em 1888.

VI

Excertos da "psicologia" de Hermann Lotze

Nos trabalhos de Hermann Lotze[1], o filósofo e professor alemão justamente célebre e popular, encontrei várias reflexões tão próximas dos conhecimentos psicológicos que a psicanálise obteve por via empírica, que podemos licitamente considerar Lotze um precursor das ideias de Freud. Entretanto, tal concordância entre os resultados do pensamento intuitivo e da poesia, por um lado, e os da experiência prática, por outro, não é somente interessante do ponto de vista histórico, mas também pode ser considerada um argumento a favor da validade dessas mesmas descobertas.

Na *Psicopatologia da vida cotidiana*, Freud, como se sabe, considera o esquecimento como resultado do recalque de representações no inconsciente, recalque motivado pelo desprazer. Eis como Lotze trata esse assunto, em sua obra *Os princípios básicos da psicologia* (3.ª edição, Leipzig, S. Hirzel, editor), onde escreve o seguinte:

§ 15. "... As imagens mnêmicas de impressões precedentemente recebidas nem sempre estão presentes na consciência, só ressurgem de tempos em tempos, sem que uma estimulação exterior seja necessária para provocar seu reaparecimento.

Podemos deduzir daí que, nesse meio-tempo, elas não se perderam inteiramente para nós, mas simplesmente passaram, de alguma forma, para um estado 'inconsciente'; não podemos, natural-

---

1. Hermann Lotze (1817-1881) era professor de filosofia e biologia, tendo lecionado em Leipzig, Göttingen e Berlim. Foi aluno de Herbart e discípulo de Leibnitz.

mente, descrever esses estados, mas vamos designá-los pelo termo cômodo – ainda que paradoxal – de 'representações inconscientes'."

§ 10. "... Dois pontos de vista se defrontam aqui. Outrora, era o desaparecimento das representações que parecia natural e era o contrário, a *rememoração*, que parecia dever ser explicada. Hoje, por analogia com a lei física da permanência da matéria, é o *esquecimento* que se procura explicar, pois é evidente, *a priori*, que todo estado, uma vez instalado, persiste indefinidamente.

Essa analogia tem seus defeitos. Ela se refere ao movimento dos corpos. Mas o movimento é apenas uma modificação de relações exteriores sem efeito sobre o próprio corpo em movimento; pois o corpo ocupa seu lugar, não importa onde, e nada justifica nem permite que ele desenvolva uma *resistência* contra o movimento. Em compensação, o estado do psiquismo varia muito segundo imagine *a* ou *b*, ou mesmo nada. *Poderíamos supor, portanto, que o psiquismo reage a toda impressão que experimenta, sem dispor jamais dos meios para anulá-la totalmente, mas podendo fazê-la passar eventualmente da percepção consciente para o estado inconsciente"*[2].

§ 19. "... A força e a oposição não poderiam naturalmente ser noções básicas de um 'mecanismo psíquico', salvo se dissessem respeito às *atividades de representação*. Mas não é esse o caso. Portanto, se a força e a oposição do *conteúdo representado* constituíssem as condições decisivas da ação recíproca das representações, tratar-se-ia aí de um simples fato. A experiência não o confirma. *A representação com conteúdo mais rico não recalca a de conteúdo mais pobre e é até esta, por vezes, a que reprime a sensação dos estímulos externos.*

Essas representações jamais se produzem num psiquismo que se contenta em fantasiar; mas toda impressão faz-se acompanhar, além daquilo que é representado em consequência desta última, pelo *sentimento do seu valor* no plano do nosso bem-estar físico e psíquico. Esses sentimentos de prazer e desprazer podem apresentar uma *graduação* que a simples representação não possui. Portanto, de acordo com as dimensões dessa *parte afetiva*, a qual, aliás, é extremamente variável segundo o estado geral em que se encontra o psiquismo, ou, em suma, o grau de interesse que, por diversas razões, uma representação pode suscitar num momento dado, assim será maior ou menor o seu poder de recalcamento sobre as outras

---

2. Grifo do autor.

representações. É justamente a essa característica que podemos chamar intensidade da representação, e não a qualquer propriedade particular que ela teria como simples representação." Estas observações de Lotze concordam, em seu conjunto, com a tese de Freud sobre o papel decisivo da qualidade do prazer e do desprazer na percepção e sua reprodução. Essa concordância não pode ser efeito do acaso, levando em conta o fato de que, num outro ponto de sua "Psicologia", Lotze toma igualmente posição – no espírito da atual psicanálise – contra a psicologia e a filosofia restringidas ao consciente.

§ 86. "... A atenção dos pesquisadores foi a tal ponto monopolizada pelo modo de aquisição e a veracidade do conhecimento ou pela relação entre o sujeito e o objeto, que eles acabaram tomando por verdadeiro objetivo e conteúdo essencial de todo o universo o processo que leva o ser vivo a perceber-se a si mesmo, ou seja, *o desenvolvimento da autoconsciência*. Consideraram que a vocação da alma era produzir esse reflexo de si mesma durante a existência terrestre e, por conseguinte, consagraram a psicologia à busca de soluções cada vez mais perfeitas dessa tarefa puramente intelectual. Durante esse tempo, o *conteúdo* da percepção sensível, da intuição e da compreensão foi recalcado para segundo plano, assim como a vida psíquica dos sentimentos e das tendências, que só reteve a atenção na medida em que se prendia à tarefa formal da auto-objetivação anteriormente mencionada."

Na linguagem da psicanálise, isso poderia exprimir-se mais ou menos da seguinte maneira: a consciência não é uma qualidade necessária do psiquismo; o conteúdo do psiquismo é, em si, inconsciente; somente uma fração desse conteúdo é percebida pelo consciente, órgão de percepção sensível das qualidades psíquicas (inconscientes em si mesmas).

O ponto de vista da psicanálise concorda igualmente com a concepção de Lotze, segundo a qual o princípio de prazer orienta a formação dos instintos.

§ 102. "... No início, os instintos são apenas sensações e, mais particularmente, sensações de desprazer ou, pelo menos, de inquietação, vinculadas, porém, a certa aptidão para o deslocamento; essa aptidão leva, à maneira dos movimentos reflexos, a toda espécie de movimentos, graças aos quais são encontrados, após algumas hesitações, os meios capazes de rechaçar a sensação de desprazer." (Ver o artigo de Freud, "Os princípios do funcionamento psíquico" e o capítulo geral de *A interpretação de sonhos*.)

Lotze aborda igualmente o problema da projeção objetivante e da introjeção. No § 52, quando trata da formação do "Eu" em face do *mundo objetivo*, escreve: "Os nossos próprios estados anímicos são caracterizados pelo fato de que tudo aquilo que sentimos, que vivenciamos, sofremos, experimentamos ou fazemos, efetivamente, está vinculado a um *sentimento* (de prazer ou desprazer e de interesse), ao passo que a representação puramente imaginária que temos dos outros seres, de sua maneira de agir, de suas percepções, de seus sofrimentos, não é acompanhada de sentimento algum..."

"... Essa diferença sem equivalente pela qual todo ser possuidor de psiquismo se opõe ao resto do mundo não pode provir exclusivamente de um saber. Achamos que, segundo o processo precedentemente descrito, é em *primeiro lugar* o sentido do pronome pessoal 'meu' que se esclarece para nós e só em *segundo lugar* – quando orientamos o nosso julgamento sobre essas condições – criamos também o substantivo 'eu' como o ser a quem pertence o que é 'meu'." (Ver o meu artigo "Transferência e introjeção", em *Obras completas*, vol. I, p. 77.)

Lotze, que relaciona "essa diferença sem equivalente" entre o ego e o resto do campo da experiência com o seu valor para o indivíduo (valor de prazer, incontestavelmente, e não de utilidade), aproxima-se assim da concepção psicanalítica que vê uma relação muito estreita entre a formação do ego e o *narcisismo*, ou seja, o amor da pessoa por si mesma. (Ver Freud: "Animismo, magia e onipotência do pensamento" em *Totem e tabu*.)

Encontra-se, igualmente, a prova disso nas seguintes linhas de Lotze: (§ 53)... "Cumpre-nos distinguir entre duas coisas. A imagem que o ser vivo faz de si mesmo pode ser mais ou menos *exata ou falsa*; isso depende do nível da faculdade de conhecimento, por meio da qual todo ser procura informar-se teoricamente sobre esse centro de seus estados. Em contrapartida, a *evidência* e a *intimidade* com que todo ser sensível se distingue do mundo exterior não dependem da sua faculdade de introspecção de seu próprio ser, mas revelam-se tão vivamente nos animais inferiores quanto no mais inteligente dos seres, na medida em que reconhecem, por intermédio da dor ou do prazer, seus estados como sendo deles próprios."

Também é interessante ler o que Lotze nos diz acerca do sentido das "adjunções e complementos corporais, sejam eles decorativos ou extraordinariamente móveis", que servem para ornar o corpo. Pensa ele que, dessa maneira, os homens anexam, por assim dizer, uma parte do mundo exterior a seus corpos, e isso com o propósito de ampliar o ego; essas adjunções "despertam em geral a agradável sensação de uma presença psíquica que ultrapassa os limites do nosso corpo".

VII

Fé, incredulidade e convicção sob o ângulo da psicologia médica

Comunicação apresentada no IV Congresso da Associação Internacional de Psicanálise em Munique (1913).

As novas concepções científicas suscitam, em geral, um grau de desconfiança e de incredulidade que excede largamente os limites da objetividade e trai até uma clara *malevolência*. São numerosos aqueles que rejeitam de imediato o exame de uma nova concepção – em particular quando ela se opõe de maneira nítida aos princípios metodológicos admitidos –, qualificando-a *a priori* de improvável; outros esforçam-se visivelmente por sublinhar as imperfeições e as inevitáveis fraquezas da nova concepção, e usam-nas como pretexto para rejeitá-la em bloco, em vez de examinar imparcialmente suas vantagens e insuficiências, ou mesmo acolhê-la com certa benevolência, reservando para mais tarde o exercício do legítimo direito de crítica.

A essa *incredulidade cega* opõe-se *a fé cega* com a qual são acolhidos outros fatos – eventualmente menos verossímeis –, tanto mais incondicional quanto mais a pessoa que os propõe ou o método sobre que repousam desfrutar de respeito ou de autoridade nos meios científicos.

Esses fatores afetivos podem perturbar – como se vê – até o julgamento científico.

A psicanálise, que, por seu trabalho lento, conduz o analisando a modificar muitas de suas opiniões, oferece múltiplas ocasiões para se observar esse comportamento contraditório em face de novas concepções, para decompô-lo em seus elementos e examinar suas condições de aparecimento.

Certos pacientes – frequentemente histéricos – iniciam seu tratamento com um excesso de entusiasmo e de fé; aceitam todas as nossas interpretações sem distinção e glorificam incansavelmente o novo método, mesmo em público. São casos como esses que fazem o principiante correr o risco de adotar uma ideia falsa da rapidez da ação da psicanálise. Uma análise profunda, que permita às resistências exprimirem-se, revela subsequentemente que esses pacientes não estavam convencidos, em absoluto, da exatidão das interpretações psicanalíticas, mas que simplesmente depositaram nelas uma *crença* cega (dogmaticamente, como numa doutrina); comportaram-se como crianças diante de uma autoridade que as esmaga, recalcaram vitoriosamente todas as suas convicções e objeções, com o único objetivo de se assegurarem da afeição paterna, transferida para o médico.

Outros pacientes – sobretudo os obsessivos – opõem a tudo o que o médico possa dizer a mais viva resistência intelectual[1]. A análise explica esse comportamento hostil pela decepção que esses pacientes experimentaram, decepção quanto à confiança que tinham depositado nos detentores da autoridade ou, mais exatamente, na realidade do amor deles, o que os levou a recalcar sua confiança primitiva e só deixar transparecer seu ceticismo. Uma variedade de neurose obsessiva, a doença da dúvida, caracteriza-se pela inibição das funções de julgamento: a crença e a incredulidade aí se manifestam simultaneamente ou sucedem-se com rapidez e uma intensidade uniforme, o que impede tanto a formação de uma convicção quanto a rejeição de uma asserção e, por conseguinte, o julgamento.

O paranoico nem sequer empreende o exame da interpretação proposta; contenta-se em investigar que motivo, que interesse leva o médico a emitir esta ou aquela asserção, qual é a sua intenção e o seu objetivo; e como não é difícil encontrar tais motivos, e o pacien-

---

1. "Parece que nos pacientes do sexo masculino a resistência mais forte durante o tratamento provém do complexo paterno e deve ser interpretada como o medo do pai, a revolta contra o pai e o ceticismo a seu respeito." (Freud: "Perspectivas de futuro da terapêutica psicanalítica", *Zentralbl. f. Psychoanal.*, I, 1; *Coll. Papers*, vol. II, cap. XXV.)

te os encontra, de fato, desiste de levar a análise mais adiante[2]. É necessário, portanto, que exista ao menos um esboço de aptidão para a transferência (para a fé), quer dizer, para a confiança, num sujeito a quem se quer demonstrar alguma coisa; não se deve rejeitar de antemão toda possibilidade de que ele tenha razão.

Em geral, um ceticismo insuficientemente justificado no plano lógico provém de duas fontes afetivas: a decepção relativa à *capacidade* das pessoas autorizadas para explicar as coisas e os processos, e a decepção a respeito da *disposição* delas para dizer a verdade. A primeira decepção corresponde a uma reação contra a confiança depositada na *onisciência* e *onipotência* dos pais, que a experiência ulterior não confirma; a segunda é uma formação reativa contra a confiança depositada na *bondade*, primeiro presumida e depois efetivamente constatada. Na verdade, só a primeira forma de negativismo, de natureza intelectual e em que há destruição total da autoridade é que merece o nome de *ceticismo*; a outra forma, pelo contrário, é mais bem caracterizada pelo termo *desconfiança*. No primeiro caso, os detentores da autoridade são, de certa maneira, *privados de seu caráter divino*, enquanto no segundo caso eles continuam sendo reverenciados, ainda que de modo negativo; contudo, a crença em deus[3] é substituída por uma espécie de *crença no diabo*, de fé numa onipotência a serviço exclusivo de intenções malévolas. O exemplo mais impressionante é fornecido pelos pacientes tomados de mania de perseguição, que atribuem a seu perseguidor, ou seja, à sua imagem ideal do pai concebida num modo negativo, um poder sobre-humano e faculdades sobrenaturais: por exemplo, o poder de controlar todos os outros seres humanos, todas as forças físicas e ocultas (eletricidade, magnetismo, telepatia, etc.), com a única finalidade de destruí-los com mais precisão e de persegui-los. De resto, não existe análise em que o paciente não seja levado a identificar, provisoriamente ou durante um período de tempo mais ou menos

---

2. Às vezes, os neuróticos comportam-se do mesmo modo; a essa categoria pertencem igualmente as objeções "científicas" à psicanálise, isto é, que o analista quer simplesmente ganhar dinheiro, exercer o seu poder sobre o paciente, corromper o seu senso moral, e assim por diante.

3. Ferenczi escreve sempre a palavra "deus" com "d" minúsculo, como é hábito quando se trata de deuses pagãos. Essa ortografia traduz fielmente suas convicções. Portanto, sentimo-nos na obrigação de respeitá-la. (NTF)

longo, o médico que representa o pai com o próprio diabo; alguns veem seu médico alternadamente como uma divindade solícita, em quem se deve crer cegamente, ou como um corruptor, sempre onipotente, mas de uma malevolência diabólica, em quem jamais se deve crer, mesmo quando o que ele diz parece evidente.

Todos esses fatos indicam, e nossas análises o confirmam cotidianamente, que as anomalias da crença – credulidade ilimitada, dúvida patológica ou ceticismo e desconfiança sistemáticas – nada mais são do que sintomas de regressão, ou seja, de fixação no grau infantil de desenvolvimento a que chamei a fase *mágica* ou *projetiva* do sentido de realidade[4].

Quando a criança, instruída pela experiência, começa a perder a fé em sua própria onipotência que considerava capaz de satisfazer todos os seus desejos – primeiro, só pela própria força do desejo, mais tarde por meio de gestos e sinais verbais –, acaba, pouco a pouco, por suspeitar que existem potências "divinas", "superiores" (mãe ou ama de leite) de cujos favores convém assegurar-se para que os gestos mágicos sejam seguidos de efeito[5]. Na história da humanidade, esse estágio corresponde à fase religiosa[6]. É um estágio em que o homem já aprendeu a renunciar à onipotência de seus próprios desejos, mas ainda não à ideia de onipotência. Transferiu-a simplesmente para seres superiores (os deuses) que, em sua benevolência, concedem aos homens tudo o que eles querem, na condição de que sejam respeitadas certas cerimônias a que têm direito, por exemplo, certas exigências da ama de leite relacionadas com o asseio ou outros comportamentos, ou então certas fórmulas de orações que agradam ao deus. A tendência tão generalizada a *conceder uma confiança cega às autoridades* pode ser considerada uma fixação nesse estágio do sentido de realidade.

Mas a decepção infligida ao sentimento de onipotência da criança é rapidamente seguida de uma decepção quanto à potência e à benevolência das autoridades superiores (pais, deuses). Parece

---

4. Ferenczi: "O desenvolvimento do sentido de realidade e seus estágios", neste volume, p. 45.

5. Ferenczi: "O desenvolvimento do sentido de realidade e seus estágios", O. C., neste volume, p. 45.

6. Freud: "Sobre certas concordâncias entre a vida psíquica dos selvagens e dos neuróticos", em "Animismo, magia e onipotência do pensamento" (*Imago*, ano II, vol. 1). (Forma a Parte III de *Totem e tabu*.)

que o poder e a benevolência dessas autoridades não têm assim tanto peso; que também elas estão obrigadas a obedecer a poderes que lhes são superiores (os pais a seus chefes, ao soberano, a deus); que esses personagens divinizados se conduzem frequentemente como seres mesquinhos e egoístas, que se esforçam por obter vantagens mesmo à custa de outrem; enfim, a ilusão da onipotência e da graça divina desaparece totalmente para dar lugar à noção de uma lei que rege os processos naturais com indiferença e constância.

Esta última decepção corresponde à fase *projetiva* – ou *científica*, segundo Freud – do sentido de realidade. Mas cada etapa transposta ao longo do rude caminho da evolução pode exercer uma influência decisiva sobre a vida psíquica, criar um ponto vulnerável, um lugar de fixação a que a libido é sempre suscetível de regredir e que será reencontrada, portanto, em certas manifestações da vida posterior. Considero que as diferentes manifestações de fé cega, de dúvida patológica, de ceticismo e desconfiança sistemáticos são um "retorno" a essa posição (aparentemente) superada.

Sabe-se que a primeira desilusão sofrida pela criança a respeito de sua própria potência sobrevém ao mesmo tempo que o despertar de exigências que ela não pode mais satisfazer só pela força do seu desejo, precisando para tanto modificar o mundo externo. É isso que obriga o indivíduo a *objetivar* o mundo externo, a percebê-lo e a reconhecê-lo: a percepção sensível é, portanto, o único meio para, de certa maneira, assegurar-se da objetivação, da realidade de um conteúdo psíquico. É a *projeção primitiva*, a divisão dos conteúdos psíquicos em "eu" e "não eu"[7]. Só se nos apresenta como "real" (ou seja, existindo independentemente da nossa imaginação) o que se "introduz" em nossa percepção sensível, independentemente da nossa vontade e mesmo a despeito dela. "Ver é crer."[8]

O primeiro artigo de fé da criança, quando começa a tomar consciência da realidade, é o seguinte: é real, quer dizer, existe fora de mim, toda coisa que – mesmo se eu não quero – se me impõe como percepção sensível. A base de toda "certeza evidente" continua sendo, efetivamente, durante muito tempo, o "palpável" e o

---

7. Ferenczi: "Transferência e introjeção", *O.C.*, vol. I, p. 77.
8. "A base de toda certeza é objetiva – no sentido de ser algo direta e imediatamente determinado *para* o sujeito e *não por* ele." (Ver o artigo "Belief" da *Enciclopédia Britânica*, vol. 10, p. 597.)

"visível". Mais tarde, a experiência nos ensina, naturalmente, que as percepções sensíveis também podem enganar e que só o controle recíproco, simultâneo e sucessivo das impressões sensíveis, o qual pressupõe a presença do sistema E (*Erinnerung* = memória) ao lado do sistema W (*Wahrnemung* = percepção), pode nos proporcionar essa "certeza imediata da percepção" a que chamamos sumariamente "evidência". Depois, no decorrer do progressivo desenvolvimento do sentido de realidade, aparecerão as *formas de pensamento lógico*, ou seja, os processos intelectuais que estabelecem as relações entre as diferentes representações e nos permitem julgar sempre "corretamente" (ou seja, sem entrar em contradição com a experiência) ou então raciocinar, prever os acontecimentos e agir de forma prudente. Portanto, a evidência irrefutável não é só própria das coisas "palpáveis", mas também das leis do pensamento lógico (por exemplo, a matemática); mas como essas leis são, de fato, o depósito que a experiência deixa, chega-se finalmente à confirmação da opinião de Locke, quando declara que "toda certeza se apoia na percepção".

Entre os "objetos" do mundo externo que se opõem à vontade da criança e cuja existência ela é, por conseguinte, obrigada a reconhecer, os *outros seres humanos* desempenham um papel especial e cada vez mais importante. A criança acomoda-se rapidamente aos outros objetos do mundo externo; estes colocam sempre e invariavelmente os mesmos obstáculos no seu caminho, ou seja, suas propriedades constantes ou que variam segundo leis que ela *pode levar em conta* e controlar na medida em que as conhece. Mas os outros seres vivos, sobretudo os outros seres humanos, apresentam-se à criança como objetos *imprevisíveis, dotados de uma vontade própria*, e que opõem à sua vontade uma resistência não só passiva mas também ativa; é precisamente esse caráter de aparente excesso que incita a criança a transferir suas fantasias de onipotência para seus companheiros humanos particularmente imponentes, os adultos. A outra grande diferença entre os homens e os demais objetos do mundo externo reside no fato de que os objetos nunca mentem; mesmo que estejamos errados a respeito de tal ou qual característica de um objeto, sempre se comprova, mais cedo ou mais tarde, que o erro partiu de nós. No começo, a criança trata as palavras como coisas (Freud), *crê* nelas; não só toma *conhecimento* delas mas *aceita-as como verídicas*. Entretanto, ao mesmo tempo que aprende, pouco a pouco, a corrigir seu erro no tocante aos outros objetos, essa faculdade falta-lhe quando se trata das declarações verbais de seus pais; primeiro, porque os pais a impressionam por seu poder, suposto e real, ao ponto de a criança não *ousar* sequer duvidar deles; em seguida, porque lhe é frequentemente interditado, sob pena de castigos e de privação de amor, tentar verificar as declarações dos adultos. Predisposição inata e influências educativas concorrem, portanto, para tornar a criança cegamente crédula diante das declarações de pessoas imponentes. Essa *crença* difere da *convicção* na medida em que a crença é um ato de *recalcamento*, ao passo que a convicção corresponde a um *julgamento* imparcial.

Outro fator vem complicar ainda mais a adaptação: o fato de que os adultos não restringem de um modo uniforme a faculdade de julgamento das crianças. Estas têm a possibilidade e mesmo o dever de julgar corretamente coisas "inocentes"; suas manifestações de inteligência são, nesse caso, acolhidas com júbilo e recompensadas por demonstrações particulares de afeição na medida em que não envolvam questões sexuais ou religiosas, nem ponham em dúvida a autoridade dos adultos; pois quanto a estes pontos, as crianças são intimadas – mesmo em face da evidência – a adotar uma atitude de fé cega, a recalcar a menor dúvida, a menor curiosidade, a renunciar, portanto, a todo pensamento autônomo. Conforme Freud sublinhou várias vezes[9], nem todas as crianças são capazes dessa renúncia parcial ao julgamento autônomo e algumas reagem com uma inibição intelectual geral – poderíamos falar de inibição afetiva. Aquelas que se detêm nesse estágio fornecem o contingente de indivíduos que sucumbirão, ao longo da vida, à ascendência de todas as personalidades fortes, sejam elas quais forem, ou a certas sugestões particularmente poderosas, sem se aventurarem jamais fora dos estreitos limites dessas influências. Os indivíduos facilmente hipnotizáveis devem apresentar traços dessa disposição, pois a hipnose nada mais é do que uma regressão transitória à fase de submissão, de credulidade e de abandono infantis[10]. Sem dúvida, a análise desses casos revela em geral, dissimulados sob a máscara da fé cega, a ironia e o escárnio. A noção de *credo quia absurdum* traduz realmente a mais amarga autoironia.

---

9. Ver, em especial, Freud: "Leonardo da Vinci e uma lembrança de sua infância", vol. XI da *Standard Edition*.
10. Ferenczi: "Transferência e introjecão", *O.C.*, vol. I, p. 77.

As crianças dotadas de um senso precoce de realidade só podem admitir em certa medida esse recalcamento parcial de sua faculdade de julgamento. Nelas, a dúvida, deslocada com frequência para outras representações, ressurge facilmente do recalcamento. A atitude dessas crianças confirma a observação de Lichtenberg: na maioria das pessoas, o ceticismo sobre determinado ponto estriba-se numa credulidade cega sobre outro ponto. Admitem certos dogmas sem crítica, mas vingam-se, manifestando um excesso de incredulidade em face de outras asserções.

A mais rude provação infligida à credulidade da criança refere-se às suas próprias sensações subjetivas. Os adultos exigem que ela considere "más" coisas que lhe são agradáveis, e "bonitas" e "boas" as renúncias penosas. Esse duplo sentido do "bom" e do "mau" (por um lado, bom ou mau gosto, por outro, o que se faz e o que não se faz) intervém, em grande medida, para lançar o descrédito sobre o que os outros pretendem a respeito das sensações pessoais da criança.

O que precede revela, pelo menos, uma das fontes da desconfiança, suscitada pelas asserções de *ordem psicológica*, enquanto as fundamentadas numa demonstração pelos chamados métodos exatos, matemáticos, técnicos ou mecânicos são frequentemente acolhidas com uma confiança injustificada. A fixação no estágio da dúvida acarreta, frequentemente, uma inibição duradoura da faculdade de julgamento: é a neurose obsessiva a que mais claramente exprime esse estado psíquico[11]. O obsessivo não se deixa influenciar pela hipnose nem pela sugestão, mas tampouco é capaz de um julgamento independente[12].

---

11. Freud: "Notas sobre um caso de neurose obsessiva", em *Kleine Schriften zur Neurosenlehre*, vol. III.

12. A este respeito, assinale-se o fato extraordinário de que, entre as neuroses, a grande histeria, que consegue deslocar completamente a dúvida e os sentimentos incompatíveis com a consciência da esfera psíquica para a esfera física, parece tornar-se cada vez mais rara. Talvez exista uma relação com a observação recente, segundo a qual a proporção de pessoas hipnotizáveis parece estar regredindo. Em contrapartida, o número de obsessivos – segundo parece – está crescendo. Poder-se-ia dizer que, nos dias de hoje, quase não se encontra uma pessoa considerada normal que esteja inteiramente isenta de manifestações obsessivas. A tendência seria vincular esse deslocamento à evidente regressão da religiosidade na sociedade. Embora admitindo a importância histórica do sentimento religioso, cumpre reconhecer que os dogmas religiosos rígidos, precocemente incutidos e gravados no psiquismo

Compreendemos melhor agora por que a sociedade atual é, por um lado, cética e disposta a duvidar das asserções científicas e, por outro, de uma credulidade dogmática. Assim se explica a alta estima, muitas vezes pouco justificada, em que são tidas as demonstrações baseadas em métodos técnicos, matemáticos, gráficos, estatísticos, a par do ceticismo acentuado por tudo o que provém, em especial, da psicologia e, portanto, das teses da psicanálise.

Confirma-se um velho aforismo: naquele que mentiu uma vez, nunca mais se acredita, mesmo quando diz a pura verdade. A decepção da criança no que se refere à sinceridade e à integridade de seus pais e educadores, quando se trata de certos assuntos psicológicos (sexuais e religiosos), torna o adulto cético em excesso diante das asserções de ordem psicológica; ele reclama provas específicas a fim de evitar uma nova desilusão.

Essa exigência é perfeitamente justificada: o erro de lógica só intervém no momento em que precisamente aqueles que reclamam provas "evidentes" afastam a única possibilidade que têm de obtê-las.

A única possibilidade, em matéria de psicologia, é viver as coisas por si mesmo.

O paciente que se dá ao trabalho de seguir um tratamento analítico e que acolhe, no início, todas as nossas palavras com um ceticismo irônico só pode convencer-se da verdade das nossas asserções reavivando as suas lembranças antigas e, se estas já se tornaram inacessíveis, enveredando pela "via dolorosa da transferência" para o presente e, em especial, para a pessoa do médico responsável pelo tratamento. O paciente deve até esquecer, em certa medida, que é o analista que o pôs nesse caminho para encontrar a verdade por si mesmo. A desconfiança instintiva do paciente a respeito de todo ensinamento e de toda autoridade chega ao ponto de questionar novamente o que já tinha compreendido, se alguma coisa lhe recorda que é ao analista que o deve.

O paciente sente a mesma desconfiança neurótica em relação a toda e qualquer *intenção* manifesta de seu médico: *er merkt die*

---

da criança, podem constituir um atentado duradouro à independência de seu julgamento. Schopenhauer já sublinhou a relação entre a diminuição da liberdade de pensamento nos adultos e a educação religiosa das crianças: "Não é apenas o *enunciado* e a *comunicação* da verdade, mas também a reflexão e a descoberta da verdade que se tenta impedir quando se confia aos sacerdotes o espírito das crianças" (*Pararega und Paralipomena*).

Absicht und wird verstimmt[13], ou seja: ele fica desconfiado. Por isso o médico de tal paciente deve fazer todas as suas intervenções sem paixão e num tom igual, sem trair o que lhe parece importante; cabe ao próprio cético avaliar a importância das coisas. Quem pretende explicar ou convencer, torna-se um representante da imago paterna ou magistral e concentra sobre si todo o ceticismo que esses personagens suscitaram outrora na criança. A antipatia tão generalizada pelas peças e pelos romances de tese, que deixam transparecer a intenção moralizadora do autor, provém da mesma fonte. Em compensação, o leitor acolhe com prazer essas mesmas teses quando estão dissimuladas na obra e cabe a ele a tarefa de as pôr em evidência. Assim, é um fato conhecido que as teses da psicanálise são admitidas e até apreciadas pelos próprios psiquiatras na condição de virem envoltas num chiste ou apresentadas como casos particulares.

Segue-se que uma obra poética, para que possa oferecer um ensinamento psicológico, deve apresentar-se sob a forma de um exemplo (portanto, como uma coisa vivida, descrita minuciosamente), e não como um simples esforço de lógica. Em matéria de psicologia, a frase anteriormente citada pode ser reformulada na seguinte variante: "Sentir é acreditar." Em psicologia, tudo o que nos vem de outra fonte jamais atinge o grau de certeza do que foi pessoalmente vivenciado, mas permanece fixado em algum nível de "probabilidade". Em todos os outros casos, as coisas de maneira que "se ouve a notícia mas sem confiar nela".

Estas observações a respeito das condições necessárias para se chegar a convicções de ordem psicológica permitem-nos fazer um exame crítico dos métodos psicoterapêuticos conhecidos até hoje e avaliá-los. O método "racional" e "moralizador" de Dubois exclui-se por si mesmo como o mais inutilizável de todos. Na medida em que, fiel ao seu programa, contenta-se em fazer "dialética", em "demonstrar", querendo levar os pacientes, "com a ajuda de simples silogismos", a reconhecer que seus sintomas são de origem psíquica e constituem apenas "as consequências naturais de um processo afetivo", essa terapêutica *deve necessariamente* carecer de efeito; se, porém, tivesse uma ação, seria preciso atribuí-la a uma influência manifesta ou oculta sobre os *afetos* do paciente; mas, nesse caso, o

---

13. "Ele vê a intenção e se zanga." (N. do T.)

método deixa de ser racional (ou seja, deixa de agir unicamente sobre o intelecto e por meios lógicos) para tornar-se uma variante – deveras inepta – da influência sugestiva (emocional). A tentativa de moralização e de argumentação racional deve suscitar logo – pelas causas acima mencionadas – uma barragem formada por todas as resistências do paciente. Este entra em guerra contra o seu médico, passa a desdenhar tudo o que possa haver de *verdade* no que ele diz, busca apenas os pontos fracos de sua argumentação e os encontra; e se a fuga se torna impossível, reconhece eventualmente sua derrota, mas conserva a impressão de que o método não o *convenceu* – apenas o *venceu*. No espírito de um indivíduo vencido dessa maneira, permanece a suspeita de que foi simplesmente a vítima da habilidade dialética do médico e de que não soube detectar seus erros de raciocínio.

A eficácia do tratamento por sugestão e por hipnose, que visa explicitamente influenciar o domínio afetivo, é incontestavelmente superior. Mas sua aplicação suscita muitas objeções. Uma delas é que *a maioria* dos indivíduos não é *realmente* hipnotizável. Acho que não é permitido dar o nome de hipnose a certos procedimentos totalmente ineficazes, em que o paciente conserva todas as suas dúvidas referentes às afirmações do médico, mesmo quando enunciadas no seio de uma penumbra mística e acompanhadas de carícias na testa. A expressão "sugestão em estado vígil" dissimula frequentemente uma boa dose de ilusão; basta ver como os pacientes que se submeteram a tal tratamento zombam de seu médico.

Mesmo uma influência sugestiva (ou hipnótica), incontestavelmente bem-sucedida, não proporciona ao paciente uma convicção *duradoura* quanto à veracidade das palavras do médico, nem lhe dá uma fé suficiente para manter, contra toda a evidência, o sentimento da inexistência de seus sintomas (ou seja, uma alucinação negativa). Essa "autorrenegação" por parte do paciente só é possível, como sabemos, na medida e enquanto o médico exercer sobre ele uma autoridade quase parental, confirmada por repetidas manifestações de amor ou por ameaças de castigo (ou seja, a severidade) (hipnose maternal e paternal). A terceira objeção, de ordem essencialmente prática, é a seguinte: será admissível devolver deliberadamente alguém a um estágio de credulidade infantil que procura superar, como provam seus sintomas? Pois esse rebaixamento, ainda que fosse eficaz, nunca se limita a determinado complexo, mas estende-se sempre ao indivíduo por completo. Em todo caso, sem a menor dúvida, é impossível para o doente chegar pela sugestão a verdadeiras "convicções", que possam fornecer uma base sólida para uma vida psíquica sem sintomas, ou seja, mais econômica e mais suportável.

Ao passo que a psicoterapia racional (ou, mais exatamente, racionalizante) e a psicoterapia sugestiva hipnótica pretendem agir sobre o paciente de maneira unilateral, ora *intelectual*, ora *emocional*, sem levar em conta as condições (que os partidários desses métodos ignoram) necessárias para suscitar convicções e importantes tomadas de consciência capazes de modificar a atitude psíquica do paciente, a psicanálise de Freud exige que se considere a totalidade da vida intelectual e afetiva. Parte do princípio de que verdadeiras convicções só podem resultar de uma *vivência* afetivamente investida e de que os sentimentos de ódio e de ceticismo a isso se opõem. Com a ajuda da associação livre, a técnica psicanalítica coloca o paciente em condições de reviver suas lembranças e suas fantasias recalcadas, às quais reagiu outrora de forma inadequada, ou seja, pelo recalcamento, e de modificar assim a sua própria vida psíquica com base numa crítica autônoma e independente. Na medida em que a análise desloca para o médico os sentimentos (positivos e negativos) do paciente sob a forma de transferência (devemos sublinhar aqui que esse processo é sempre obra do paciente e praticamente nunca é provocado pelo médico), ela permite ao paciente *reviver* na realidade e ativamente esses complexos, cujos traços conscientes se diluíram e só podem ser reanimados com grandes dificuldades – e que lhe parecem, portanto, totalmente estranhos – e convencer-se da existência deles de um modo indubitável. A psicanálise conquista a confiança do paciente por um meio simples: ela não se oferece ao paciente, não propõe sua autoridade e, ainda menos, sob a pressão desta última, suas teorias. Pelo contrário, permite ao paciente toda espécie de ceticismo, de ironia e de zombarias em relação ao seu método e ao seu representante, o médico, e onde quer que descubra vestígios disto, mesmo encobertos e recalcados, a psicanálise desvenda-os implacavelmente. Quando o paciente vê que tem o direito de ser desconfiado, que seu pensamento e seus sentimentos não sofrerão nenhuma influência, começa a enxergar a possibilidade de que possa existir algo de verdadeiro nas falas do médico.

No transcurso do desenvolvimento histórico da psicanálise, o chamado método catártico segundo Breuer e Freud (ainda praticado por alguns médicos como Frank e Bezzola) conserva ainda numerosos traços da hipnose.

Esse método terapêutico deixa intata a autoridade do médico em consequência do não reconhecimento da transferência; não permite aos pacientes, portanto, chegar a essa independência total necessária ao julgamento autônomo.

A psicoterapia segundo Adler, que quer introduzir toda a vida psíquica neurótica no leito de Procusto de uma única fórmula (o sentimento de inferioridade e sua compensação), pode suscitar o interesse e a reflexão de numerosos neuróticos por seu estudo caracterológico nuançado; eles reencontram com extrema satisfação nas teorias de Adler suas próprias opiniões (errôneas) a respeito de seu estado. Mas não extraímos daí nenhum benefício no plano terapêutico, visto que nenhuma tentativa é feita para levar o paciente a uma nova convicção, que possa modificar substancialmente o seu ponto de vista.

Uma modalidade terapêutica como a de Jung, por exemplo, que não considera essencial deixar o paciente reviver um a um todos os acontecimentos traumatizantes de sua infância, mas contenta-se em mostrar, de um modo geral, o caráter arcaico dos sintomas através de alguns exemplos comprobatórios, renuncia, ao abreviar o tratamento, à vantagem de integrar, por uma localização precisa, o inconsciente do paciente no edifício sólido da determinação psíquica e de levá-lo assim ao mesmo grau de certeza que é produzido pela psicanálise freudiana. As teses gerais e as iniciativas moralizadoras podem seduzir momentaneamente o paciente, mas essa conscientização produzida pela sugestão ou pela dialética sofre de todos os inconvenientes já enumerados a propósito da terapia autoritária e da chamada terapia "racional"; por conseguinte, esse método também priva o paciente da possibilidade de se convencer com a ajuda de uma vivência ativa, único modo de se chegar, em matéria de psicologia, a uma certeza absoluta.

VIII

O desenvolvimento do sentido de realidade e seus estágios

Freud mostrou que o desenvolvimento das formas de atividade psíquica própria ao indivíduo consiste na substituição do princípio de prazer predominante na origem e do mecanismo de recalcamento que lhe é específico pela adaptação à realidade, ou seja, à prova de realidade fundamentada num julgamento objetivo. Do estágio psíquico "primário", tal como se manifesta nas atividades psíquicas dos seres primitivos (animais, selvagens, crianças) e nos estados psíquicos primários (sonho, neurose, fantasia), surgirá, portanto, o estágio secundário, o do homem normal em estado vígil.

No começo do seu desenvolvimento, a criança recém-nascida tenta chegar ao estado de satisfação somente através da violência do desejo (representação), negligenciando (recalcando) simplesmente a realidade insatisfatória para supor presente a satisfação desejada mas ausente; pretende, pois, cobrir todas as suas necessidades sem esforço, mediante alucinações positivas e negativas. "É somente a ausência persistente da satisfação esperada, a decepção, que leva ao abandono dessa tentativa de satisfação de modo alucinatório. Em seu lugar, o aparelho psíquico teve de resolver-se a representar o estado real do mundo externo e a procurar a modificação real deste último. Desse modo, foi introduzido um novo princípio de atividade psíquica: o que era representado não era mais o que era agradável, mas o que era real mesmo que tivesse de ser desagradável."[1]

---

1. Freud: "Formulierungen über die zwei Principien des psychischen Geschehens" [Formulações sobre os dois princípios do funcionamento psíquico], 1911 (*Ges. Schr.*, vol. V, p. 409).

No importante estudo em que ele expõe esse fato fundamental da psicogênese, Freud limita-se a distinguir com nitidez o estágio-prazer do estágio-realidade. Preocupa-se, claro, com os estados intermediários, nos quais coexistem os dois princípios do funcionamento psíquico (fantasia, arte, vida sexual), mas deixa sem respostas a questão de saber se é progressivamente ou por etapas que a forma secundária da atividade psíquica se desenvolve a partir da forma primária e, por outro lado, se é possível distinguir tais etapas ou descobrir seus derivados na vida psíquica normal ou patológica.

Num artigo anterior, onde nos fornece aspectos profundos da vida psíquica dos neuróticos obsessivos[2], Freud, entretanto, chama a nossa atenção para um fato que poderíamos aceitar como ponto de partida para tentar eliminar o hiato que existe entre os dois estágios do desenvolvimento psíquico, o estágio-prazer e o estágio-realidade.

Os obsessivos que se submetem a uma análise, lê-se nesse artigo, reconhecem não poder desfazer-se de sua crença na *onipotência* de seus pensamentos, de seus sentimentos, de seus bons ou maus desejos. Por mais esclarecidos que sejam, por mais forte que seja a oposição feita por sua instrução e sua razão, eles continuam alimentando o *sentimento* de que seus desejos, de um modo inexplicável, realizam-se. Todo analista pode facilmente convencer-se desse estado de coisas. O obsessivo, constatará o analista, tem a impressão de que a felicidade e a infelicidade dos outros, inclusive sua vida e sua morte, dependem de algumas de suas ações e de seus processos de pensamento, inofensivos em si mesmos. É compelido a evocar certas fórmulas mágicas ou a executar uma ação determinada: caso contrário, um grande infortúnio acontecerá a tal ou qual pessoa (na maioria das vezes, um parente próximo). Essa convicção intuitiva e supersticiosa nem sequer é abalada por repetidas experiências que a desmentem[3].

Deixemos de lado, de momento, o fato de que a análise vai descobrir nesses pensamentos e nesses atos obsessivos *substitutos* de

---

2. Freud: "Remarques sur un cas de névrose obsessionnelle" (*Cinq psychanalyses*, PUF).

3. Este artigo foi escrito antes que se pudesse considerar o estudo de Freud sobre "Animismo, magia e onipotência do pensamento" (*Totem e tabu*, 1913), onde ele trata do mesmo assunto de um ponto de vista diferente.

moções de desejo perfeitamente lógicos, mas recalcados porque intoleráveis[4], e concentremos a nossa atenção unicamente na forma específica como esses sintomas obsessivos se apresentam: devemos admitir que eles já constituem em si mesmos um problema.

A experiência psicanalítica levou-me a considerar esse sintoma, o sentimento de onipotência, uma projeção da nossa percepção de ter de obedecer como escravos a certas pulsões irreprimíveis. A neurose obsessiva é um retorno da vida psíquica a uma etapa infantil do desenvolvimento, caracterizada, entre outras coisas, pelo fato de que a atividade de inibição, de adiantamento e de elaboração do pensamento ainda não se interpôs entre o desejo e a ação e de que o desejo é espontânea e infalivelmente seguido do gesto próprio para realizá-lo: um movimento de evitação da fonte de desprazer ou a aproximação da fonte de prazer[5].

Em consequência de uma inibição do desenvolvimento (fixação), uma parte da vida psíquica do obsessivo, mais ou menos subtraída à sua consciência, permaneceu, pois – como a análise o mostra –, nessa etapa infantil, e dá-se a assimilação do desejo e da ação porque essa parte recalcada da vida psíquica não pôde aprender, em virtude do próprio recalcamento, do retraimento da atenção, a distinguir os dois processos; em contrapartida, o ego, que evoluiu sem recalcamento, instruído pela educação e pela experiência, não pode deixar de sorrir de tal assimilação. Daí resulta a discordância do obsessivo: a coexistência inexplicável da lucidez e da superstição.

Essa explicação do sentimento de onipotência como fenômeno autossimbólico[6] não me satisfez inteiramente, levando-me a indagar: onde a criança adquiriu a audácia suficiente para assimilar pensamento e ação? De onde vem essa naturalidade com que estende a mão para não importa que objeto, seja a lâmpada suspensa acima

---

4. S. Freud: "Die Abwehr-Neuropsychosen" [As psiconeuroses de defesa], 1893, e "Obsessões e fobias", 1895 (*Ges. Schr.*, vol. I).
5. Sabe-se que as crianças pequenas estendem a mão de maneira quase reflexa para todo objeto brilhante ou que, por alguma outra razão, lhes agrada. No começo, são mesmo incapazes de abster-se de uma "inconveniência" que lhes propicie um prazer qualquer, caso uma excitação nesse sentido se apresente. Um menino a quem a mãe proibia de meter os dedos no nariz respondeu-lhe: "Eu não quero, é a minha mão que quer e não consigo detê-la."
6. É assim que Silberer designa as autopercepções representadas simbolicamente.

dela ou a lua que brilha ao longe, com a esperança certa de alcançá-las e de se apoderar delas por esse gesto?

Lembrei-me então de que o obsessivo, segundo a hipótese de Freud, "confessa francamente uma parte de sua antiga megalomania infantil" em sua fantasia de onipotência, e procurei averiguar a origem dessa ilusão e seguir seu destino. Esperava, ao mesmo tempo, aprender algo de novo acerca da evolução do ego, desde o princípio de prazer até o princípio de realidade, porquanto me parecia provável que a substituição, imposta pela experiência, da megalomania infantil pelo reconhecimento do poder das forças da natureza constituía o essencial do desenvolvimento do ego.

Freud qualifica de ficção uma organização que seria escrava do princípio de prazer e desprezaria a realidade do mundo externo, e é no entanto – diz ele – praticamente o que acontece com o bebê, desde que se levem em conta os cuidados maternos[7]. Acrescentarei que existe um estado do desenvolvimento humano que realiza esse ideal de um submetido unicamente ao prazer e não só na imaginação e de maneira aproximada, mas na realidade e de modo efetivo.

Refiro-me ao período da vida passado no corpo da mãe. Nesse estágio, o ser humano vive como parasita do corpo materno. Para o ser nascente mal existe "um mundo externo"; todos os seus desejos de proteção, de calor e de alimento estão assegurados pela mãe. Ele não precisa sequer fazer nenhum esforço para apoderar-se dos nutrientes e do oxigênio que lhe são necessários, já que mecanismos apropriados se encarregam de fazer chegar essas substâncias diretamente aos seus vasos sanguíneos. Em comparação, um verme intestinal, por exemplo, deve fornecer muito trabalho, "modificar o mundo externo", se quiser subsistir. A sobrevivência do feto, pelo contrário, incumbe inteiramente à mãe. Portanto, se o ser humano tem uma vida psíquica, mesmo inconsciente, no corpo materno – e seria absurdo acreditar que o psiquismo só começa a funcionar no momento do nascimento –, ele deve ter, pela própria circunstância de existir, a impressão de que é realmente *onipotente*. Pois o que é onipotência? É a impressão de ter tudo o que se quer e de não ter mais nada a desejar. É o que o feto poderia pretender no que lhe diz

---

7. *Ges. Schr.*, vol. I, p. 411, nota. Ver também a controvérsia entre Bleuler e Freud a respeito desse problema (Bleuler, "Das autistische Denken" [O pensamento autístico], *Jahrbuch*, vol. IV).

respeito, já que possui constantemente tudo o que lhe é necessário à satisfação de suas pulsões[8], portanto, nada tem a desejar, é desprovido de necessidades.

A "megalomania da criança" quanto à sua própria onipotência não é, portanto, *pura* ilusão; a criança e o obsessivo nada pedem de impossível à realidade, quando sustentam com obstinação que seus desejos devem necessariamente cumprir-se; apenas exigem a *volta* de um estado que existiu outrora, a volta desses "bons tempos" em que eram onipotentes. *(Período da onipotência incondicional.)*

Com o mesmo direito que nos permite supor a transferência para o indivíduo dos traços mnésicos da história da espécie, e até com mais fortes razões, podemos sustentar que os traços dos processos psíquicos intrauterinos não deixam de exercer influência sobre a configuração do material psíquico que se manifesta após o nascimento. O comportamento da criança imediatamente após o nascimento fala a favor de uma tal continuidade dos processos psíquicos[9].

O recém-nascido não se adapta de maneira idêntica, no que se refere a suas diferentes necessidades, a essa nova situação, que é manifestamente para ele uma fonte de desprazer. Imediatamente após o "parto", ele começa a *respirar* para suprir a ausência de abastecimento de oxigênio em consequência da ligadura das artérias umbilicais; a posse de um aparelho respiratório pré-formado desde a vida intrauterina permite-lhe remediar de imediato e ativamente a privação de oxigênio. Entretanto, quando observamos os outros comportamentos do recém-nascido, temos a impressão de que ele não está nada encantado com a brutal perturbação ocorrida na quietude isenta de desejos de que desfrutava no seio materno, e até mesmo que deseja, *com todas as suas forças, reencontrar-se nessa situação.* As pessoas que cuidam da criança compreendem instintivamente esse desejo e, assim que manifesta seu desprazer com choro

---

8. Como resultado de perturbações devidas, por exemplo, à doença ou a uma afecção da mãe ou do cordão umbilical, a *necessidade* pode abater-se sobre o indivíduo desde a vida intrauterina, despojá-lo de sua onipotência e forçá-lo a tentar "modificar o mundo externo", em outras palavras, a efetuar um trabalho. Esse trabalho pode consistir em inspirar o líquido amniótico em caso de ameaça de sufocação.

9. Freud indicou, de passagem, que as sensações da criança durante o nascimento provocam, provavelmente, o primeiro afeto de angústia do recém-nascido, aquilo que ficará sendo o protótipo de toda angústia, de toda ansiedade posteriores.

e agitação, colocam-na em condições que se aproximam o mais possível da situação intrauterina. Põem-na no fundo do corpo tépido da mãe ou envolvem-na em cobertores e edredons quentes e macios, com o objetivo manifesto de lhe dar a ilusão da cálida proteção materna. Protegem seus olhos dos estímulos luminosos, os ouvidos dos ruídos, a fim de permitir-lhe continuar desfrutando da ausência de excitações próprias do estado fetal, ou então reproduzem as estimulações suaves e monótonas de que a criança não está isenta nem mesmo no útero (balanço quando a mãe se desloca, sons cardíacos maternos, ruídos abafados filtrando-se do exterior até o interior do corpo), embalam-na e cantam-lhe cantigas de ninar, de ritmo monótono.

Se tentarmos nos identificar com o recém-nascido não só no plano afetivo (como fazem as pessoas que dele cuidam), mas também no plano do pensamento, deveremos admitir que os gritos de aflição e angústia e a agitação da criança constituem uma reação muito mal adaptada, na aparência, à *perturbação* desagradável que subitamente ocorreu, em virtude do nascimento, na situação de satisfação de que usufruía até então. A partir das reflexões expostas por Freud na parte geral da *A interpretação de sonhos*, podemos supor que a primeira consequência dessa perturbação foi o *reinvestimento alucinatório* do estado de satisfação perdido: a existência tranquila no calor e na placidez do corpo materno. Por conseguinte, o *primeiro desejo da criança* não pode ser outro *senão o de se reencontrar nessa situação*. E o mais curioso é que essa alucinação da criança – com a condição de que se ocupem normalmente dela – realiza-se efetivamente. Logo, do ponto de vista subjetivo da criança, a "onipotência" incondicional de que desfrutava até então só se modificou na medida em que deve investir o que deseja de modo alucinatório (representar), mas sem ter de modificar mais nada no mundo externo a fim de obter efetivamente a plena realização de seus desejos. Não tendo, por certo, nenhuma noção do encadeamento real de causas e efeitos, nem da existência e atividade das pessoas que cuidam dela, a criança é levada a sentir-se na posse de uma força mágica, que é capaz de concretizar todos os seus desejos mediante a simples representação de sua satisfação. (*Período da onipotência alucinatória mágica*.)

Pelo efeito produzido pela atividade delas, vê-se que as pessoas encarregadas de cuidar da criança adivinharam suas alucinações. Assim que foram tomadas as medidas elementares, a criança acalma-se e "adormece". O primeiro sono é, portanto, *a reprodução bem-sucedida da situação intrauterina que preserva, tanto quanto possível, das excitações externas*, com a provável função biológica de concentrar a totalidade da energia nos processos de crescimento e regeneração, sem ser perturbado por uma tarefa exterior a realizar. Considerações que não podem ser expostas neste contexto convenceram-me de que mesmo o sono posterior nada mais é senão uma regressão periódica e repetida ao estágio de onipotência alucinatória mágica e, por esse intermédio, à onipotência absoluta da situação intrauterina. Segundo Freud, cabe supor em todo sistema que vive segundo o princípio de prazer a posse de mecanismos que lhe permitem escapar aos estímulos da realidade[10]. Parece que o sono e o sonho são as funções preenchidas por esses mecanismos, ou seja, os resíduos da onipotência alucinatória da criança pequena que subsistem na vida adulta. O equivalente patológico dessa regressão seria a realização alucinatória dos desejos nas psicoses.

Como o desejo de satisfações pulsionais surge periodicamente sem que o mundo externo tenha conhecimento do instante em que a pulsão se manifesta, a representação alucinatória da realização do desejo não bastará em breve para acarretar efetivamente a realização do desejo. Essa realização está vinculada a uma nova condição: a criança deve produzir certos *sinais*, por conseguinte, efetuar um trabalho motor, mesmo inadequado, a fim de que a situação se modifique no sentido de seus desejos e de que "a identidade de representação" seja seguida pela "identidade de percepção" satisfatória[11].

O estágio alucinatório já se caracterizava pelo aparecimento de descargas motoras descoordenadas (gritos, agitação) no momento em que surgiam afetos de desprazer. A criança utiliza agora essas descargas como sinais mágicos, cuja emissão realiza prontamente a percepção da satisfação (naturalmente graças a uma ajuda externa, da qual a criança não tem, aliás, a menor suspeita). O que a criança sente subjetivamente no decorrer desses processos assemelha-se, provavelmente, ao que experimenta um verdadeiro mágico que ape-

---

10. Freud: "Formulações sobre os dois princípios...", *op. cit.*
11. Freud: *A interpretação dos sonhos*.

nas precisa fazer um gesto para provocar a seu bel-prazer, no mundo externo, os mais complexos eventos[12].

Assinale-se que a onipotência do ser humano está vinculada a "condições" cada vez mais numerosas, à medida que aumenta a complexidade dos seus desejos. Em breve essas manifestações por descarga não bastam mais para provocar o estado de satisfação. Os desejos, que assumem formas cada vez mais específicas à proporção do desenvolvimento, exigem sinais especializados correspondentes. Tais são eles, em primeiro lugar: a imitação com a boca dos movimento de sucção quando o bebê deseja ser alimentado e as manifestações características, com ajuda da voz e de contrações abdominais, quando deseja ser trocado. A criança também aprende progressivamente a estender a mão para os objetos que cobiça. Resulta daí uma verdadeira linguagem gestual: por uma combinação apropriada de gestos, torna-se capaz de exprimir necessidades muito específicas, as quais, na grande maioria das vezes, serão efetivamente satisfeitas; de modo que a criança – desde que respeite a condição que consiste em exprimir o desejo mediante gestos correspondentes – pode continuar a crer-se onipotente: é o *período da onipotência com a ajuda de gestos mágicos*.

Esse período tem igualmente um equivalente em patologia. O salto surpreendente do mundo do pensamento para os dois processos somáticos que Freud descobriu na *conversão histérica*[13] fica es-

---

12. Se procuro um equivalente dessas descargas na patologia, penso inevitavelmente na *epilepsia essencial*, a mais problemática das grandes neuroses. E, se admito que, no tocante à epilepsia, é difícil separar o fisiológico, permito-me, entretanto, assinalar que os epilépticos passam por indivíduos extremamente "sensíveis", cuja docilidade se converte, ao menor pretexto, numa fúria e numa sede de dominação assustadoras. Até agora, esse traço de caráter era geralmente interpretado como um efeito secundário, uma consequência de crises frequentes. Mas cumpre ponderar também outra possibilidade: a crise epiléptica não poderia ser considerada uma regressão ao *período infantil da realização do desejo por movimentos descoordenados*? Os epilépticos seriam, portanto, indivíduos cujos afetos de desprazer acumulam-se e ab-reagem periodicamente em crises paroxísmicas. Se esta explicação for comprovadamente válida, deveremos situar o ponto de fixação de uma futura crise epiléptica nesse estágio de expressões descoordenadas dos desejos. A pateada irracional, o crispar dos punhos, o ranger de dentes, etc., que acompanham as *explosões de cólera* da maioria das pessoas, sob todos os demais aspectos tidas por saudáveis, seriam meras formas atenuadas dessa mesma regressão.

13. Cf. os trabalhos de Freud em "Estudos sobre a histeria".

clarecido se o concebermos como uma regressão ao estágio da magia gestual. Com efeito, segundo a psicanálise, as crises histéricas representam, com a ajuda de gestos, a realização de desejos recalcados. Na vida psíquica do indivíduo normal, os inúmeros gestos supersticiosos ou pretensamente eficazes (gestos de maldição, de bênção, mãos juntas para a prece, etc.) são resíduos pertencentes ao período do sentido de realidade em que nos sentíamos ainda suficientemente poderosos para violar, com a ajuda desses gestos anódinos, a ordem normal do universo – de cuja existência, a bem dizer, não suspeitávamos. Mágicos, adivinhos e magnetizadores ainda encontram crédito quando afirmam esse poder absoluto de seus gestos; sem esquecer o napolitano, que se protege do mau-olhado mediante um gesto simbólico.

Com o recrudescimento das necessidades tanto em quantidade como em complexidade vão multiplicar-se não só as "condições" a que o indivíduo deverá submeter-se se quiser ver suas necessidades satisfeitas, mas também os casos em que seus desejos, cada vez mais ousados, não se realizarão, mesmo respeitando escrupulosamente as condições outrora eficazes. A mão estendida é, com frequência, recolhida vazia, o objeto cobiçado não acompanha o gesto mágico. E mesmo uma potência adversa e invencível pode opor-se pela força a esse gesto e coagir a mão a retomar sua posição anterior. Se até então o ser "onipotente" podia sentir-se uno com o universo que lhe obedecia e seguia os seus sinais, uma discordância dolorosa vai produzir-se pouco a pouco no seio de sua vivência. É obrigado a distinguir do seu ego, como constituindo o *mundo externo*, certas coisas malignas que resistem à sua vontade, ou seja, a separar os conteúdos psíquicos subjetivos (sentimentos) dos conteúdos objetivos (impressões sensoriais). Chamei antes *fase de introjeção* do psiquismo ao primeiro desses estágios, quando todas as experiências ainda estão incluídas no ego, e *fase de projeção* ao estágio que se lhe segue[14]. De acordo com esta terminologia, poderíamos designar os estágios de onipotência como *fases de introjeção*, e o estágio de realidade como *fase de projeção* do desenvolvimento do ego.

Entretanto, nem mesmo a objetivação do mundo externo desfaz de chofre todos os vínculos entre o eu e o não eu. A criança

---

14. Cf. "Transferência e introjeção", 1909, Ferenczi, *O.C.*, vol. I, p. 77.

aprende, por certo, a contentar-se com o fato de dispor apenas de uma parte do mundo, o "ego", ao passo que o resto, o mundo externo, resiste frequentemente aos seus desejos, mas isso não a impede de continuar investindo o mundo externo com qualidades que descobre em si mesma, ou seja, qualidades do ego. Tudo parece indicar que a criança atravessa um *período animista* na sua apreensão da realidade, período em que todas as coisas se lhe apresentam como animadas e em que tenta reencontrar em cada coisa seus próprios órgãos ou seu funcionamento[15].

Foi feito, certa vez, contra a psicanálise, o comentário irônico de que, segundo essa teoria, o "inconsciente" veria em todo objeto convexo um pênis e em todo objeto côncavo uma vagina ou um ânus. Na minha opinião, essa sentença define muito bem as coisas. O psiquismo da criança (e a tendência do inconsciente que subsiste no adulto) confere – no que se refere ao próprio corpo – um interesse inicialmente exclusivo, mais tarde preponderante, pela satisfação de suas pulsões, pelo gozo que lhe propiciam as funções de excreção e atividades tais como chupar, comer, tocar as zonas erógenas. Nada tem de surpreendente que sua atenção seja atraída, em primeiro lugar, para as coisas e os processos do mundo externo que lhe recordam, em virtude de uma semelhança mesmo longínqua, suas experiências mais caras.

Assim se estabelecem essas relações profundas, persistentes a vida inteira, entre o corpo humano e o mundo dos objetos, a que chamamos *relações simbólicas*. Nesse estágio, a criança só vê no mundo reproduções de sua corporalidade e, por outro lado, aprende a figurar por meio de seu corpo toda a diversidade do mundo externo. Essa aptidão para a figuração simbólica representa um aperfeiçoamento importante da linguagem gestual; ela permite à criança assinalar não só os desejos que envolvem diretamente seu corpo, mas exprimir também desejos que se relacionam com a modificação do mundo externo, doravante reconhecido como tal. Se a criança é tratada com amor, não será obrigada, mesmo nesse estágio de sua existência, a abandonar sua ilusão de onipotência. Ainda lhe basta figurar simbolicamente um objeto para que a coisa (considerada como animada) "venha" até ela, de fato, num grande número

---

15. Cf. sobre o animismo o ensaio de H. Sachs, "Über Naturgefühl" [O sentimento da natureza], *Imago*, I, 1912.

de casos; sem dúvida, é essa a impressão que a criança tem nessa fase de pensamento animista, quando seus desejos são satisfeitos. Entretanto, a incerteza quanto ao aparecimento da satisfação faz com que pressinta, pouco a pouco, que também existem potências superiores, "divinas" (mãe ou ama de leite), cujas boas graças é necessário conquistar para que a satisfação se siga prontamente ao gesto mágico. Entretanto, a satisfação obtém-se com facilidade, sobretudo com um meio particularmente conciliador.

Um dos "meios" físicos utilizados pela criança para figurar seus desejos e os objetos que cobiça adquire então especial importância, sobrepondo-se a todos os outros modos de representação: é a linguagem. Em sua origem[16], a linguagem é a imitação, ou seja, a reprodução vocal de sons e ruídos produzidos pelas coisas ou que se produzem por intermédio delas; a habilidade dos órgãos da fonação permite reproduzir uma diversidade muito maior de objetos e processos do mundo externo, e fazê-lo de um modo mais simples do que pela linguagem gestual. O simbolismo gestual é substituído, portanto, pelo simbolismo verbal: certas sequências de sons são postas em estreita relação associativa com coisas e processos determinados, e são até progressivamente *identificadas* com eles. É o ponto de partida de um importante avanço: tornam-se inúteis a laboriosa *representação* por imagens e a *encenação* dramática, ainda mais laboriosa; a concepção e a representação dessas séries de fonemas chamadas palavras permitem uma versão muito mais econômica e preciosa dos desejos. Ao mesmo tempo, o simbolismo verbal torna possível o pensamento consciente na medida em que, associando-se aos processos de pensamento, em si mesmo inconscientes, confere-lhes qualidades perceptíveis[17].

O pensamento consciente por meio de signos verbais é, portanto, a mais alta realização do aparelho psíquico, a única que permite a adaptação à realidade, retardando a descarga motora reflexa e a libertação do desprazer. Apesar de tudo, a criança chega ainda a preservar, mesmo nesse estágio do seu desenvolvimento, o seu sen-

---

16. Cf. Kleinpaul, *Leben der Sprache*, Leipzig, 1893; e Dr. Sperber, "Über dein Einfluss sexueller Momente auf Entstehung und Entwicklung der Sprache", *Imago*, I, 1912.
17. S. Freud, *A interpretação dos sonhos*. (NTF: Nesta última frase, o texto húngaro permite-nos retificar o que, no texto alemão, parece ser um "pastel".)

timento de onipotência. Com efeito, os desejos que ela concebe sob a forma de pensamento ainda são tão pouco numerosos e relativamente tão pouco complexos que o meio atento e empenhado no bem-estar da criança consegue facilmente adivinhar a maior parte de seus pensamentos. As mímicas que acompanham em geral o pensamento (sobretudo nas crianças) facilitam muito para os adultos essa espécie de leitura dos pensamentos. E se, além disso, a criança formula seus desejos em palavras, seu dedicado meio apressa-se em realizá-los rapidamente. Quanto à criança, ela acredita realmente deter poderes mágicos; encontra-se no *período dos pensamentos e palavras mágicos*[18].

É para esse estágio do sentido de realidade que parecem regredir os neuróticos obsessivos, incapazes de se desfazerem do sentimento de onipotência de seus pensamentos ou de suas fórmulas verbais e que, como Freud nos mostrou, colocam o pensamento no lugar da ação. Na superstição, na magia e no culto religioso, a fé no poder irresistível de certas preces e orações, pragas, maldições e fórmulas mágicas – que basta pensar intimamente ou pronunciar em voz alta para que surtam efeito – desempenha um papel considerável[19].

Essa megalomania quase incurável do ser humano só na aparência é desmentida por certos neuróticos cuja busca febril de sucesso rapidamente revela-se como encobridora de um *sentimento de inferioridade* (Adler) muito conhecido dos próprios pacientes. Em todos os casos desse gênero, a análise em profundidade mostra que esses sentimentos de inferioridade, longe de constituírem a explicação última da neurose, já são reações a um *sentimento excessivo de onipotência* em que esses pacientes se fixaram na sua infância e que, mais tarde, impede-os de suportar qualquer frustração. A ambição *manifesta* desses sujeitos nada mais é do que um "retorno do recalcado", uma tentativa desesperada de recuperação, modificando o mundo externo, da onipotência de que desfrutavam originariamente sem esforço.

---

18. A interpretação psicológica da "magia" não exclui, bem entendido, *a possibilidade* de que haja igualmente nessa crença um pressentimento de fatos físicos (telepatia, etc.).

19. Essa "onipotência" ("força motriz") é também muito característica das palavras obscenas. Cf. o meu artigo "Palavras obscenas", *O.C.*, vol. I, p. 109.

Não é demais repetir: todas as crianças vivem na feliz ilusão da onipotência de que efetivamente se beneficiaram outrora – ainda que isso ocorresse tão só no seio materno. Depende do "Daimon" e do "Tyche" elas poderem conservar esses sentimentos de onipotência ao longo da vida e converterem-se em *otimistas*, ou irem engrossar o contingente dos *pessimistas*, que jamais aceitam renunciar a seus desejos inconscientes irracionais, sentem-se ofendidos e rejeitados pelas razões mais fúteis, e consideram-se crianças deserdadas da sorte – porque não podem continuar sendo seus *filhos únicos ou preferidos*.

Só depois que a criança fica completamente desligada de seus pais no plano psíquico é que, diz Freud, cessa o reinado do princípio de prazer. É também nesse momento, extremamente variável segundo os casos, que o sentimento de onipotência cede lugar ao pleno reconhecimento do peso das circunstâncias. O sentido de realidade atinge o seu apogeu na ciência onde, em contrapartida, a ilusão de onipotência cai para o seu nível mais baixo; a antiga onipotência dissolve-se em meras "condições" (condicionalismo, determinismo). Encontramos, porém, na teoria do livre-arbítrio, uma doutrina filosófica otimista que ainda realiza as fantasias de onipotência.

Reconhecer que os nossos desejos e pensamentos estão condicionados significa o máximo de *projeção* normal, ou seja, de objetivação. Existe, porém, uma doença psíquica, a *paranoia*, que se caracteriza, entre outras coisas, pelo fato de transferir para o mundo externo, de projetar até mesmos seus próprios pensamentos e desejos[20]. Ao que parece, poder-se-ia situar o ponto de fixação dessa psicose na época da renúncia definitiva à onipotência, ou seja, na fase de projeção do sentido de realidade.

Até o presente momento, apresentamos os estágios do desenvolvimento do sentido de realidade somente em termos de pulsões egoístas, as chamadas "pulsões do ego", que estão a serviço da autoconservação; ora, a realidade, como foi constatado por Freud, tem justamente relações mais profundas com o "ego" do que com a se-

---

20. "Die Abwehrneuropsychosen" [As psiconeuroses de defesa], 1894 (*Ges. Schr.*, vol. I), Freud: "Remarques psychanalytiques sur un cas de paranoia" (*Cinq psychanalyses*, PUF) e Ferenczi: "O papel da homossexualidade na patogênese da paranoia", vol. I desta edição.

xualidade, em parte porque esta é mais independente do mundo externo (durante muito tempo, pode satisfazer-se de modo autoerótico), e também em parte porque é reprimida durante o período de latência e não mantém nenhum contato com a realidade. Portanto, a sexualidade permaneceria, durante a vida inteira, mais submetida ao princípio de prazer, ao passo que o "ego" sofreria logo a mais amarga das decepções a cada desconhecimento da realidade[21].

Considerando agora sob o ângulo do *desenvolvimento sexual* o sentimento de onipotência que caracteriza o estágio-prazer, constatamos que o "*período da onipotência incondicional*" dura até o abandono dos modos de satisfação autoeróticos, sendo que nessa época o "ego" já se encontra há muito tempo adaptado às condições cada vez mais complexas da realidade e, após ter superado os estágios dos gestos e palavras mágicos, já está prestes a reconhecer a onipotência das forças da natureza. O autoerotismo e o narcisismo são, pois, os *estágios da onipotência do erotismo*; e, como o narcisismo jamais cessa, mas subsiste sempre ao lado do erotismo objetal, pode-se dizer – na medida em que nos limitamos a amar-nos a nós mesmos – que em matéria de amor é possível conservar a vida inteira a ilusão de onipotência. O fato de que o caminho do narcisismo seja igualmente o caminho da regressão, o qual permanece sempre acessível após toda decepção infligida por um objeto de amor, é por demais conhecido para que tenhamos necessidade de demonstrá-lo. Nos sintomas da parafrenia (demência precoce) e da histeria, podemos supor regressões autoeróticas e narcísicas, ao passo que encontraremos provavelmente os pontos de fixação da neurose obsessiva e da paranoia num certo nível de desenvolvimento da "realidade erótica" (*necessidade de encontrar um objeto*).

A bem dizer, essas relações ainda não foram suficientemente estudadas para todas as neuroses, e temos, por conseguinte, de nos contentar, no que se refere à *escolha da neurose*, com a formulação geral de Freud, em cujos termos o tipo de distúrbio posterior é determinado em função "da fase de desenvolvimento do ego e da libido onde se produziu a inibição do desenvolvimento predisponente".

Mas já podemos tentar completar essa proposição com uma segunda. De acordo com a nossa hipótese, *o teor em desejos* da neurose, ou seja, os modos e os objetivos eróticos que os sintomas

---

21. Freud: "Formulation sur les deux principes", *op. cit.*

representam como consumados, dependem da fase em que se encontrava o *desenvolvimento da libido* no momento da fixação; quanto ao *mecanismo das neuroses,* é provavelmente determinado pelo estágio de *desenvolvimento do ego* em que o indivíduo se encontrava no momento da inibição predisponente. Aliás, pode-se imaginar que o estágio evolutivo do sentido de realidade predominante no momento da fixação ressurja nos mecanismos da formação de sintomas, quando ocorre uma regressão da libido para estágios anteriores. E como o ego atual do neurótico não compreende esse modo antigo de "prova da realidade", nada impede que tal modo seja colocado a serviço do recalcamento e sirva para representar os complexos de pensamentos e afetos censurados. De acordo com essa concepção, a histeria e a neurose obsessiva, por exemplo, seriam caracterizadas, por um lado, pela regressão da libido a estágios anteriores da evolução (autoerotismo, edipismo); por outro, no que se refere aos *seus mecanismos,* por um retorno do sentido de realidade ao estágio dos *gestos mágicos (conversão)* ou dos *pensamentos mágicos (onipotência do pensamento).* Repetimos: ainda há muito a fazer antes de estabelecer com certeza absoluta os pontos de fixação de todas as neuroses. No que precede quis somente indicar uma solução possível – e, na minha opinião, plausível.

Quanto ao que supomos da *filogênese* do sentido de realidade, é possível que se trate, de momento, de mera profecia científica. Sem dúvida, conseguir-se-á um dia estabelecer um paralelo entre, por um lado, os diferentes estágios evolutivos do ego, bem como seus tipos de regressão neuróticos, e, por outro, as etapas percorridas pela história da espécie humana, tal como Freud, por exemplo, reencontrou na vida psíquica de povos primitivos os traços de caráter dos neuróticos obsessivos[22].

O desenvolvimento do sentido de realidade apresenta-se em geral como uma série de sucessivos impulsos de recalcamento, aos quais o ser humano é forçado pela necessidade, pela frustração que exige a adaptação, e não por "tendências para a evolução" espontâneas. O primeiro grande recalcamento torna-se necessário pelo processo de nascimento que, com toda a certeza, faz-se sem colaboração ativa, sem "intenção" por parte da criança. O feto preferiria

---

22. Freud: *Totem e tabu.* "Algumas considerações sobre a vida psíquica dos selvagens e dos neuróticos", 1912-13.

muito permanecer ainda na quietude do corpo materno, mas é implacavelmente posto no mundo, deve esquecer (recalcar) seus modos de satisfação preferidos e adaptar-se a outros. O mesmo jogo cruel repete-se a cada novo estágio do desenvolvimento[23].

Talvez se pudesse arriscar a hipótese de que foram as modificações geológicas da crosta terrestre, e suas consequências catastróficas para os ancestrais da espécie humana, que forçaram o recalcamento dos hábitos preferidos e abriram o caminho para a "evolução". É possível que essas catástrofes tenham constituído pontos de recalcamento na história da evolução da espécie, e sua intensidade e localização no tempo podem ter determinado o caráter e as neuroses da espécie. Segundo uma observação do professor Freud, o caráter da espécie é o precipitado da história da espécie. Pois que já nos aventuramos tão longe no campo dos conhecimentos incertos, não recuaremos agora diante de uma última analogia e colocaremos o grande impulso de recalcamento individual, *o período de latência*, em relação com a última e mais importante das catástrofes que se abateram sobre os nossos ancestrais (numa época em que certamente já existiam seres humanos na Terra), com a calamidade da *era glacial* que repetimos ainda fielmente em nossa vida individual[24].

Esse desejo impetuoso de tudo saber, que me arrastou neste último parágrafo para as lonjuras fabulosas do passado e me fez superar com a ajuda de analogias o que ainda nos escapa, devolve-me ao ponto de partida destas considerações, ao problema do apogeu e declínio do sentimento de onipotência. Como já dissemos, a ciência

---

23. Se seguirmos este raciocínio até o fim, será preciso considerar a existência de uma tendência para a inércia ou para a regressão, dominando a própria vida orgânica; a tendência para a evolução, para a adaptação, etc. dependeria, pelo contrário, unicamente de estímulos externos.

24. A concepção segundo a qual o abandono de mecanismos familiares (evolução) nunca é provocado por uma tendência espontânea, mas unicamente pela coerção externa, parece desmentida pelos casos em que a evolução precede as necessidades reais. O desenvolvimento do mecanismo respiratório ainda na vida intrauterina seria um exemplo disso. Mas isso só se produz na *ontogênese*, o que já se pode considerar como recapitulação de um processo evolutivo comandado pela necessidade na história da espécie. Os exercícios lúdicos dos animais (Gross) não são rudimentos de uma futura função da espécie, mas igualmente repetições de aptidões adquiridas filogeneticamente. Portanto, deixam lugar para uma explicação puramente causal e histórica e não acarretam obrigatoriamente um ponto de vista finalista.

deve renunciar a essa ilusão ou, pelo menos, deve saber sempre em que momento penetra no domínio das hipóteses e fantasias. Nos *contos*, em compensação, as fantasias de onipotência continuam senhoras absolutas[25]. Aí mesmo onde devemos inclinar-nos com profunda humildade diante das forças da natureza, é onde o conto acode em nosso socorro com seus temas típicos. Na realidade, somos fracos, vulneráveis, e os heróis dos contos serão, portanto, fortes e invencíveis; somos limitados pelo tempo e pelo espaço em nossa atividade e em nosso saber: nos contos vive-se eternamente, está-se em mil lugares ao mesmo tempo, prevê-se o futuro e conhece-se o passado. O peso, a dureza e a impenetrabilidade da matéria constituem a todo instante obstáculos em nosso caminho, mas o homem, em seus contos, dispõe de asas, seu olhar trespassa paredes, sua vara de condão abre todas as portas. A realidade é um duro combate pela existência: basta no conto pronunciar alguma palavra mágica: "Abre-te, Sésamo!".Vivemos no perpétuo temor de ser atacados por animais perigosos ou inimigos ferozes: o manto mágico do conto permite todas as transformações e coloca-nos rapidamente fora do alcance. Como é difícil na realidade alcançar um amor que preencha todos os nossos desejos! Mas o herói do conto é irresistível ou então seduz com um gesto mágico.

Assim, o conto, no qual os adultos descrevem de bom grado para seus filhos pequenos seus próprios desejos insatisfeitos e recalcados, oferece, na verdade, uma representação artística extrema da situação perdida de onipotência.

---

25. Cf. Fr. Riklin, "Wunscherfüllung und Symbolik in Märchen"[Realização de desejos e simbolismo nos contos de fada].

IX

O simbolismo dos olhos

Baseando-me na experiência psicanalítica, tentei interpretar o gesto de Édipo, vazando os próprios olhos, como uma autocastração, e sustentei que os olhos são, com frequência, colocados simbolicamente no lugar dos órgãos genitais[1]. Gostaria de expor em poucas palavras os fatos a que me referi nessa interpretação.

1 – Uma mulher jovem sofria de uma fobia de objetos pontiagudos, em particular as agulhas. Seu temor compulsivo apresentava-se nestes termos: um objeto desse tipo poderia um dia furar-lhe os olhos. A investigação aprofundada desse caso revelou que essa paciente mantinha relações sexuais íntimas com seu namorado havia vários anos, mas, recusando-se ansiosamente a consentir na intromissão do pênis, que teria danificado sua integridade anatômica ao dilacerar-lhe o hímen. Acontecia, pois, toda espécie de acidentes a essa jovem, a maioria dos quais tinha os olhos por objeto. Em geral, feria-se involuntariamente nos olhos com agulhas. Interpretação: substituição dos órgãos genitais pelos olhos e figuração dos desejos e temores referentes a esses órgãos com a ajuda de atos fortuitos e de fobias tendo os olhos por objeto.

2 – Um paciente míope, que tem temores conscientes de inferioridade, compensados por ele mediante fantasias de grandeza, desloca para a miopia a sua hipocondria, a sua angústia e a sua timidez excessiva, enquanto em seu inconsciente essa vivência referia-

---

1. "A figuração simbólica dos princípios de prazer e de realidade no mito de Édipo." Ferenczi, O.C., vol. I, p. 203. (N. do T.)

-se aos órgãos genitais. Quando era criança, tinha fantasias sexuais de "onipotência"; mais tarde, fez a dolorosa constatação de sua inferioridade sexual (complexo do pênis excessivamente pequeno, hipocondria, "estados de fraqueza"), que ele compensou com onanismo exagerado e práticas sádicas do coito. Com a ajuda da equivalência simbólica: olho = órgãos genitais, conseguiu figurar grande parte de seus temores e de seus desejos sexuais por meio dos olhos. Essa elucidação analítica, ainda que superficial, reduziu consideravelmente a hipocondria desse paciente.

3 – Conheci uma família cujos membros, sem exceção, sofriam de um temor excessivo de ferimentos e doenças oculares. A simples menção de um olho doente ou ferido fazia-os empalidecer e a visão de uma coisa desse gênero podia provocar o desmaio. Num membro dessa família pude interpretar os transtornos psíquicos referentes à sua potência sexual como manifestações de um masoquismo que surgiu em reação a desejos sádicos; o temor de uma lesão ocular era a reação ao desejo sádico. A componente sadomasoquista da pulsão sexual pudera deslocar-se com extrema facilidade para outro órgão vulnerável.

Outro membro dessa família estendia a angústia e o horror dos olhos ao *olho de perdiz* (!)."não só a semelhança exterior e a semelhança do nome desempenhavam um papel, mas também propiciavam uma segunda paridade simbólica: dedo do pé = pênis. Era manifestamente uma tentativa para aproximar o símbolo (olho) da coisa propriamente dita (órgão sexual) com a ajuda de uma representação intermediária (olho de perdiz).

4 – Um paciente que na infância tinha medo de *insetos* passou na puberdade a recear ver-se num espelho e, sobretudo, ver seus próprios olhos e sobrancelhas. Essa angústia revelou ser, por um lado, uma autopercepção de sua tendência para o recalcamento (não querer ver-se a si mesmo "olhos nos olhos") e, por outro, uma figuração de seu temor do onanismo. Por intermédio da representação de mobilidade, a criança logrou deslocar sua atenção e seus afetos do *órgão* espontaneamente móvel (erétil) para *insetos* igualmente móveis. É também a vulnerabilidade do inseto, que a própria criança pode facilmente esmagar caminhando, que o torna apropriado para substituir o objeto da agressão primitiva. Um novo deslocamento pôs em seguida o olho, igualmente móvel e vulnerável, no lugar do inseto. Gostaria de assinalar que, em húngaro, a pupila diz-se literalmente "*inseto-do-olho*".

O SIMBOLISMO DOS OLHOS

5 – Em toda uma série de sonhos de angústia (em particular, aqueles que recordamos da infância) surgem olhos que aumentam e diminuem. Todo o contexto me obriga a considerar esses olhos símbolos do órgão sexual masculino, que aumenta de volume (no momento da ereção). A aparente mudança das dimensões do olho, quando se abrem e fecham as pálpebras, é manifestamente usada pela criança para figurar os processos genitais, os quais são igualmente acompanhados de uma mudança similar. A angústia, com frequência excessiva, que as crianças sentem diante dos olhos de seus pais também tem, no meu entender, uma raiz simbólica sexual.

6 – Numa outra série de sonhos, os olhos (enquanto par) representam os testículos. Como o rosto (deixando as mãos de lado) é a única parte descoberta do corpo, as crianças são obrigadas, com efeito, a satisfazer toda a sua curiosidade a respeito das outras partes do corpo humano observando a cabeça ou o rosto dos adultos e, sobretudo, de seus pais. É assim que cada parte do rosto converte-se no símbolo de uma ou várias zonas sexuais. O rosto é particularmente apropriado (o nariz no centro, entre os dois olhos e as sobrancelhas, com a boca por baixo) para figurar o pênis, os testículos, os pelos púbicos e o ânus.

A confusão que se sente quando se é olhado fixamente e que nos impede de contemplar outrem encontra, sem dúvida, sua explicação no importante simbolismo sexual da região ocular. É esse mesmo simbolismo que deve contribuir para explicar o extraordinário efeito que os olhos do hipnotizador produzem em seu médium. Também remeto para o simbolismo sexual dissimulado em expressões tais como "fazer olhos doces", "baixar pudicamente os olhos", "abrir os olhos", assim como a locução "ter alguém em vista".

7 – Para terminar, relatarei o caso de um neurótico obsessivo que confirmou ulteriormente a minha interpretação do gesto de Édipo, a automutilação dos olhos. Na sua infância, esse paciente tinha sido prodigiosamente mimado e apegado a seus pais, e tornara-se uma criança modesta e tímida. Um dia, soube por outros colegas de escola como eram realmente as relações sexuais entre os pais. Essa revelação deflagrou nele um furor terrível contra seu pai, acompanhado muitas vezes da fantasia consciente de que *ele castrava o pai*, fantasia seguida, aliás, de sentimentos de remorso e de autopunições. Uma destas últimas consistia *em furar os olhos de seu próprio retrato*. Pude explicar a esse paciente que, ao agir assim, não fazia

outra coisa senão expiar de maneira disfarçada a castração realizada na pessoa de seu pai, e isso de acordo com a ameaça mosaica de retaliação, "olho por olho, dente por dente", que adota precisamente para exemplo os dois símbolos da castração, a cegueira e a extração de dentes[2].

Num estudo relativo ao "desenvolvimento do sentido de realidade e seus estágios"[3], procurei explicar a origem do simbolismo pela tendência da criança a figurar como realizados seus anseios infantis *por meio de seu próprio corpo*. A identificação simbólica de objetos do mundo externo com órgãos do corpo permite-lhe, por um lado, reencontrar nos objetos concebidos de um modo animista os órgãos altamente valorizados de seu próprio corpo. O simbolismo dos dentes e dos olhos ilustraria o fato de que os órgãos do corpo (e sobretudo as partes genitais) podem ser figurados, não apenas por objetos do mundo externo, mas igualmente por outros órgãos do próprio corpo. É muito provável que seja até o modo mais primitivo de formação dos símbolos.

Imagino que essa assimilação simbólica dos órgãos genitais a outros órgãos e a objetos só ocorre, na origem, por brincadeira, de certa maneira, por exuberância. Entretanto, as paridades simbólicas assim produzidas são postas secundariamente a serviço do *recalcamento*, que procura enfraquecer um dos membros da equação, ao mesmo tempo que *supervaloriza simbolicamente* o outro – mais anódino – em virtude da carga de afetos recalcados. É assim que a metade superior do corpo, considerada a mais anódina, adquire sua significação simbólica sexual, e que se realiza o que Freud chamou "*o deslocamento de baixo para cima*". Nesse trabalho de recalcamento, os olhos, em razão de sua forma e de suas dimensões variáveis, de sua sensibilidade e de seu grande valor, revelaram-se particularmente aptos a acolher os afetos deslocados dos órgãos genitais. Mas é provável que esse deslocamento não tivesse tido tanto êxito se o olho não possuísse, em primeiro lugar, esse importante valor libidinal que Freud descreve em sua teoria da sexualidade como um componente particular da pulsão sexual (pulsão de ver).

---

2. Ver a minha exposição sobre o simbolismo dos dentes na comunicação à Sociedade de Psicanálise de Viena, em "Contribuição para o estudo do onanismo". (*O.C.*, vol. I, p. 239, N. do T.)
3. Neste volume, p. 45.

X

O "complexo do avô"

Em seus trabalhos, Abraham[1] e Jones[2] estudaram de maneira quase exaustiva a significação que assumem, frequentemente por toda a vida, as relações dos netos com seus avós. Em complemento, gostaria de sintetizar algumas observações que reuni sobre esse assunto.

Constatei que a pessoa do avô ocupa de uma maneira dupla a imaginação da criança. Por um lado, aparece como o respeitável ancião que impõe respeito ao próprio pai, todo-poderoso sob múltiplos aspectos, aquele de cuja autoridade gostaria, portanto, de se apoderar a fim de usá-la em sua revolta contra o pai (Abraham, Jones). Por outro lado, é também um homem idoso, fraco e desprotegido, ameaçado pela morte e incapaz, em todos os sentidos, de competir com o pai, cheio de vigor (em particular no plano sexual); é por isso que se torna um objeto de *desprezo* para a criança. Muitas vezes, é precisamente a pessoa do avô que faz a criança compreender, pela primeira vez, o problema da morte, a "ausência" definitiva de um parente; a criança pode então deslocar para o avô suas fantasias hostis – recalcadas em virtude de sua ambivalência – que colocam em jogo a morte *ao pai*. "Se o pai do meu pai pode morrer, então o meu pai também morrerá um dia (e eu entrarei na posse de seus privilégios)": é mais ou menos assim que se formula a fantasia cuidadosamente dissimulada atrás da fantasia encobridora e das

---

1. Abraham: *KL Beitr. zur Ps. A.*, p. 129
2. Jones: *Int. Zeitschrift f. Ps. A.*, I (1913).

lembranças encobridoras referentes à morte do avô. Além disso, a morte do avô liberta a avó; mais de uma criança recorre então a um expediente (para poupar o pai e poder, não obstante, possuir sozinha a mãe): faz, na imaginação, morrer o avô, oferece a avó como presente ao pai e fica com a mãe para si. "Eu durmo com a minha mamãe, dorme com a *tua*", pensa a criança, que se julga, aliás, justa e generosa³.

É essencialmente o papel efetivo desempenhado pelo avô na família que fixará na criança a imago do "avô fraco" ou a do "avô forte" (neste último caso, com tendências para a identificação).

Quando o avô é o dono da casa, um verdadeiro patriarca, a criança supera em suas fantasias o pai submisso e alimenta a esperança de herdar diretamente todo o poder do avô. Num caso deste gênero, cuja investigação analítica pude fazer, a criança jamais pudera submeter-se à vontade do pai, que só tivera acesso ao poder após a morte do avô onipotente: ela considerava simplesmente seu pai um usurpador, que lhe tinha roubado seu bem legítimo.

A imago do "*avô fraco*" deixa uma marca particularmente profunda e indelével nas crianças cuja família maltrata os avós (o que está bem longe de ser um caso raro).

---

3. Foram-me comunicadas declarações desse gênero, feitas por crianças pequenas, e cuja autenticidade não pode ser posta em dúvida. Um belo exemplo desse tipo encontra-se no artigo de Freud, "Análise da fobia de um menino de cinco anos" (*Ges. Schr.*, vol. VIII) (NTF: *Cinq Psychanalyses*, PUF), onde o pequeno Hans promove-se a marido de sua mãe e, por conseguinte, a seu próprio pai, ao passo que abandona ao pai a própria mãe dele, portanto, a avó da criança. E Freud comenta: "Tudo termina bem. O pequeno Édipo encontrou uma solução mais feliz do que a prescrita pelo destino. Em vez de fazer desaparecer seu pai, concede-lhe a mesma felicidade que deseja para si mesmo: promove-o a avô e casa-o também com sua própria mãe."

XI

Um pequeno homem-galo

Uma antiga paciente, que em razão disto participava das investigações psicanalíticas, assinalou-me o caso de um menino que podia nos interessar.

Tratava-se de um garoto de cinco anos de idade, o pequeno Arpad, que nas declarações unânimes de seus parentes mais chegados tivera até os três anos e meio um desenvolvimento mental e físico perfeitamente regular, comportando-se como uma criança inteiramente normal; falava correntemente e dava provas de muita inteligência em suas conversas.

Sobreveio então uma brusca mudança. Durante o verão de 1910, a família foi para uma estação de águas numa localidade austríaca, onde já passara o verão anterior, e alugou alojamentos na mesma residência. Desde o momento da chegada, a conduta da criança mudou de maneira singular. Antes, o pequeno Arpad interessava-se por todos os acontecimentos que podem atrair a atenção de uma criança dentro e fora de uma casa; agora, seu interesse concentrava-se numa única coisa: *o galinheiro* que havia no pátio da casa de campo. Ao amanhecer, corria para junto das aves, contemplava-as com infatigável interesse e imitava seus cacarejos e posturas, chorando e gritando quando era forçado a afastar-se do pátio. Entretanto, mesmo longe do galinheiro, não fazia outra coisa senão soltar seus *cocorocós* e *cacarejos*. Era esse o seu comportamento durante horas a fio, sem se cansar, só respondendo a perguntas com esses gritos de animais, e sua mãe passou a temer seriamente que o filho desaprendesse a fala.

Essa conduta bizarra do pequeno Arpad persistiu durante todo o período de férias. Em seguida, quando a família regressou a Budapeste, recomeçou a utilizar bem a linguagem humana, mas suas conversas giravam quase exclusivamente em torno de galos, galinhas e pintos, com algumas alusões ocasionais a gansos e patos. Sua brincadeira habitual, que repetia inúmeras vezes por dia, era e continuou sendo a seguinte: modelava galinhas e galos com pedaços de jornal e punha-os à venda, depois pegava um objeto qualquer (em geral um pequeno pincel chato) que batizava de faca, levava a sua "ave" até a cozinha, punha-a debaixo da torneira (no local onde a cozinheira tinha realmente o hábito de degolar as galinhas) e cortava o pescoço do seu frango de papel. Mostrava como o animal sangrava e imitava com perfeição, com gestos e voz, a agonia do galináceo.

Quando vendiam frangos no pátio da casa, Arpad ficava irrequieto, corria para a porta, entrava e saía, e só tinha descanso quando a mãe tivesse comprado uma ave. Desejava manifestamente assistir à degola dos frangos. Entretanto, tinha muito medo das aves vivas.

Seus pais perguntaram muitas vezes ao filho por que tinha tanto medo do galo, e Arpad contava sempre a mesma história: tinha ido um dia ao galinheiro e urinado lá dentro; foi então que um frango ou um capão de plumagem amarela (às vezes dizia marrom) veio morder seu pênis, e Ilona, a arrumadeira, fez o curativo em seu ferimento. Cortaram em seguida o pescoço do galo, que "rebentou".

Ora, os pais da criança lembravam-se, efetivamente, desse incidente, que ocorrera durante o primeiro verão passado na estação de águas, quando Arpad tinha apenas dois anos e meio. Um dia, a mãe ouviu o pequeno soltar gritos assustadores e soube pela arrumadeira que Arpad tinha um medo terrível de um galo que tentara dar bicadas no seu pênis. Como Ilona já não estava a serviço da família, foi impossível descobrir se Arpad tinha sido realmente ferido nessa ocasião ou se (como recordava a mãe) Ilona se limitara a pôr um curativo para tranquilizá-lo.

O que é notável nesta história é que a repercussão psíquica desse evento sobre a criança tenha aparecido após um período de latência de um ano inteiro, quando da segunda estada na casa de campo, sem que no intervalo nada tivesse acontecido que explicasse aos parentes de Arpad o súbito retorno do medo de aves e seu interesse por elas. Entretanto, não me deixei deter por essas negativas e fiz aos familiares do garoto uma pergunta suficientemente justificado pela experiência psicanalítica, a saber, se no decorrer desse período a criança não teria sido ameaçada – como ocorre tantas vezes – de ter seu pênis cortado por causa dos toques voluptuosos que praticava em seus órgãos genitais. A resposta, dada aliás de má vontade, foi que, de fato, Arpad gostava atualmente (aos cinco anos de idade) de brincar com seu pênis, pelo que era punido com frequência e não sendo tampouco "impossível" que algum dia alguém o ameaçasse, "de brincadeira", com a castração; aliás, era exato que Arpad tinha esse mau hábito desde "há muito tempo"; quanto a saber se já o tinha durante esse ano de latência, não podiam informar-me nada.

Ver-se-á em seguida que, de fato, Arpad não escapou posteriormente a essa ameaça; portanto, pode-se admitir como verossímil a hipótese segundo a qual é a ameaça sofrida, nesse meio-tempo, que provocou um estado emocional tão intenso quando reviu o cenário de sua primeira experiência assustadora, em que a integridade do seu pênis tinha sido igualmente ameaçada. Como é natural, não se pode excluir outra possibilidade, ou seja, que mesmo essa primeira manifestação de pavor teve um caráter tão excessivo em consequência de uma ameaça anterior de castração, e que a emoção, ao rever o galinheiro, deve correr por conta do recrudescimento da libido que se produzira nesse meio-tempo. Lamentavelmente, foi impossível reconstituir melhor essas circunstâncias e devemos, por conseguinte, contentar-nos com a probabilidade dessa relação causal.

O meu exame pessoal da criança nada revelou de surpreendente ou anormal. Desde o instante em que entrou no meu gabinete, foi precisamente, entre o grande número de bibelôs que aí se encontravam, um pequeno galo-do-mato de bronze o que chamou sua atenção: "Me dá?". Entreguei-lhe papel e um lápis, com o qual desenhou prontamente (não sem certa habilidade) um galo. Fiz então com que me relatasse o seu incidente com o galo. Mas Arpad já estava enfastiado e quis voltar para os seus brinquedos. A investigação psicanalítica direta não foi, portanto, possível, e tive que me limitar a pedir a essa senhora que se interessava pelo caso e podia, como vizinha e conhecida da família, observar a criança durante horas, que anotasse para mim as falas e os comportamentos signifi-

cativos do pequeno Arpad. Entretanto, pude assegurar-me pessoalmente de que possuía grande vivacidade de espírito e não lhe faltavam diversos dons; é verdade que sua atividade mental e seus talentos estão singularmente centrados na população avícola do pátio. Cacareja e solta seus cocorocós de um modo magistral. Ao amanhecer, acorda toda a família ao som de um vigoroso cocorocó – como um verdadeiro galo madrugador. Possui senso musical, mas só entoa canções que tratam de galinhas, frangos e outras aves; gosta especialmente desta canção popular:
"Para Debreczen devia viajar
E um peru devia aí comprar."
e depois:
"Vem, vem, vem, meu bonito pintinho!"
e também:
"Sob a janela havia dois pintinhos,
Dois pequenos galos e uma galinha."

Também sabe desenhar – como já mencionei –, mas desenha exclusivamente pássaros com grandes bicos, dando mostras de grande habilidade. Vemos assim em que direções procura *sublimar* seu poderoso interesse patológico por esses animais. Seus pais, vendo que suas proibições não produziam o menor efeito, tiveram finalmente que se render aos caprichos do filho e consentiram em comprar-lhe diversas aves em material inquebrável como brinquedos, com os quais se entrega a toda espécie de jogos de imaginação.

De modo geral, o pequeno Arpad é uma criatura cordata e alegre, mas muito insolente se lhe batem ou ralham com ele. Raramente chora e nunca pede desculpas. Mas, à parte esses traços de caráter, existem nele indiscutíveis indícios de verdadeiros traços neuróticos: é medroso, sonha muito (com galináceos, naturalmente) e tem, com frequência, um sono agitado (*pavor nocturnus?*).

As falas e ações de Arpad anotadas pela minha correspondente testemunham, em sua maioria, um prazer pouco corrente em fantasiar cruéis torturas em aves. Seu jogo típico – a imitação da degola de frangos – já foi mencionado; devo ainda acrescentar que, em seus sonhos com aves, vê geralmente frangos e galos "mortos". Relatarei agora, literalmente, algumas de suas conversas características:

"Gostaria de ter", disse ele um dia, bruscamente, "um galo vivo *depenado*. Não teria asas, nem penas, nem cauda, somente uma crista, e deveria poder andar."

Brinca na cozinha com um frango que a cozinheira acaba de matar. De súbito, entra no quarto ao lado, tira da gaveta do armário um ferro de frisar e grita: "*Agora vou furar os olhos desse frango morto.*" O momento em que se degola um galináceo é, em geral, uma festa para ele. É capaz de ficar dançando *horas a fio* em volta do cadáver dos animais, tomado de uma intensa excitação.

Alguém lhe pergunta, mostrando-lhe um galo degolado: "Você gostaria que ele acordasse?" – "E como! Eu mesmo o degolaria na hora."

Brinca frequentemente com batatas e cenouras (que qualifica de frangos), jogo que consiste em cortá-las com uma faca em pequenos pedaços. Quer a todo o custo jogar no chão um vaso decorado com galos.

Contudo, seus afetos em relação aos galináceos não se compõem simplesmente de ódio e de crueldade: são nitidamente *ambivalentes*. Com enorme frequência, beija e acaricia o animal morto, ou então, cacarejando e piando sem parar, "alimenta" seu ganso de madeira com milho, como viu a cozinheira fazer. Um dia, jogou raivosamente sua boneca inquebrável (uma galinha) na panela, porque não conseguia dilacerá-la, mas foi logo retirá-la, limpando-a e acariciando-a. Os animais do seu livro de imagens sofreram, em contrapartida, um destino menos feliz; rasgou-o em pedaços e, naturalmente, não pôde ressuscitá-los, o que o entristeceu muito.

Se tais sintomas surgissem num doente mental adulto, o psicanalista não hesitaria em interpretar esse amor e esse ódio excessivos pelos galináceos e outras aves domésticas como uma transferência de afetos inconscientes que se relacionam, de fato, com seres humanos, plausivelmente os pais ou outros parentes próximos, mas que estão recalcados e só podem manifestar-se desse modo distorcido e disfarçado.

Interpretar-se-iam em seguida *os desejos de depenar e de cegar* o animal como símbolos de *intenções castradoras* e o conjunto de sintomas seria entendido como uma reação à angústia que inspira ao doente a ideia de sua própria castração. A atitude ambivalente levaria o psicanalista a desconfiar de que sentimentos contraditórios equilibram-se mutuamente no psiquismo do doente; e em razão de numerosos fatos da experiência psicanalítica, teria ainda que supor que essa ambivalência se relaciona com o pai que, embora amado e respeitado, é ao mesmo tempo odiado por causa das restrições sexuais que impõe. Em suma, a interpretação psicanalítica enunciar-se-ia da seguinte maneira: o *galo* significa o *pai* nesse conjunto de sintomas[1].

No caso do pequeno Arpad, podemos poupar-nos o trabalho de interpretação. O trabalho do recalcamento ainda não foi capaz de dissimular por completo a significação real dessas extravagâncias; o fenômeno primitivo, o recalcado, ainda transparece em seu discurso, e apresenta-se, por vezes, até mesmo abertamente, com uma franqueza e uma brutalidade espantosas.

Sua crueldade manifesta-se amiúde contra seres humanos e, com muita frequência, visa a região genital dos adultos.

"Vou dar um pontapé no teu escroto (*sic!*), no teu traseiro", gosta de dizer a um rapaz um pouco mais velho.

"Vou cortar-te ao *meio*", disse uma outra vez, ainda mais claramente.

Preocupa-se muitas vezes com a ideia de cegueira. "Pode-se cegar alguém com o fogo ou com água?", perguntou um dia à vizinha.

Os órgãos sexuais das aves domésticas interessam-lhe, aliás, vivamente. A cada galinha ou frango que se degola, é preciso dar-lhe explicações sobre o sexo da vítima: trata-se de um galo, de uma galinha ou de um capão?

Um dia, precipitou-se para a cabeceira da cama de uma menina gritando: "Vou cortar tua cabeça, ponho-a em cima da tua barriga e a comerei toda."

---

1. Num grande número de análises e de sonhos de neuróticos, descobre-se por trás de uma forma animal a figura do pai. Ver Freud: "Analyse d'une phobie chez un enfant de cinq ans" (*Cinq psychanalyses*, PUF) e "Märchenstoffe in Träumen" (*Ges. Schr.*, vol. III).

O caso do jovem Arpad (que publiquei no primeiro número da revista *Zeitschrift für ärztliche Psychoanalyse*) foi reutilizado pelo professor Freud em uma de suas obras mais recentes. De acordo com a demonstração de Freud, podemos admitir que *o culto e o sacrifício de animais* são manifestações deslocadas de afetos ambivalentes (respeito e temor). A pulsão primitiva tem por objetivo afastar o pai odiado, mas, mais tarde, é a intenção oposta, o amor, que virá exprimir-se. É a mesma ambivalência que se manifesta a respeito do pai no *totemismo dos primitivos atuais*, nos sintomas dos obsessivos e no considerável interesse, tanto positivo quanto negativo, que as crianças manifestam a respeito de animais.

Freud qualifica o pequeno Arpad de caso raro de totemismo positivo (S. Freud, *Totem e tabu*). [Esta nota constitui um parágrafo suplementar no artigo húngaro, que é posterior à publicação de *Totem e tabu* e à redação do artigo alemão aqui traduzido. (NTF)]

Certa vez, disse inopinadamente: "Gostaria muito de comer *mamãe escabeche* (por analogia com o frango escabeche); a gente poria a mamãe para cozinhar numa panela, então ficaria mamãe escabeche e eu poderia comê-la. (Resmunga e dança.) Cortaria sua cabeça e a comeria assim" (Acompanha suas palavras com gestos, como se estivesse comendo alguma coisa com garfo e faca.)

Após tais desejos canibalescos, tem logo a seguir, em contraste, acessos de arrependimento, quando deseja, de modo masoquista, ser cruelmente castigado. "Gostaria de ser queimado", gritou ele. Depois: "Que me quebrem um pé e o ponham no fogo." "Gostaria de abrir a minha cabeça. Gostaria de retalhar-me a boca para não tê-la nunca mais."

E para que não seja mais possível duvidar de que ele pretende designar sua própria família por galo, galinha e pinto, declarou bruscamente um dia: *"Meu pai é o galo!"* E uma outra vez: *"Agora sou pequeno, agora sou um pinto. Quando for maior, serei uma galinha. Quando for ainda maior, me tornarei um galo. E quando for muito grande serei um cocheiro."* (O cocheiro que conduz a viatura parece impressioná-lo ainda mais do que seu pai.)

Após essa confissão, que a criança fez sem coação nem pressão, compreendemos um pouco melhor a intensidade de sua emoção, quando contemplava incansavelmente a atividade das aves no pátio. Todos os segredos de sua própria família, sobre os quais não obtinha em casa nenhuma informação, podia observá-los, então, à vontade; os "animais prestativos" mostravam-lhe sem artifícios tudo o que ele queria ver e, sobretudo, a atividade sexual incessante dos galos e das galinhas, a postura dos ovos e a eclosão da nova ninhada. (As condições de alojamento de seus pais são tais que o pequeno Arpad terá podido, sem dúvida alguma, ouvir fatos desse gênero em sua casa.) Depois viu-se obrigado a satisfazer sua curiosidade assim despertada contemplando insaciavelmente os animais.

É também a Arpad que devemos a confirmação de nossa hipótese segundo a qual o seu medo patológico do galo deve ser atribuído, em última análise, a uma ameaça de castração em que incorreu por ter praticado o onanismo.

Certa manhã, perguntou à vizinha: "Diga-me, por que as pessoas morrem?" (Resposta: "Porque ficam velhas e cansadas.") "Hum! Então a minha avó era velha? Não! Ela não era velha, mas está morta, do mesmo jeito. Oh! Se existe um deus, porque é que ele me faz cair o tempo todo? (Ele pensa: dar um passo em falso, uma queda, cair de uma altura.) E por que é que deixa as pessoas morrerem?" Depois começou a se interessar pelos anjos e as almas que lhe declaram ser apenas personagens de contos. Fica gelado de espanto e diz: "Não! Isso não é verdade! Os anjos existem. Eu vi um que estava levando crianças para o céu." E pergunta em seguida, apavorado: "Por que é que morrem as crianças?" e "Quanto tempo se pode viver?" Só se acalmou com bastante dificuldade.

Descobriu-se, em seguida, que nessa mesma manhã a arrumadeira tinha erguido bruscamente o lençol da cama de Arpad e, vendo-o mexer no pênis, ameaçara-o de cortá-lo. A vizinha esforçou-se por tranquilizar a criança, assegurou-lhe que não lhe fariam mal nenhum e que, aliás, todos os meninos faziam a mesma coisa. Ao que Arpad replicou, indignado: "Não é verdade! Todas as crianças, não! *O meu papai nunca fez isso!*"

Agora compreendemos melhor sua fúria inextinguível contra o galo, que queria fazer com seu pênis aquilo de que os "grandes" o ameaçavam, assim como a alta estima que dedicava a esse animal sexuado que ousava fazer tudo o que teria enchido, a ele, de um medo horrível; compreendemos também os cruéis castigos a que se condenava (por causa do seu onanismo e de suas fantasias sádicas).

Como que para completar o quadro, começou nestes últimos tempos a ficar muito preocupado com pensamentos religiosos. Os velhos judeus barbudos inspiram-lhe um grande respeito misturado com medo. Pede à mãe que deixe entrar esses mendigos em casa. Mas se um deles vem, esconde-se e observa-o a uma respeitosa distância; quando o outro se afasta, Arpad abaixa a cabeça dizendo: "Eis um galo-mendigo." Os velhos judeus interessam-lhe, diz ele, porque vêm da "casa de deus" (do templo).

A título de conclusão, relataremos uma última declaração do pequeno Arpad, mostrando que não foi em vão que ele observou, durante tanto tempo, as atividades dos galináceos. Um dia, disse à vizinha com um ar profundamente sério: "Casarei com você, com você e sua irmã, e com as minhas três primas e a cozinheira, não, é melhor a mamãe no lugar da cozinheira."

Ele quer, portanto, realmente tornar-se o "galo da aldeia".

XII

Um sintoma transitório: a posição do paciente durante o tratamento

Em dois casos, pacientes masculinos denunciaram suas fantasias homossexuais passivas da seguinte maneira: durante a sessão, em vez de ficarem estendidos de costas ou de lado, puseram-se bruscamente de barriga para baixo.

XIII

Averiguação compulsiva de etimologia

A averiguação compulsiva de etimologia apresenta-se em um de meus pacientes como a substituição, pela pergunta sobre a origem das *palavras*, da pergunta: de onde vêm as *crianças*? Essa identificação seria a vertente patológica da teoria de Hans Sperber sobre a origem sexual da linguagem (*Imago,* ano I, 1914).

XIV

Simbolismo dos lençóis

a) Um homem jovem tem regularmente poluções quando seus lençóis acabam de ser trocados. Interpretação: ele quer sujar o que está limpo (a mulher). Ao mesmo tempo, obriga (inconscientemente) as mulheres de sua família, que se ocupam de arrumar sua cama, a tomar conhecimento de sua potência.

b) Um homem sofre de impotência relativa: para conseguir um coito, é obrigado a amassar primeiro com as próprias mãos o lençol, que antes deve estar perfeitamente alisado, ou então a mulher deve estender-se sobre uma folha lisa de papel, que o homem amarrota instantes antes do ato. Apurou-se que esse sintoma era sobredeterminado: Eis os seus elementos: 1) o amor que sentia em sua infância pela avó, de rosto sulcado de rugas; 2) sadismo; 3) lembranças de onanismo praticado sobre os lençóis[1].

---

1. A propósito da identificação entre a *pele* e a *roupa branca* (ambas são lavadas e entre *rugas e pregas*, ver este gracejo dos "Fliegende Blätter": "Meu filho, que vai fazer com esse ferro de passar roupa?" – "Quero passar o rosto do meu avô."

XV

A pipa, símbolo de ereção

Um paciente cita-me o caso de seu tio, vítima de *delírio de perseguição*, que, embora já estivesse com mais de trinta anos, ainda brincava com *meninos, mostrava-lhes frequentemente seu pênis* e fabricava com habilidade e uma predileção especial gigantescas pipas de papel, munidas de longas caudas. Fazia a pipa voar tão alto que se perdia de vista, atava o barbante a uma cadeira e instalava nela um dos garotos, divertindo-se imensamente quando a tração da pipa derrubava a cadeira com a criança. (Eis mais um exemplo que ilustra muito bem a relação entre paranoia e homossexualidade.) – Esta história lembra-me M. Dick, o louco em *David Copperfield*, de Dickens. Também ele gostava de brincar com meninos, empinava pipas nas quais rabiscava suas fantasias a respeito da *morte do rei Carlos I*. Se isso ocorresse com um dos nossos pacientes, deveríamos qualificá-lo – ainda que fosse tão simpático quando M. Dick – de parricida (ou de regicida) inconsciente, respeitando porém os emblemas da dignidade paterna[1].

---

1. A propósito da simbólica da pipa, ver os contos da região de Frankfurt, publicados no volume VII de *Anthropophyteia* (n.º 26); o garotinho pergunta ao pai por que as *crianças* só empinam pipas no outono. O pai lhe explica: "Só se pode empinar pipas depois da colheita, pois só então existem grandes espaços livres para correr. Mas eu empino a minha pipa durante o ano inteiro [*steigen lassen* (a)]."
    (a) Em alemão no texto: fazer subir. (NTF)

XVI

Parestesias da região genital em certos casos de impotência

Certos pacientes que sofrem de impotência psicossexual queixam-se com frequência de *"não sentir"* o pênis; outros falam explicitamente de *frieza* da região genital; ainda outros, de uma sensação de *retração* do pênis. Todas essas parestesias se intensificam quando das tentativas de coito. Mais tarde, no decorrer da análise, os pacientes informam espontaneamente, com certa frequência, que "sentem mais" o pênis, que a sensação de "frio" diminuiu, que o pênis (não ereto) torna-se um pouco mais "consistente", etc. Por razões técnicas, não é recomendado empreender um exame físico com base em tais queixas. Entretanto, não pude evitá-lo em certos casos, mas sem que tivesse constatado objetivamente a existência de algum "frio" particular, nem anestesia ou analgesia; em contrapartida, vi retrações. Graças à análise, estabeleci que a fonte inconsciente dessas sensações era a *angústia infantil de castração, a qual é também a causa* – como o mostrei em outro artigo[1] – dessas sensações de retração experimentadas por numerosos pacientes na base do pênis e no nível do períneo, sobretudo quando o analista (o pai) lhes inspira angústia. Um desses pacientes acordou certa noite com a sensação de que "tinha deixado de sentir o pênis". Ficou muito angustiado e teve de se convencer de que ainda possuía o pênis tocando em suas partes genitais. A explicação era a seguinte: na sua infância, ameaçavam-no de castração por tocar nos órgãos genitais para masturbar-se; daí a "angústia de tocar" no pênis. O toque ansioso no pê-

---

1. "Sintomas transitórios no decorrer de uma psicanálise", *O.C.*, vol. I, p. 185.

nis apresentou-se como um compromisso entre o antigo desejo de masturbação e o temor de um castigo severo. ("O retorno do recalcado.") Essas parestesias, por seu caráter variável, constituem por vezes um bom indício dos progressos e retrocessos que se produzem no estado do paciente. A par das fantasias incestuosas inconscientes (masturbatórias), as causas mais frequentes de impotência psíquica são os temores de castração; mas, em geral, as duas combinam-se: temor de castração como punição do onanismo incestuoso[2].

---

2. "Interpretação e tratamento psicanalíticos da impotência psicossexual", O.C., vol. I, p. 23.

XVII

Os gases intestinais: *privilégio dos adultos*

Acontece ao paciente em análise lutar durante a sessão contra a tentação de produzir gases intestinais de maneira audível e perceptível ao olfato; sente isso mais particularmente quando está revoltado contra o seu médico. Entretanto, o sintoma não tem por único objetivo insultar o médico; significa também que o paciente resolve permitir-se coisas que seu pai lhe proibia outrora. Essa *Ungenierheit*[1] responde aqui, precisamente, aos privilégios que os pais atribuem a si mesmos, mas interditam severamente a seus filhos pequenos.

---

1. Sem-cerimônia. Em alemão no texto. (N. do T.)

XVIII

Representações infantis do órgão genital feminino

Um paciente, severamente ameaçado na sua infância (impotente em consequência de temores de castração), sonha que comprou uma *gravata* para a sua professora de inglês, gravata que não é outra coisa senão uma *enguia* enrolada[1]. A análise revela que é um pênis (peixe-gravata) que queria oferecer-lhe, porque tem horror a seres desprovidos de membro viril. Para abordar uma mulher sem sentir angústia, ele é obrigado a representar *a vagina como um pênis enrolado*.

Outro paciente relata a lembrança consciente de uma teoria infantil, segundo a qual as mulheres teriam um *pênis curto mas espesso, com uma uretra larga*, cujo orifício seria suficientemente grande para receber o pênis. (A ideia de que existem indivíduos sem pênis é muito desagradável às crianças [Freud] em virtude da estreita associação com o complexo de castração.) As crianças são obrigadas, portanto, a inventar toda espécie de teorias referentes ao órgão genital feminino, que concordam todas num ponto, ou seja: apesar das aparências, a mulher possui um pênis.

---

1. Enguia (*anguille* em francês) diz-se *Angolna* em húngaro, foneticamente vizinho da palavra *angol nö* = inglesa.

XIX

Concepção infantil da digestão

Uma menina de três anos pergunta: "Diga-me, senhor doutor, o que é que você tem na barriga para ser tão gordo?" Resposta jocosa do médico de família: "Cocô!" E a criança: "Então você come tanto cocô?"

A criança representa-se a barriga como uma cavidade que contém, intactos, os alimentos ingeridos, à semelhança dos contos e dos mitos em que uma criança, devorada por um lobo, uma baleia ou um deus encolerizado, reaparece viva depois que matam o animal ou o comedor de homens, ou então é devolvida pelo *vômito*. Entretanto, as indagações da criança curiosa mostram que ela não está inteiramente certa da relação causal que existe entre a ingestão de alimento e a excreção, e considera este último processo uma função distinta. Sabemos quantas dificuldades a humanidade conheceu para estabelecer esse gênero de relações. O que impressiona, em terceiro lugar, nessas palavras da criança, é a que ponto a coprofagia humana parece ser ponto pacífico para ela.

XX

Causa da atitude reservada de uma criança

Uma mulher jovem está inconsolável porque seu filho mais velho (quatro anos) é singularmente reservado: ela tentou de tudo para fazer o filho falar, mas em vão. Mesmo quando a governanta inglesa de quem a criança gostava muito foi despedida, não manifestou emoção nenhuma diante da mãe. Esta suplica-lhe que seja franco, pois um filho pode contar à sua mãe tudo o que lhe vai no coração. "Posso realmente dizer tudo?", indaga a criança. "Sim, claro, pergunta", responde a mãe. "Bem, então explica-me como nascem os bebês!"

Eis uma confirmação magnífica da hipótese de Freud, segundo a qual a falta de sinceridade dos pais, em relação a seus filhos ávidos de conhecimento, pode provocar perturbações afetivas e intelectuais duradouras.

XXI

Crítica de Metamorfoses e símbolos da libido, *de Jung*

"... É, pois, um dever moral do homem de ciência expor-se a cometer erros e a sofrer críticas, para que a ciência progrida sempre..." Ao colocar essas corajosas palavras de Ferrero como epígrafe de sua importante obra, Jung incita a crítica a levar também o seu papel a sério. Poder-se-ia tornar fácil e agradável a tarefa crítica, adotando por objetivo os múltiplos méritos desse estudo. O autor, com prodigioso zelo e um entusiasmo sempre apaixonado, percorreu quase todos os domínios do saber humano, tanto as ciências da natureza quanto as do espírito, acumulando assim os materiais com os quais ele vai tentar erguer o imponente edifício de uma nova *Weltanschauung*. Mas não é somente a massa de conhecimentos que impressiona o leitor; a maneira sutil, perspicaz e engenhosa como o autor trata o material científico destinado a sustentar suas teorias suscita igualmente a admiração. Entretanto, devemos renunciar a apreciar aqui em detalhes todas essas qualidades, às quais cumpriria adicionar ainda a do estilo totalmente pessoal da obra. O psicanalista, cativado pela amplitude e novidade de sua própria especialidade, não pode dar-se ao trabalho de averiguar e de examinar todas as fontes esparsas de onde o autor extraiu seus argumentos biológicos, filológicos, teológicos, mitológicos e filosóficos. Devemos deixar essa tarefa para outros mais competentes em tais matérias. Criticaremos esse livro exclusivamente de um ponto de vista psicanalítico, detendo-nos sobretudo naquelas teses que pretendem opor às nossas concepções psicanalíticas atuais novas e melhores maneiras de ver. O futuro decidirá se não estaremos exagerando no nosso esforço de não sacrificar o antigo ao novo – simplesmente porque é novo –, se não sucumbimos assim a esse mesmo conservadorismo rígido que temos recriminado até agora aos nossos principais adversários. Seja como for, as comprovadas qualidades do autor obrigam-nos precisamente a estar precavidos, a cuidar de não nos deixarmos seduzir pela verdade que se encontra em sua obra nem considerarmos demonstradas asserções insuficientemente sustentadas. Isso – e nada mais – explica o rigor com que examinaremos as teorias de Jung sobre a libido.

Uma breve "Introdução" e um ensaio *Sobre os dois modos de pensar* servem de preliminares à obra propriamente dita, que se compõe de duas partes: a segunda é muito mais extensa e afasta-se em numerosos pontos da primeira, oferecendo de certa maneira a prova de uma evolução durante a redação[1]. Certas coisas que, na primeira parte, apenas são formuladas de maneira alusiva e ainda vaga, foram indicadas com precisão e desenvolvidas na segunda; subsistem, porém, entre as duas partes da obra algumas contradições que vamos assinalar.

Jung, numa introdução em forma de panegírico, começa por elogiar a descoberta por Freud do "complexo de Édipo" na alma humana. "Vemos com espanto", diz Jung, ao indicar os resultados das investigações psicanalíticas referentes aos sonhos, "que Édipo ainda está *vivo*[2] para nós... que era uma vã ilusão de nossa parte acreditarmo-nos diferentes, isto é, moralmente melhores do que os antigos." O complexo de Édipo do homem moderno é, "sem dúvida, demasiado fraco para levar ao incesto, mas bastante forte, não obstante, para provocar consideráveis perturbações mentais". Estes comentários não nos deixam, por certo, suspeitar de que, na segunda parte, o autor reconhecerá o seu erro: a fantasia edipiana seria "irreal" e, o que é mais importante, o incesto efetivo nunca teria, na verdade, desempenhado um papel significativo na história da humanidade.

A tarefa que Jung se propõe realizar nesse livro é a seguinte: numerosos psicanalistas lograram resolver problemas históricos e mitológicos utilizando conhecimentos psicanalíticos; Jung quer tentar o método inverso e elucidar certos problemas da psicologia individual com a ajuda de materiais históricos.

---

1. A segunda parte foi publicada cerca de um ano e meio depois da primeira.
2. O grifo é meu.

Essa tentativa poderá parecer, à primeira vista, muito audaciosa. Uma "psicanálise aplicada" está, sem dúvida nenhuma, fundada; ela utilizará um fragmento da realidade psíquica individual (descoberta no ser vivo) a fim de explicar certas produções da alma popular; portanto, explicará algo desconhecido por intermédio do mais conhecido. Mas o que nos foi transmitido através da mitologia e da história amalgamou-se no transcorrer das gerações a tantas coisas contingentes e que se prestam a mal-entendidos, distanciou-se tanto de suas significações primeiras, que tudo isso fica forçosamente incompreensível sem uma redução preliminar, e inutilizável para fins psicológicos. Adiantamos aqui o fato de Jung cometer, em diversas oportunidades, o erro de explicar uma coisa desconhecida (o psiquismo) por outra igualmente desconhecida (mitos não analisados). Por várias vezes, ele utiliza em suas interpretações conhecimentos adquiridos com a ajuda da psicanálise (portanto: da psicologia individual), servindo-se de mitos *elucidados de maneira psicanalítica* para resolver problemas psicológicos. Só entraria num círculo vicioso nesses casos precisos se não imaginasse ter feito, com esse método perfeitamente lícito, mais do que deduções analógicas e ter introduzido um novo princípio de explicação em psicologia individual.

O ensaio sobre *Os dois modos de pensar* estabelece a distinção entre o pensamento do homem normal em estado vígil, que se exprime por palavras, é posto a serviço da adaptação à realidade e *"dirigido"* para o exterior, e por outro lado o pensamento *"imaginativo"*, que se desvia da realidade, é totalmente improdutivo no tocante à adaptação à realidade, e concebido sob a forma de símbolos, e não de palavras. O primeiro modo seria um fenômeno progressivo no sentido definido por Freud, o segundo uma formação regressiva, tal como se manifesta nos sonhos, fantasias e neuroses. Toda esta argumentação segue o ensaio de Freud sobre "Os dois princípios do funcionamento psíquico"[3]. Segundo Freud, o pensamento *consciente* está, como se sabe, a serviço do princípio de realidade, ao passo que o *inconsciente* submete-se ao princípio de prazer; nas atividades psíquicas fortemente impregnadas de elementos inconscientes (sonhos, fantasias, etc.), são os mecanismos do princípio de prazer que, evidentemente, preponderam. É uma pena que Jung não utili-

---

3. O.C., vol. V.

ze em suas exposições essa terminologia que se tornou preciosa para nós. Tampouco podemos acompanhá-lo quando ele identifica muito simplesmente o pensamento "dirigido" com o pensamento verbal, menosprezando por completo essa camada psíquica *pré-consciente* que, embora já "dirigida", sem dúvida alguma, não tem necessariamente de ser traduzida em termos verbais.

Jung acrescenta em seguida uma série de observações muito pertinentes sobre o valor exagerado atribuído à lógica na psicologia atual, assim como o valor conferido ao princípio biogenético em psicologia. Jung reencontra o conteúdo e as formas do pensamento arcaico nas criações fantasísticas da demência precoce. Mas ao atribuir essa característica unicamente à demência, que opõe por princípio, enquanto "psicose de introversão", a todos os outros distúrbios psíquicos, coloca-se sem razão suficiente em contradição com a neuropsicologia de Freud; de acordo com as investigações deste último, as outras psiconeuroses devem igualmente sua formação a uma "introversão" (regressão da libido com evitação da realidade) e sua sintomatologia manifesta traços arcaicos igualmente nítidos (ver, em particular, as correspondências entre as expressões da vida mental dos selvagens e dos obsessivos).

Jung, além disso, vê o motivo da formação simbólica na tendência para verter complexos inconscientes, "cujo reconhecimento é recusado, cuja existência é negada", num molde deformado, irreconhecível (segundo a terminologia atual: no *recalcamento*). Assinale-se, aliás, que Jung considera ainda a tendência inconsciente como *a coisa propriamente dita* e seu substituto fantasístico como o símbolo desta[4] (por exemplo, na sua explicação da fantasia de Judas, do abade Oeger); na segunda parte da obra, em contrapartida, já não são mais as formações substitutivas, representadas na consciência, mas as próprias tendências inconscientes que são tidas por "símbolos", se bem que o papel atribuído por Jung ao recalcamento, quando da constituição dos símbolos, elimina tal inversão. Aliás, é esta a ocasião propícia para assinalar que seria preciso nos entendermos de uma vez por todas sobre um emprego unívoco da palavra "símbolo". Nem tudo o que se encontra no lugar de alguma ou-

---

4. Um pouco mais adiante, na primeira parte do livro, Jung o diz claramente: "A impressão erótica trabalha mais profundamente no inconsciente e, para ocupar o seu lugar na consciência, trata de introduzir símbolos" (p. 174).

tra coisa é um símbolo. Na origem, o sexual, tanto no sentido próprio quanto no figurado, pode ser representado na consciência; a sexualidade regozija-se, por assim dizer, por encontrar-se em todas as coisas do mundo externo. "O universo é sexualizado." Tal comparação só se converte em símbolo no sentido psicanalítico do termo a partir do momento em que a censura recalca no inconsciente a significação primitiva da comparação[5]. É por isso que um campanário, por exemplo, poderá "simbolizar" o falo, uma vez realizado o recalcamento, mas o falo jamais simbolizará um campanário.

O tema propriamente dito da obra de Jung é a comprovação do método anunciado na introdução – a interpretação das produções mentais do indivíduo, com a ajuda da mitologia – com base nas fantasias de uma americana, Miss Frank Miller, publicadas em 1906, nos "Archives de psychologie". Miss Miller, que relata, entre outras coisas, poder realizar em estado vígil certos "fenômenos autossugestivos" e raramente dormir um sono profundo e sem sonhos[6], sonhou certa noite *um poema*, "O hino ao criador": um cântico entusiástico em louvor a deus, que as três estrofes glorificam a título de criador dos sons, da luz e do amor. Miss Miller tentou depois identificar a origem psíquica desse poema, que lhe apareceu em sonho escrito por sua própria mão numa folha de papel.

É deveras lamentável que Jung faça repousar sua tentativa de um novo modo de interpretação precisamente sobre um material de que não pode fazer pessoalmente a investigação. De resto, pessoas em tratamento psicanalítico produzem criações oníricas análogas; Jung, interrogando-as ulteriormente, poderia ter se certificado da exatidão de suas suposições ou de seu caráter errôneo. Na ausência de tal verificação, suas mais engenhosas interpretações permanecem vagas e pouco seguras, sendo impossível que, nessas condições, ele chegue a convencer alguém da utilidade de seus mé-

---

5. Cf. as minhas análises a esse respeito no artigo "O desenvolvimento do sentido de realidade e seus estágios" e na minha nota "O simbolismo dos olhos", neste volume, pp. 45 ss., 63 ss.
6. Jung diagnostica no caso de Miss Miller um acesso passageiro de demência precoce (parafrenia, na terminologia freudiana). Na nossa opinião, esse diagnóstico carece de suficiente sustentação. Tais fantasias podem surgir ocasionalmente em não importa que neurose, independentemente da inspiração poética. Do mesmo modo, as conclusões que Jung extrai do caso de Miss Miller quanto à patologia da parafrenia não têm, a nossos olhos, valor de provas.

todos de interpretação. A vantagem incomparável das psiconeuroses resulta precisamente do fato de que aqueles que delas sofrem, se forem interrogados de acordo com o método psicanalítico, nos informarão sobre a gênese de suas produções psíquicas e nos revelarão inclusive camadas de seu psiquismo que estão distanciadas, nos planos formal e temporal, de seu psiquismo atual. Em contrapartida, os doentes mentais, que são incapazes de uma atitude objetiva, respondem tão pouco às nossas indagações quanto os contos, mitos e poemas cujos criadores se perderam para nós.

Jung, de maneira muito plausível, interpreta o "Hino ao Criador" como um derivado da imago paterna de Miss Miller. Mas afirmamos que ele não teria podido fazer essa dedução, nem do material fornecido pela própria sonhante-poetisa, nem dos assombrosos conhecimentos de quase todas as cosmogonias do mundo de que o próprio Jung nos dá provas, se não tivesse tido antes o conhecimento, por experiência baseada na psicologia das neuroses segundo Freud, do "papel do pai na história do indivíduo". Apesar da argumentação histórico-mitológica, a sua conclusão parecerá certamente inacreditável a todo leitor leigo em matéria de psicanálise.

A criação onírica de Miss Miller fornece, em seguida a Jung, a oportunidade de meditar sobre *criações inconscientes de real valor*. Que tais possibilidades de criação existem, todo psicanalista estará pronto a admitir[7]; na estrutura do psiquismo postulada por Freud, é à camada psíquica *pré-consciente* que compete a capacidade de semelhantes produções. Mas quando Jung apresenta todo o psicológico como dividido em duas partes, uma metade de ordem inferior e uma metade de ordem superior, uma que reproduz o passado e outra que pressente o futuro, temos aí uma generalização que as experiências atuais não confirmam. A psicanálise mostra-nos a existência no inconsciente de formas de atividade que têm tão pouco a ver com o princípio de realidade e parecem tão nitidamente postas a serviço de satisfações voluptuosas, que nem mesmo com a melhor boa vontade do mundo se lhes pode atribuir uma tendência evolutiva criadora. Nessa ordem de ideias, Jung fornece indicações interessantes quanto à possibilidade de explicar pela psicologia certos

---

7. Ver B. Robitsek, "Pensé symbolique dans la recherche chimique", *Imago*, I. J., e também as passagens relativas a esse assunto em *A interpretação dos sonhos*, de Freud.

fenômenos "ocultos", por exemplo, os sonhos proféticos. Pensamos também que deve existir um caminho – a bem dizer, ainda desconhecido hoje em dia – que conduzirá à explicação de processos semelhantes, não mais contestáveis, mas supomos que, uma vez elucidados, serão facilmente inseridos no edifício do nosso saber científico.

No caso de Miss Miller, o hino religioso é, na opinião de Jung, uma formação substitutiva do elemento erótico (p. 173); e, uma vez que essa transformação se produziu inconscientemente, constitui uma construção histérica sem nenhum valor no plano ético (p. 188). "Em contrapartida, aquele que opõe tão conscientemente a religião ao seu pecado consciente está produzindo algo cujo caráter sublime em face da história não se pode contestar" (*ibid.*).

Embora aprovemos as observações de Jung a respeito da gênese dos sentimentos religiosos, com base em conhecimentos sólidos (confessamos, aliás, considerar essa transformação do erótico em religioso um fato muito complexo e ainda insuficientemente analisado da civilização), recusamo-nos, porém, a acompanhar o autor quando, em vez de limitar-se a constatar os fatos, emite juízos de valor que, em nosso entender, já não pertencem apenas à psicologia, mas também, e principalmente, à moral e à teologia. Pela mesma razão, e na verdade também por falta de competência, não podemos participar da discussão entabulada por Jung nessa ocasião quanto ao valor maior ou menor da religião cristã.

A segunda criação poética inconsciente de Miss Miller é o "Canto da traça". Segundo Jung, "trata-se muito provavelmente do mesmo complexo que no caso precedente". O desejo nostálgico da traça por luz é o mesmo que a poetisa sente por deus pai e, sem dúvida, esse desejo é erótico, análogo ao que Miss Miller sentiu, durante uma viagem no Mediterrâneo, por um timoneiro italiano que parece ter estado na origem do "Canto da criação". Jung ergue-se, porém, contra os que pretendem comparar coisas tão heterogêneas quanto a nostalgia de deus e essas futilidades eróticas: "É o mesmo que comparar uma sonata de Beethoven e caviar, sob o pretexto de que se gosta muito das duas coisas." Para demonstrar a adoração do sol, estando expressa no canto da traça, Jung descreve numerosos mitos solares e cita metáforas poéticas extraídas da literatura.

A segunda parte da obra começa com uma nova e dupla interpretação recapitulativa, no plano religioso e erótico, dos dois poemas oníricos antes citados; depois, o autor estuda em particular o uso que é feito do tema solar no canto da traça, de um ponto de vista "mitológico-astral" e "astrológico". O sol, escreve Jung, é o símbolo mais natural da libido humana, que tanto impele para o "Bem" quanto para o "Mal", e é tão fecundante quanto hostil à vida, daí o caráter universal da adoração do sol. O mito solar permite, por outro lado, compreender o culto religioso dos heróis; estes também são personificações da libido e, assim, é possível adivinhar o destino da libido humana a partir do destino dos heróis, tal como são representados na mitologia dos povos. Esses interessantes desenvolvimentos concordam em muitos pontos com os trabalhos de Rank e de Silberer sobre o mesmo tema.

Jung acrescenta então um novo capítulo ("O conceito e a teoria genética da libido") que parece estar separado por um abismo do conteúdo da primeira parte e, em geral, de tudo o que a psicanálise descobriu até agora. Jung resolve rever o conceito de libido, tarefa que justifica, entre outras coisas, pelo fato de que esse conceito, dada a extensão que alcançou nos trabalhos recentes de Freud e sua escola, acabou tendo uma significação diferente da utilizada por Freud nos *Três ensaios sobre a teoria da sexualidade*. Nesses ensaios, o termo libido designa o aspecto psíquico das necessidades *sexuais*, que a biologia supõe serem manifestações de um "instinto sexual". "Reencontramos aí, escreve Freud, a analogia com o instinto que leva a ingerir alimentos, a fome." Portanto, Freud entende por libido exclusivamente *fome sexual*. Em compensação, na perspectiva desenvolvida no livro de Jung, o conceito de libido é "suficientemente amplo para abranger todas as manifestações mais variadas da *Vontade na acepção de Schopenhauer*"; e pode-se afirmar "que o conceito de libido, pela extensão que tomou nos recentes trabalhos de Freud e de sua escola, tem, no plano operacional, a mesma significação no domínio biológico que o conceito de *energia* no domínio da física, depois de Robert Mayer". Se as ideias de Freud tivessem realmente sofrido uma modificação nesse sentido, ele teria dado, de fato, uma nova significação ao conceito de libido, até aqui puramente sexual; o que o teria, necessariamente, obrigado a uma revisão radical de sua concepção atual do papel da sexualidade na patogênese das neuroses e no desenvolvimento individual e social do ser humano. Mas, ainda que se percorra com o maior cuidado e atenção todos os escritos de Freud, publicados depois dos *Três en-*

saios, em nenhum momento se encontra um emprego da palavra libido que contradiga a definição primitiva. É verdade que um dos investigadores pertencentes à escola de Freud – e não era outra pessoa senão o autor do presente livro sobre a libido – já tinha querido outrora generalizar o conceito de libido, mas o próprio Freud, desde aquela época, já se opusera formalmente.

Jung refere-se então a uma passagem da obra de Freud sobre a paranoia[8], na qual este último ter-se-ia visto supostamente "obrigado a ampliar o conceito de libido". Para que o leitor possa ajuizar se Jung sustenta com bons fundamentos ou não tal asserção, citaremos *in extenso* a passagem de Freud a que ele se refere.

Trata-se, nesse parágrafo, de expor o seguinte e difícil problema: será o desligamento completo da libido do mundo externo suficientemente intenso "para explicar esse fim do mundo, que ocorre no doente mental analisado neste artigo como a modificação psíquica que se produziu nele", e "os investimentos do ego que se conservam nesse caso não deveriam ser suficientes para manter a relação com o mundo externo?... É preciso ou fazer coincidir o que chamamos investimento libidinal (interesse proveniente de fontes eróticas) com o interesse em geral, ou então *considerar a possibilidade de que uma perturbação importante na distribuição da libido possa induzir uma perturbação correspondente nos investimentos do ego*". O destaque tipográfico da segunda eventualidade é de minha autoria e foi feito com a intenção de contrabalançar a ênfase unilateral dada por Jung à *primeira*, tanto na impressão tipográfica de seu livro, quanto na sua concepção. O próprio Freud não queria decidir entre uma e outra das duas hipóteses e, depois de formulada a questão, assinala que "estamos ainda muito desamparados e embaraçados para responder a essas questões". Provisoriamente, diz Freud, devemos nos ater à utilização, tão frutífera até agora, do conceito de pulsão e – em conformidade com a dupla orientação biológica do indivíduo – distinguir as pulsões do ego e as pulsões sexuais. A observação de paranoicos nada mostra, aliás, que possa contradizer essa concepção e obrigar a uma nova definição. É até "muito mais provável[9] que se possa explicar a relação alterada do paranoico com o

---

8. "Remarques psychanalytiques sur l'autobiographie d'un cas de paranoia. Le Presidente Schreber", *Cinq Psychanalyses*, PUF.
9. O grifo é meu.

mundo externo unicamente, ou principalmente, pela perda do interesse libidinal".

Essas proposições demonstram, de forma evidente, que a asserção de Jung, segundo a qual Freud teria, em seus trabalhos recentes, usado o conceito de libido num sentido diferente, mais amplo do que antes, não é confirmada, em absoluto, pela única passagem a que Jung pudesse referir-se a tal respeito. Pelo contrário! As reflexões de Freud resultam na manutenção de sua concepção atual quanto à necessidade de uma distinção entre os interesses do ego e a libido sexual e quanto à importância patogenética da libido (tomada no sentido do sexual) em todas as psiconeuroses, inclusive na paranoia e na parafrenia. Em suma, cumpre considerar a assimilação do conceito de libido à vontade de Schopenhauer e ao conceito de energia de Robert Mayer como fruto de uma especulação pessoal de Jung.

Lamentamos sinceramente não encontrar essa "prudência contemporizadora" de Freud, que segundo Jung "é de praxe em face de um problema tão difícil", em suas exposições seguintes. Sem prestar a menor atenção à hipótese, sublinhada por Freud, de que distúrbios da libido poderiam reagir sobre os investimentos do ego e provocar secundariamente os distúrbios da função do real que caracterizam a paranoia e a parafrenia, Jung decreta pura e simplesmente: "*É difícil acreditar*" que a função do real normal só seja mantida por contribuições libidinais e interesse erótico, pois "*os fatos são tais*"[10] que, em numerosos casos, a realidade em geral é suprimida e não se encontra, por conseguinte, nenhum indício de adaptação ou de orientação psicológica nesses doentes. Por exemplo, nos catatônicos e nas vítimas de estupor, a adaptação à realidade desapareceu totalmente.

Essa declaração categórica, que Jung promulga sem outras provas, simplesmente como algo axiomático, não nos pode satisfazer, tanto mais que conhecemos em outros domínios distúrbios funcionais indiretos que correspondem perfeitamente à segunda possibilidade prevista por Freud. Assim como em cães descerebrados surgem "sintomas periféricos" imediatamente após a operação, ou seja, parecem igualmente perturbadas funções físicas cujos centros nervosos permaneceram na realidade intatos, também a perturbação profunda da esfera sexual pode produzir transtornos da função do

---

10. O grifo é meu.

ego, mesmo que as pulsões do ego não tenham sido diretamente afetadas.

É, de resto, um erro metodológico resolver questões complexas e difíceis por meio de declarações ou profissões de fé, por mais estusiásticas e sinceras que sejam. Li recentemente num livro de metodologia crítica do físico petersburguês O. D. Chwolson: "Há problemas para os quais só se pode imaginar, por sua própria natureza, um número limitado de soluções formuláveis com precisão... A solução definitiva de um problema desse gênero pode consistir, pois, numa explicação apodíctica, sendo uma das soluções, entre aquelas imaginadas, declarada a solução exata... mas... após estudo profundo do problema em questão, é necessário mostrar de que maneira são afastadas as contradições. Se esse aspecto for menosprezado, o problema permanecerá simplesmente por resolver, e essa pseudossolução só poderá satisfazer o leigo muito simplista e não o especialista." (O. D. Chwolson, "O décimo segundo Mandamento. Estudo crítico".)

"Na demência precoce, a realidade está demasiado ausente para que se possa atribuir esse fenômeno à sexualidade *strictiori sensu*", diz Jung. A isso responderei que estamos muito longe de conhecer as proporções do dano que pode sofrer a função do real em consequência de verdadeiros traumatismos sexuais. Vemos a que ponto o homem é capaz de se desviar da realidade na histeria e na neurose obsessiva, em virtude de traumas psíquicos de natureza erótica; conhecemos, por outro lado, estados suscitados pelo amor (indubitavelmente uma causa sexual *strictissimo sensu*) em que o indivíduo está quase tão alienado da realidade quanto aquele que sofre de demência precoce.

"Ninguém achará evidente, escreve Jung num outro ponto, que o real seja uma função sexual." Jung contesta aí o que, até onde chega o meu conhecimento, ainda não foi sustentado por ninguém, e muito menos por Freud, que no seu artigo sobre "Os princípios do funcionamento psíquico" considera haver uma relação, secundária mas das mais íntimas, entre o sentido de realidade e as pulsões do ego (e não a pulsão sexual). Em definitivo, devemos considerar, até possuir mais informação, a aplicação da teoria freudiana da libido à demência precoce, tal com foi tentado por Abraham[11], o modo de explicação mais plausível dessa psicose.

---

11. "Les différences psychosexuelles entre l'hystérie et la démence précoce", em Abraham, *Oeuvres complètes*, ed. Payot.

Ao assimilar o conceito de libido ao de energia psíquica, Jung o prejudica duplamente. Quando subordina todo o funcionamento psíquico a esse conceito, confere-lhe dimensões tais que ele se volatiliza integralmente, ao mesmo tempo que, por assim dizer, torna-se supérfluo. Por que falar ainda de libido quando temos à nossa disposição esse velho e bom conceito de energia na filosofia? Mas, enquanto lhe retira todo poder real, Jung coloca esse conceito no trono da hierarquia psíquica e eleva-o a uma categoria que não lhe pertence. De resto, os esforços de Jung para fazer derivar do sexual *todas* as atividades psíquicas fracassaram. Uma vez que admite exceções a esse princípio ("A função do real é, *pelo menos em grande parte*, de origem sexual", p. 178), a coerência do sistema é quebrada, a legitimidade da ascensão ao trono do conceito de libido é abalada, e nos reencontramos no terreno incerto da antiga problemática, obrigados a confessar o malogro dessa tentativa de fazer derivar a ontologia e a ontogenia da vida psíquica exclusivamente do conceito de libido.

Jung reconhece a *origem* sexual das produções psíquicas superiores, mas nega que essas produções possam, enquanto tais, ainda ter alguma coisa de sexual. Para explicitar essa posição, utiliza, entre outras, a seguinte comparação: "Embora não possa haver dúvida alguma quanto à origem sexual da música, seria uma generalização sem valor e de mau gosto incluí-la na rubrica da sexualidade. Uma terminologia desse gênero levaria a tratar a catedral de Colônia no âmbito da mineralogia, sob pretexto de que ela é de pedra." No meu entender, essa comparação contradiz o que Jung pretendia demonstrar. A catedral de Colônia não deixou, no momento de sua construção, de ser efetivamente de pedra para só existir sob a forma de ideia artística. De fato, mesmo o edifício mais esplêndido do mundo é, em substância, um amontoado de minerais que se examinará em mineralogia e cuja realidade só poderia ser contestada desde um estreito ponto de vista antropocentrista. E as funções psíquicas mais elevadas em nada alteram o fato de que o homem é um *animal*, cujas realizações superiores são incompreensíveis em si mesmas e só podem conceber-se como funções de autênticos instintos animais. O desenvolvimento do psiquismo não se assemelha à eclosão de uma bolha, cuja película significaria o presente e cujo interior conteria apenas um espaço vazio no lugar do passado; é mais comparável ao crescimento de uma árvore, onde as sucessivas camadas de todo o passado continuam vivendo sob a casca.

As proposições mais importantes da teoria genética da libido são as seguintes: a libido que, na origem, só servia para a produção de ovos e sêmen – a "libido primitiva" –, entra em organizações mais evoluídas a serviço de funções mais complexas, por exemplo, a construção do ninho. A partir dessa libido sexual primitiva produziram-se, mediante uma forte redução da fecundidade, ramificações cuja função é alimentada por uma libido especialmente diferençada. Essa libido diferençada está agora dessexualizada, na medida em que está desembaraçada de sua função primitiva de procriação de ovos e sêmen, e em que não pode mais ser reconvertida em função sexual. Assim, o processo de evolução consiste numa crescente absorção da libido primitiva por funções secundárias, como a sedução e a proteção da progênie. Essa evolução, ou seja, o modo de reprodução modificado, acarreta uma adaptação maior à realidade. A transferência da libido sexual do domínio sexual para "funções secundárias" produz-se continuamente; quando essa operação é coroada de êxito, sem prejuízo para a adaptação do indivíduo, fala-se de sublimação, e quando fracassa, de recalcamento. A psicologia freudiana atual constata a existência de uma pluralidade de pulsões e, por outro lado, considera pulsões não sexuais certas contribuições libidinais. O ponto de vista genético de Jung faz a pluralidade das pulsões nascer de uma unidade relativa, a libido primitiva, e as pulsões não seriam outra coisa senão diferenciações dessa libido.

Se Jung tivesse se limitado a sublinhar, uma vez mais, o papel imenso, ainda longe de ser apreciado em seu justo valor, da sexualidade no desenvolvimento, poderíamos segui-lo sem reserva. Mas uniformizar todo o psiquismo sob o conceito de libido e fazer derivar as pulsões egoístas das pulsões sexuais parece-nos uma reflexão ociosa e lembra-nos a velha adivinhação: "O que surgiu primeiro, o ovo ou a galinha?" Esta pergunta, como se sabe, não pode receber resposta, já que toda galinha provém de um ovo e todo ovo, de uma galinha. Uma alternativa igualmente estéril, porque sem resposta possível, é aquela que consiste em perguntar se as pulsões do ego são oriundas das pulsões de conservação da espécie ou o inverso. Contentemo-nos, de momento, em constatar a existência de *duas* orientações pulsionais e reconheçamos francamente a nossa ignorância quanto à sua ordem genética, sem nos esforçarmos, a todo preço, por fazer derivar uma da outra. (Um ponto de vista tão unilateral quanto o de Jung, embora diametralmente oposto, parece dominar a orientação das investigações de Adler, que gostaria de fazer derivar a maior parte do que chamamos de sexual da "pulsão de agressão".)

Já consideramos injustificada a opinião preconcebida com a qual Jung considera toda neurose o substituto de uma fantasia de "proveniência individual" em que não existiria o menor vestígio de traços arcaicos, ao passo que estes apareceriam nitidamente na psicose. Pelas mesmas razões, temos de contradizer Jung quando sustenta que na neurose somente a soma da libido *recente* (adquirida pelo indivíduo) é subtraída à realidade, ao passo que na psicose produzir-se-ia, de certo modo, uma regressão filogenética na medida em que uma parte maior ou menor da libido já *dessexualizada* (que encontrou outro modo de utilização) é subtraída à realidade e utilizada para edificar substitutos.

Um dos capítulos seguintes ocupa-se da "Transferência da libido como possível fonte das descobertas do homem primitivo". Apesar da abundância das ideias e das observações pertinentes, não podemos deixar de, uma vez mais, recriminar o autor por sua parcialidade. Jung vê na descoberta *ao fogo por fricção* um derivado das atividades rítmicas masturbatórias do homem primitivo: a invenção da preparação do fogo seria devida "à tendência para substituir o ato sexual por um símbolo". A fala, bem como tudo o que a ela se relaciona, ter-se-ia igualmente elaborado a partir dos apelos do cio. A hipótese que parece muito mais verossímil, ou seja, que a produção do fogo estava destinada a satisfazer, em primeiro lugar, necessidades reais e não necessidades sexuais, mesmo que tenha sido igualmente posta a serviço da simbólica sexual, essa hipótese, dizíamos, foi totalmente menosprezada por Jung, em contradição com sua habitual insistência sobre as exigências da realidade.

A propensão de Jung para conferir pura e simplesmente valor de decreto àquela das duas hipóteses que lhe é mais simpática não deixa de manifestar-se em outros pontos do livro. À pergunta: de onde provém essa resistência contra a sexualidade primitiva que acarretou o abandono da atividade masturbatória e levou à sua substituição simbólica?, Jung responde sem meias palavras: "É *impensável* que se trate de alguma resistência externa, de um obstáculo real", pois esse deslocamento coercitivo da libido é a consequência de um conflito puramente interno entre duas correntes da libido antagônicas de imediato, ou seja, vontade contra vontade, libido contra libido. Em outras palavras: a formação simbólica (e a sublimação) produz-se quando se impõe uma tendência, existente *a priori*, para rejeitar as diferentes atividades primitivas. A resposta de Jung parecerá arbitrária a todo leitor objetivo, e serão numerosos aqueles que, como nós, preferirão outra solução: são, precisamente, obstáculos externos que obrigam os seres vivos a abandonar os modos de satisfação que lhes agradam e a criar satisfações substitutivas; e isso não é uma tendência interna, mas uma coerção externa, ou seja, a necessidade, que torna o homem inventivo. Além disso, afastar totalmente, quando se explica qualquer processo psíquico, a possibilidade de influências extrapsíquicas é conceber o determinismo psíquico de um modo excessivamente estreito.

Jung ilustra em seguida a teoria genética dando como exemplo o modo de formação dos símbolos típicos. As fantasias sexuais recalcadas pela barreira do incesto geram, segundo Jung, substitutos simbólicos a partir de funções pertencentes a fases *pré-sexuais* do desenvolvimento, mormente as da nutrição. Desse modo se formaram os antigos símbolos sexuais da agricultura, os cultos da Mãe-Terra. Sua origem seria "um reinvestimento da mãe, não mais, desta vez, como objeto sexual, mas como nutriz". A própria masturbação pubertária seria também um símbolo: a regressão do gozo sexual, assustada pelos obstáculos que se lhe erguem, a uma atividade *que, originariamente, servia tão só à nutrição*: a sucção rítmica infantil.

Detenhamo-nos nesse termo *pré-sexual*. Significa nada menos do que a recusa da sexualidade infantil reconhecida pela primeira vez por Freud. É subitamente esquecido tudo o que Freud (e o próprio Jung)[12] constatou sobre os desejos de coloração nitidamente sexual — ainda que estivessem associados às funções de nutrição e excreção — em crianças de três a cinco anos de idade, cuja libido ainda não devia recuar, por certo, diante das barreiras da civilização. Como a expressão "pré-sexual" empregada por Jung é compatível com as observações por ele feitas, há alguns anos, com uma menininha de três anos "que apresentava um comportamento surpreendente pelo interesse que manifestava por matérias fecais e urina, e que mais tarde teve os mesmos comportamentos em relação ao alimento", e "qualificava sempre seus excessos com o termo 'agradá-

---

12. Cf. "Über Konflikte des kindlichen Seele", *Jahrbuch für Psychoanalyse*, II, 1910.

veis'"? Como ele explica sem a hipótese da sexualidade infantil as observações diretas feitas com crianças a esse respeito e os resultados da psicanálise? Terá esquecido por completo sua própria exigência: "Ver as crianças como elas são na realidade e não como se deseja que sejam"?

De fato, essa inconsequência só mereceria louvor se pudéssemos concebê-la como fruto de um avanço dos conhecimentos. Mas receamos que, neste caso, trate-se mais de um recuo do que de um progresso; tudo se passa como se Jung tivesse bruscamente perdido toda a lembrança do conceito de sexual, no sentido em que Freud o utiliza, nos *Três ensaios*, o qual era muito conhecido dele até há bem pouco tempo; e sua concepção atual, segundo a qual a sucção e outras atividades infantis seriam "pré-sexuais", apenas revigora a opinião daqueles que só admitem como sexual o genital, e que "mesmo com a mais potente das lentes nada querem enxergar de sexual nas crianças". (Jung: "Sobre os conflitos da alma infantil".) Entretanto, se substituirmos sistematicamente no livro de Jung o termo "pré-sexual" por *"pré-genital"* poderemos aprovar grande parte de suas conclusões. Jung é muito consequente consigo mesmo apenas quando modifica também sua terminologia no sentido de sua nova concepção (ou mais exatamente: da antiga) e entende pela expressão *autoerotismo* (utilizada por Freud para designar o erotismo infantil mais precoce) unicamente a autossatisfação que surge após a instalação da barreira do incesto.

Após essa longa digressão teórica, Jung volta a Miss Miller e esforça-se por demonstrar o valor da nova teoria analisando a terceira criação onírica da poetisa, intitulada por ela "Chiwantopel, drama hipnagógico". Nesse drama, o papel principal cabe a um herói asteca que ostenta as armas e a coroa de plumas dos índios; outro índio tenta batê-lo com uma flecha e queixa-se, então, num extenso monólogo, de que nenhuma das mulheres a quem conheceu e amou o compreendeu realmente, com exceção de uma única, chamada Ja-ni-wa-ma. Jung analisa essa fantasia considerando de imediato cada uma das palavras e associações verbais que as acompanham como arcaísmos mitológico-simbólicos, que estariam encobrindo algum problema atual de Miss Miller. Para prová-lo, Jung entrega-se a vastas pesquisas de mitologia comparada. Examina separadamente o papel de cada palavra nas diversas mitologias e, combinando as diferentes interpretações obtidas por esse método, tenta decifrar o sentido de todo o drama. Ora, tendo em vista o caráter incerto do saber mitológico em geral, e as inevitáveis lacunas dos conhecimentos mitológicos de um indivíduo em particular, não se pode, na nossa opinião, atribuir grande valor demonstrativo a esse método de interpretação; este, aliás, só na aparência tem certa semelhança com a psicanálise, a qual se alicerça, em primeiro lugar, nos dados reais obtidos pela investigação dos sonhos e das neuroses. E uma vez que Jung refere-se, em sua introdução, à investigação biográfica de Freud a respeito de Leonardo da Vinci e qualifica Freud de precursor do seu método de interpretação, indiquemos que as interpretações mitológicas de Freud permanecem constantemente sob o controle de experiências extraídas da psicologia individual.

Tomando por ponto de partida a fantasia de "Chiwantopel", Jung retoma o tema da "origem inconsciente do herói", sobre o qual nos fornece, desta vez, ideias mais profundas. "O mito do herói", diz ele ao término de suas reflexões, "é a nostalgia que o nosso próprio inconsciente experimenta a respeito das origens mais profundas do seu ser: o corpo da mãe. E quem quer que seja capaz de renascer por sua mãe torna-se aos nossos olhos um herói vitorioso." Jung chegou a esse resultado mediante sutis análises a que submeteu os mitos heroicos mais conhecidos. Essas análises convencerão qualquer psicanalista e, por si só, teriam feito do livro de Jung uma das mais preciosas contribuições para a literatura psicanalítica.

Por isso, é tão surpreendente ver Jung anular esse resultado de suas próprias investigações, e que nos parece indubitável, por uma espécie de retificação *a posteriori* em que faz uso do "complexo de Édipo", o qual se encontra na base do tema do herói, exatamente como o da sexualidade infantil em geral. Após ter constatado o papel efetivo desse complexo na vida humana, contesta-lhe de súbito a *realidade*. Os desejos sexuais postos a descoberto nos sonhos dos sujeitos saudáveis e nas fantasias inconscientes dos neuróticos seriam "não o que parecem ser, mas somente símbolos", ou seja, substitutos *simbólicos* de desejos e aspirações inteiramente racionais; a libido atemorizada pelas tarefas vindouras regressaria a esses símbolos. O que existe de exato nessa asserção foi extraído da literatura psicanalítica já antiga. Há muito tempo que nela se assinala o fato de o neurótico recuar diante da realidade, de ele se refugiar na doença e de os sintomas serem fenômenos regressivos. A única novidade nesse discurso é a afirmação da *irrealidade, da natureza simbólica* das tendências que se exprimem nos sintomas. Essa maneira de definir o complexo de Édipo, a qual, aliás, nos escapa em parte, poderia, no nosso entender, explicar-se pelo fato de que Jung procurou eliminar o termo "inconsciente" a fim de substituí-lo por outros vocábulos.

Além disso, Jung fornece em seu livro algumas indicações quanto à influência de seus recentes conhecimentos sobre a sua técnica psicoterapêutica. Faz repousar o essencial do tratamento dos neuróticos no fato de lhes mostrar o caminho da realidade, diante da qual recuaram. Sustentamos, por nossa parte, que a realidade mais próxima e mais importante para o doente é o conjunto de seus sintomas mórbidos, de que devemos, por conseguinte, nos ocupar, enquanto as referências aos problemas da existência farão com que os doentes sintam ainda mais dolorosamente sua incapacidade para resolvê-los. Em análise não existe praticamente a necessidade de nos preocuparmos com os projetos do paciente; desde que a análise se aprofunda, os pacientes sempre encontram seu caminho sem a nossa ajuda, e uma técnica analítica correta deve inclusive esforçar-se por tornar o paciente bastante independente para que não tenha de receber ordens de ninguém, nem mesmo do seu médico. Ele próprio decidirá, em seguida, que parte abandonar de seus investimentos "inadequados" e qual realizar efetivamente após a análise.

O abandono do conceito freudiano de inconsciente, que ressalta de nossas observações críticas, faz-se igualmente sentir na nova concepção dos sonhos elaborada por Jung (p. 460). Jung (e com ele Maeder) não vê mais a função do sonho na realização do desejo, na satisfação alucinatória e passageira de desejos insatisfeitos, visando proteger o sono, mas numa espécie de pressentimento interior das tarefas mais duras reservadas pelo futuro. Não podemos dedicar-nos aqui a refutar detalhadamente essa opinião; sublinhemos, contudo, que mesmo após a leitura do livro de Jung sobre a libido, é a concepção freudiana dos processos oníricos que nos parece correta; afirmamos que o trabalho duro, a resolução dos árduos problemas da existência, a luta contra os obstáculos caracterizam perfeitamente a vida vígil e não os sonhos, ainda que possam perturbar, às vezes, o nosso repouso noturno. Por isso é que veremos nas criações oníricas de Miss Miller a satisfação fantasística de desejos infantis ou de moções atuais, e não o pressentimento profético de futuras tarefas da humanidade.

A impressão geral que extraímos da leitura de *Metamorfoses e símbolos da libido* é que Jung não se ocupa de uma ciência propriamente indutiva, mas de uma sistematização filosófica[13], com todas as vantagens e inconvenientes de uma abordagem desse gênero. A principal vantagem apresentada é o apaziguamento do espírito, o qual, dando por resolvida a questão principal do ser, livra-se dos tormentos da incerteza e pode deixar tranquilamente para outros o cuidado de preencher as lacunas do sistema. O grande inconveniente de uma sistematização prematura reside no perigo de querer manter a todo o custo o postulado e rechaçar os fatos suscetíveis de contradizê-lo.

---

13. Cf. a seguinte passagem de Jung (II, p. 178): "Esta consideração leva-nos a um conceito da libido que se amplia para além dos limites da informação [da investigação? (Ferenczi)] científica e converte-se numa concepção filosófica..."

XXII

Ontogênese dos símbolos

Quem quer que tenha a oportunidade de observar, com os olhos aguçados pela psicologia, o desenvolvimento psíquico da criança, seja diretamente, seja por intermédio dos pais, pode confirmar na totalidade os comentários do dr. Beaurain[1] sobre o modo como ela forja as suas primeiras noções gerais. Não há dúvida de que a criança (tal como o inconsciente) identifica duas coisas diferentes com base numa semelhança ínfima e de que desloca facilmente seus afetos de uma para a outra, atribuindo-lhes o mesmo nome. Portanto, esse nome é o representante muito condensado de um grande número de coisas particulares, fundamentalmente diferentes, mas que têm certa semelhança (mesmo longínqua) e, por esse fato, são identificadas entre si. À medida que se desenvolve o sentido de realidade (inteligência) na criança, ela é levada a decompor progressivamente esses produtos de condensação em seus elementos, a aprender a distinguir o que se assemelha, sob certos aspectos, mas difere em outros. Vários autores reconheceram e descreveram esse processo, e as comunicações de Silberer e de Beaurain sobre o assunto enriqueceram os nossos conhecimentos com dados novos e aprofundaram a nossa compreensão dos processos psíquicos do desenvolvimento.

Os dois autores veem na insuficiência da faculdade de discriminação da criança a condição principal do surgimento dos primei-

---

1. Beaurain, "Le symbole et les conditions de son apparition chez l'enfant". *Intern. Zeitschr. f. ärztliche Psychoanal.*, 1° ano, n° 5.

ros graus onto e filogenéticos dos processos cognitivos. Só critico a concepção de ambos na medida em que designam pela palavra "símbolo" todos os primeiros graus do conhecimento. Num certo sentido, as comparações, as alegorias, as metáforas, as alusões, as parábolas, os emblemas e, de um modo geral, todas as representações indiretas podem ser consideradas produtos resultantes de distinções e de definições imprecisas, sem que se trate por esse fato de símbolos no sentido psicanalítico do termo. Só podemos considerar símbolos, no sentido psicanalítico do termo, as coisas (representações) que chegam à consciência com um investimento afetivo que a lógica não explica nem justifica, e cuja análise permite estabelecer que elas devem essa sobrecarga afetiva a uma identificação *inconsciente* com uma (o símbolo) outra coisa (representação), à qual pertence efetivamente esse suplemento afetivo. Por conseguinte, nem toda comparação é um símbolo, mas unicamente aquela da qual um dos termos está recalcado no inconsciente[2]. Rank e Sachs dão a mesma definição da noção de símbolo: "Chamamos símbolo – dizem esses autores – a um modo particular da representação indireta que se distingue por determinadas características da comparação, da metáfora, da alegoria, da alusão e das outras formas de representação figurada do material de pensamento (à maneira do rébus)" ... "(o símbolo) é uma expressão substitutiva aparente que supre algo escondido[3]."

Essas condições incitam a não confundir, de um modo geral, as condições de aparecimento dos símbolos e as condições de formação das comparações, mas a apurar as condições específicas de surgimento dessa variedade particular de formação das comparações.

A experiência psicanalítica ensina-nos, de fato, que a principal condição para que surja um verdadeiro símbolo não é de natureza intelectual, mas afetiva, embora a intervenção de uma insuficiência intelectual seja igualmente necessária à sua formação. Desejo justificar esta asserção por meio de alguns exemplos já expostos em outros trabalhos, extraídos do simbolismo sexual.

---

2. Ver, a este respeito, os meus artigos: "Contribuição para o estudo do onanismo" (*O.C.*, vol. I, p. 239), "O simbolismo dos olhos" e "Crítica de 'Metamorfoses e símbolos da libido', de Jung", neste volume.

3. "Importância da psicanálise para as ciências psicológicas", Col. Löwenfeld, Bergman, Wiesbaden, 1913, p. 11.

Enquanto a necessidade não a obriga a adaptar-se e, por conseguinte, a tomar assim consciência da realidade, a criança preocupa--se primeiro, de um modo exclusivo, com a satisfação de suas pulsões, ou seja, com as partes de seu corpo que são o suporte dessa satisfação, com os objetos que são capazes de suscitá-la e com os atos que a provocam. Das partes de seu corpo aptas a reagir a uma excitação sexual (as chamadas zonas erógenas), são, por exemplo, a boca, o ânus e o órgão genital as que retêm muito especialmente sua atenção.

"O psiquismo da criança (e a tendência do inconsciente que subsiste no adulto) confere – no que se refere ao próprio corpo – um interesse inicialmente exclusivo, mais tarde preponderante, pela satisfação de suas pulsões, pelo gozo que lhe propiciam as funções de excreção e atividades tais como chupar, comer, tocar as zonas erógenas. Nada tem de surpreendente que sua atenção seja atraída, em primeiro lugar, para as coisas e os processos do mundo externo que lhe recordam, em virtude de uma semelhança mesmo longínqua, suas experiências mais caras.

Assim se estabelecem essas relações profundas, persistentes a vida inteira, entre o corpo humano e o mundo dos objetos, a que chamamos *relações simbólicas*. Nesse estágio, a criança só vê no mundo reproduções de sua corporalidade e, por outro lado, aprende a figurar por meio de seu corpo toda a diversidade do mundo externo."[4]

Assim se manifesta a "sexualização do universo". Neste estágio, os menininhos designam naturalmente todo objeto oblongo pela denominação infantil de seu órgão sexual, e veem em toda abertura um ânus ou uma boca, em todo líquido, urina e em todas as substâncias moles, matérias fecais. Um bebê de um ano e meio, quando lhe mostraram pela primeira vez o Danúbio, exclamou: "Quanto cuspe!" Um garotinho de dois anos chamava "porta" a tudo o que pudesse se abrir, entre outras coisas, as pernas de seus pais, que também podiam abrir e fechar (abdução e adução). Encontramos também assimilações análogas entre os diferentes órgãos do corpo: a criança identifica o pênis e os dentes, o ânus e a boca; talvez ela encontre, assim, para cada parte da metade inferior do corpo investido afetivamente, um equivalente na metade superior (principalmente o rosto, a cabeça).

---

4. "O desenvolvimento do sentido de realidade e seus estágios", neste volume, pp. 45 ss.

Entretanto, uma identificação desse gênero ainda não é um símbolo. Somente quando a educação cultural provocou o recalcamento de um dos termos da analogia (o mais importante) é que o outro termo (o mais insignificante na origem) adquire um suplemento de importância afetiva e converte-se num símbolo do termo recalcado. Na origem, a paridade: pênis-árvore, pênis-campanário, é consciente, e é em consequência do recalcamento do interesse devotado ao pênis que a árvore e o campanário adquirem essa sobrecarga de interesse inexplicável e aparentemente injustificada; tornam-se símbolos do pênis.

Foi assim que os olhos passaram a ser o símbolo dos órgãos genitais com que tinham sido outrora identificados com base numa semelhança superficial; foi assim que a parte superior do corpo, em geral, adquiriu o sobreinvestimento simbólico que detém a partir do momento em que o recalcamento atingiu o nosso interesse pela parte inferior do corpo; e, provavelmente, foi também assim que se constituíram de modo ontogenético todos os outros símbolos do órgão sexual (gravata, serpente, extração dentária, caixa, escada, etc.), que desempenham um tão grande papel nos nossos sonhos. Assinalemos que, nos sonhos dos dois garotos mencionados anteriormente, a porta aparecia num como símbolo do regaço dos pais, e o Danúbio, no outro, como símbolo de excreção.

Quis mostrar com esses exemplos a importância decisiva dos fatores afetivos na formação dos símbolos autênticos. Devemos, portanto, em primeiro lugar, distinguir os símbolos dos outros produtos químicos (metáfora, comparação, etc.) que são igualmente formas de condensação.

A consideração exclusiva de condições formais e racionais pode facilmente induzir ao erro quando se explicam os processos psíquicos.

Outrora, por exemplo, havia a tendência para pensar que se confundiam as coisas *porque* se assemelhavam; hoje, sabemos haver razões determinadas para essa confusão e que a semelhança é apenas a ocasião que permite a essas razões manifestarem-se. Podemos também afirmar que, por si só, a exiguidade da percepção não explica suficientemente a formação dos símbolos se não se levam em conta as razões que levam a formar comparações.

XXIII

Algumas observações clínicas de pacientes paranoicos e parafrênicos

(Seguido de uma contribuição ao estudo da importância clínica da "formação de sistemas".)

I

Um dia, a irmã de um jovem artista veio ver-me e contou que seu irmão, A., um homem de grande talento, vinha apresentando, havia algum tempo, um comportamento muito estranho. Leu um artigo médico sobre o tratamento da tuberculose por soro[1] e desde então não faz outra coisa senão observar-se, analisar suas urinas e escarros, e, apesar dos resultados inteiramente negativos, segue um tratamento com soro com o médico autor do artigo.

Percebeu-se depressa que o doente não sofria somente de uma simples depressão hipocondríaca. A personalidade do médico, tanto quanto seu artigo, causara-lhe uma impressão extraordinária. Quando, certo dia, o médico o tratou com alguma aspereza, A. entregou-se em seu diário (que a irmã me trouxera) a intermináveis ruminações sobre o modo de harmonizar esse comportamento do médico com sua qualidade de sábio (que não ousava pôr em dúvida). Apurou-se então que suas ideias hipocondríacas faziam parte

---

1. Este artigo, cujo autor atribui quase todos os transtornos nervosos e psíquicos à tuberculose e os trata em consequência dela, preocupou imensamente os meus pacientes psiconeuróticos, muito receptivos a esse gênero de coisas.

de um sistema filosófico mais vasto. De uns tempos para cá, o jovem interessava-se pela filosofia da natureza de Wilhelm Ostwald, dizia-se um ardente adepto desse filósofo, interessando-se particularmente pela ideia fundamental do mestre sobre a energética, o princípio *econômico*. Até na sua vida privada esforçava-se por aplicar o princípio da melhor utilização da energia, mas acabou assim por cair em excessos que inquietaram sua própria irmã, apesar do grande apreço que tinha pela inteligência do irmão. Enquanto se contentava com a elaboração de empregos do tempo, escritos e excessivamente precisos, em que fixava a hora exata de todas as suas atividades físicas e intelectuais, A. podia ainda passar por um discípulo particularmente zeloso do mestre; mais tarde, porém, por seus excessos, acabou levando o esforço de economia quase aos limites do absurdo. Isso ficou muito claro quando a hipocondria interferiu em todo esse processo. Sobrevieram as crises de parestesias em diferentes partes do corpo, nas pernas, por exemplo, e A. observou que o mal cessava quando as soerguia. Para desviar a atenção da sensação proveniente das pernas e para poder dedicar essa energia à atividade que considerava – segundo a sua concepção filosófica – de uma ordem superior à percepção de seus estados físicos, pedia à irmã que lhe mantivesse as pernas levantadas, a fim de poder entregar-se à sua atividade principal, o pensamento. A irmã anuiu fielmente a esse desejo diversas vezes. Pouco a pouco, o doente chegou à convicção bizarra de que não deveria efetuar nenhum outro trabalho, exceto pensar; quanto ao detalhe da realização de suas ideias, esse trabalho inferior, convinha abandoná-lo a indivíduos de menor valor.

Assim, só se interessava agora pelo estudo de importantes problemas, consagrando seu tempo a resolver as questões essenciais da natureza, da filosofia e da psicologia. Deu ordens muito precisas aos que o rodeavam sobre a maneira como deviam cuidar de sua tranquilidade absoluta enquanto estivesse exercendo sua atividade intelectual. Nada disso teria ainda inquietado seriamente sua família, se o jovem A., muito trabalhador até então, não tivesse se entregado à mais completa inatividade. Na sua vontade de trabalhar com um "grau de eficácia superior", passou a menosprezar totalmente suas tarefas cotidianas, porque não se coadunavam com a teoria da economia energética; o princípio de uma atividade tão econômica quanto possível serviu-lhe, com boa lógica, para renunciar a toda atividade. Durante horas a fio, A. permanecia deitado, ocioso, assumindo poses artificiais. Pareceu-me que essas poses deviam ser consideradas uma variedade de posturas catatônicas, e interpretei os sintomas puramente psíquicos como fragmentos de ideias hipocondríacas e megalomaníacas. Sem nem mesmo ter visto o doente, pude comunicar à família dele a opinião de que se tratava de uma parafrenia paranoide (demência precoce) e que seria desejável colocá-lo numa casa de saúde. A família não aceitou o meu diagnóstico nem o meu conselho, apesar do cuidado que tive em sublinhar a eventualidade de um estado benigno e passageiro.

Mas, pouco depois, a irmã do doente veio visitar-me de novo e expôs o seguinte: seu irmão lhe pedira que passasse a dormir no quarto dele, com o pretexto de que assim se sentiria melhor e que suas faculdades intelectuais seriam reforçadas. A irmã acedera a esse pedido do doente. Diversas vezes, durante a noite, A. pediralhe que levantasse suas pernas e depois ficava falando de uma excitação sexual e de ereções que o tinham incomodado em seu trabalho intelectual. Nesse meio-tempo, falou também a respeito do pai, que o criara com excessivo rigor e por quem, até então, não tinha sentido a menor afeição; só agora estava descobrindo em si mesmo e em seu pai um mútuo afeto. Depois, bruscamente, declarou que era incompatível com a economia energética satisfazer suas necessidades sexuais com mulheres da vida, a quem não conhecia e que o faziam por dinheiro; seria mais simples, sem fadiga, sem perigo nem despesas, em suma, seria mais econômico se, no interesse do seu rendimento intelectual e de acordo com o próprio espírito do "imperativo energético", sua irmã aceitasse prestar-lhe esse serviço. A irmã mantivera silêncio sobre esse incidente, mas, dias depois, tendo A. manifestado intenções suicidas, tornou-se inadiável interná-lo numa casa de saúde.

II

Conheci um jovem de inteligência superior, por quem me interessei durante mais de quatorze anos, que, além do cumprimento pontual de suas tarefas profissionais, entregava-se igualmente a uma atividade poética notável. Era um doente mental, megalômano e perseguido, mas que conseguia controlar suficientemente seus sintomas para conservar seu lugar na sociedade. Eu apreciava a sua produção literária, e como tinha procurado várias vezes – sem êxito, é verdade – atrair para ele a atenção de personalidades eminentes, testemunhava-me uma real simpatia. Vinha ver-me cerca de uma vez por mês, contava-me suas penas como a um confessor e, em geral, partia aliviado. Descrevia-me como seus colegas de escritório e seus superiores o colocavam nas mais penosas situações. Cumpria sempre pontualmente suas tarefas, empenhando-se em sua execução até com certo zelo, e, apesar disso (ou talvez por isso!), todos lhe manifestavam certa hostilidade. Evidentemente, invejavam-no por causa de sua inteligência superior e de suas relações com pessoas em posições elevadas. Mas quando lhe pedia detalhes, não podia relatar mais do que alguns gracejos insignificantes dos colegas e uma atitude desdenhosa, corrente nos superiores hierárquicos. De tempos em tempos, para vingar-se, dedicava-se a registrar cuidadosamente todas as irregularidades e erros cometidos por seus colegas, e mesmo supostas indelicadezas; depois, quando seu descontentamento acumulado explodia, exumava todos esses fatos esquecidos havia muito tempo, redigia um relatório para o seu chefe de serviço, obtendo como único resultado atrair advertências e censuras para si mesmo, assim como para seus colegas. Acabou, efetivamente, por estar em más relações com todo mundo, poupando-se assim a preocupação de provar a malevolência de seus colegas com a ajuda de indícios mesquinhos. Era execrado por todos; era um júbilo geral em todos os serviços, quando podiam desembaraçar-se dele e o transferiam na primeira oportunidade. Cada vez que isso ocorria, ele apresentava uma espécie de "melhora de deslocamento", como se constata em todos os doentes mentais que trocam de clínica. De cada novo chefe de serviço esperava o reconhecimento definitivo de seus méritos e, no começo, acreditava descobrir sempre em cada um deles sinais indubitáveis de estima e simpatia. Mas, em geral, revelava-se rapidamente que o novo chefe não valia mais do que os precedentes; aliás – pensava ele – esses últimos deviam tê-lo apontado ao novo chefe, pois todos eram cúmplices, e assim por diante.

A mesma fatalidade perseguia a sua atividade literária. Os autores consagrados formam uma máfia – dizia ele – e impedem que os jovens de talento tornem-se conhecidos e obtenham sucesso. Suas obras, entretanto, valiam tanto quanto as maiores obras-primas da literatura mundial.

Não sentia desejos sexuais. Tinha frequentemente observado que desfrutava de um êxito quase exagerado com as mulheres – sem que ele próprio entendesse por quê; agradava a todas, embora não lhes prestasse a menor atenção; era até obrigado a defender-se delas (o que significa que às suas ideias megalomaníacas e paranoicas somava-se a erotomania).

Nossas entrevistas periódicas deram-me, pouco a pouco, acesso às camadas mais profundas do seu psiquismo. Sua família passara por alguns dissabores materiais, o que afastou cedo o rapaz de um pai antes muito amado. Deslocou então (em imaginação) o papel paterno para um tio, que alcançara uma situação eminente e a celebridade literária; mas não tardou em compreender que nada tinha a esperar desse ser egoísta e, portanto, também dele retirou sua afeição. Depois, por um lado, esforçou-se por reencontrar na pessoa de seus superiores "a imago paterna" perdida e, por outro, redirecionou sua libido, de modo narcísico, para si mesmo e para as suas notáveis qualidades, saboreando suas próprias produções.

O desabamento sobreveio durante o décimo segundo ano de nossas relações. Revoltado com as supostas provocações e zombarias, chegou às vias de fato com o seu chefe de serviço. Houve uma investigação prolongada e penosa, que chegou à conclusão relativamente positiva de que se tratava de um "doente nervoso", sendo decidido aposentá-lo.

Nessa mesma época – ou talvez já um pouco antes – começou a manifestar um interesse crescente pela literatura psicanalítica[2]. Entre outros trabalhos, tinha lido o meu artigo sobre a relação entre paranoia e homossexualidade, e perguntou-me, em tom de gracejo, se eu o considerava um paranoico e homossexual. No início, essa ideia pareceu-lhe cômica; entretanto, pouco a pouco, foi se enraizando em seu espírito e se desenvolvendo com uma amplitude muito especial, em virtude de sua atividade geral. Um dia veio ver-me num estado de intenso entusiasmo e excitação; e, para minha grande surpresa, expôs-me com muita emoção que estava disposto a adotar o meu ponto de vista, ainda que tardiamente; com efeito, até o presente, *tinha* sofrido de uma mania de perseguição, mas compreendia agora por uma espécie de iluminação que, no fundo, era

---

2. Eu não queria empreender com ele uma psicanálise que não oferecia nenhuma perspectiva neste caso.

propriamente um homossexual; tinham-lhe voltado à lembrança certos fatos que confirmavam diretamente a sua descoberta. Ao mesmo tempo, descobria a significação do estado de excitação semiangustiado, semilibidinoso que se apoderava dele na presença de um certo cavalheiro bastante idoso. Compreendia igualmente por que tentava sempre aproximar-se de mim até sentir minha respiração em seu rosto[3].

Também sabia atualmente por que acusava outrem, em particular esse homem idoso, de intenções homossexuais a seu respeito: era simplesmente o seu próprio desejo que estava na origem desse pensamento.

Fiquei extremamente satisfeito com o rumo tomado pelos acontecimentos, não só para o doente mas também por causa da confirmação que fornecia à minha secreta esperança de ver coroados de êxito, um dia, os esforços no sentido de curar a paranoia.

No dia seguinte, o doente veio ver-me de novo; continuava muito excitado, mas menos eufórico. Queixava-se de estar muito angustiado, de estar torturado por fantasias homossexuais cada vez mais insuportáveis: via enormes falos que lhe inspiravam repugnância, imaginava-se em posições pederastas com homens (comigo, por exemplo), etc. Consegui tranquilizá-lo explicando-lhe que o efeito penoso dessas fantasias provinha de seu caráter inabitual e que se atenuaria aos poucos.

Não voltei a ter notícias dele durante alguns dias; depois, um membro de sua família veio ver-me para anunciar o seguinte: havia uns dois ou três dias, o doente vinha tendo alucinações, falava sozinho. Na véspera, irrompera de repente na casa do tio a quem já fiz menção e depois no palácio de um célebre magnata, onde provocara um escândalo. Tendo sido expulso, voltou para casa, deitou-se e a partir desse instante não disse mais palavra; durante seus raros momentos de lucidez, dizia estar muito bem e suplicava a seus familiares que não o mandassem para uma casa de saúde.

Fui visitar o doente e encontrei-o efetivamente mergulhado num estado catatônico profundo (postura rígida, negativismo, autismo, alucinações). Quando entrei, pareceu reconhecer-me, esten-

---

3. Esse curioso hábito chamara minha atenção: interpretara-o como o deslocamento de pulsões eróticas para a pessoa do médico, mas abstive-me naturalmente de enfatizar esse sintoma ao doente ou de interpretá-lo.

deu-me a mão e em seguida recaiu em seu estupor catatônico. Passaram-se semanas antes que seu estado melhorasse um pouco na clínica psiquiátrica para onde foi transportado, e só esteve em condições de receber alta vários meses depois. Quando o revi, ele não tinha uma consciência clara de sua doença. Objetivava de novo suas sensações parafrênicas; sua demência paranoica de antes despertara, em parte – mas repeliu com horror suas ideias homossexuais, *negando a existência de sua psicose e não acreditando mais na relação causal entre suas impressões psíquicas e a homossexualidade.*

Naturalmente, eu não podia forçar as coisas e nem mesmo tentei convencer o doente do que ele já tinha compreendido em outra ocasião. Desde então, passou a evitar-me ostensivamente. Vim mais tarde a saber que tivera de ser internado de novo, dessa vez por um período menor, após uma recidiva do estado de excitação.

*
* *

Estes dois casos têm em comum [além da homossexualidade latente, constante nos casos de paranoia e de parafrenia, mas que não posso desenvolver aqui[4]] o fornecimento de indicações sobre a importância *da formação de sistemas delirantes*, tão característica dos paranoicos. O primeiro doente, poupando-se o trabalho de elaborar ele próprio um sistema, encampou simplesmente em bloco um sistema filosófico já existente, a filosofia da natureza de Ostwald. Os sistemas filosóficos que se esforçam por dar a todo o custo uma explicação racional do universo, não deixando lugar nenhum para irracional (ou seja, o inexplicado), têm sido frequentemente comparados aos sistemas patológicos paranoicos. Seja como for, esses sistemas correspondem perfeitamente às necessidades dos paranoicos cujos sintomas servem justamente para explicar de forma racional, a partir dos eventos do mundo externo, suas pulsões internas irracionais. Nosso caso mostra com clareza como o sistema retomado "em bloco" serve cada vez mais para racionalizar os desejos ego-

---

4. Ver, de Freud, "Comentários psicanalíticos sobre a autobiografia de um caso de paranoia" (*Jahrbuch f. Psychoanalyse*, III) (NTF: *Cinq Psychanalyses*, PUF) e o meu artigo "O papel da homossexualidade na patogênese da paranoia", *O.C.*, vol. I, p. 155.

cêntricos recalcados do doente (ociosidade, desejos incestuosos em relação à irmã).

O segundo caso mostra-nos a que ponto o paranoico fica ameaçado quando é, de súbito, privado do sistema laboriosamente construído que permitiu sua integração social. O doente chegou a projetar no seu meio profissional as suas tendências moralmente inaceitáveis: sente-se vítima de uma perseguição sistemática. Ao aposentá-lo, despojaram-no, por assim dizer, do seu "sistema"; quis o acaso que, no mesmo momento, encontrasse a literatura psicanalítica, da qual já ouvira falar, mas que só agora podia compreender.

Mostrou-se disposto a abandonar provisoriamente o seu sistema persecutório, a ver sua natureza verdadeira e profunda e a familiarizar-se com os seus complexos recalcados. Mas logo se apercebeu de que essa lucidez lhe era insuportável; para escapar à pavorosa angústia que se apoderara dele, teve – na falta de outro sistema apropriado – de refugiar-se na demência, que lhe oferecia um segundo ponto de fixação neurótica. Só foram possíveis melhoras quando conseguiu de novo rechaçar o seu saber adquirido pela psicanálise e reconstruir seu sistema persecutório.

Essa relação estreita entre a formação de sistemas e a paranoia talvez explique, também, por que as descobertas e as teorias científicas ou sistemas filosóficos novos são sempre adotados – fato bem conhecido – por uma multidão de psicopatas.

No plano terapêutico, é o segundo caso que mais nos incitaria a adotar a posição pessimista de Freud no tocante à possibilidade de curar a paranoia pela psicanálise[5].

A posição catatônica particular do primeiro doente (estendido, as pernas soerguidas) merece ser especialmente notada. Foi o próprio doente quem forneceu a interpretação desse sintoma ao confiar à irmã a tarefa de sustentar-lhe as pernas e, pouco depois, ao participar-lhe seus desejos incestuosos. Se acrescentarmos que a perna é um símbolo do pênis (ou do clitóris) familiar aos psicanalistas, sendo a extensão da perna o símbolo da ereção, devemos considerar essa postura catatônica como a expressão (e, ao mesmo tempo, medida de defesa) contra a tendência recalcada para a ereção. É muito possível que observações análogas nos levem a admitir, de um

---

5. Em discordância com Bjerre, que pretende ter curado um paranoico, consideramos com Freud que o caso de Bjerre não era uma verdadeira paranoia.

modo geral, essa interpretação da rigidez catatônica. A favor dessa tese, citarei um fragmento de um terceiro caso.

III

Um doente parafrênico, dotado de um agudo senso de auto--observação, contou-me espontaneamente que a sua postura e os seus movimentos catatônicos servem para afastar as sensações eróticas que se manifestam em diversas partes de seu corpo. A flexão do corpo para a frente, mantido em catatonia durante vários minutos, servia, por exemplo, segundo os seus próprios termos, "para quebrar a ereção do intestino".

XXIV

O homoerotismo: nosologia da homossexualidade masculina[1]

Algumas frases bastam para resumir o que a psicanálise nos ensinou sobre a homossexualidade. O primeiro passo essencial, no sentido do conhecimento aprofundado dessa tendência pulsional, foi a hipótese formulada por Fliess e Freud[2] de que *todo ser humano* passa, na realidade, por uma fase psíquica bissexual no decorrer de sua infância[3]. Mais tarde, o "componente homossexual" sucumbe ao recalcamento; dele subsiste apenas uma pequena parte sob forma sublimada na vida cultural do adulto, que desempenha um papel não desprezível nas obras sociais, associações de amigos e clubes. Em certas condições, a homossexualidade insuficientemente recalcada pode ressurgir mais tarde e manifestar-se sob a forma de sintomas neuróticos; em especial na paranoia que – como pôde ser demonstrado por investigações recentes – deve conceber-se como uma manifestação deformada da atração pelo seu próprio sexo[4].

---

1. Conferência realizada no III Congresso da Associação Psicanalítica Internacional, em Weimar, outubro de 1911.
2. Freud: *Três ensaios sobre a teoria da sexualidade*.
3. Já propus utilizar o termo "ambissexual" em lugar de "bissexual" para exprimir que a criança, nessa fase de seu desenvolvimento, manifesta sentimentos *anfieróticos*, ou seja, pode transferir sua libido ao mesmo tempo para o homem e para a mulher (pai e mãe). A oposição entre a concepção de Freud e a teoria da bissexualidade biológica, segundo Fliess, ficaria assim claramente evidenciada.
4. Freud: "Remarques psychanalytiques sur l'autobiographie d'un cas de paranoia: le président Schreber", em *Cinq Psychanalyses*. Cf. também Ferenczi, "O papel da homossexualidade na patogênese da paranoia", em *O.C.*, vol. I, p. 155.

É a Sadger e a Freud que devemos uma concepção nova da homossexualidade que nos facilita a sua compreensão. Sadger descobriu, analisando vários homossexuais masculinos, a existência de fortes *tendências heterossexuais* no começo da infância desses sujeitos, cujo "complexo de Édipo" (amor pela mãe, atitude de ódio em relação ao pai) manifestava-se, por outro lado, com particular intensidade. Segundo ele, a homossexualidade que se desenvolve ulteriormente nesses indivíduos é, na realidade, apenas uma tentativa de recriar a relação primitiva *com a mãe*. É a *sua própria pessoa* que o homossexual ama inconscientemente nos objetos do mesmo sexo, sobre os quais seu desejo recai, e ele próprio desempenha (sempre inconscientemente) o papel feminino e efeminado da mãe.

Sadger chama a esse amor por si mesmo, na pessoa de um outro, *narcisismo*. Depois, Freud ensinou-nos a atribuir uma importância muito maior e mais geral ao narcisismo, todo ser humano passando obrigatoriamente por um estágio de desenvolvimento narcísico. Após o estágio do autoerotismo "perverso-polimorfo" e antes da escolha propriamente dita de um objeto de amor no mundo exterior, todo ser humano toma a si mesmo por objeto de amor, reunindo os erotismos até então autísticos numa unidade, um "ego amado". Os homossexuais estão apenas mais fortemente fixados que os outros nesse estágio narcísico; o amor deles está condicionado a vida inteira por um órgão genital semelhante ao deles.

Entretanto, apesar de toda a sua importância, esses conhecimentos nem sempre explicam as particularidades da constituição sexual e as experiências específicas que estão na base da homossexualidade manifesta[5].

Confessarei desde já que realmente quebrei a cabeça para resolver esse problema. O único objetivo da minha comunicação é relatar alguns dados que são fruto da experiência e apresentar pontos de vista que se me impuseram, quase por si mesmos, ao longo de vários anos de observação psicanalítica de homossexuais. Eles deveriam facilitar a classificação nosológica correta dos quadros clínicos da homossexualidade.

Sempre tive a impressão de que, em nossos dias, aplicava-se o termo "homossexualidade" a anomalias psíquicas demasiado dife-

---

5. Em húngaro, este parágrafo continua assim: "nem o que permite distinguir a homossexualidade *manifesta* da homossexualidade *latente,* recalcada, neurótica ou psicótica, baseando-se na história do indivíduo". (NTF)

rentes e fundamentalmente sem relação alguma entre si. A relação sexual com o próprio sexo é apenas, com efeito, um *sintoma*[6], e esse sintoma tanto pode ser a manifestação de doenças e transtornos muito diversos do desenvolvimento, como uma expressão da vida psíquica normal. Portanto, era pouco provável, de imediato, que tudo o que se designa hoje pelo termo genérico de "homossexualidade" pertencesse realmente a uma só entidade clínica. Por exemplo, quanto aos dois tipos de homossexualidade que se distinguiam sob os nomes de homossexualidade "ativa" e homossexualidade "passiva", era ponto pacífico, até hoje, concebê-los como duas formas diferentes do mesmo estado; nos dois casos, contentava-se em falar de "inversão", sem imaginar que se podia assim confundir dois estados patológicos fundamentalmente diferentes pela simples razão de que tinham em comum o mesmo sintoma espetacular. E, no entanto, a observação superficial dessas duas formas de *homoerotismo*[7] basta para constatar que elas pertencem – pelo menos nos casos puros – a síndromes totalmente diferentes, e que o homoerótico "passivo" e o homoerótico "ativo" representam tipos de homens fundamentalmente diferentes. Só o homoerótico passivo merece ser chamado "invertido", pois só ele apresenta uma verdadeira inversão dos caracteres psíquicos – e, às vezes, físicos – normais, só ele constitui um autêntico "estágio intermediário". Um homem que se sente mulher em suas relações com os homens é invertido quanto ao seu próprio ego (homoerotismo por inversão do sujeito ou, mais simplesmente, "*homoerotismo de sujeito*"), e se sente mulher não só durante as relações sexuais, mas em todas as demais relações de sua existência.

O verdadeiro "homossexual ativo" é diferente. Sente-se homem sob todos os aspectos, é com frequência muito enérgico, ativo e nada existe nele de efeminado, tanto no plano psíquico quanto no físico. Somente o *objeto* de sua tendência está invertido e poderíamos, por conseguinte, chamá-lo um *homoerótico por inversão do objeto de amor* ou, mais simplesmente, um *homoerótico de objeto*.

---

6. Em húngaro, no lugar de "relação sexual com seu próprio sexo", lê-se: "A sobrevalorização do valor sexual do seu próprio sexo é apenas um *sintoma*."(NTF)

7. Devemos este termo a F. Karsch-Haack (*Das gleichgeschlechtliche Leben des Naturvölker*, Munique, 1911). Na minha opinião, ele é preferível à expressão "homossexualidade", que se presta a mal-entendidos; e, contrariamente ao termo *biológico* "sexualidade", destaca o aspecto psíquico da pulsão.

Outra diferença flagrante entre o homoerótico "subjetivo" e o homoerótico "objetivo" é que o primeiro (o invertido) sente-se de preferência atraído por homens maduros, fortes, e mantém com as mulheres relações amistosas, por assim dizer, fraternas; o homoerótico objetivo, pelo contrário, interessa-se quase exclusivamente pelos rapazinhos delicados, de modos afeminados, e revela, a respeito das mulheres, uma antipatia acentuada, às vezes até uma aversão pouco ou nada dissimulada. O verdadeiro invertido quase nunca se dirige por sua própria vontade ao médico, sente-se perfeitamente bem em seu papel passivo e o seu único desejo é que se conformem com a sua particularidade, sem importunar o modo de satisfação que lhe convém. Não tendo conflitos internos a enfrentar, pode manter durante anos ligações felizes e só teme, de fato, o perigo e a humilhação provenientes do exterior. Quanto ao resto, seu amor é feminino nos mínimos detalhes. A superestima sexual que, segundo Freud, caracteriza o amor masculino não existe nele; nunca está muito apaixonado e, como um verdadeiro Narciso, pede sobretudo ao seu amante que reconheça suas vantagens físicas e outras.

O homoerótico de objeto, em contrapartida, está incessantemente atormentado pela consciência de sua anomalia. Nunca está inteiramente satisfeito com suas relações sexuais, é perseguido por remorsos de consciência e superestima ao extremo seu objeto sexual[8]. Torturado por conflitos, jamais se resigna ao seu estado; daí suas tentativas repetidas de dominar o mal com a ajuda do médico. Se muda com frequência de parceiro, não é, como o invertido, por leviandade, mas em decorrência de decepções dolorosas e de uma busca infrutífera do seu ideal amoroso. (A "formação de séries", segundo a expressão de Freud.)

Acontece que dois homoeróticos de tipo diferente formam um par. O invertido encontra no homoerótico de objeto um amante perfeito, que o adora, o sustenta materialmente, é enérgico e sabe se impor; quanto ao homoerótico de objeto, é precisamente a mistura de traços masculinos e femininos o que pode lhe agradar no invertido. (Entretanto, conheço também homoeróticos ativos que de-

---

8. Em húngaro, em vez de "superestima ao extremo seu objeto sexual", lê-se "a extraordinária superestima sexual degenera frequentemente nele em orgia masoquista". (NTF)

sejam exclusivamente jovens não invertidos e é na falta de algo melhor que se contentam com invertidos[9].

Esses dois retratos do homoerotismo, qualquer que seja a facilidade com a qual se possa distingui-los, terão apenas o valor de uma descrição superficial de síndromes enquanto não forem submetidos ao método analítico próprio da psicanálise, o único que pode nos fazer compreender sua formação no plano psicológico. Tive ocasião de analisar vários homoeróticos masculinos, alguns por pouco tempo (poucas semanas), outros durantes meses e mesmo um ano ou mais. Parece-me mais proveitoso reduzir e condensar as minhas impressões e as minhas experiências a respeito do homoerotismo em dois retratos falados psicanalíticos, em vez de expor casos clínicos[10].

Posso desde agora apresentar o resultado final das minha investigações: a psicanálise mostrou-me que o homoerotismo de sujeito e o homoerotismo de objeto são, na realidade, dois estados fundamentalmente diferentes. O primeiro é um verdadeiro "estágio sexual intermediário" (no sentido de Magnus Hirschfeld e de seus discípulos), portanto, uma pura *anomalia do desenvolvimento*. O homoerotismo de objeto, pelo contrário, é uma neurose, uma *neurose obsessiva*.

Nas camadas psíquicas mais profundas e nos traços mnêmicos mais antigos ainda encontramos, nos dois casos, anfierotismo[11], investimento dos dois sexos ou da relação com os dois pais pela libido. Entretanto, a inversão e o homoerotismo de objeto distanciam-se consideravelmente um do outro no decorrer da evolução posterior.

---

9. Tenho consciência de que, quando qualifico o invertido de "feminino" e o homoerótico de "viril", estou operando com conceitos cuja extensão não está definida com a necessária precisão. Indicarei somente aqui que entendo por *virilidade* a *atividade* (agressividade) da libido, um amor objetal altamente desenvolvido com a superestima do objeto, uma poligamia que só aparentemente se lhe opõe e, como derivado longínquo da atividade, o rigor intelectual; e entendo *por feminilidade a passividade* (tendência para o recalcamento), o narcisismo e a intuição. (NTF: "comedimento, repressão da libido, ausência de superestima do objeto sexual", acrescenta a nota do artigo húngaro). Naturalmente, as características sexuais psíquicas estão misturadas em cada indivíduo, embora em proporções desiguais. (Ambissexualidade.)

10. Outra justificativa desse procedimento é o respeito pelo anonimato do paciente, que importa proteger.

11. Na minha opinião, esse termo traduz melhor o caráter psicológico da noção em questão do que o de "ambissexualidade" que eu tinha episodicamente proposto.

Quando se está em condições de vasculhar muito profundamente a história do homoerótico de objeto, encontram-se a todo instante os indícios de sua inversão, isto é, de sua natureza anormalmente efeminada. Desde sua mais tenra infância, ele se imagina na situação de sua mãe e não na de seu pai; desenvolve cedo um *complexo de Édipo invertido*; deseja a morte da mãe para ocupar o lugar dela junto ao pai e desfrutar de seus direitos; deseja ardentemente os vestidos, as joias dela e, bem entendido, sua beleza e toda a ternura que lhe testemunham; sonha em ter filhos, brinca com bonecas e gosta de vestir-se de mulher. Sente ciúmes da mãe, exige toda a afeição do pai para ele, preferindo admirar a mãe como uma bela coisa de que sente ciúmes. Em certos casos, é evidente que essa tendência para a inversão, que, provavelmente, é sempre condicionada pela constituição, vê-se reforçada por influências exteriores. "Filhos únicos" mimados, queridinhos que crescem num meio exclusivamente feminino, rapazes criados como meninas, porque nasceram no lugar de uma filha muito desejada, têm muito mais probabilidades de ser invertidos no que se refere ao seu caráter sexual, se apresentarem uma predisposição correspondente[12].

Por outro lado, a natureza narcísica do rapaz pode levar seus pais a tratá-lo com exagerado desvelo e brandura, criando assim um círculo vicioso. Particularidades físicas tais como traços fisionômicos e um corpo de mocinha, uma cabeleira abundante, etc. podem contribuir para que um menino seja tratado como menina. A preferência que o pai manifesta e a resposta a ela podem ser sustentadas, em geral secundariamente, pela natureza narcísica da criança; conheci casos em que o menino narcísico provocava o homoerotismo latente do pai sob a forma de excessiva ternura, o que contribuía muito para fixar a sua própria inversão.

---

12. Entre os rapazes que cresceram sem pai é relativamente frequente encontrar homoeróticos. Suponho que a fixação na imago do pai, perdido jovem ou nunca conhecido, resulta, pelo menos em parte, do fato de que, nessas condições, o conflito entre o pai e o filho, geralmente inevitável, não se produz. ("O homem credita sempre duas vezes mais o destino pelo que lhe falta do que pelo que realmente possui; assim é que as longas descrições de minha mãe encheram-me de uma nostalgia crescente por meu pai, que eu nem chegara a conhecer." Gottfreid Keller, *Henrique, o Verde*, cap. II.) Nas famílias em que o pai está vivo, mas é considerado inferior ou sem importância, o filho deseja exageradamente a presença de um homem "forte" e conserva uma tendência para a inversão.

A psicanálise nada nos pode ensinar de novo sobre o destino posterior desses rapazes; eles permanecem fixados nesse estágio precoce de desenvolvimento e convertem-se, finalmente, nessas personalidades que conhecemos bem pelas autobiografias dos uranistas. Posso apenas sublinhar alguns pontos no que se refere a esses casos. A coprofilia e o prazer olfativo são profundamente recalcados nesses sujeitos e, com frequência, sublimados sob a forma de esteticismo, de preferência pelos perfumes e de entusiasmo pelas artes. Outra característica: sua idiossincrasia a respeito do sangue e de tudo o que é sangrento. Em geral, são muito acessíveis à sugestão e fáceis de hipnotizar; atribuem de preferência a primeira sedução de que foram objeto à "sugestão", praticada por um homem que os teria olhado fixamente ou perseguido de uma maneira qualquer. Naturalmente, por trás dessa sugestão dissimula-se a sua própria traumatofilia.

Não revelando a análise do invertido, de fato, nenhum afeto que possa modificar fundamentalmente sua atitude atual a respeito do sexo masculino, cumpre considerar a inversão (o homoerotismo de sujeito) um estado impossível de curar pela psicanálise (ou, de modo geral, por toda e qualquer forma de psicoterapia). Entretanto, a psicanálise não deixa de exercer alguma influência sobre o comportamento do paciente; ela suprime sintomas neuróticos que acompanhavam, por vezes, a inversão, em especial a angústia, frequentemente considerável. O invertido confessa mais francamente seu homoerotismo após uma análise. Assinalemos, por outro lado, que numerosos invertidos não são insensíveis, em absoluto, às provas de ternura que lhes dão pessoas do sexo feminino. Eles vão realizar, de certo modo, *em suas relações com as mulheres* (suas iguais, por conseguinte), *o componente homossexual de sua sexualidade*.

Uma análise superficial basta para evidenciar de novo o aspecto muito diferente do *homoerotismo de objeto*. Após breve investigação, os homoeróticos de objeto revelam-se ser *neuróticos obsessivos* típicos. Apresentam uma profusão de ideias obsessivas, de medidas compulsivas e de cerimoniais destinados a preservá-las. Uma análise aprofundada descobre em seguida, por trás da obsessão desses pacientes, a dúvida torturante e esse desequilíbrio entre o amor e o ódio, apontado por Freud como estando na origem dos mecanismos obsessivos. A psicanálise desses homoeróticos, de tipo em geral puramente viril, cujo único sentimento anormal diz respeito ao seu objeto de amor, mostrou-me com clareza que esse gênero de *homoerotismo*, sob todas as suas formas, consiste apenas numa *sequência de sentimentos obsessivos e de atos compulsivos*. A bem dizer, toda a sexualidade é da ordem da compulsão; mas o homoerotismo de objeto – de acordo com a minha experiência – é uma compulsão verdadeiramente *neurótica*, com a *substituição* não reversível pela lógica de objetivos e atos sexuais normais por objetivos e atos anormais.

A história (revelada pela psicanálise) dos homoeróticos de tipo viril é geralmente a seguinte: todos eles eram, desde a mais tenra idade, agressivos no plano sexual e mesmo *heterossexual* (o que confirma as constatações de Sadger). Suas fantasias edipianas eram sempre "normais" e culminavam em projetos de agressão sexual sádica envolvendo a mãe (ou a pessoa que a substituía) e em desejos de morte cruel para o pai empecilho. Todos eram igualmente precoces no plano intelectual e, motivados pelo desejo de saber, elaboraram uma série de teorias sexuais infantis; é o que constituirá mais tarde a base de suas ideias obsessivas. Além da agressividade e da intelectualidade, a constituição desses homoeróticos é caracterizada por um erotismo anal e uma coprofilia particularmente acentuados[13]. Durante a infância, foram duramente castigados por um dos pais[14] em virtude de uma *falta heteroerótica* cometida (carícias indecentes numa menininha, tentativa infantil de coito) e tiveram de reprimir nessa ocasião (que se repetiu com muita frequência) um violento acesso de raiva. No período de latência – que sobreveio precocemente – tornaram-se particularmente dóceis, evitando a companhia das mulheres e das moças, em parte por despeito, em parte por angústia, só tendo relações com seus camaradas. Houve algu-

---

13. A opinião sustentada nesta exposição, a saber, que o homoerotismo é uma neurose obsessiva, consolidou-se ainda mais em mim depois que Freud, em seu artigo "A predisposição para a neurose obsessiva", 1913 (*Ges. Schr.*, vol. V), aponta como base constitucional dessa neurose a fixação do desenvolvimento da libido numa fase *pré-genital*, mais precisamente, no estágio de *erotismo sádico anal*. Foi justamente o sadismo e o erotismo anal que encontrei na base do homoerotismo de objeto, o que depõe incontestavelmente a favor do parentesco desses dois estados patológicos. (Ver igualmente: E. Jones, "Hass und Analerotik in der Zwangsneurose" [Ódio e erotismo anal na neurose obsessiva], *Int. Zeitschr. f. Psycho-Analyse*, I, 1913.)

14. Impressionara-me o fato de ser frequentemente a *mãe* quem repreende a esse respeito o futuro homoerótico, mas não lhe atribuíra grande importância até o momento em que o professor Freud chamou a minha atenção para a importância desse fator.

mas "brechas" no período de latência de um dos meus pacientes sob a forma de ternura homoerótica; num outro, o período de latência foi perturbado por um incidente, quando espiou as relações sexuais de seus pais e, uma vez, a perversidade substituiu por algum tempo a "cordura" de então (fantasias de vingança). No momento do impulso libidinal da puberdade, o homoerótico encontra, em primeiro lugar, sua inclinação para o outro sexo, mas basta o menor reparo ou a mais leve reprimenda por parte de uma pessoa revestida de autoridade para despertar o medo das mulheres, o que provoca então de imediato ou após um curto período de latência a fuga definitiva diante do sexo feminino e na direção do seu próprio sexo.

Um paciente apaixonou-se aos quinze anos por uma atriz, sobre a moralidade da qual sua mãe fizera alguns comentários pouco lisonjeiros; depois disso, afastou-se totalmente do sexo feminino e sentiu-se atraído, de maneira compulsiva, pelos adolescentes. Num outro de meus pacientes, a puberdade iniciou-se com um verdadeiro frenesi heterossexual; durante um ano, precisava ter um relacionamento sexual cotidiano e, para isso, tinha de obter dinheiro, desonestamente se necessário fosse. Mas, quando engravidou a criada da casa, foi repreendido pelo pai e insultado pela mãe; entregou-se então, com o mesmo zelo, ao culto do sexo masculino, do qual nunca mais conseguiu livrar-se, apesar de todos os seus esforços.

Na relação de transferência com o médico, o homoerótico de objeto repete a gênese de sua doença. Se a transferência é positiva desde o início, "curas" inesperadas podem produzir-se muito rapidamente; mas, ao menor conflito, o paciente recai no seu homoerotismo e é somente então, no momento em que sobrevém a resistência, que começa a análise propriamente dita. Se a transferência é negativa no início, o que é notoriamente o caso de pacientes que procuram tratamento por ordem dos pais e não de moto próprio, não há trabalho analítico verdadeiro durante muito tempo; o paciente passa toda a sessão contando, irônico e fanfarrão, suas aventuras homoeróticas.

Na fantasia inconsciente do homoerótico de objeto, o médico pode – "no quadro da transferência" – representar o homem ou a mulher, o pai ou a mãe, e em cada caso inversões de todas as espécies podem desempenhar um papel muito importante[15]. Descobre-

---

15. Os *sonhos* dos homoeróticos são muito ricos em inversões. Séries inteiras de sonhos devem com frequência ser lidas às avessas. Como ato sintomático, o erro

-se que um homoerótico de objeto consegue amar inconscientemente a mulher no homem; a parte posterior do homem pode significar para ele a mulher de frente, representando as omoplatas ou as nádegas os seios da mulher. Foram sobretudo esses casos que me mostraram ser essa espécie de homoerotismo apenas um produto de substituição da libido heteroerótica. Além disso, o homoerótico ativo satisfaz ao mesmo tempo suas pulsões sádicas e eróticas anais; isso é válido não só para o pederasta efetivo, mas também para os amantes hiper-refinados de rapazinhos, que evitam ansiosamente todo contato indecente com eles; tudo o que fazem é substituir seu sadismo e seu erotismo anal por formações reativas.

À luz da psicanálise, o ato homoerótico ativo apresenta-se, pois, por um lado como uma (falsa) obediência *a posteriori*; o homoerótico, tomando a interdição parental ao pé da letra, evita efetivamente toda relação sexual com as mulheres, mas entrega-se, em fantasias inconscientes, aos seus desejos heteroeróticos interditos; por outro lado, o ato pederástico serve à fantasia edipiana primitiva, com a significação de ferir e conspurcar o homem[16].

No plano intelectual, o homoerotismo compulsivo revela de imediato ser a sobrecompensação da dúvida quanto ao amor por seu próprio sexo. A compulsão homoerótica une num feliz ajuste a fuga diante da mulher e seu substituto simbólico, bem como a aversão ao homem e sua compensação. Estando a mulher aparentemente rechaçada da vida amorosa, deixa de existir, no plano consciente, um objeto de conflito entre o pai e o filho.

É interessante mencionar que a maior parte dos *homoeróticos obsessivos* (como também se poderia designar esse tipo) que analisei utiliza a teoria, atualmente muito divulgada, da inclinação pelo seu próprio sexo como fase intermediária para apresentar o estado deles como congênito e, por conseguinte, irremediável e imune a qualquer influência ou, para falar como Schreber em suas "Memó-

---

de escrita ou de linguagem no emprego do *gênero do artigo* é frequente. Um de meus pacientes compôs até um número bissexual: o número 101 que, como ressaltava do contexto, significava, entre outras coisas, que para ele era "igual pela frente ou por trás".

16. Um de meus pacientes, quando se sentia ferido por um homem, principalmente um superior, devia procurar imediatamente um prostituto; era o único meio que tinha de evitar um acesso de raiva. O pretenso "amor" pelo homem era, no caso, essencialmente um ato de violência e de vingança.

rias", na *ordem do universo*. Consideram-se todos *invertidos* e estão satisfeitos por terem encontrado um suporte científico para justificar suas representações obsessivas e seus atos compulsivos.

É o momento de falar da minha experiência a respeito da cura dessa forma de homoerotismo. Constatamos, em primeiro lugar, que ainda não se conseguiu (eu, pelo menos) curar completamente um caso grave de homoerotismo obsessivo; pude, entretanto, registrar melhoras muito importantes, em particular: uma redução da atitude hostil e de repugnância em relação às mulheres; um melhor controle da compulsão, antes incoercível, de satisfação homoerótica e isso apesar da persistência da orientação pulsional; o despertar da potência com as mulheres, portanto, uma espécie de antierotismo que ocupa o lugar do homoerotismo antes exclusivo, alternando frequentemente com este último, sob a forma de infidelidades ocasionais. Essas experiências fizeram-me alimentar a esperança de que o homoerotismo seja tão suscetível de tratamento pelo método psicanalítico, quanto as outras formas de neurose obsessiva. Suponho, entretanto, que a reversão fundamental de um homoerotismo obsessivo, enraizado há muito tempo, exige anos de trabalho analítico. Num caso em que eu depositava muitas esperanças, o tratamento foi interrompido ao fim de dois anos por motivos exteriores. Somente quando dispusermos de observações de doentes curados, ou seja, analisados até o fim, é que nos será possível formular um julgamento definitivo sobre as condições de formação dessa neurose, sobre a especificidade de seus fatores predisponentes e acidentais.

*
* *

O autoerotismo pode, sem dúvida, apresentar-se sob formas clínicas diferentes daquelas que acabamos de descrever, com distintas constelações de sintomas; ao isolar esses dois tipos, não pretendo, em absoluto, ter esgotado todas as possibilidades. Com essa distinção nosológica quis, essencialmente, chamar a atenção para a confusão que reina na literatura, que se ocupa do problema da homossexualidade. A investigação psicanalítica mostra que, até o presente, meteram-se no mesmo cesto, com a etiqueta de "homossexualidade", os mais heterogêneos estados psíquicos: por um lado, verdadeiras anomalias constitucionais (inversão, homoerotismo de sujeito) e, por outro, estados psiconeuróticos obsessivos (homoerotismo de objeto ou obsessivo). O indivíduo da primeira categoria caracteriza-se, essencialmente, pelo fato de que se sente mulher com o desejo de ser amado pelo homem, ao passo que na outra categoria trata-se mais de uma fuga diante da mulher do que de uma simpatia pelo homem.

Ao descrever o homoerotismo de objeto como sintoma neurótico, encontro-me em oposição a Freud que, em sua "teoria da sexualidade", define a homossexualidade como uma perversão, e a neurose, como o negativo da perversão. Contudo, a contradição é apenas aparente. As "perversões", ou seja, as fixações em objetivos sexuais primitivos ou passageiros, podem muito bem ser postas a serviço de tendências neuróticas ao recalcamento e, neste caso, uma parte da perversão autêntica (positiva), neuroticamente exagerada, representa ao mesmo tempo o negativo de outra perversão. É precisamente o caso do "homoerotismo de objeto". O componente homoerótico, que normalmente nunca falta, é neste caso superinvestido por uma massa de afetos que, no inconsciente, dizem respeito a outra perversão recalcada, a saber, um heteroerotismo cuja força é tal que ele é incapaz de ter acesso à consciência.

Dos dois tipos de homoerotismo aqui descritos, o homoerotismo "objetivo" parece-me o mais frequente e o mais importante do ponto de vista social; ele torna grande número de homens, geralmente de valor (ainda que portadores de uma predisposição para a neurose), incapaz de manter uma vida social e afastado da função de reprodução. *O número sempre crescente de homoeróticos de objeto* constitui igualmente um fenômeno social de importância não desprezível, que exige uma explicação. A hipótese que me serve provisoriamente de explicação consiste em ver, na extensão do homoerotismo de objeto, uma reação anormal ao recalcamento excessivo do componente pulsional homoerótico exigido pela civilização, em outras palavras, um fracasso desse recalcamento.

O anfierotismo desempenha um papel muito maior na vida psíquica dos povos primitivos (e das crianças) do que na dos povos civilizados. Entretanto, em povos altamente civilizados (os gregos, por exemplo), era uma forma de satisfação voluptuosa, não só tolerada mas reconhecida; ainda o é em nosso dias no Oriente. Se o homoerotismo propriamente dito está ausente nos países modernos de cultura europeia ou nos que a ela estão vinculados, sua sublimação, também tão natural na Antiguidade – a amizade apaixonada e cheia de abnegação entre homens –, é igualmente inexistente. De fato, é surpreendente ver a que ponto se perdem nos homens de hoje o dom e a capacidade de ternura e de amabilidade recíprocas. Reinam abertamente em seu lugar, entre os homens, a rudeza, o antagonismo e a rivalidade. Como é impensável que esses afetos ternos, ainda tão marcados na criança, tenham desaparecido sem deixar vestígios, cabe conceber esses sinais de resistência como formações reativas, como sintomas de uma defesa contra a ternura sentida por pessoa do seu próprio sexo. Irei mesmo ao ponto de ver nos bárbaros combates dos estudantes alemães provas da ternura em relação ao seu próprio sexo, deformada desse modo. (Alguns vestígios dela subsistem ainda em nossos dias sob uma forma positiva, por exemplo, na vida das associações e dos partidos, no "culto dos heróis", na predileção de muitos homens pelas mulheres viris e atrizes travestidas de homem, e enfim – sob a forma de acessos mais cruamente eróticos – na embriaguez em que o álcool destrói as sublimações.)

Parece, entretanto, que o homem moderno não encontrou nesses rudimentos de amor por seu próprio sexo uma compensação suficiente para a perda do amor de amigo. Uma parte do homoerotismo permanece "livremente flutuante" e exige satisfação; mas como isso é impossível nas relações regidas pela civilização atual, essa quantidade de libido deve sofrer um deslocamento, *deslocar-se para as relações afetivas com o outro sexo.* Creio muito seriamente que, em virtude desse deslocamento de afetos, os homens de hoje são todos, sem exceção, *heterossexuais compulsivos;* para se desligarem do homem, tornam-se servos das mulheres. Isso poderia explicar a veneração da mulher e a atitude "cavalheiresca" excessiva e, com frequência, visivelmente afetada que dominam o universo masculino desde a Idade Média. Seria também uma explicação possível do dom-juanismo, essa busca compulsiva e, no entanto, jamais completamente satisfatória de aventuras heterossexuais sempre novas. Correndo o risco de ver o próprio Dom Juan considerar ridícula essa teoria, sou obrigado a qualificá-lo como um obsessivo que nunca poderá encontrar satisfação nessa interminável série de mulheres (cuja lista é mantida escrupulosamente em dia pelo criado Leporello), pois essas mulheres apenas são, na verdade, substitutas de objetos de amor recalcados[17].

Não gostaria que se interpretasse mal o meu pensamento. Acho natural e fundamentada na organização psicofísica dos sexos que o homem prefira a mulher ao seu próprio sexo; o que, pelo contrário, não considero natural nem fundamentado é que ele deva rejeitar os homens e adorar as mulheres com um exagero compulsivo. Não surpreende que tão poucas mulheres consigam corresponder a essas exigências desmedidas e satisfazer plenamente, além de todas as outras, as necessidades homoeróticas do homem, na qualidade de "companheiro", sem dúvida uma das razões mais frequentes dos infortúnios conjugais.

Esse homoerotismo excessivo, destinado a recalcar o amor pelos de seu sexo, lembra-me involuntariamente o epigrama de Lessing (*Epigramas*, Livro II, n° 6): "O povo injusto acusava falsamente o leal Turano de gostar de rapazes. Para desmentir essas aleivosias, que mais podia ele fazer, senão ir para cama com a irmã?"

Ainda não se vislumbra com clareza qual pode ser a causa da prescrição pronunciada contra *essa forma* de ternura entre homens. É possível que o reforço considerável do sentido de asseio no decorrer destes últimos séculos, ou seja, o *recalcamento do erotismo anal*, tenha fornecido o mais poderoso motivo. O homoerotismo, ainda o mais sublimado, está em relação associativa mais ou menos inconsciente com a pederastia, que é uma atividade erótico-anal.

O número crescente de homoeróticos na sociedade moderna seria, nesse caso, o indício de um fracasso parcial, do "retorno" do recalcado.

A nossa tentativa de explicar o predomínio do homoerotismo de objeto resume-se, portanto, mais ou menos assim: o recalcamento excessivo do componente pulsional homoerótico na sociedade atual acarretou, em geral, um reforço ligeiramente obsessivo do heteroerotismo masculino. Quando o heteroerotismo é fortemente limitado ou inibido, como é necessariamente o caso no tocante à educação da juventude, produz-se com relativa facilidade – sobretudo em indivíduos predispostos – um deslocamento retrógrado da compulsão heteroerótica para o homoerotismo, o que redunda em neurose obsessiva homoerótica.

---

17. Existe, aliás, un dom-juanismo do heteroerotismo insatisfeito.

XXV

Neurose obsessiva e devoção

Para ilustrar a teoria de Freud segundo a qual a neurose obsessiva e a prática religiosa têm a mesma essência (dois sintomas ligados à noção de tabu), citarei o caso de uma paciente que apresenta uma alternância cíclica de devoção supersticiosa e de estados obsessivos. Enquanto "está bem" (ou seja, quando está livre de sintomas obsessivos), observa rigorosamente todos os ritos da religião; é mesmo frequente – fato estranho – observar também os prescritos por religiões diferentes da dela, e reverencia toda e qualquer superstição que chegue ao seu conhecimento. A partir do momento em que surgem os temidos sintomas obsessivos, torna-se incrédula e irreligiosa. Eis como racionaliza esse fato: "Como Deus (ou o destino) não me protegeu do retorno da doença apesar da minha estrita observância de todos os preceitos, abandono as precauções inúteis." Na realidade, por razões de que está inconsciente, religião e superstição perdem toda a utilidade a partir do instante em que começa a cultivar sua "religião pessoal" (a neurose obsessiva). Contudo, quando melhora, as práticas supersticiosas e religiosas socialmente reconhecidas reaparecem e ela volta a ser crente. Tenho todas as razões para supor que os períodos obsessivos correspondem a fortes impulsos da libido.

XXVI

Sensação de vertigem no fim da sessão analítica

(Complemento à interpretação dos sintomas físicos de origem psíquica.)

Certos pacientes experimentam no final da sessão de análise, no instante em que se levantam, uma sensação de vertigem. A explicação – por sinal, bem fundamentada em si mesma – que consiste em afirmar que se trata de uma consequência da brusca mudança de posição (anemia cerebral) nada mais é, realmente, senão uma bem-sucedida racionalização; na verdade, a sensação ligada à mudança de posição apenas fornece aos afetos e pensamentos ainda censurados uma ocasião de se manifestarem. Durante a sessão, o paciente abandona-se inteiramente à associação livre e à sua precondição: a transferência para o médico, alimentando de certa maneira a ilusão de que essa agradável situação vai se perpetuar. Quando o médico anuncia o fim da sessão, é bruscamente arrancado de sua fantasia (inconsciente) e toma, de súbito, consciência do verdadeiro estado de coisas, ou seja, que ali não está "em casa", que não passa de um paciente entre outros, diante de um médico remunerado e não de um pai dedicado. A brusca mudança de atitude psíquica, a desilusão (o paciente tem a impressão de "cair das nuvens") podem deflagrar a mesma sensação subjetiva de uma brusca e imprevista mudança de posição: o sujeito é incapaz de se adaptar à nova situação mediante movimentos de compensação do corpo e de uma correção correspondente ao nível dos órgãos sensoriais, ou seja, de conservar o "equilíbrio"; é a realização imperfeita dessa tarefa que cria a sensação de vertigem. Naturalmente, nesse instante de desilusão, a parcela de fé na análise, que não se baseia na convicção sincera, mas na simples confiança, desaparece com grande facilidade e, de repente, o paciente fica novamente propenso a considerar as interpretações analíticas "vacilantes"[1], ponte verbal que pode favorecer o aparecimento do sintoma. Entretanto, não resolvemos assim o problema, apenas o deslocamos, pois logo surge a pergunta: por que é que se diz de um trapaceiro que ele nos aturde, faz vacilar o nosso julgamento, quer dizer, suscita uma sensação de vertigem? Sem dúvida, porque ele é capaz de despertar ilusões que, quando se segue a desilusão (segundo o processo descrito), provocam uma sensação de vertigem!

Aliás, o fim da sessão de análise também acarreta necessariamente outra espécie de "desequilíbrio" psíquico. A total liberdade de associação, que é concedida durante a sessão, interrompe-se de súbito, antes mesmo da saída do paciente, e as barreiras lógicas, éticas e estéticas necessárias à vida social se restabelecem. Um jovem obsessivo, particularmente sensível a essa sensação de vertigem após as sessões, exprimiu essa inversão radical do processo de pensamento, essa submissão ao princípio de realidade, da seguinte maneira, na terminologia automobilística a que era afeiçoado: no momento de se levantar, tinha *de frear* subitamente seu pensamento de 50 para 25 km por hora.

Mas, quando a necessidade de frear é repentina demais, o sistema pode apresentar uma pane inicial, visto que, apesar da situação modificada, a "máquina" continua, no início, funcionando na "velocidade" primitiva, na expectativa de que o sistema de compensação consiga controlar a situação, o que põe fim à sensação de vertigem. Manifestamente, o mais difícil para o paciente é reencontrar, desde o final da sessão, o tom convencional em matéria de sexualidade. O doente, que alguns instantes antes podia entregar sem reservas os seus mais íntimos segredos, vê-se de súbito diante do médico como se este fosse um "estranho", na presença de quem se sente agora obrigado a mostrar vergonha, como se tivesse esquecido de abotoar as calças. Uma paciente muito impressionável conservava esse sentimento de embaraço, de constrangimento, duran-

---

1. Tanto em alemão como em húngaro, uma só palavra designa "vertigem" e "trapaça". (NTF)

te mais de uma hora após a sessão; tinha a impressão de andar nua pelas ruas.

O sintoma menor que acabamos de descrever não tem particular importância em patologia, não cria nenhum problema técnico para o médico e desaparece geralmente quando o paciente se adaptou à mudança em sua posição psíquica. Mencionei-o porque constitui um exemplo da maneira como os estados de tensão psíquica transbordam para a esfera física: isso poderia contribuir para a compreensão da *conversão histérica*. Quando há sensação de vertigem no fim da sessão de análise, a transformação do sentimento experimentado, com a mudança de atitude psíquica para sensação de vertigem, deve-se sem dúvida, unicamente, à existência nos dois processos de um mesmo distúrbio do equilíbrio. É possível que todo sintoma físico psicogênico, todo fenômeno de conversão histérica, se explique pela hipótese da intervenção, ao nível do processo psíquico e físico estudado, de um só mecanismo mais delicado desempenhando o papel de *tertium comparationis*.

XXVII

Quando o paciente adormece durante a sessão de análise

Com frequência, no decorrer da sessão analítica (no apogeu da resistência), os pacientes queixam-se de sonolência e até ameaçam adormecer. Manifestam assim sua insatisfação a respeito de um "tratamento inútil", "absurdo" e "enfadonho". Basta o médico explicar o sentido dessa ameaça para que recuperem geralmente toda a sua vivacidade, prova de que acertamos em cheio. Entretanto, um de meus pacientes não se contentou com a ameaça e adormeceu, de fato, diversas vezes. Sem incomodá-lo, esperei, convencido de que ele não dormiria por muito tempo, fosse só em virtude do princípio: "Tempo é dinheiro"; sabia muito bem que sua intenção era levar ao absurdo o meu método, que consistia em deixá-lo falar e em manter-me calado. Permaneci, portanto, silencioso e, efetivamente, o paciente dormiu cerca de cinco minutos, depois despertou em sobressalto e retomou o trabalho. Isso aconteceu três ou quatro vezes. Na última, teve até um sonho durante esse sono, cuja interpretação confirmou a hipótese segundo a qual o paciente escolhia essa forma particular de resistência porque podia, além disso, exprimir assim fantasias passivas homoeróticas (fantasias de sofrer violência durante o sono). O desejo expresso por numerosos pacientes de serem hipnotizados está ligado à mesma explicação.

XXVIII

Efeitos psíquicos dos banhos de sol

O efeito calmante dos banhos de sol sobre um dos meus pacientes em análise provinha, essencialmente, de uma transferência paterna maciça. O sol era para ele o símbolo do pai, e abandonava-se com deleite à sua irradiação e ao seu calor. (Sua atitude tinha igualmente uma significação exibicionista.)

XXVIII

Efraim, tampinhas dos barricas de sal

XXIX

Mãos envergonhadas

Com mais frequência os jovens, mas também os adultos, apresentam um sintoma que consiste em não saber que fazer das mãos. Um sentimento inexplicável força-os a ocupar as mãos de uma maneira ou de outra, sem encontrar jamais uma ocupação adequada. Além disso, julgam-se observados pelas pessoas presentes, tentam de todas as formas (a maioria das vezes inabilmente) empregar as mãos, depois sentem vergonha de sua inépcia, o que só faz aumentar neles o embaraço e os arrasta para todo tipo de atos falhos: objetos ou copos derrubados, etc. Seja como for, a atenção deles está excessivamente concentrada na posição ou nos movimentos de suas mãos, e essa observação consciente perturba a "desenvoltura" habitual, ou seja, o automatismo postural e gestual de suas mãos. Alguns resolvem o problema dissimulando as mãos sob a mesa ou enfiando-as nos bolsos, outros cerram os punhos ou habituam-se a dar a seus braços e mãos uma posição compassada.

Segundo a minha experiência, trata-se na maioria das vezes de uma *propensão insuficientemente reprimida para o onanismo* (mais raramente, de uma tendência recalcada de forma imperfeita para entregar-se a algum outro "hábito inconveniente", como roer as unhas, enfiar o dedo no nariz, coçar-se, etc.). Nestes casos, o único efeito da repressão do pendor para o onanismo é mergulhar no inconsciente o objetivo do ato a realizar (a masturbação); entretanto, o impulso para o gesto ainda se manifesta. Essa compulsão a ocupar as mãos é apenas a expressão deslocada da tendência para a masturbação e, também, ao mesmo tempo, uma tentativa de racionalizá-

-la[1]. Esse estranho delírio de observação explica-se por uma tendência exibicionista recalcada que, na origem, envolvia os órgãos genitais, mas, depois, foi deslocada para as raras partes do corpo que se conservam a descoberto (rosto e mãos). Se considerarmos com atenção as tendências recalcadas durante o período de latência, que tentam impor-se durante a puberdade mas são rejeitadas ou incompreendidas pela consciência, talvez possamos compreender melhor outras particularidades da puberdade que se manifestam de maneira "bizarra" ou "cômica"[2].

---

1. Na versão húngara deste texto, Ferenczi segue uma linha de pensamentos ligeiramente diferente nesta frase: "Essa compulsão a ocupar as mãos nada mais é do que a expressão *recalcada* da tendência para a masturbação, mas, ao mesmo tempo, é também uma tentativa de *realizá-la*." Parece, portanto, que Ferenczi hesitou entre a ideias de um recalcamento incompleto e de um deslocamento racionalizante. (NTF)

2. Devo ao dr. Otto Rank este precioso complemento à minha comunicação: em "As mãos", um estudo de sutil psicologia, Hans Freimark descreveu em alguns traços concisos o destino de um homem a quem "uma pequena mão rude de rapaz tinha ensinado... há anos... que a inconveniência, a dissimulação e o pecado podem ser suaves". Esse homem fracassa tanto na vida quanto no amor por causa de sua incapacidade final para superar esse pendor, pois só o consegue com dificuldade e provisoriamente. A atividade sexual de suas mãos, penosa e poderosamente reprimida, ressurge involuntariamente em seus sonhos, durante o sono e em estado vígil. "Durante o sono, suas mãos revoltavam-se contra ele... Ele as atava. Mas elas se desvencilhavam de todos os laços... Ele inventou mil ardis e mil estratagemas para enganá-las. Elas eram mais malignas do que ele. Elas, os membros de seu corpo, tornavam-se inimigos de seu corpo, inimigos de sua alma. Quanto mais as contemplava, mais elas lhe pareciam independentes. Quando seus dedos se mexiam sem que tivesse consciência de querê-lo, isso lhe parecia diabólico, isso pegava e se agarrava, se dobrava e se distendia, sem que ele soubesse... A angústia o invadiu. Evitava olhar para as mãos. Mas elas vinham postar-se diante dele. Nos sonhos, elas eram o que aparecia primeiro... multiplicavam-se. Tornam-se cada vez mais importunas, mais assustadoras em sua avidez. Do sonho, uma se estendeu até o dia, até o estado vígil. Uma só, uma pequena mão rude de rapaz." Esta irrupção da representação infantil recalcada faz o homem cair na doença psíquica: ele se precipita, gritando pelas ruas para salvar-se de suas mãos que o perseguem. "E suas mãos têm poder sobre ele."

XXX

Esfregar os olhos: substituto do onanismo

Um dos meus pacientes, obsessivo, em quem a propensão recalcada para o onanismo desempenha um papel importante, reage às excitações de ordem sexual com um violento prurido palpebral, que ele tenta acalmar esfregando os olhos. Recordo aqui a identidade simbólica dos olhos e dos órgãos genitais.

XXXI

Os vermes: símbolo de gravidez

Por trás do horror desmedido dos vermes e das representações encobridoras, investidas da vergonha associada à descoberta de tamanha "imundície", dissimula-se com frequência uma fantasia inconsciente de *gravidez*. A gravidez e a invasão por parasitas têm em comum, além da vergonha, albergar, em e sobre o corpo, pequenos seres vivos. Isso é igualmente verdadeiro para os vermes intestinais (*foetus* = "pequeno verme"). Nos sonhos, convém igualmente interpretar a presença de vermes nesse sentido.

XXXII

O horror de fumar charutos e cigarros

Apenas substitui a angústia suscitada por outro prazer (erótico) que o paciente considera "perigoso". Fumar e ter relações sexuais são coisas que só os adultos se permitem fazer, ao mesmo tempo que punem ou ameaçam seus filhos pequenos se as fizerem. Recordo aqui a minha interpretação do antialcoolismo ("O álcool e as neuroses", *O.C.*, vol. I, p. 173).

XXXIII

O "esquecimento" de um sintoma

Uma paciente, que tinha por hábito, no momento de se deitar, espreitar debaixo da cama para ver se algum ladrão aí se escondera, esqueceu-se uma noite de tomar essa precaução. Nessa mesma noite sonhou com um jovem que a perseguia e a ameaçava com uma faca. As associações feitas a partir desse sonho conduziram, por um lado, a acontecimentos sexuais infantis, por outro, a uma fantasia que precedeu o sono: essa senhora, geralmente muito pudica, permitiu-se imaginar uma cena sexual entre ela e seu jovem vizinho. Pode-se supor que o esquecimento de revistar o quarto tinha por objetivo permitir-lhe prosseguir com essa fantasia no sonho – embora deformado num sentido angustiante. Como a paciente esquecera de procurar o "ladrão", o pensamento deste último podia mais facilmente "perturbar-lhe" o sono.

XXXIV

Ontogênese do interesse pelo dinheiro

Quanto mais a psicanálise progride no conhecimento da psicologia dos povos e de suas produções (mitos, contos, folclore), mais ela confirma a existência de uma origem filogenética dos símbolos que, tal como um precipitado das experiências vividas pelas gerações precedentes, emergem na vida psíquica de cada indivíduo. Entretanto, resta ainda à psicanálise a tarefa importante de explorar separadamente a filogênese e a ontogênese do simbolismo para estabelecer, em seguida, suas relações mútuas. A fórmula clássica "Daimon kai tyche" no uso que Freud lhe dá, isto é, a convergência da hereditariedade e do adquirido na formação das tendências individuais, poderá finalmente aplicar-se também à gênese desses conteúdos psíquicos; o que repõe, aliás, na ordem do dia, a velha controvérsia em torno das "ideias inatas", mas, desta vez, não mais sob a forma de especulações vazias. Podemos prever desde agora que a constituição de um símbolo necessita, além da predisposição congênita, das experiências individuais que servem de materiais propriamente ditos para a formação simbólica, tendo provavelmente essa tendência congênita, antes da experiência, apenas o valor de um mecanismo hereditário que ainda não funciona.

Gostaria de examinar aqui a seguinte questão: como e em que medida a experiência individual favorece a transformação do erotismo anal em interesse pelo dinheiro?

Todo psicanalista conhece bem a significação simbólica do dinheiro, descoberta por Freud. "Onde quer que o modo de pensamento arcaico tenha sido dominante ou subsista ainda, nos antigos cultos, nos mitos, contos e superstições, nos pensamentos inconscientes, no sonho e nas neuroses, o dinheiro é colocado em relação muito estreita com as matérias fecais."

Freud expõe, em paralelo a esses fenômenos na psicologia individual, a profunda relação que existe entre a erogeneidade fortemente marcada da zona anal na infância e um traço de caráter que se desenvolve mais tarde: a *avareza*. Indivíduos que se tornaram particularmente *ordenados*, *parcimoniosos* e *obstinados* nos mostram, quando se faz a investigação analítica de sua infância, que eles faziam parte daqueles bebês "que se recusam a esvaziar os intestinos porque tiram da defecação um excedente de prazer", para quem, alguns anos mais tarde, "reter a evacuação proporcionava prazer", e que se lembram de ter feito na infância "todo tipo de coisas pouco convenientes com as matérias fecais cotidianamente exigidas". "É entre complexos aparentemente tão diferentes quanto a defecação e o interesse pelo dinheiro, que parecem existir as relações mais abundantes"[1].

A observação do comportamento das crianças e a investigação analítica dos neuróticos permitem-nos, portanto, abalizar o caminho segundo o qual o que o ser humano possui de mais precioso passa a ser no indivíduo um símbolo da "coisa mais destituída de valor, que o ser humano expele de si mesmo como resíduo imprestável"[2].

A experiência extraída dessas duas fontes mostra que, na origem, a criança dirige seu interesse, sem a menor inibição, para o processo de defecação, e que a retenção das fezes proporciona-lhe prazer. As matérias fecais assim retidas são realmente as primeiras "economias" do ser em desenvolvimento e, como tais, ficam em correlação inconsciente permanente com toda atividade física ou mental que tenha algo a ver com a ação de ajuntar, de acumular e de poupar.

Por outro lado, as fezes são um dos primeiros *brinquedos* da criança. A satisfação puramente *autoerótica* que o impulso e a pressão são exercidos pelo bolo fecal propiciam à criança, assim como o

---

1. Freud, "Charakter und Analerotik", 1908 (*Ges. Schr.*, vol. VI).
2. Freud, *op. cit.*

jogo dos músculos esfincterianos, não tardam em transformar-se – pelo menos em parte – numa espécie de *amor objetal*, deslocando--se o seu interesse da percepção intransitiva de certas sensações orgânicas para a própria matéria que as provocou. Portanto, as fezes são "introjetadas" e, nesse estágio do desenvolvimento, que se caracteriza essencialmente por maior acuidade visual e uma crescente habilidade das mãos, enquanto ainda persiste a incapacidade para andar de pé (engatinha), elas são consideradas um brinquedo precioso de que somente a intimidação e as ameaças de punições podem fazer a criança desabituar-se. O interesse da criança por seus dejetos sofre sua primeira distorção pelo fato de o *odor* das fezes tornar-se-lhe desagradável e até mesmo repugnante. Isso está provavelmente relacionado com o início da marcha vertical[3].

As outras características dessa matéria – umidade, cor, viscosidade, etc. – não ofendem provisoriamente o seu sentido de asseio. Assim, desde que tenha oportunidade, a criança ainda manuseia e brinca de bom grado com o barro úmido que gosta de reunir em grandes montes. Esse monte de barro já é, em certa medida, um símbolo que se diferencia da coisa propriamente dita pela ausência de odor. Para a criança, o barro é, de certo modo, matéria fecal desodorizada.

À medida que aumenta o seu sentido de asseio, o barro – sem dúvida com o concurso de medidas pedagógicas – torna-se também desagradável para a criança. As substâncias que, em virtude de sua viscosidade, de sua umidade e cor, poderiam deixar vestígios duradouros em seu corpo ou vestuário, passam a ser desprezadas e evitadas como "coisas sujas". O símbolo das fezes deve sofrer, portanto, uma nova deformação, uma desidratação. O interesse da criança vai voltar-se para a *areia*, a qual, embora tendo ainda a cor da terra, é seca e mais limpa. Os adultos, que acham sumamente agradável ver as crianças, via de regra indisciplinadas, brincar pacificamente durante horas com a areia, racionalizam e ratificam *a posteriori* a alegria instintiva delas de juntar, amontoar e modelar figuras em areia, declarando essa brincadeira

---

3. Freud considera o recalcamento do erotismo anal e do prazer olfativo na raça humana uma consequência da marcha vertical, do distanciamento do chão na postura ereta.

"saudável", ou seja, higiênica[4]. E, no entanto, o jogo com a areia nada mais é do que um símbolo coprofílico, excrementos desodorizados e desidratados.

De resto, a partir dessa fase do desenvolvimento, "um retorno do recalcado" não é coisa rara. A criança sente um prazer infinito em encher de água buracos escavados na areia e em aproximar assim a matéria de sua brincadeira do seu estado aquoso primitivo. Os meninos utilizam muitas vezes a sua própria urina para essa irrigação, como se quisessem assim sublinhar com clareza a afinidade entre as duas matérias. Mesmo o interesse pelo cheiro específico dos excrementos não cessa de repente, sendo apenas deslocado para outros odores mais ou menos análogos. As crianças continuam cheirando com predileção matérias viscosas com aroma característico, particularmente o produto decomposto e de odor forte, que provém da queda das células epidérmicas acumuladas entre os dedos dos pés, a secreção nasal, o cerume das orelhas e as sujeiras das unhas; algumas não se contentam em amassar e cheirar essas substância e as metem na boca. É conhecido o vivo prazer que a criança sente em amassar o mástique (cor, consistência e cheiro), o piche e o alcatrão. Conheci um menino que buscava, com paixão, o odor característico das substâncias derivadas da borracha e que podia ficar cheirando durante horas um pedaço de borracha de apagar.

Nessa idade – e, na verdade, mesmo numa idade mais avançada – os cheiros de estrebaria e as emanações do gás de iluminação agradam imensamente às crianças, e não é por acaso que a crença popular preconiza os locais onde flutuam esses odores como "sãos", até mesmo como remédios para doenças. Os cheiros de gás de iluminação, de alcatrão e de terebentina são o ponto de partida de uma via específica para a sublimação do erotismo anal: a predileção

---

4. O pendor para dissimular por eufemismos as tendências coprofílicas sob o termo "higiênico" é extremamente disseminado. Conhece-se o comportamento – aliás inofensivo – desses meticulosos da exoneração que dedicam grande parte de seu interesse disponível à regulação de suas funções intestinais; na verdade, esses indivíduos caem com bastante facilidade no que se denominou "hipocondria de defecação". Toda uma série de análises convenceu-me, aliás, de que a *hipocondria* é, na realidade, em numerosos casos, *um produto de fermentação do erotismo anal, um deslocamento dos interesses coprofílicos não sublimados de seus objetos primitivos para outros órgãos e outros produtos do corpo, conjuntamente com uma alteração do índice de prazer*. A escolha do órgão sobre o qual recai a hipocondria é, além disso, determinada por fatores específicos (complacência somática, forte erogeneidade do órgão "doente", etc.).

por substâncias de odor agradável pelos perfumes, concluindo-se assim o desenvolvimento de uma formação reativa (representação pelo contrário). Por outro lado, aqueles em quem se realiza esse gênero de sublimação tornam-se frequentemente *estetas*, e ninguém duvida de que a estética, em geral, tem suas raízes mais profundas no erotismo anal recalcado. O interesse estético e lúdico, que brota da mesma fonte, contribui frequentemente para o prazer crescente de pintar e de modelar (escultura)[5].

Desde os períodos de interesse coprofílico pelo barro e pela areia, impressiona o fato de que as crianças gostam de formar objetos com essas matérias – na medida em que sua habilidade rudimentar lhes permite – ou, mais exatamente, de reproduzir objetos, cuja posse tem para elas um *valor* especial. Fazem com tais matérias diversos artigos comestíveis, biscoitos, bombons, etc. Começa neste período o apoio da pulsão puramente egoísta sobre a coprofilia.

Pouco a pouco, os progressos do sentido de asseio tornam também a areia inaceitável para a criança, e é o início da *idade da pedra* infantil: a coleta de seixos e calhaus, com as formas e cores tão belas quanto possível, com o que a formação substitutiva atinge um grau mais elevado de desenvolvimento. O fétido, o aquoso, o mole são figurados por algo de inodoro, de seco e também, doravante, de duro. Somente o fato de que as pedras, tal como o barro e a areia, se apanham *na terra*, ainda lembra a origem propriamente dita dessa mania. A significação capitalista dos seixos já é muito importante. [As crianças estão "recheadas de ouro", no sentido estrito do termo.[6]]

Depois das pedras, é a vez de os produtos manufaturados serem objeto de acumulação, e o desinteresse pelo solo torna-se então total. As bolas de gude, os botões[7], os caroços são avidamente colecionados – não mais, desta vez, por seu mero valor intrínseco, mas como valor-padrão, de certo modo, como *moeda* primitiva que vai transformar a *troca*, praticada até então num florescente *tráfico monetário*. Por outro lado, o caráter do capitalismo, que não é pura-

---
5. Já indiquei em outro lugar o papel que o interesse *pelas flatulências*, durante a infância, desempenhara provavelmente no senso musical que aparecerá mais tarde. Cf. Ferenczi, *O.C.*, vol. I, "Palavras obscenas", p. 109.
6. Ferenczi joga aqui com a polissemia do adjetivo alemão *steinreich*, que significa, por um lado, "rico em pedras" e, por outro, "riquíssimo". (N. do T.)
7. Cf. Lou Andreas-Salomé: "Vom frühen Gottesdienst", Imago, II, 1913.

mente utilitário e prático mas também libidinal e irracional, revela-se nesse estágio: a própria acumulação propicia à criança um prazer incontestável[8].

Falta transpor apenas mais um passo para que a assimilação das fezes ao dinheiro esteja completa. Em breve, as pedrinhas começam a ofender o gosto da criança pelo asseio – ela aspira a algo mais limpo – e isso lhe é oferecido pelas *moedas* brilhantes, para cujo apreço contribuem também, naturalmente, o respeito que os adultos manifestam pelo dinheiro e a possibilidade sedutora de conseguir obter por esse meio tudo o que um coração de criança pode desejar. Na origem, contudo, não são essas considerações puramente práticas que intervêm, mas a alegria de reunir, de acumular e de contemplar as brilhantes peças metálicas; de modo que, uma vez mais, as moedas também são apreciadas mais como objetos propiciadores de prazer do que por seu valor econômico apenas. O olho compraz-se na contemplação de seu brilho e de sua cor, o ouvido em escutar seu tilintar metálico, o tato em manipular esses pequenos discos lisos e redondos; somente o odor é confuso, ao passo que o gosto deve contentar-se com o sabor metálico tênue mas bem característico da moeda. Nesse momento, o símbolo do dinheiro chegou, em suma, ao término de seu desenvolvimento. O gozo ligado ao conteúdo intestinal converte-se em prazer propiciado pelo dinheiro, que, como vimos, nada mais é do que *excremento desodorizado, desidratado e dotado de brilho. Pecunia non olet.*

Nesse meio-tempo, a faculdade de pensar desenvolveu-se, avançou no caminho da lógica, de forma que o interesse simbólico pelo dinheiro vai estender-se no adulto não só aos objetos que possuem características físicas análogas, mas a todas as espécies de coisas que, de certa maneira, significam valor ou posse (papel-moeda,

---

8. A palavra alemã *Besitz* (= possessão) mostra, aliás, que o homem procura igualmente figurar na linguagem a coisa de valor que lhe pertence por "aquilo-sobre-que-está-sentado". Os racionalistas contentar-se-ão, sem dúvida, com a explicação segundo a qual "aquilo-sobre-que-está-sentado" tenta exprimir a vontade de esconder, de salvaguardar e de defender o objeto precioso. Mas o fato de que sejam precisamente as nádegas e não as mãos – o que seria mais natural no homem – que servem neste caso para figurar a proteção e a defesa fala muito mais a favor de uma concepção em que a palavra *Besitz* (possessão) seria também um símbolo coprofílico. A palavra final da história está reservada, sem dúvida, a um filólogo que possua formação psicanalítica.

ações, caderneta de poupança, etc.). Entretanto, seja qual for a forma assumida pelo dinheiro, o prazer auferido por sua posse encontra a sua fonte mais profunda e mais fecunda na coprofilia. Toda sociologia ou economia nacional que examinar os fatos sem preconceitos deverá contar com esse elemento irracional. Os problemas sociais só poderão ser resolvidos elucidando a psicologia efetiva dos seres humanos; as especulações sobre as condições econômicas nunca levarão, por si só, a nada.

Uma parte do erotismo anal nem mesmo é sublimada e subsiste sob suas formas de manifestação primitivas[9]. Até o homem normal mais civilizado dedica *às suas próprias funções da evacuação* um interesse que se encontra em estranha contradição com o horror e a repugnância que manifesta se vier a ver a mesma coisa em outrem ou se ouvir falar dela. Como se sabe, os estrangeiros e as raças estrangeiras não podem "se reconhecer". Mas, além dessa sobrevivência, há também um *retorno* do que está dissimulado atrás do símbolo do dinheiro. Os distúrbios de defecação, em consequência de um ataque ao complexo do dinheiro, que Freud foi o primeiro a observar, são exemplos disso[10]. Outro exemplo, singular, mas que observei por diversas vezes, é fornecido por certas pessoas que se mostram econômicas no que se refere à mudança da roupa do corpo de um modo desproporcional ao seu nível de vida. Essa parcimônia recorre, portanto, em definitivo, ao caráter anal para reaver uma par-

---

9. A quantidade de *erotismo anal* dada constitucionalmente reparte-se, portanto, no adulto, entre as formações psíquicas mais diversas. Dele derivam: 1º Traços de caráter anais na acepção de Freud; 2º Tendências estéticas e interesses artísticos; 3º Hipocondria; 4º O resto não é sublimado. Segundo a proporção da parte sublimada e da parte inicial de erotismo anal, e segundo a preferência por esta ou aquela forma de sublimação, assim se formam os mais variados tipos de caráter, cada um dos quais depende naturalmente de condições particulares. As características anais estão particularmente adaptadas a uma orientação caracterológica rápida a respeito de um indivíduo e até de *raças* inteiras. O *caráter anal,* com seu amor pelo asseio e pela ordem, sua obstinação e avareza, contrasta vivamente com um *erotismo anal* acentuado, que é *tolerante* em face da sujeira, é pródigo e bom.

10. "A análise descobre com frequência que transtornos passageiros da defecação (diarreia, constipação) correspondem a regressões do caráter anal. Uma de minhas pacientes apresentava uma violenta diarreia no final do mês, no momento de enviar as mensalidades que concedia a seus pais. Outro ressarcia-se dos honorários pagos por uma abundante produção de gases intestinais" (Ferenczi: "Sintomas transitórios no decorrer de uma psicanálise", *O.C.*, vol. I, p. 185).

te do erotismo anal (tolerância para a sujeira). O exemplo seguinte é ainda mais surpreendente: um paciente que pretendia não ter lembrança alguma de manipulações coprófilas contava, espontaneamente, um pouco mais tarde, que gostava em especial de moedas de cobre cintilantes e que tinha inventado um método original para fazê-las brilhar: engolia a moeda e depois esquadrinhava suas matérias fecais até encontrá-la rebrilhando, em virtude de sua passagem pelos intestinos[11]. O prazer suscitado por um objeto limpo torna-se, neste caso, o pretexto para a satisfação do erotismo mais primitivo. É deveras extraordinário que esse paciente tenha podido enganar-se a si mesmo sobre a significação real de seu comportamento, embora transparente.

Deixando de lado esses exemplos surpreendentes, é possível observar, com certa frequência, na vida cotidiana, o prazer erótico que as pessoas têm em acumular, em juntar ouro e outras moedas, em "remexer" voluptuosamente no dinheiro. Muita gente assina com facilidade um documento que as obriga a pagar importantes somas de dinheiro e fazem sem pestanejar grandes despesas em cédulas bancárias, mas mostram-se estranhamente reticentes quando se trata de desembolsar moedas de ouro, ou mesmo outras de menor valor. As moedas "colam-se" literalmente aos seus dedos. (Cf. a expressão "capital líquido" e seu contrário, "dinheiro seco", que seria utilizada no Franco-Condado.)

O desenvolvimento ontogenético do interesse pelo dinheiro, tal como o esboçamos aqui, apresenta, sem dúvida, diferenças individuais que dependem das condições de vida; pode-se, no entanto, considerá-lo um processo psíquico próprio dos homens civilizados de nossa época, que tende a se realizar – de uma forma ou de outra – nas circunstâncias mais variadas. Portanto, somos tentados a ver nessa tendência evolutiva uma característica da espécie humana e a supor que o princípio fundamental da biogênese é igualmente válido para a formação do símbolo do dinheiro. É lícito esperar-se que uma comparação, no domínio da filogênese e da história das civili-

---

11. Este caso lembra-me a anedota coprófila em que se faz saber ao médico que acaba, por meio de um laxante, de fazer sair a moeda engolida por uma criança, que ele pode ficar com a moeda a título de honorários. Sobre a identificação do dinheiro e das fezes, ver também o conto "Eslein, streck'dich". A palavra alemã *Losung* significa benefícios (em negócios), mas também bosta, na gíria dos caçadores.

zações, faça surgir certo paralelismo entre o desenvolvimento individual aqui descrito e o do símbolo do dinheiro na espécie humana. Talvez se descubra então o significado das pequenas pedras coloridas do homem primitivo, exumadas em grande número durante escavações efetuadas em grutas e cavernas; observações sobre o erotismo anal dos *selvagens* (os homens primitivos de nossa época, que ainda vivem frequentemente na fase de troca ou de dinheiro-seixos ou conchas) poderiam fazer avançar, de maneira considerável, essa investigação da história das civilizações.

Entretanto, a nossa exposição permite-nos desde já supor que o interesse capitalista, que progride conjuntamente com o desenvolvimento, não está apenas a serviço de objetivos práticos e egoístas, portanto, do *princípio de realidade*, mas que o prazer auferido pela posse do ouro ou do dinheiro representa, sob a forma de uma condensação bem-sucedida, o substituto simbólico e a formação reativa do erotismo anal e da coprofilia recalcados; em outras palavras, satisfaz também *ao princípio de prazer*.

A pulsão capitalista contém, por conseguinte – segundo a nossa concepção –, um componente egoísta e um componente erótico anal.

XXXV

Análise descontínua

Freud assinalou que o sucesso terapêutico constitui, com frequência, um obstáculo ao aprofundamento da análise; eu mesmo o constatei em vários casos. Se, no decorrer do tratamento analítico, os mais penosos sintomas da neurose desaparecem, pode acontecer que os sintomas mórbidos ainda não resolvidos pareçam menos penosos, aos olhos do paciente, do que prosseguir no trabalho analítico, frequentemente trabalhoso e frustrante. Assim, quando o "remédio fica pior do que a doença", o paciente apressa-se a interromper o tratamento (muitas vezes impelido também por considerações de ordem material) e concentra seu interesse na vida real, que já o satisfaz. Com efeito, esses pacientes parcialmente curados ainda estão ligados ao seu médico pela transferência; verificamos que cumulam de elogios um tanto exagerados o tratamento e a pessoa do médico, fazem-se ocasionalmente lembrar a este último por meio de cartões-postais ilustrados e outras pequenas atenções, ao contrário daqueles que interromperam seu tratamento em plena resistência e se envolvem num silêncio hostil. Os que estão verdadeiramente curados, cuja transferência está resolvida, não têm nenhuma razão para se preocupar com o médico e é raro que o façam.

Sucede, porém, que esses "parcialmente curados" tenham uma recaída ao cabo de algum tempo e desejem retomar sua análise. Verifica-se então que os fatores determinantes da recidiva são eventos, externos ou internos, que de alguma forma reativaram e fizeram surgir do recalcamento o material inconsciente que não tinha sido elaborado no decorrer da análise. Pode-se esperar igualmente que venham à baila durante a segunda análise assuntos que só desempenharam um papel mínimo ou nenhum durante a primeira.

Fiquei assombrado com a rapidez com que se restabelece o contato entre o médico e o paciente. Ao cabo de quatro anos de estado satisfatório consecutivo a uma análise (inacabada), um paciente lembrou-se de todos os detalhes do seu primeiro tratamento quando o retomou; e, fato ainda mais estranho, na memória do próprio médico, que no intervalo não pensara nesse paciente e estivera intensamente ocupado com muitas outras coisas, surgiram espontaneamente detalhes ínfimos a respeito desse doente: toda a história de sua infância, os nomes de todos os seus parentes, os sonhos e as ideias com as interpretações feitas na época, até a cor dos cabelos das pessoas outrora mencionadas. Após duas sessões, tínhamos reencontrado os nossos antigos hábitos, como se se tratasse, não de quatro anos de separação, mas da habitual "modorra de domingo" que temos de enfrentar nas sessões de segunda-feira. Via de regra, os casos que se curam facilmente só oferecem um benefício científico muito exíguo; a recidiva propicia uma compreensão mais profunda das relações que antes só tinham sido superficialmente vislumbradas.

O princípio técnico de Freud segundo o qual não se deve proteger o paciente, mesmo no decorrer do tratamento, dos choques da realidade, fica suspenso em certos casos pela força das circunstâncias, sobretudo quando o tratamento se faz longe da família (cujos membros estão na origem das principais reações neuróticas). Pode acontecer, nesses casos, que o paciente que se julgava curado tenha uma recaída e reproduza todos os seus sintomas desde o seu regresso ou um pouco depois, e volte rapidamente para junto de seu médico (que, aliás, o preparou para essa eventualidade). Também nesses casos o contato com a realidade faz surgir conteúdos psíquicos até então escondidos.

Uma terceira razão da análise descontínua está relacionada com circunstâncias puramente exteriores. Alguns pacientes são pessoas muito ocupadas, ou residem muito longe, outros só dispõem anualmente de uma soma limitada de tempo e de dinheiro para o tratamento; esses vêm todos os anos submeter-se a um mês ou dois de terapia. Não pretenderemos que os intervalos entre os períodos de trabalho decorram sem deixar traços nesses pacientes; com frequência, o que foi reconhecido no decorrer do tratamento é, em seguida, elaborado e aprofundado de maneira evidente. Mas essa fraca vantagem apaga-se diante do enorme inconveniente de um tratamento que, já longo, se dilata assim de modo imprevisível. A análise contínua é, portanto, sempre preferível à análise descontínua.

As análises que duram o ano inteiro também sofrem uma interrupção por causa das férias do médico. Para os pacientes que têm um verdadeiro desejo de prosseguir em tratamento, *tal* interrupção não representa uma descontinuidade propriamente dita, e a primeira sessão após as férias retoma quase sempre, até em sua forma, a discussão analítica interrompida pela separação.

XXXVI

Progresso da teoria psicanalítica das neuroses (1907-13)

Empreender o estudo da evolução seguida pela teoria freudiana das neuroses é uma tarefa difícil mas sedutora. Por um lado, a psicanálise obteve importantes resultados no plano prático e científico, mas, por outro, a sua própria maneira de reagrupar esses resultados provenientes de investigações sobre as neuroses num edifício cada vez mais imponente é um modelo de método tão apaixonante para estudar quanto o nascimento de uma obra de arte ou o desenvolvimento de um ser vivo. A psicanálise examina os fatos sem previamente tomar partido e está sempre disposta a rever suas hipóteses de trabalho. Entretanto, tendo sabido evitar as generalizações apressadas e praticar um rigoroso controle experimental, jamais se viu na obrigação de rejeitar na totalidade uma correlação já estabelecida.

Um artigo já antigo (datando de 1906), que trata dos trabalhos de Freud sobre a psicologia das neuroses, assinala uma descoberta inesperada com a qual o próprio Freud ficou incontestavelmente surpreendido, ou seja, que os traumas infantis exumados pela análise são comprovadamente, na grande maioria dos casos, não acontecimentos vividos de fato, mas histórias (contos) imaginados a partir de ocorrências anódinas. Houve um momento durante o qual a psicanálise esteve ameaçada de naufragar por causa dos depoimentos "duvidosos" dos histéricos. Uma das mais notáveis façanhas de Freud foi a de resistir a essa decepção e tomar essas mesmas fantasias por objeto de suas investigações. Uma consequência dessa mudança de orientação na pesquisa foi que a psicanálise, a qual, para compreender (e curar) os sintomas neuróticos, consagrara-se essencialmente, até então, ao estudo dos eventos manifestos do período infantil e, em particular, dos traumas ocorridos nesse período, começou a interessar-se pelos motivos que impelem o neurótico a ampliar e exagerar suas experiências infantis anódinas, até transformá-las em fantasias patogênicas. Foi preciso investigar esses motivos nos fatores endógenos, e o problema da qualidade e da potência dos fatores exógenos foi provisoriamente relegado para segundo plano. Veremos como, numa fase posterior da investigação, o trauma reencontra toda a sua importância, o que Freud, aliás, nunca perdera de vista. Ao atribuir tanta importância aos fatores constitucionais na gênese das neuroses, fez-se a teoria das neuroses correr o sério risco de ser, pura e simplesmente, integrada à teoria da "degenerescência", representada por Janet, Lombroso, Moebius e outros, teoria em que a pesquisa psicológica é depressa abandonada em proveito de uma fraseologia biológica que se mostrou totalmente estéril até hoje. Freud escapou a esse erro por duas razões: o conhecimento do mecanismo dinâmico do recalcamento e suas pesquisas sobre o desenvolvimento da sexualidade.

Freud já estabelecera anteriormente que o recalcamento era um mecanismo que preservava a consciência dos afetos penosos, ao mergulhar no inconsciente certos complexos de afetos ou de ideias, ou ao interditar-lhes o acesso à consciência. Mais tarde, suas pesquisas sobre o desenvolvimento da sexualidade permitiram-lhe constatar que a libido sexual amadurece graças a uma série de recalcamentos sobrepostos. Os estágios de desenvolvimento ultrapassados, chamados "perversões", subsistem tal qual no inconsciente, mas só se manifestam em certos casos e em condições excepcionais no homem normal; em contrapartida, no neurótico, eles ressurgem do recalcamento, algo deformados e acompanhados de uma tonalidade afetiva negativa. Por conseguinte, as neuroses corresponderiam a um conflito entre a libido sexual que permaneceu, ou voltou a ser infantil, e as forças de recalcamento que se lhe opõem, representando os sintomas uma tentativa de compromisso, na medida em que tentam satisfazer as duas tendências.

Solidamente apoiado nesse saber, Freud podia permitir-se recusar o termo vazio e deplorável de "degenerescência", proposto à guisa de explicação das formações neuróticas, e isso mesmo depois do abandono provisório da teoria traumática. A psicanálise permitiu um conhecimento aprofundado das diferentes fases de desenvolvimento, percorridas pelas forças psíquicas que participam do recalcamento sexual, e forneceu um conteúdo ao termo bastante impreciso de "estrutura".

Depois da publicação do artigo em questão, a teoria das neuroses progride sob o signo da psicogênese. Para encontrar a resposta à questão formulada pela própria natureza das neuroses e por sua origem, a psicanálise teve de explorar, em primeiro lugar, os estágios da evolução onto e filogenética da libido.

Em seu trabalho sobre "A dinâmica da transferência"[1], Freud fornece a explicação das formações fantasísticas inconscientes, que surgem espontaneamente no decorrer da análise, ou que se manifestam por meio de certos sintomas. Mostra em primeiro lugar como uma fração da libido, insatisfeita e por essa razão desviada da realidade e detida em seu desenvolvimento, converte-se na fonte de tais fantasias. Essa fração de libido é superior à normal em certos indivíduos, em virtude da existência de fatores infantis hereditários ou traumáticos. Todas as condições preliminares da doença estão, pois, reunidas nos sujeitos que tendem a "introverter" sua libido sob a ação de fatores exteriores, ou seja, a reduzir mais ainda a parte da libido sexual apta a tornar-se consciente e a aumentar a parte inconsciente à custa desta. As pulsões e objetivos amorosos reanimados "regressivamente" no decorrer desse processo são de natureza primitiva, as fantasias que eles alimentam são inadmissíveis para a consciência, e a censura só deixa passar seus produtos longínquos, os *sintomas*. A regressão (a doença) é desencadeada ou por uma redução do poder de atração da realidade, ou por uma força de atração da libido inconsciente anormalmente intensa, devida a uma inibição do desenvolvimento. Freud dedicou um estudo à parte para os diferentes *tipos mórbidos*[2], no qual nos mostra que condições permitem que essa redução do poder de atração da realidade e a tendência para a regressão se manifestem.

Freud distingue quatro tipos mórbidos psiconeuróticos; todos têm em comum o fenômeno de *acumulação da libido*, ou seja, a acumulação de uma quantidade bastante considerável de libido que

---

1. Freud: "Zur Dynamik der Übertragung", *Zbl. f. Psychoan.*, II.
2. Freud: "Über neurotische Erkrankungstypen" [Tipos mórbidos neuróticos], *Zbl. f. Psychoan.*, II.

não pode ser satisfeita e que o psiquismo não consegue integrar. No primeiro tipo, a "inchação" da tensão libidinal se deve *à renúncia*, ou seja, à perda pelo sujeito de seu objeto amoroso, em outras palavras, a uma retenção forçada. Se existe a tendência correspondente no sujeito, este regride, a quantidade de libido insatisfeita diminui e pode reanimar, por intermédio de fantasias conscientes, as *imagos* infantis (ou seja, os objetivos sexuais de uma fase ultrapassada do desenvolvimento). No segundo tipo, a doença sobrevém em consequência da insuficiência de sua capacidade de adaptação à realidade; neste caso, as causas determinantes dela são as exigências reais da vida que esses indivíduos são incapazes de satisfazer[3]. Um exemplo disso é fornecido pelo masturbador: gostaria de transformar sua libido autoerótica em amor objetal, mas não consegue; é um indivíduo que conserva integralmente seu amor infantil pela família, mas que gostaria de se obrigar a formar uma família independente. O terceiro modo de ingresso na doença é, por assim dizer, a exageração do tipo precedente; a libido desses sujeitos conserva-se num nível totalmente infantil; eles adoecem a partir do instante em que transpõem os limites da irresponsabilidade infantil, mesmo sem a intervenção de qualquer fator externo. O quarto e último tipo mórbido, descrito por Freud, resulta de um recrudescimento libidinal de origem puramente biológica, que intervém espontaneamente em certos períodos da vida; também neste caso a doença é a consequência do recalcamento de quantidades libidinais que o psiquismo não consegue integrar. Freud resume numa frase capital as conclusões que tira da classificação das eventualidades mórbidas a partir da experiência analítica: é necessário renunciar à oposição estéril entre fatores patogênicos externos e internos, ou seja, à hipótese de uma alternativa entre a ação patogênica do destino individual e da constituição; ambas intervêm na etiologia das neuroses, pois cada um desses fatores, separadamente ou em conjunto, pode determinar a doença por acumulação de uma quantidade relativamente excessiva de libido.

---

3. Naturalmente Freud está falando da realidade sexual e da incapacidade de se adaptar às verdadeiras exigências sexuais. Considero que certas opiniões recentemente emitidas sobre a patogênese das neuroses por psicólogos suíços resultam de uma má compreensão desse tipo mórbido, na medida em que os psicólogos pensam ser esse o único que existe e consideram que as exigências de uma realidade diversa da sexual podem igualmente provocar a doença, uma hipótese que, contudo, desmente toda a nossa experiência.

Em todas as obras que citei até agora, a predisposição para a neurose é apresentada como correspondendo também a um distúrbio do desenvolvimento da libido ou, mais exatamente, como o recalcamento da libido; entretanto, ao estudar a autobiografia de um paciente paranoico, Freud pôde definir com precisão as noções de *predisposição neurótica* e de *recalcamento*[4]. Partiu do princípio de que toda neurose representa a fixação da libido numa dada fase do desenvolvimento: o *autoerotismo* e o *amor objetal*. As observações de homossexuais e de paranoicos levaram-no a admitir a existência de um terceiro estágio, o *narcísico*, no qual o indivíduo reúne numa *entidade única*, o *amor pelo ego*, todas as suas pulsões parciais (erotismo anal, oral, uretral, sadismo, masoquismo, exibicionismo e voyeurismo) que ele satisfazia antes de um modo mais ou menos *anárquico*, e no qual institui primeiramente o ego como objeto de seu interesse, antes de resolver-se a escolher um objeto de amor exterior, ou seja, a optar por uma espécie de socialização de sua libido. Cada um desses estágios pode tornar-se um ponto de fixação, de cristalização, poderíamos dizer, para uma futura neurose. Pois na medida em que um estágio libidinal, que normalmente é apenas uma transição, é excessivamente acentuado, a libido vê-se de imediato condenada ao recalcamento, em virtude de sua incompatibilidade com os outros componentes psíquicos que prosseguem seu desenvolvimento; exercerá, portanto, uma atração permanente sobre os complexos de afetos ou de ideias marcados pelo desprazer e cujo conteúdo tem algum parentesco com ela. Assim, a fixação é seguida de um período mais ou menos longo de recalcamento (mais exatamente, *pós-recalcamento*) ainda assintomático, período durante o qual a parte da libido suscetível de evoluir pode ainda responder às exigências reais da vida. Mas, assim que se produz uma acumulação relativamente importante da libido, segundo um dos processos que acabamos de descrever, ela regride para o ponto de fixação e incita os movimentos de desejo infantis latentes, que subsistem nesse nível, a produzir fantasias que fornecerão em seguida o material necessário à formação dos sintomas.

Para cada estágio de desenvolvimento da libido pode-se imaginar outros tantos pontos de fixação e modos de entrada na doença;

---

4. Freud: "Remarques sur l'autobiographie d'un cas de paranoia", *Jahrb. f. Psychoan.*, III. Em *Cinq Psychanalyses*, PUF.

inclusive, um mesmo indivíduo pode apresentar fixações múltiplas em diversos estágios do desenvolvimento libidinal; nesses sujeitos, são suscetíveis de se desenvolver, simultânea ou sucessivamente, várias formas de neurose. Freud fornece-nos um exemplo disso num trabalho recente[5]. Uma paciente é informada de que deve abandonar toda a esperança de progenitura por culpa de seu marido; a essa necessidade de renúncia à satisfação de seu amor objetal, ela reage com sintomas de histeria de angústia. Quando à esterilidade do marido se soma a impotência, o sintoma histérico cede lugar a uma neurose obsessiva. Com efeito, essa neurose resulta da fixação num estágio anterior do desenvolvimento libidinal, estágio em que o interesse erótico ainda se orienta para metas eróticas anais e sádicas. Quando a paciente se decepcionou com o erotismo genital, sua libido teve de regredir a esse estágio pré-genital. São essas análises individuais, que mergulham até a raiz mais profunda das neuroses, que poderiam nos fornecer a solução do problema da *escolha de neurose*, informando-nos sobretudo sobre as condições que determinam o aparecimento desta ou daquela neurose num indivíduo. O que sabemos a tal respeito até o presente momento pode-se resumir em poucas palavras: a predisposição para a parafrenia ou para a paranoia tem por condição prévia uma fixação num estágio precoce do desenvolvimento libidinal (a fase narcísica); a fixação obsessiva situa-se no período pré-genital (sádico-erótico-anal), ao passo que a histeria parece determinada por um distúrbio do desenvolvimento desse estágio libinal em que o pênis ou seu equivalente, o clitóris, passaram a ser as zonas erógenas predominantes.

Estabelecido, portanto, que o recalcamento (e sua forma arcaica, a fixação), assim como a formação dos sintomas, resultam do conflito entre egoísmo o erotismo, podemos desde já supor que o estudo dos estágios de desenvolvimento das pulsões egoístas propiciará novos progressos no estudo das neuroses. Atualmente, porém, só posso examinar um pequeno número de pesquisas efetuadas nesse sentido. O ensaio de Freud sobre os dois princípios do funcionamento psíquico[6] é uma delas. Nesse texto, mostra, por exemplo, que

---

5. Freud: "Die Disposition zur Zwangsneurose" [A predisposição para a neurose obsessiva], *Int. Zeitschr. f. Psychoan.*, I.
6. Freud: "Formulations sur les deux principes du fonctionement psychique", *Jahrb. f. Psychoan.*, III.

mesmo no sujeito normal as pulsões egoístas e as pulsões eróticas só se desenvolvem de maneira harmoniosa e paralela durante um período muito curto de tempo: a primeira infância; depois, o desenvolvimento do ego suplanta rapidamente o do erotismo, de forma que a pulsão sexual continua obedecendo ao *princípio de prazer* (princípio de evitação do desprazer) e continuará sempre, em certa medida, a se submeter a ele, ao passo que os interesses do ego podem adaptar-se desde cedo à realidade (*princípio de realidade*). Essa defasagem entre os estágios é, portanto, coisa normal e nenhum ser humano pode escapar ao conflito que daí resulta. Entretanto, se no sujeito normal essa defasagem influencia simplesmente a formação do caráter, no neurótico abre caminho para a regressão e a doença.

Eu mesmo tentei, em seguida, estabelecer a incidência do estágio de desenvolvimento do sentido de realidade sobre as neuroses, e cheguei a formular a hipótese de que é na sintomatologia das diferentes neuroses que essa incidência se observa com maior nitidez[7]. Os dois mecanismos de formação de sintomas nas neuroses (a *projeção* e a *introjeção*) são determinados pela fixação no estágio projetivo ou então no introjetivo do desenvolvimento do sentido de realidade. Por exemplo, os sentidos de conversão da histeria implicam uma regressão do sentido de realidade a uma fase primitiva, em que o indivíduo se exprimia por meio de uma *linguagem gestual*; a *neurose obsessiva*, em suas "fantasias de onipotência", repete a fase do desenvolvimento intelectual que se poderia qualificar de *animista*, ao passo que a projeção *paranoica* apresenta-se como uma exageração do estágio de desenvolvimento "científico" da objetivação. Em contrapartida, a retração do *parafrênico* consiste na regressão ao primeiro estágio do desenvolvimento do indivíduo (*primeira infância, vida intrauterina*). Assim, na fixação paranoica e obsessiva observamos a coexistência de uma intelectualização de nível muito elevado, com tendências libidinais muito primitivas; na histeria passa-se o inverso. Mas tudo isso é apenas um comentário preliminar do estudo genético do ego e da libido, cuja elaboração nos dará, esperamos, a solução final para o problema das neuroses.

A introdução do ponto de vista filogenético foi um importante progresso no estudo genético das psiconeuroses. O próprio Freud

---

7. Ferenczi: "O desenvolvimento do sentido de realidade e seus estágios", neste volume, p. 45.

esteve na origem dessa orientação, quando reconheceu a analogia existente entre uma neurose (a neurose obsessiva) e um produto da psicologia dos povos (a religião) e quando estabeleceu que o complexo nuclear de toda neurose era um tema mitológico, o "mito de Édipo". Depois, Karl Abraham desenvolveu mais amplamente o paralelo entre um produto do psiquismo individual (*o sonho*) e um período já ultrapassado da humanidade, o período da produção dos mitos[8]. Finalmente, foram os psiquiatras de Zurique, Honegger[9] e sobretudo Jung, que conseguiram demonstrar como as mitologias de povos havia muito desaparecidos eram reencontradas nas ideias delirantes dos psicopatas. Sabemos agora que toda psiconeurose (e não apenas a parafrenia e a paranoia, como pretende Jung) corresponde a uma regressão a um estágio anterior da libido e do ego, tanto no plano do desenvolvimento individual, quanto no da evolução da espécie. Temos aí como que os vestígios do universo psíquico das gerações passadas, as provas vivas de que a *lei biogenética fundamental de Haeckel* é igualmente válida para a evolução do psiquismo. Por outro lado, esse último avanço do estudo geral das neuroses suprime totalmente a contradição entre fatores patogênicos traumáticos e constitucionais das neuroses, problema aparentemente insolúvel quando abordado por um estreito ângulo individual. Com efeito, do ponto de vista filogenético, a própria constituição é apenas o "depósito deixado por influências fortuitas, que agiram sobre a linhagem infinita dos ancestrais" (Freud).

O ponto de vista filogenético elucidou diferentes particularidades ainda pouco compreendidas dos neuróticos, sobretudo o *medo neurótico do incesto* e aquilo a que chamamos *ambivalência*. Já sabíamos por Freud que o medo do incesto constitui o "complexo nuclear" das neuroses, mas é o importante estudo antropológico sobre a psicologia dos povos, recentemente publicado por Freud sob o título de *Totem e tabu*[10], que nos mostra ser o complexo de Édipo muito mais do que um traço pueril, um vestígio mal liquidado da infância do sujeito: é também a repetição de uma fase de evolução da história infantil da humanidade. Os "povos selvagens" apresentam

---

8. Abraham: "Traum und Mythos", Deuticke, Viena, 1909 (*Rêve et Mythe*, Payot).
9. Honegger: "Über Paranoide Wahnbildung" [Sobre a formação do delírio paranoide], II Congresso de Psicanálise, Nuremberg, 1910.
10. Freud: *Totem et tabou* (Payot).

numerosos costumes e particularidades morais cujo sentido nos escapa, sobretudo certas medidas defensivas conhecidas sob o nome de "*tabu*", que estão a serviço de um excessivo medo do incesto; e isso ocorre também com os nossos neuróticos atuais (de fato, tanto no primitivo quanto no obsessivo, trata-se de uma reação a uma tendência incestuosa ainda muito poderosa). O chamado caráter "ambivalente"[11] dos obsessivos representava igualmente um problema deveras espinhoso até o presente: uma característica desses pacientes é que seus movimentos afetivos contraditórios não resultam numa solução de compromisso, mas manifestam-se alternadamente e sem que haja influência mútua; uma analogia perfeita dessa característica encontra-se hoje nas relações "ambivalentes" que os primitivos mantêm com seus inimigos, seus chefes, seus mortos. Freud, tal como eu mesmo[12], reconhecemos um longínquo vestígio do "totemismo", prática ainda vigente entre vários povos primitivos, na fobia de animais, tão disseminada, e no culto de animais (mais raro) das crianças e dos neuróticos. O totemismo é uma instituição religiosa e social em que certos grupos (chamados clãs totêmicos) temem e veneram determinado animal. Freud considera que a raiz comum da fobia neurótica de animais e do totemismo reside na veneração dos ancestrais e na atitude sumamente ambivalente dos filhos em relação a seus pais. Sabendo-se, por outro lado, que nas fantasias dos neuróticos é possível encontrar ainda outros traços de caráter dos primitivos, como a concepção animista e a crença nas forças mágicas, devemos admitir a argumentação de Freud quando sustenta que a constituição neurótica corresponde à fixação do desenvolvimento num estágio primitivo e que, em definitivo, o neurótico apresenta-se como um ser nascido com os instintos de um "selvagem", que deve proteger-se pelo recalcamento contra as suas próprias pulsões instintivas contrárias às exigências da civilização.

Além desses fatos importantes a respeito do estudo das neuroses que resumi brevemente, quero citar ainda alguns fatos extraídos da literatura psicanalítica recente e que abrem perspectivas interessantes quanto à natureza geral das neuroses. Experiências terapêu-

---

11. Foi Bleuler quem introduziu a noção de ambivalência.
12. Ferenczi: "Um pequeno homem-galo", no presente volume das *Obras completas*, p. 61.

ticas como as publicadas por Freud[13] e que apresentam, sobretudo, grande interesse técnico, obrigam-nos a modificar a nossa concepção quanto à *importância terapêutica da tomada de consciência pelo paciente das relações que vinculam seus sintomas à sua vivência*. A psicanálise tinha admitido, numa fase primitiva que se classificou de *catártica*, que *certos estados de consciência* (como o estado hipnoide de Breuer) tinham um *valor determinante* na constituição das neuroses. Sabemos terem sido os trabalhos de Janet que determinaram as características dessa fase. Entretanto, os resultados imperfeitos da catarse hipnótica e os fracassos das "psicanálises selvagens", que pensavam curar seus pacientes fornecendo-lhes explicações de ordem psicanalítica, provam de forma ampla que a neurose não depende essencialmente da ignorância, mas da *vontade de ignorar* certos conteúdos e relações psíquicos, ou seja, da resistência que o paciente opõe aos afetos ligados a seus complexos.

Freud fornece um argumento decisivo contra a opinião – aliás largamente superada – de que o psiconeurótico sofre de "ignorância": mostra que vários obsessivos nunca esqueceram as circunstâncias de seu ingresso na doença; no caso deles, o recalcamento recorre a um mecanismo mais simples; em vez de esquecer seus traumas, o doente priva-os de sua tonalidade afetiva, de modo que o conteúdo conservado pela consciência é feito de representações indiferentes e aparentemente desprovidas de importância. Quando explicamos a esses pacientes a significação traumática de certas experiências por eles vividas, experimentam uma sensação chamada de "*déjà-vu*"[14]; não se trata, portanto, nesses pacientes, do recalcamento de uma representação, mas das consequências de um recalcamento que envolveu exclusivamente os afetos. Naturalmente, as impressões patogênicas infantis são, também nesses pacientes, recalcadas para o inconsciente.

Enquanto os "psicanalistas selvagens" (como Freud os chamou) conferem um valor excessivo, a crer no método terapêutico que adotam, ao "saber" e ao "não saber" do neurótico, numerosos psicólogos caem no erro inverso: subestimam a importância do inconsciente e veem, nas neuroses, simples derivados do que se de-

---

13. Freud: "Über wilde Psychoanalyse" [A psicanálise selvagem], *Zbl.f. Psychoan.*, I.
14. Freud: "Über fausse reconnaissance", *Int. Zeitschr.*, II.

signa por "complexos", esquecendo que são precisamente as partes inconscientes dos complexos que desempenham o papel de agentes patogênicos. Todo homem tem um "complexo de Édipo", um "complexo fraterno", etc., mas só apresentam uma tendência para a neurose os indivíduos nos quais o desenvolvimento e a sublimação da maioria desses complexos foram inibidos; esses complexos, fixados no inconsciente, estão a todo instante prontos para um despertar regressivo. Se admitirmos esse fato, o valor diagnóstico dos *testes de associação* e outros métodos de "caça aos complexos" veem-se consideravelmente reduzidos, porquanto esses modos de investigação, de resto úteis e instrutivos, não levam em conta o caráter consciente ou inconsciente das representações, diferença essencial e decisiva em relação ao recalcamento. A *definição exata do termo inconsciente*, em sua acepção psicanalítica e no sentido em que Freud o descreveu num de seus ensaios[15], contribuirá, assim esperamos, para dissipar os mal-entendidos que reinam nesse domínio. Para o estudo das neuroses é essencial apreender a diferença entre o "subconsciente" dos filósofos e o "inconsciente" da psicanálise. Para bem compreender que os sintomas hipnóticos e neuróticos resultam necessariamente do conflito de forças psíquicas, cumpre admitir a existência de processos psíquicos *inconscientes* mas *ativos*; o conceito de *clivagem da consciência*, proposto por Janet, não fornece uma explicação satisfatória dos fenômenos neuróticos: a "fraqueza do aparelho psíquico" não pode ser usada como explicação.

Seria um erro acreditar que a psicanálise, pelo fato de dirigir atualmente o essencial de seu interesse para a redução das formações psíquicas complexas (como os sintomas neuróticos) a fenômenos mais simples, mas sempre de ordem psíquica, menospreza provisoriamente as *bases orgânicas das psiconeuroses* e considera o problema das neuroses inteiramente resolvido pela análise psicológica. Freud assinalou desde cedo o papel patogênico da "complacência somática" na histeria; e, em suas obras posteriores, sublinhou inúmeras vezes que o processo de recalcamento estava originalmente alicerçado num processo puramente biológico. Adquiriu a convicção de que o conflito entre pulsões egoístas e pulsões eróticas desem-

---

15. Freud: "Einige Bemerkungen über den Begriff des Unbewussten" [Alguns comentários sobre a noção de inconsciente], *Zeitschr. f. Psychoan.*, I.

penhava um papel capital, não só no domínio psíquico, mas também no desenvolvimento orgânico. Segundo Freud, o que chamamos predisposição orgânica para a neurose é tão somente a exageração da função erótica de um órgão, à custa de sua função fisiológica. Em apoio a essa tese, citemos toda a série de neuroses que não se integram na classificação, proposta por Freud, de neuroses atuais e de psiconeuroses e que foram reagrupadas sob o nome de neuroses *sexuais*.

Nesses casos, a inibição da libido não provoca distúrbios psíquicos, mas acarreta diretamente perturbações em certas funções orgânicas (sem enveredar pela via psíquica): esses órgãos passam então a funcionar como verdadeiros órgãos sexuais, negligenciando suas funções não eróticas. Citemos, por exemplo, os *distúrbios sexuais neuróticos da visão*[16] e a *asma nervosa*[17]. Consideramos ser esse *mesmo processo de recalcamento orgânico* que está na origem da fixação neurótica que ressurge regressivamente nas neuroses sexuais. Este único exemplo deveria bastar para advertir o psicanalista que investiga as causas de uma neurose contra o perigo que existe de se deixar encerrar na alternativa, rigorosa do ponto de vista formal, entre "fatores orgânicos" e "fatores psíquicos". A antipatia que ele sente por toda espécie de elucubração deveria preservá-lo de tais simplificações.

Neste relatório, gostaria de me limitar aos resultados *positivos* do estudo psicanalítico das neuroses, mas, por respeito à exatidão histórica, devo evocar dois produtos de decomposição da psicanálise que surgiram nestes últimos anos, os quais, embora não tendo nenhuma relação entre si, têm por tendência comum a dessexualização da teoria das neuroses.

Adler[18] considera que o lugar ocupado pela sexualidade na psicanálise é mera ficção. Para ele, o essencial seria o esforço permanente que o neurótico realiza para assegurar a sua *superioridade*. Se-

---

16. Freud: "Die psychogene Sehstörung in psychoanalitischer Beleuchtung" [A concepção psicanalítica da perturbação psicogênica da visão], *Aerztl. Standeszeitung*, Viena, 1910.
17. Sadger: "Ist das Asthma bronchiale eine Sexualneurose?" [Será a asma brônquica uma neurose sexual?], *Zbl f. Psychoanal.*, I.
18. Adler: "Über den nervösen Charakter" [O caráter nervoso]. Wiesbaden, 1912 (trad. francesa, *Le tempérament nerveux*, Payot).

gundo Jung[19], a sexualidade infantil dos neuróticos é apenas *simbólica*; o verdadeiro conteúdo das neuroses é a *referência às tarefas vitais* do paciente. Jung e Adler mostram-se extremamente hábeis em apontar nos depoimentos de seus pacientes tudo o que pode confirmar seus pontos de vista.

Considero que os trabalhos desses dois autores em nada contribuíram para a teoria das neuroses, mas representam, pelo contrário, uma volta aos erros de antes da psicanálise e um abandono das bases científicas puras, em proveito da especulação filosófica e teológica.

---

19. Jung: "Versuch einer Darstellung des psychoanalytischen Theorie" [Ensaio de apresentação da teoria psicanalítica], *Jahrb. f. Psychoan.*, V.

XXXVII

A psicanálise do crime

O método psicanalítico de Freud permite penetrar, muito mais profundamente do que era possível até agora, no laboratório onde se exerce a atividade do psiquismo normal ou patológico. O *determinismo* psíquico, ou seja, o princípio segundo o qual não existe o acaso nos processos psíquicos, deixou de ser simplesmente uma hipótese de trabalho útil para tornar-se, graças a um conhecimento mais preciso dos *processos psíquicos inconscientes* descobertos pela psicanálise, uma sequência de *fatos*. No começo, a psicanálise só se interessava pelas causas psíquicas das doenças mentais; em seguida, abordou o estudo dos diferentes fenômenos da vida psíquica normal (sonho, atos falhos, chistes); depois, foi a vez da análise psicológica das produções da psicologia dos povos (mitos, religião, etc.) e da vida social.

A mais primitiva forma do direito, ainda vigente em algumas tribos selvagens, é o tabu que interdita, sob pena de morte, tocar em certas coisas (as mulheres consanguíneas, as crianças, o bem dos outros, etc.). A análise psicológica dos selvagens e de certas categorias de neuróticos permitiu explicar a indignação provocada pela violação do tabu, ou seja, do sentido primitivo do direito; aqueles que têm grande dificuldade para recalcar as pulsões criminosas que existem em estado latente em cada um de nós, consideram intolerável que um outro (o criminoso) permita-se dar livre curso a essas mesmas pulsões; "a tendência para restabelecer a ordem legal" provém, portanto, dessas fontes egoístas. Penso que o ódio que se sente contra os que violam o direito, tal como os excessos desse ódio na sociedade civilizada, são oriundos da mesma fonte.

Mas temos agora de ultrapassar essas considerações gerais para tentar elucidar as determinantes psíquicas das diferentes *categorias de crimes*. Pois, até o presente momento, o *determinismo em matéria de direito penal* apenas roçou a superfície das coisas; ignorava-se a existência de uma vida psíquica inconsciente e, por conseguinte, procurava-se apenas no *consciente* do culpado o móbil de um crime. Considero ser atualmente possível submeter de maneira sistemática os criminosos a uma investigação psicanalítica, sendo a condição preliminar, como é natural, que o examinador tenha pleno domínio do material científico e da técnica da psicanálise. Essa tarefa compete essencialmente aos médicos legistas a serviço dos tribunais, mas também aos juízes, promotores e advogados com formação em psicologia.

Um estudo mais profundo da psicologia do "sentido do direito" acarretará a *reforma do sistema penal*. Quando os fatores passionais (desejo de vingança ou indignação em face de uma violação do direito) tiverem sido eliminados dos motivos de punição, as diferentes penas também serão mais bem adaptadas à finalidade, quer dizer, visarão exclusivamente proteger a sociedade e "corrigir" o culpado.

As penas que eram aplicadas até agora raramente se adaptavam a esse último objetivo; elas agiam por *sugestão* e, por conseguinte, seu efeito só poderia ser provisório ou nulo. Em contrapartida, a psicanálise, ao revelar as determinantes psíquicas inconscientes, ignoradas pelo próprio culpado, permitirá uma plena consciência de si mesmo, um controle consciente de complexos até então latentes, uma revisão de todo o passado individual, ou seja, a *reeducação do culpado*.

Tenho plena consciência de que é quase impossível, atualmente, levando em conta as circunstâncias, a aplicação desse processo, salvo em raros casos, e de que o interesse da psicanálise pela psicologia criminal continuará sendo ainda por muito tempo mais teórico do que prático. Mas, indiretamente, essas investigações servirão, de todo modo, aos interesses da sociedade. A psicanálise dos culpados poderá colocar em evidência as influências psíquicas que intervêm no curso do desenvolvimento e predispõem os homens para o crime, e das quais convirá protegê-los a fim de favorecer sua adaptação à ordem social.

No plano social, o principal interesse da psicanálise consistirá, portanto, em fornecer os elementos básicos para *uma pedagogia racional*.

XXXVIII

Contribuição para o estudo dos tipos psicológicos (Jung)[1]

Jung empenha-se em fazer uma distinção de princípio entre a histeria, *neurose de transferência*, e a parafrenia, *psicose de introversão*; considera que a fuga diante da realidade caracteriza somente a demência, e não a histeria. Criticamos em outro artigo esse ponto de vista e sustentamos que a dissipação de interesse dos histéricos tinha sua origem no deslocamento, na fuga diante da realidade, e podia ser reinterpretada como substituto fantasístico da realidade desagradável. Mas essa oposição de princípio não nos impede de reconhecer a exatidão do fato (estabelecido precisamente por Freud e Abraham, mas rejeitado na época por Jung) de que os histéricos, que deslocam sua libido para outros objetos do mundo externo, são consideravelmente menos alienados do que os parafrênicos; estes últimos satisfazem toda sua necessidade de amor no seu próprio "ego" e apenas demonstram indiferença por tudo o que se passa no mundo externo.

Em seu ensaio, Jung tenta, portanto, servir-se da sintomatologia da histeria e da parafrenia como de uma caracterologia. Pensa poder classificar os homens, de modo geral, em dois grupos: o grupo dos *transferentes* (no lugar da *transferência*, segundo Freud, Jung quer introduzir a noção de *extroversão*) e o dos *introvertidos*. No tipo transferente, Jung classifica os *positivistas* (a que chama os *tough-*

---

1. Jung: "Contribution à l'étude des types psychologiques". Comunicação apresentada no Congresso de Psicanálise de Munique, 1913 (*Archives de Psychologie*, v. XI, n.º 52, dez. 1913).

-*minded,* segundo a expressão de James), "que tomam as coisas materiais por realidades objetivas", apoiam-se exclusivamente no empirismo, permanecem "na superfície perpetuamente cambiante do mundo fenomenal", são sensuais, pessimistas, materialistas, irreligiosos e incapazes de todo esforço de sistematização. Entre os introvertidos, Jung classifica os *ideólogos* (os *tender-minded,* segundo James), que só se interessam pela "vida interior e pelas coisas do espírito", são racionalistas, querem sistematizar tudo, com uma tendência para a abstração, a idealização e a religiosidade. Jung situa também no tipo transferente os indivíduos românticos, os simplistas, os "enfáticos", os "espíritos dionisíacos", as pessoas de horizonte intelectual superficial, mas extenso; e no tipo introvertido, os "clássicos", os abstratos, os sentimentais, os "espíritos apolíneos" e aqueles que possuem um espírito profundo mas limitado.

Essa classificação oferece, sem dúvida, muito interesse; só o último parágrafo, no qual Jung pretende estender sua classificação – errônea em princípio, como já dissemos no começo – à psicologia, parece um pouco inquietante. Nesse parágrafo, ele opõe a psicanálise de Freud, que considera um modo de pensar puramente "retrospectivo", pluralista (?), causal e sensualista, à teoria – fundamentalmente intelectualista e finalista – de Adler (e rotula a primeira de psicologia transferente, a segunda de introvertida). A pesada tarefa do futuro, segundo Jung, consiste em criar uma psicologia que leve igualmente em conta os dois tipos.

Pensamos que Jung, ao esforçar-se por dar à sua classificação o máximo valor possível, deixou-se levar para uma interpretação psicologizante, excessivamente complicada. As coisas são muito mais simples. A obra de Freud é construída com base na *psicologia do inconsciente* e envolve essencialmente esse aspecto da vida psíquica, mais próximo da vida instintiva e até o presente momento desconhecido. Se Freud realizou esse trabalho, não é porque pertença aos *tough-minded,* mas porque ninguém pôde fazê-lo antes dele e no lugar dele. E Adler – a julgar por suas obras – não se apresenta necessariamente como um "pensador tão penetrante": apenas elaborou, uma vez mais, e em parte corretamente, um fragmento da *psicologia da consciência,* servindo-se de seus conhecimentos psicanalíticos, mas do modo mais clandestino possível. Freud está longe de ignorar que a psicologia da consciência (com todas as suas categorias lógicas, éticas e estéticas) ainda está por se criar, mas ele não quer precipitar as coisas antes que estejam estabelecidos os fundamentos da estrutura psicológica.

Sem dúvida, as duas tarefas são muito difíceis, bem mais do que Jung imagina: trata-se de pôr a trabalhar os *tough-minded* e os *tender--minded*, e de fazer depois a síntese do produto do trabalho deles.

XXXIX

Anomalias psicogênicas da fonação

I

Em 1910, um jovem de 24 anos veio ver-me acompanhado de sua mãe: queria curar-se de sua impotência. Desde o primeiro exame, seu estado pareceu-me uma combinação de neurose e paranoia. No decorrer de uma análise, empreendida por certo tempo a título de ensaio, suas curiosas ideias megalomaníacas tornaram-se cada vez mais evidentes. Tinha a sensação, até mesmo a firme convicção, de que possuía forças sobrenaturais – mágicas – que lhe permitiam forçar os outros (sobretudo os homens) a olhar para ele, desde que ele próprio os olhasse. Descobrira essa faculdade pela primeira vez quando, um dia, no teatro, tinha fixado um ator em cena com o binóculo, o que logo obrigara este último a olhar para o ponto da sala onde o paciente se encontrava. Depois, experimentou esse poder mágico sobre numerosas pessoas, o que provocou nele uma angústia extraordinária e o levou, finalmente, a renunciar a todo contato social e a instalar-se numa distante região rural na companhia de sua mãe, viúva havia muitos anos. Abandonou por completo sua profissão, na qual, no entanto já progredira bastante. O elemento neurótico de seu estado consistia em crises de angústia que se apoderavam dele quando se apercebia de seu poder mágico, em especial quando esse poder se estendia aos objetos inanimados: "Pois se até o mundo inorgânico obedece à minha vontade", dizia ele, "todo o universo poderia desabar por minha culpa"[1]. Para evitá-

---

1. Ver o tema do "fim do mundo" na autobiografia do presidente Schreber (citado no trabalho de Freud sobre a paranoia, em *Sammlung kleine Schriften*, vol. III).

-lo, tinha de manter os olhos fechados quando se encontrava diante de pessoas a quem desejava poupar. Desde as primeiras sessões de análise, estabeleci que o verdadeiro núcleo de sua megalomania era a sua prodigiosa autossuficiência (a que hoje chamaríamos *narcisismo*) e a homossexualidade a ela associada. Seu desejo inconsciente de agradar a todos – em particular aos homens – ressurgia do recalcamento sob a forma de angústia histérica, por um lado, e de delírio de onipotência, por outro. Quando o amor homossexual foi evocado, falou-me espontaneamente de suas paixões homossexuais, datando da época em que frequentava o colégio, e reconheceu que se sentia muito à vontade no papel feminino que seus professores e colegas lhe atribuíam. Tinham-lhe posto um nome feminino, faziam-no ruborizar-se quando pronunciavam diante dele palavras de duplo sentido e divertiam-se com sua voz aguda de menina. "Mas tudo isso acabou! Os homens já não me interessam mais e gostaria de ter relações sexuais com mulheres, só que não consigo." O exame cronológico da evolução do seu estado permitiu-nos descobrir que a primeira manifestação do seu delírio coincidia com o desaparecimento de seu amor pelos homens. Essa modificação produziu-se quando de uma mudança de residência: abandonou seu antigo domicílio e, por causa disso, perdeu o contato com seus colegas. Deixando sua pequena cidade natal onde todos o conheciam e onde era muito feliz no círculo de seus colegas provocadores, apesar da irritação que afirmava sentir, encontrou-se numa grande cidade desconhecida, onde procurou em vão substituir a "consideração" perdida. Entretanto, não se apercebia do conteúdo de seus desejos e até acreditava estar totalmente desembaraçado de sua homossexualidade (que antes assumia); mas esta foi logo substituída pelos sintomas descritos no começo: medo de ser observado e ideias de onipotência mágica.

Pensamos que este caso não acrescenta muita coisa ao estudo psicanalítico da paranoia, mas confirma, simplesmente, os nossos pontos de vista atuais sobre a patogênese da paranoia, em especial quanto à sua relação genética com o narcisismo e a homossexualidade. O que me incitou, porém, a publicá-lo foi um curioso sintoma apresentado pelo paciente. Este tinha *duas vozes*: uma aguda de soprano e outra de barítono, relativamente normal. Sua laringe não mostrava nenhuma anomalia externa ou interna; tratava-se apenas de certo "distúrbio de inervação", como se diria nos meios em que as belas denominações desse gênero substituem a explicação. Só a análise psicológica do caso mostrou não se tratar nem de transtorno "subcortical" ou "cortical" da inervação, nem de anomalia no desenvolvimento da laringe, mas sim de um distúrbio psicogênico da fonação. Não tardei em observar que o paciente só utilizava sua voz de barítono quando estava séria e objetivamente absorvido num assunto; mas assim que queria, na transferência, mostrar-me inconscientemente sua garridice, ou agradar-me, ou seja, quando o efeito de suas palavras preocupava-o mais do que o seu conteúdo, punha-se a falar com sua voz feminina. Como só raras vezes conseguia libertar-se do seu desejo de agradar, a voz feminina é que era a sua "voz habitual". Mas não era uma voz normal de soprano; era uma espécie de voz de falsete da qual, em suma, estava muito orgulhoso. Um dia, cantou-me uma pequena canção nessa voz de falsete e também gostava de usá-la quando ria. Podia mudar de registro à vontade, mas era evidente que se sentia melhor no registro elevado. Ao contrário do som desafinado e brusco tão frequente na puberdade, entre os homens, e que efetivamente está associado a um distúrbio do comando nervoso, a uma falta de habilidade em controlar uma laringe em pleno crescimento, o nosso paciente podia falar durante horas em um ou outro registro sem tropeçar no meio de uma frase ou de uma palavra.

II

O outro paciente, um rapaz de 17 anos, também me foi trazido (1914) pela mãe e, precisamente, para queixar-se de que tinha uma voz insuportável que os laringologistas atribuíam ao nervosismo. Por outro lado, mencionou ainda outro distúrbio: um terror excessivo provocado pelos ratos. A sós, o rapaz reconheceu igualmente que estava pouco seguro de sua potência: só conseguia praticar o coito após uma felação.
Esse paciente também possuía *dois timbres de voz*: falava, em geral, numa voz de falsete um pouco rouca, e só quando lhe perguntei se podia falar de outro modo é que emitiu uma *voz de baixo* tão profunda que tive realmente um sobressalto. Era uma voz cheia e sonora que concordava com sua cartilagem tireoide bem desenvolvida e proeminente. Era evidente ser essa a sua voz normal. O exame psicológico do caso, para o qual só dispunha de duas horas, deu o seguinte resultado (como no primeiro paciente): o pai não

desempenhava papel nenhum; estava vivo, mas francamente inferior no plano intelectual, e o verdadeiro chefe da família era a mãe. Sublinhei no meu ensaio sobre o homoerotismo como essa constelação familiar era favorável à fixação homoerótica. Foi o que ocorreu neste caso. Embora já estivesse com 17 anos e fosse capaz de sentir, por outro lado, emoções sexuais normais, o paciente ainda não se libertara da atração erótica pelo seu próprio sexo. Mais moço, tinha praticado por muito tempo a masturbação com um parente de sua idade e ainda agora se entregava frequentemente a fantasias em que desempenhava um papel sexual passivo com um "fogoso tenente de hussardos". Ao mesmo tempo, não era de todo insensível ao sexo feminino, mas a representação de seus desejos a esse respeito fazia-se acompanhar de representações hipocondríacas de que os seus desejos homossexuais estavam notavelmente desprovidos. Eu acreditava poder explicar essa contradição pela hipótese de uma fixação incestuosa inconsciente na mãe. A entrevista com a mãe mostrou-me que, indubitavelmente, ela estava na origem da hipocondria sexual do rapaz. Era ela quem, com frequência, chamava à ordem seu filho *quando ele se servia de sua voz de baixo*: "*Não suporto essa voz, você tem de perder o hábito de falar nesse tom!*", dizia ela com frequência.

Acho que este caso ilustra bem a situação nem um pouco excepcional que tenho o costume de denominar *"o diálogo dos inconscientes"*, ou seja, quando os inconscientes de duas pessoas se compreendem perfeitamente, sem que a consciência de nenhuma delas tenha disso a menor suspeita. No seu inconsciente, a mãe entendeu com total clareza que a voz de baixo era um sinal do despertar da virilidade, e percebeu também a tendência incestuosa dirigida para ela. Por seu lado, o rapaz compreendeu que a "antipatia" da mãe por essa voz correspondia à interdição de seus desejos incestuosos e, para melhor combatê-los, mobilizou contra a heterossexualidade em geral representações racionalizadas de maneira hipocondríaca, que acarretaram os distúrbios de potência. O paciente era, portanto, na realidade, um homem já maduro, que ainda conservava sua feminilidade e o registro vocal correspondente por *amor à mãe*. Uma prolongada enurese noturna (que foi diretamente substituída por poluções noturnas) vem lançar um pouco de luz sobre a história primitiva desse caso; pode-se ver nesses incidentes os restos do onanismo infantil esquecido. Quanto à fobia dos ratos, é, sem dúvida, o sinal histérico de fantasias fálicas reprimidas.

A grande semelhança entre as particularidades desses dois casos parece sugerir que se trata de algo típico, algo que pode ser observado em numerosos rapazes se prestarmos a atenção necessária às anomalias e aos atrasos de mudança de voz. Os dois pacientes parecem pertencer a esses casos de neurose homoerótica que opus aos casos de "*inversão*" verdadeira, sob o nome de "*homoerotismo compulsivo*"[2]. É igualmente esse tipo de rapazes que fornece, segundo parece, o maior contingente de "*imitadores de mulheres*" que divertem o público dos espetáculos de variedades por suas transições súbitas entre uma voz de soprano e uma voz de baixo.

---

2. Ferenczi: "O homoerotismo: nosologia da homossexualidade masculina", neste volume, p. 129.

XL

O sonho do pessário oclusivo

Um paciente relata o seguinte sonho: "*Introduzi um pessário oclusivo na minha uretra. O tempo todo estou inquieto porque ele poderia deslizar para dentro da minha bexiga e então só poderia ser desalojado por meio de uma intervenção sangrenta. Tentei, portanto, mantê-lo, por fora, ao nível da região perineal e repeli-lo ou extraí-lo, exercendo pressão ao longo da uretra.*" Nesse instante, recorda-se de que, num fragmento precedente do sonho, "o pessário *estava enfiado em seu reto*". Aditivo: "*Eu estava consciente no sonho de que essa coisa elástica ia desdobrar-se na bexiga e nunca mais poderia ser retirada.*"

O paciente, de resto muito viril, acha totalmente absurdo esse sonho em que ele próprio, como uma mulher, toma precauções contra uma gravidez, e diz-se curioso em saber, não sem uma pitada de ironia, se também esse sonho realiza um desejo.

Interrogado sobre os fatores atuais que teriam determinado o sonho, conta imediatamente:

— Ontem tive relações íntimas. Naturalmente, não fui eu mas minha parceira quem tomou medidas de precaução; efetivamente, ela se protege das eventuais consequências de uma relação por meio de um pessário oclusivo.

— Então, nesse seu sonho, você se identifica com essa senhora. Como se explica isso?

— Pelo que eu saiba, sou totalmente desprovido de tendências femininas. Na minha infância, tinha prazer em enfiar pequenos objetos nos orifícios da minha cabeça (nariz, orelhas) que, não poucas vezes, só a muito custo puderam ser extraídos, o que para mim não deixava de ser motivo de uma excitação angustiada. A fita pendente do pessário faz-me pensar na solitária, de que eu também tinha medo. Lembro-me agora de que estive brincando ontem com um cão e passou-me pela cabeça a ideia de que ele poderia transmitir-me equinococos[1].

– A solitária e a tênia equinococo – observei – podem, de fato, ser facilmente relacionadas com a ideia de gravidez; também se introduzem no corpo sob a forma de ovos ou numa outra fase precoce do desenvolvimento, e é aí que adquirem um tamanho considerável, exatamente como a criança no ventre materno.

– Isso concorda com o fato de que, no meu sonho, estou angustiado com a ideia de que essa coisa elástica possa desdobrar-se na minha bexiga. O equinococo, não é verdade?, é também uma espécie de bexiga. E ainda outra coisa. Durante as relações sexuais, há um outro perigo que me preocupa muito, o de uma infecção venérea. Protejo-me por meio de uma bexiga de peixe.

– Nos sonhos, a infecção é frequentemente a representação simbólica da gravidez. Parece que no seu sonho você inverteu ou, pelo menos, combinou os dois perigos suscetíveis de ameaçar um homem solteiro. Em vez de se proteger pela bexiga de peixe e a mulher pelo pessário, você se infectou de algum modo por meio do instrumento em forma de bexiga: em outras palavras, engravidou-se a si mesmo.

– O que, efetivamente, a tênia realiza. Os segmentos do verme, se não me falha a memória, são hermafroditas.

– Essa ideia vem confirmar ainda mais a nossa hipótese, mas continuamos sem saber por que motivo você se engravidou. No que é que a "intervenção sangrenta" o faz pensar?

– Isso me faz pensar, em primeiro lugar, na seguinte circunstância: há pouco tempo, a senhora de quem lhe falei submeteu-se a uma operação na região perineal; no nascimento de seu filho, ela sofreu um rasgão perineal que, na época, foi mal recosturado e que acarretou mais tarde um prolapso vaginal e uterino, provocando nela (e naturalmente em mim) uma considerável perturbação do prazer sexual. A operação consistiu em reparar o períneo.

– Parece que suas ideias convergem de todas as partes para a situação de parto. Assinalo-lhe que o acontecimento que me está

---

1. O meu paciente era um naturalista.

contando já se encontra contido, apesar de importantes omissões, no sonho manifesto; pense na *"manutenção" do corpo estranho ao nível da "região perineal por fora"* e na sua *"repulsão",* ou *"extração por pressão",* no sonho. É como se você descrevesse, com grande precisão técnica, *a proteção* do períneo no decorrer de um parto. Onde foi que adquiriu esses conhecimentos obstétricos?

– Foi por ocasião da cirurgia que mencionei há pouco que me interessei pelo assunto. Temia também que, no caso de um eventual novo parto, ela viesse a sofrer algum dano em virtude de um estreitamento do canal obstétrico.

– Portanto, em você o temor da criança está ligado ao temor de não poder ter filhos.

– Sim, na verdade, talvez seja essa a única coisa que me impede de casar com essa senhora, que, como você sabe, me convém de todos os outros pontos de vista. Também sei quais são as duas razões que, justamente ontem, me trouxeram à lembrança esses pensamentos. Outra jovem com quem quis casar há alguns anos foi-me apresentada ontem como estando noiva. E pensei: esta certamente vai ter um filho em breve.

– Provavelmente, foi essa mesma perspectiva que o atraía na época, mas a juventude e a virgindade puderam também agir no mesmo sentido, em particular por contraste com os órgãos sexuais não mais intactos de sua amiga atual. Aliás, gostaria de lembrá-lo do poderoso complexo de castração, inúmeras vezes constatado no seu caso. Mesmo um órgão feminino normal tem um efeito repelente sobre homens como você, mas a associação com a fissura perineal, a operação, a largura anormal, etc. podem perturbar o prazer sexual de um homem mesmo perfeitamente normal. Mas você ainda me deve a segunda circunstância do sonho.

– A outra circunstância é a seguinte: ontem à tarde passei algumas horas na casa de minha mãe, que recebia a visita de seu neto de seis anos, meu sobrinho. Gosto muito desse menino, ele tem um espírito curioso e inteligente; sou muito carinhoso com ele e respondo da melhor maneira possível a todas as suas perguntas. O mesmo acontecia ontem, enquanto eu pensava em mim mesmo: eu não fui tão feliz na casa de minha mãe. Você sabe como ela me tratava severamente.

– Aparentemente, você queria demonstrar à sua mãe como convém tratar uma criança ou, melhor dizendo, como ela deveria ter tratado você. Você se identifica à sua mãe como educadora. Mas, daí é apenas um passo até a outra função materna primitiva, o parto, um passo que você efetuou no sonho. Trata-se, de fato, de seu próprio renascimento, no qual você desempenha ao mesmo tempo o papel da mãe e o do filho. Em sua linguagem desfigurada, o sonho talvez exprima esse anseio simplista: se não me é possível ter um filho com a mulher mais velha, nem me é permitido tê-lo com a mais jovem, eu mesmo vou fazer um sozinho! Isso, aliás, está também relacionado com o prazer autoerótico infantil que descobrimos em você; e penso não só nas sondagens no nariz e nas orelhas, que você mencionou, mas também no prazer erótico secundário derivado da micção e da defecação. A urina e as fezes eram os seus primeiros filhos – uretrais e anais.

– Não posso aceitar integralmente essa última interpretação; entretanto, devo mencionar a favor dela que na minha infância ignorei por muito tempo de que modo as crianças vinham ao mundo. Mas recentemente eu mesmo forneci ao meu pequeno sobrinho essa explicação.

– O sonho *é capaz* de deformações ainda mais audaciosas. É por isso que me permito acrescentar outra interpretação àquela que acabei de lhe propor: como ocorre com a maioria das crianças, você sem dúvida admitiu primeiro, como local de nascimento, o reto, e só depois a uretra. Para exprimir isso pelo sonho, é necessário que o pessário que se desdobra e se alonga esteja primeiro no reto para só depois ser introduzido na uretra. Mas, a propósito, é impressionante essa expressão inabitual, "desdobrar-se", que geralmente não é empregada a respeito de objetos.

– "Desdobrar-se" faz-me pensar nas seguintes palavras: *galo de aldeia intruso**. Os três termos poderiam perfeitamente aplicar-se a mim. Faz muito tempo que os irmãos da minha amiga me veem com maus olhos e sou obrigado a evitá-los. Por vezes, julgo-me um covarde por isso; depois, receio que mais cedo ou mais tarde me aconteça alguma coisa muito desagradável.

– Passar por uma fenda estreita poderia, sem dúvida, ser a expressão figurada da sua situação desconfortável, assim como a na-

---

* Os temas na versão francesa são: *s'étaler*: desdobrar-se e também ostentar. *Coq de village* é uma expressão que designa aquele que é o mais admirado pelas mulheres. (N. da R. T.)

O SONHO DO PESSÁRIO OCLUSIVO

tureza mole e flexível da matéria com que se faz um pessário traduz bastante bem a covardia e a conduta furtiva de que se recrimina. E como é exclusivamente de sua decisão que depende a mudança nessa situação, você é, de fato, como no sonho, o único responsável pelo sofrimento de que se queixa. Acrescente-se que na formação do sonho a ponte verbal "pessário-passagem" também pode ter interferido.

– Você falou de estreiteza e de largura, e isso me faz pensar num fragmento esquecido do sonho de ontem. Lembro-me perfeitamente agora de que *o pessário era pequeno demais para o reto e por pouco não caía dentro dele, ao passo que era demasiado grande para a uretra*.

– Considero esse complemento que acaba de me fornecer uma confirmação da minha interpretação pelo seu inconsciente. Mas prossiga!

– Penso em dois amigos de infância, J.M. e G.L.: eu os invejava pelo tamanho de seus respectivos membros. E volto a pensar agora no que lhe contei recentemente, que na minha infância fiquei aterrorizado com o tamanho do sexo do meu pai, entrevisto um dia enquanto ele tomava banho.

– Aí, você deixa falar outra camada de sua vida psíquica, a qual, de resto, já foi parcialmente analisada. Suas associações e seu sonho indicam que, outrora, quando não estava sujeito a nenhuma atração feminina exceto a de sua mãe, preocupava-o muito a desproporção entre o corpo da criança e o do adulto. Lembro-o igualmente da sua curiosidade sexual manifestada num período mais tardio da infância quando, como você mesmo me contou, sob o pretexto de "brincar de médico", examinou os órgãos genitais de uma menina que morava em sua casa. Parece agora que a estreiteza extrema de seu sexo o satisfez tão pouco quanto a largura excessiva que supunha na mulher adulta. Você ainda hoje experimenta essa incerteza e essa dupla insatisfação quando não consegue escolher entre a mais jovem e a mais idosa, nem se sente completamente satisfeito com nenhuma das duas. O longo período de autossatisfacão por que passou em sua juventude pode estar na origem desse fracasso na escolha do objeto de amor. E é por isso que no seu sonho você mesmo faz esse *filho-pessário*, após ter encontrado no mesmo dia a mulher da vagina larga demais e a noiva de vagina estreita demais, imagens de suas anteriores tentativas frustradas de conquista feminina. Na nossa terminologia, isso chama-se uma "regressão" do amor objetal à autossatisfação, ou seja, a um modo de satisfação anterior. Mas devo agora voltar ao fato de que, no início da sessão, você qualificou o seu sonho de "absurdo"; tinha razão, é absurdo, sem dúvida, que sem necessidade nenhuma se introduza um corpo estranho no reto ou na bexiga; é não menos absurdo que um homem se sirva de meios de proteção femininos, queira ele mesmo engravidar e aplicar-se um adjutório obstétrico. Existe, porém, uma lei comprovada da arte de interpretar sonhos que nos diz que tais sonhos absurdos, geralmente, dissimulam ironia e sarcasmo.

– As ideias que me acodem agora dizem-lhe respeito, doutor, sem que a relação esteja ainda muito clara para mim. Penso na sua alusão de ontem de que eu poderei em breve dispensar a sua ajuda e "virar-me" muito bem sozinho. Mas depois senti verdadeira pena, pois ainda não me sinto suficientemente forte para renunciar à sua ajuda.

– Agora compreendo. Você zomba de mim ao mostrar-me pela introdução inábil do pessário até que ponto é absurdo abandoná-lo a si mesmo e considerá-lo doravante capaz de ser seu próprio médico. Você pode ter razão numa certa medida, mas, por outro lado, a irritação provocada pelo meu comentário talvez traduza também a transferência, muitas vezes constatada, que fez sobre a minha pessoa, e que lhe dificulta terminar o tratamento. Essa tendência leva-o a subestimar as suas próprias capacidades e a superestimar a importância da minha pessoa e da minha ajuda. Assim, a criança que fez a si mesmo seria igualmente a sua autoanálise.

– Você sabe que tentei diversas vezes autoanalisar-me. Sento-me à escrivaninha, escrevo tudo o que me acode ao espírito, encho páginas e páginas com as minhas associações sem que resulte jamais algo que preste. Minhas ideias dispersam-se ao infinito, não posso reuni-las corretamente, não descubro os pontos nodais na concatenação dos pensamentos. Em contrapartida, admirei muitas vezes a habilidade com que você consegue ordenar o que é aparentemente incoerente.

– O crescimento infinito das associações corresponderia então ao instrumento que "se desdobra", que você não consegue mais dominar. Mas não é um acaso se você faz a demonstração de sua incapacidade, precisamente a propósito do sexo e da procriação. Lembre-se de quantas e quantas vezes pudemos constatar a que ponto o intimidava outrora, o fazia sentir-se desesperado, a estatura imponente de seu pai e, sobretudo, sua abundância em filhos! Você pensou durante muito tempo que, sem o auxílio de seu pai, não poderia realizar nada bem; nem mesmo acreditava possível formar um dia a sua própria família. Alguns de seus sonhos, analisados antes, continham claras alusões a uma posição um tanto feminina em relação ao seu pai. Mas agora sou eu quem desempenha o papel de pai junto a você. Acha muito confortável o seu papel de paciente e amedronta-o a ideia de ter que contar somente consigo mesmo e de assumir a total responsabilidade pelo seu destino.

Não lhe peço que aceite todas essas interpretações; os pensamentos que surgirão posteriormente talvez lhe permitam aceitá-las. Mas admitirá desde agora que esse sonho conseguiu mascarar todos os pensamentos desagradáveis, que poderiam ter perturbado seu sono da noite passada nessa fantasia muito menos assustadora de intervenção uretral e anal, a qual é ao mesmo tempo a realização do seu mais caro desejo. Que o sonho tenha logrado representar a realização do desejo, a criança, com o próprio material (o pessário de borracha) que podia, de fato, evocar a ideia deveras desagradável de jamais ter um filho, rende homenagem à sua habilidade onírica.

XLI

A importância científica dos Três ensaios sobre a teoria da sexualidade, de Freud[1]

Os *Três ensaios* mostram-nos pela primeira vez Freud, o psicanalista, entregando-se a um trabalho de síntese. Com efeito, o autor tenta aí, pela primeira vez, concatenar, classificar e coordenar essa incalculável soma de experiências fornecidas pela análise de tantas psiques, de maneira a fazer surgir a explicação de um importante domínio da teoria psíquica: a psicologia da vida sexual. O fato de que ele tenha escolhido precisamente a sexualidade para objeto de sua primeira síntese deve-se à natureza do material de observação de que dispunha. Freud analisava pacientes que eram portadores de psiconeuroses e psicoses, e na origem dessas doenças sempre encontrava algum distúrbio da vida sexual. Entretanto, as pesquisas posteriores baseadas na psicanálise convenceram-no de que, mesmo nos mecanismos psíquicos do homem normal e saudável, a sexualidade desempenhava um papel muito mais importante e mais variado do que se supunha até então, quando somente as expressões manifestas do erotismo podiam ser levadas em consideração e o inconsciente era ignorado. Viu-se, portanto, que a sexualidade – apesar de uma literatura abundante – continuava sendo um capítulo das ciências humanas muito negligenciado, considerando-se a sua importância, e, por essa razão, já merecia ser objeto de um estudo profundo, sob um novo ângulo.

---

[1]. A versão húngara deste artigo (que apresenta diferenças de redação bastante importantes em relação ao texto alemão, aqui traduzido) constitui o prefácio para a edição húngara dos *Três ensaios*. (NTF)

Se em suas considerações finais Freud sublinha o êxito incompleto de seu empreendimento, é menos por modéstia do que por essa exigência que leva o homem de ciência a querer ir sempre mais adiante. Mas o aluno, que tem acesso, por assim dizer, sem combate e sem esforço, às descobertas e novas perspectivas contidas nos *Três ensaios*, enxerga menos as imperfeições do que as qualidades da obra e aconselha o seu autor a seguir a máxima francesa: *"En me jugeant je me déplais, en me comparant je suis fier"* [Quando me julgo, fico insatisfeito, quando me comparo, fico orgulhoso][2]. Aquele que comparar a riqueza do material dos *Três ensaios*, a assombrosa novidade das opiniões aí emitidas, com a maneira como a sexualidade é tratada nas outras obras, certamente não reagirá à leitura desse livro com insatisfação, mas com um respeito admirativo. Mostrar-se-á reconhecido ao ver a teoria da libido, cujos problemas ninguém ventilara antes de Freud, praticamente fundada e em parte edificada pela atividade de um único homem, mesmo que ainda não esteja inteiramente concluída.

Esse resultado, assim como os êxitos de Freud em suas investigações psiquiátricas, deve ser atribuído não só à perspicácia de seu autor, mas também a uma aplicação rigorosa de um método de pesquisa e à adesão a certos pontos de vista científicos. O método de investigação psicanalítica, a associação *livre* no sentido estrito do termo, desvendou uma camada mais profunda do psiquismo, totalmente desconhecida e inconsciente até agora. E esse novo material pôde ser explorado cientificamente com proveito, graças ao rigor e à constância sem paralelo com que o princípio do determinismo psíquico e o conceito de evolução foram utilizados pela psicanálise.

O progresso que devemos a esse método surpreende por sua extensão. A psiquiatria antes de Freud era uma simples coleção de curiosidades, de quadros patológicos estranhos e aberrantes, e a ciência da sexualidade consistia num reagrupamento descritivo de anomalias repugnantes. Entretanto, a psicanálise, sempre fiel ao determinismo e à ideia de evolução, não recuou diante da tarefa de analisar e de interpretar mesmo os conteúdos psíquicos que ofendem a

---

2. Em francês no texto. No texto húngaro, outra versão dessa máxima é citada, igualmente em francês, e atribuída ao abade Maury: *"Je vaux peu quand je me considere et beaucoup quand je me compare"* [Valho pouco quando me considero e muito quando me comparo]. (NTF)

lógica, a ética e a estética, e que são menosprezados justamente por essa razão. A sua autodisciplina foi amplamente recompensada: nas aberrações dos doentes mentais ela reencontrou as forças originárias onto e filogenéticas do psiquismo humano, o humo de que se alimentam todas as tendências culturais e as sublimações, e logrou demonstrar – sobretudo nesses *Três ensaios* – que é somente a partir das perversões sexuais que se pode compreender a vida sexual normal.

Espero que chegará o dia em que não serei mais acusado de exagerar quando afirmo que os *Três ensaios* de Freud têm igualmente sua importância na *história da ciência*. "*O meu objetivo era averiguar em que medida os métodos da investigação psicanalítica podiam fornecer-nos indicações sobre a biologia da vida sexual do homem*", diz o autor no seu prefácio dos *Ensaios*. Essa tentativa, aparentemente modesta, significa, se a considerarmos de perto, uma completa inversão do uso estabelecido; até o presente, jamais se imaginara sequer a possibilidade de que um método psicológico, inclusive um método fundamentado na "introspecção", pudesse ajudar a explicar um problema biológico.

Para apreciar esse esforço em seu justo valor, cumpre recuar bem longe no tempo. Deve-se recordar que a ciência, em seus primórdios, era antropocêntrica e animista; o homem tomava suas próprias funções psíquicas para medição de todos os fenômenos do universo. Foi um grande avanço quando essa concepção do mundo – à qual corresponde em astronomia o sistema geocêntrico ptolomaico – foi substituída por uma concepção "científica" – copernicana, diríamos – que privou o homem dessa importância determinante, atribuindo-lhe o modesto lugar de um mecanismo entre a infinidade de mecanismos que constituem o universo. Essa concepção subentendia tacitamente a hipótese segundo a qual as funções humanas não só físicas, mas também psíquicas, são produzidas por mecanismos. Tacitamente, digo, visto que até o presente a ciência contentou-se com essa hipótese geral, sem prestar a menor atenção à natureza dos mecanismos psíquicos; e inclusive negou a sua ignorância dissimulando essa lacuna do nosso saber mediante pseudoexplicações palavrosas, de ordem fisiológica e física.

O primeiro facho de luz projetado sobre os mecanismos da vida psíquica proveio da psicanálise. Graças a esse saber, a psicologia pôde dominar as camadas da vida psíquica que escapam à experiência direta; ousou averiguar as leis da atividade psíquica inconsciente. O passo seguinte foi dado precisamente nos *Três ensaios*: um fragmento da vida pulsional é colocado ao alcance da nossa compreensão, por meio da hipóstase de certos mecanismos em ação no psiquismo. Quem sabe se não veremos também o último passo: a utilização dos nossos conhecimentos sobre os mecanismos psíquicos no domínio orgânico e inorgânico.

Ao tentar abordar por meio da experiência psicanalítica problemas da biologia e, em particular, da atividade sexual, Freud retorna, em certa medida, aos métodos da antiga ciência animista. Entretanto, o psicanalista não corre o risco de recair nos erros desse animismo ingênuo. Pois este último transpôs em bloco e *sem análise* o psiquismo humano para as coisas da natureza, ao passo que a psicanálise analisou a atividade psíquica humana, rastreou-a até as fronteiras onde o psíquico e o físico se tocam, ou seja, até as pulsões, libertando assim a psicologia do antropocentrismo; só então ela se atreveu a utilizar esse animismo depurado no domínio da biologia. Por ter sido o primeiro a tentar isso em seus *Três ensaios*, Freud realizou algo que encontra seu lugar na história da ciência.

E insisto em repetir que essas perspectivas nos são abertas, não por uma vã especulação, mas pela observação e investigação minuciosas de extravagâncias psíquicas e de aberrações sexuais até então menosprezadas. O próprio autor limita-se a indicar essas perspectivas por meio de algumas notas breves, comentários feitos de passagem, apressando-se em seguida a voltar aos fatos, aos casos particulares, a fim de não perder o contato com a realidade e construir bases seguras e amplas para a teoria.

Entretanto, o discípulo, cuja vocação foi enriquecida por essas descobertas, não pôde impedir-se de se abandonar, pelo menos uma vez, ao prazer de contemplar essas vastas perspectivas e de para elas chamar também a atenção daqueles que, caso contrário, correriam o risco de passar inadvertidamente pelo marco que para a ciência significam os *Três ensaios*, de Freud.

XLII

Nonum prematur in annum

É um fato conhecido que numerosos artistas e escritores separam-se a contragosto de suas produções; outros (como Leonardo, por exemplo) maltratam-nas e não tardam em perder todo o interesse por elas. Formam um grupo à parte aqueles artistas e escritores que, durante meses, alimentam uma ideia – elaborada em espírito até os mínimos detalhes – sem poder decidir-se a realizá-la. Ouvi do professor Freud, e eu mesmo pude comprovar, que os *obsessivos* têm uma tendência particular para protelar a realização de projetos de trabalho já prontos e acabados.

Tive em análise um jovem escritor que, além de outras características neuróticas, apresentava de maneira muito acentuada essa tendência para adiar, e pude constatar que tal conduta tinha de ser interpretada como um produto de seu imenso narcisismo. A hesitação em concretizar no papel e fazer imprimir suas ideias manifestava-se nesse paciente de um modo especial. Enquanto estivesse intensamente empenhado em elaborar seu tema, mantinha-o em absoluto sigilo; mas, se dissesse a menor palavra a tal respeito, ficava transtornado pela ideia de que pudessem roubá-lo. Preferia pensar no decorrer de longas e solitárias caminhadas, ou encerrado em seu escritório. Mas tampouco aí "trabalhava" seu tema por muito tempo, anotando em, no máximo, meia dúzia de palavras (que, com frequência, ele próprio não entendia mais tarde) as novas ideias que lhe acudiam ao espírito. Entretanto, se lhe acontecia, de tempos em tempos, publicar alguma coisa, isso só ocorria nas seguintes condições: precisava ter uma *nova ideia*, cujo valor lhe parecesse superior ao daquela que estava alimentando até esse momento; e sentia-se até obrigado a considerar essa nova ideia tão importante que acabava enfim – impelido por sua consciência artística – por trabalhá-la a fundo. Mas, em lugar desta última, era sempre a sua antiga ideia, agora superada, a que ele procurava realizar e que redigia então rapidamente e sem hesitação, guardando para si a sua nova ideia. Tivemos de relacionar inevitavelmente o seu comportamento com o seu narcisismo. Para esse paciente, tudo o que ele produzia era tão sagrado quanto uma parte do seu próprio ego. Uma vez que sua ideia tivesse perdido valor a seus olhos, podia decidir "exprimi-la" em palavras, ou seja, separar-se dela, mas isso só acontecia no momento em que o seu narcisismo estava "prenhe" de outras ideias, novas e de um valor superior. Entretanto, mesmo ao redigir sua antiga ideia, tinha de interromper por momentos sua tarefa quando, no decorrer de seu trabalho, a importância e o valor de seu antigo assunto lhe apareciam de novo.

A análise mostrou depois que suas ideias eram realmente "os filhos do seu espírito", de quem recusava separar-se, para alojá-los no mais profundo de si mesmo. A esses filhos espirituais correspondiam, em seus *Ics*, os filhos de carne e osso que desejava conceber de maneira verdadeiramente feminina. O comportamento desse paciente fez-me pensar na atitude daquelas mães que preferem sempre o filho mais novo. Sabemos não ser o corte do cordão umbilical, mas a progressiva retirada da libido que significa a verdadeira separação da criança de sua mãe.

Em conformidade com esse traço passivo de seu caráter, esse paciente tinha igualmente um erotismo anal muito acentuado. Os jogos que praticava na infância com seus excrementos não deixavam de lembrar a maneira como viria mais tarde a tratar suas produções intelectuais; só entregava suas matérias fecais depois de também as ter retido por muito tempo e quando tinham perdido todo o valor para ele. Sabemos, desde Freud, que os neuróticos obsessivos possuem uma constituição sexual fortemente erótico-anal, e podemos conceber, sem dúvida, sua tendência para a dilação por analogia com o caso aqui comunicado.

Também a prescrição da *Ars Poética*, "Nonum prematur in annum", poderia dever sua origem a uma atitude psíquica análoga em seu autor. Reter-se-á a favor dessa hipótese não só o número suspeito "9", mas também o duplo sentido do verbo "*premere*".

Seja como for, observações deste gênero mostram como é errôneo considerar a *preguiça*, como faz a Escola de Zurique, a causa última e irredutível da neurose, consistindo o único remédio, portanto, na "referência às tarefas da vida". A preguiça anormal – a do meu paciente, por exemplo – tem sempre motivos inconscientes que cumpre à psicanálise descobrir.

XLIII

Uma explicação do déjà-vu, *por Hebbel*

Freud explica o indefinível sentimento de familiaridade, suscitado por certas coisas que são vistas pela primeira vez, essa impressão de conhecê-las já há muito tempo ou de tê-las vivido antes de maneira idêntica, como *devaneios diurnos* esquecidos ou recalcados que tinham por objeto uma situação análoga. A esse respeito, pude frequentemente relacionar o *déjà-vu* com *sonhos noturnos* de véspera[1] ou de uma época mais distante[2]. Essa segunda explicação reencontra-se no seguinte poema de Hebbel, aliás notável sob múltiplos aspectos (Poemas dos anos de 1857 a 1863, *Obras completas* de Friedrich Hebbel, vol. II, p. 12, Leipzig, editor Max Hesse).

O AMO E O CRIADO

"Afaste esse rosto da minha vista! Não o suporto! Onde está o segundo monteiro?" Assim fala o conde num tom furioso, e o velhote, perturbado, retira-se, ele, o melhor de todos os monteiros.

Soa agora nos bosques a trompa de caça. É a primeira vez que ele visita esse castelo no meio dos abetos negros; até então, somente o vira de passagem, ao longe, banhado pelo luar.

Afastam-se em seus cavalos. O que é aquilo lá embaixo, no caminho que se estende além do sabugeiro? É o velho, que mostra

---

1. Freud: *La psychopathologie de la vie quotidienne*, Payot.
2. Ferenczi: "Um caso de *déjà-vu*", *O.C.*, vol. I, p. 197.

seus cabelos brancos; mas o jovem rompe em imprecações: "Nunca mais reapareça diante de mim!"

Por que se comportará de súbito com tanta ferocidade, ele, geralmente tão afável e manso? É o que se pergunta de todos os lados. *"Eu vi este homem cometendo uma malfeitoria, ainda que não possa recordar de momento seu ato e não conheça o lugar nem a hora."*

Ele caça sozinho nas profundezas do bosque, perseguindo o javali negro. Os outros estão bem longe, para trás; seu cavalo fere-se numa pata contra uma pedra e cai.

Enviado por Deus, o velho chega num passo rápido. Recebe habilmente em sua lança o animal que investia furioso, e ei-lo estendido, agonizante!

Em silêncio, volta-se para estender a mão a seu amo, mas este põe-se em pé de um só pulo e grita: "Mas como? Ainda está aí? Então o seu fim está próximo!" E já ergue sua lança.

Então o velho sente a cólera fervilhar em seu sangue leal; puxa de sua faca sem refletir e, num abrir e fechar de olhos, o jovem está traspassado de lado a lado.

Coberto de sangue, apavorado, permanece imóvel, de borco. O moribundo ergue os olhos e murmura: *"Foi assim que eu já o vi num sonho."*

O psicanalista reencontra nos traços do velho criado as características do *pai*, prestimoso, mas terrível, que está armado com uma lança salvadora (generosa) mas também mortalmente perigosa.

XLIV

Análise das comparações

(Comparações dos doentes. – Concentração e recalcamento. – As funções da censura. – Ação e inibição. – O prazer suscitado pelas comparações.)

Muitos pacientes têm o hábito de explicar seus pensamentos e suas ideias com a ajuda de comparações. Com frequência, estas são forçadas, bastante impróprias para o que pretendem ilustrar, mas também muitas vezes são corretas, engenhosas e até impregnadas de certo espírito. Considero que essas produções dos analisandos, que frequentemente permitem uma abordagem direta do material psíquico oculto, merecem uma atenção especial. É o que eu gostaria de demonstrar agora através de doentes que não se cansam de comentar suas impressões sobre o trabalho analítico. São, portanto, comparações aplicadas à psicanálise.

"A análise é chata" – diz um paciente –, "assemelha-se a um trabalho enfadonho, como separar as sementes de papoula dos grãos de arroz..."

A escolha dessa comparação não era casual. "Separar os grãos" levou-nos diretamente a cenas e contos infantis do paciente – fixação no período infantil –, à vida rural patriarcal que, de fato, é ainda hoje o centro de interesse exclusivo do paciente, embora resida na capital há várias dezenas de anos.

"O trabalho analítico é como debulhar legumes" – diz outro paciente –, "joga-se fora a vagem e guarda-se o feijão." A análise dessa ideia conduziu-nos a um nível mais profundo. O paciente lembrou-se de que, quando criança, tinha o hábito de chamar feijões aos bolos fecais expulsos por sua irmã. Partindo dessa lembrança, o caminho levou ao erotismo anal.

"Eis como vejo a diferença entre a hipnose e a análise: a hipnose é como o batedor de roupa que faz a poeira penetrar ainda mais profundamente no vestuário, enquanto a análise é como o aspirador que suga os sintomas."

Essa excelente analogia merece ser cotejada com a famosa comparação de Freud, quando confronta a hipnose e a análise com as duas técnicas de escultura descritas por Leonardo[1]. Do ponto de vista do paciente, um homossexual masoquista, a análise mostrou que a comparação com a batida e a sucção podia explicar-se igualmente por sua história pessoal.

"A análise é como um tratamento vermífugo" – dizia outro paciente –, "seja qual for o número de segmentos eliminados, enquanto a cabeça não for expelida isso não adianta nada." Creio que não se poderia caracterizar melhor a orientação da terapêutica psicanalítica. Efetivamente, os sintomas são apenas segmentos expulsos do organismo psíquico, cujo núcleo, a cabeça, de onde extraem sua força, está no inconsciente. Enquanto a cabeça não aparece, deve-se prever o reaparecimento dos segmentos sintomáticos – que podem ter desaparecido provisoriamente. Para a análise do paciente, essa comparação serviu para colocar em evidência as experiências anais infantis. Também permitia prever (o que o futuro veio a confirmar) que o tratamento do paciente seria interrompido antes de sua conclusão, e isso em virtude de considerações materiais (anais). O paciente não permitiu que fosse extirpada a cabeça do seu verme-neurose.

"Durante a análise sinto-me como um animal selvagem enjaulado."

"Sinto-me como um cão que sacode em vão sua corrente."

"As interpretações que me apresenta a respeito das minhas ideias colocam-me na situação de um escorpião cercado de chamas; aonde quer que eu vá, o fogo de suas interpretações barra-me o caminho e impele-me finalmente ao suicídio."

---

1. Freud comparou a hipnose à técnica de escultura, em que o objeto é formado por *adição de matéria*, e a psicanálise à técnica por *subtração de matéria*.

Essas três comparações provêm de um mesmo paciente a quem inutilmente procurei mostrar que sua sensibilidade e sua ternura conscientes dissimulavam uma personalidade extremamente agressiva. Mas considero que essas comparações e ainda outras em que se assimila a animais selvagens, perigosos e venenosos, confirmam minha hipótese.

Cabe, às vezes, atribuir importância a uma metáfora aparentemente casual como, por exemplo, nesse paciente que caracterizava o seu estado psíquico da seguinte maneira: "Sinto-me como se houvesse uma nódoa na minha alma." Naturalmente, não era só a "alma" dele que tinha uma nódoa, mas, também, como a análise revelou, o lençol de sua cama que testemunhava seu onanismo.

"Parto difícil!", zombava um paciente, quando não fazíamos progressos na análise. Ele ignorava que a escolha dessa expressão era determinada pelo parto difícil de sua mulher. Foi em consequência desse parto que tiveram de renunciar a ter descendência, depois que perderam seu primogênito nesse meio-tempo.

"Você é como um camponês que reencontra seu caminho nos lugares mais obscuros da floresta virgem de minha alma", diz outro paciente. O material dessa comparação um tanto forçada provinha naturalmente das fantasias robinsonianas de sua adolescência.

Na análise dessa última comparação é preciso levar em conta não só os fatores biográficos, mas, também, as mais profundas determinantes simbólicas. Considerando-se que a comparação vem de um paciente cuja insuficiência sexual pôde ser relacionada com uma fixação narcísica homossexual, podemos interpretar sua fala como o sinal de uma transferência para o médico, e "os lugares mais obscuros da floresta virgem de sua alma" como um símbolo sexual.

O simbolismo exprime-se ainda mais claramente nas seguintes comparações de outro paciente:

"A análise é como uma tempestade que fustiga até a vegetação submarina" (*sic!*) (erotismo anal, fantasias de parto).

"Não posso familiarizar-me com este método terapêutico em que o doente é abandonado a si mesmo com suas ideias. A análise contenta-se em sondar as profundezas na esperança de que o que aí se dissimula jorre espontaneamente, como um poço artesiano; entretanto, quando a pressão interna é tão fraca quanto a minha, é preciso o auxílio de uma bomba."

Para melhor compreender o simbolismo sexual dessa comparação, faz-se necessário saber que o paciente apresentava uma fixação paterna inabitualmente intensa e que também transferira esse sentimento para o médico.

Um paciente conta que no almoço do casamento de sua irmã mais velha tinha dirigido o seguinte brinde ao seu novo cunhado: "Quando os teus nobres pensamentos tiverem passado pela retorta de tua esposa, tornar-se-ão ainda mais nobres ao cristalizarem."

Como ele proferira essa comparação durante uma boda, todos os ouvintes a entenderam como uma alusão à sexualidade e ao nascimento. Só o próprio orador não tinha consciência dessa alusão.

"Se você conseguir penetrar até meus pensamentos inconscientes, será a meus olhos como o herói que, com um único golpe de clava, arrombou as portas de Constantinopla."

Para explicar essa comparação, cumpre saber que os sintomas e os sonhos desse paciente — embora ele se recuse a tomar conhecimento disso — permitem deduzir a existência de uma constituição sexual dotada de forte componente sádico.

*
* *

Esta série de exemplos basta para nos dar uma ideia geral das condições psíquicas necessárias à formação das comparações. Aquele que concentra sua atenção na busca de uma comparação só se preocupa com as analogias, as semelhanças, mas permanece totalmente indiferente ao material onde vai buscar a sua comparação. Observamos que, nessas circunstâncias, esse material *indiferente* provém quase sempre do inconsciente recalcado. Isso nos obriga a examinar atentamente as comparações dos pacientes do ponto de vista do substrato inconsciente; com efeito, a análise de comparações, somada à análise de sonhos, atos falhos e sintomas, é uma arma não desprezível da técnica analítica.

Também pudemos estabelecer que o material contido nas comparações — como o conteúdo manifesto do sonho — é em certos casos o resultado de um traço mnêmico proveniente da história do paciente e possui, portanto, um valor histórico real, ao passo que, em outros casos, é a expressão simbólica de tendências inconscientes. Naturalmente, as duas fontes de comparações podem participar na formação de uma só comparação.

O que me parece essencial é que a concentração da atenção (do interesse e talvez também de uma parte da libido), quando se busca uma comparação, provoca o mesmo enfraquecimento da censura que constatamos quando da *formação do sonho*. Quando a atenção se concentra para encontrar uma comparação, o material até então recalcado ganha acesso à consciência, ainda que seja de uma forma remodelada e simbólica, tal como quando se concentra o interesse no desejo de dormir. O indivíduo adormecido também se interessa exclusivamente pela manutenção do estado de sono, e tudo o mais lhe é indiferente. Entretanto, a parte desse material psíquico "indiferente" que aceder em primeiro lugar à consciência será, naturalmente, o material psíquico mais fortemente reprimido, por conseguinte, submetido a uma tensão máxima: o *conteúdo psíquico recalcado*. A força dessa tendência "anterógrada" corresponde à força do *recalcamento* que a precedeu. Aliás, essa reciprocidade entre a atenção e a acessibilidade do material inconsciente já é nossa conhecida de outros domínios. A *associação livre*, principal arma da técnica psicanalítica, só tem valor se for respeitada a "regra fundamental" definida por Freud, isto é, que o paciente deve esforçar-se ao máximo para permanecer "indiferente" em relação às ideias que lhe acodem ao espírito. Somente se essa regra for respeitada é que o material a interpretar e a organizar ressurgirá do inconsciente; caso contrário, quando se tenta justificar um sintoma ou uma ideia com uma atenção consciente, não se faz outra coisa senão estimular a vigilância da censura. Aliás, Freud ensinou-nos que as boas interpretações do próprio *psicanalista* devem-se menos a um esforço lógico do que a um livre jogo das ideias, o que exige certa "indiferença" às idéias do paciente. Um desejo desenfreado de saber ou de curar conduz ou a uma falsa direção ou a nenhuma parte.

É em *Psicopatologia da vida cotidiana* que a reciprocidade anteriormente mencionada se apresenta do modo mais manifesto. O ato falho do "professor distraído" resulta do fato de que ele concentra toda a sua atenção num único assunto e permanece indiferente a tudo o mais. (Ver a frase de Arquimedes: "Noli turbare círculos meos.")

Do mesmo modo, os atos sintomáticos são tanto mais numerosos quanto mais a atenção estiver absorvida em outra coisa. No que se refere ao *esquecimento de nomes próprios*, toda a busca consciente é geralmente infrutífera; mas assim que os esforços cessam, a palavra esquecida ressurge espontaneamente.

A sintomatologia da *hipnose* e da *sugestão* também se torna mais compreensível se levarmos em consideração a relação de reciprocidade entre a concentração e o recalcamento. Pudemos afirmar num outro artigo[2] que a aptidão para fazer-se hipnotizar pode relacionar-se com a obediência cega, e esta com uma fixação parental transferida. Só existem duas espécies de hipnose: *a hipnose paterna* (*por intimidação*) e *a hipnose materna* (*pela ternura*).

O hipnotizado, cuja atenção está concentrada no medo ou no amor, torna-se indiferente a todo o resto. Poderíamos exprimir o estado psíquico de uma pessoa mergulhada na catalepsia, por meio do terror, pelas seguintes frases: "Eu sinto, faço e digo tudo o que você quiser, mas não me faça mal!" O cataléptico por amor poderia dizer: "Para lhe dar prazer, eu vejo, faço, creio em tudo que você quiser. Fora do seu amor, tudo me é indiferente!"

Seja qual for a forma de hipnose, os resultados do método catártico, segundo Breuer e Freud, mostram-nos que, em consequência do fascínio exercido pelo hipnotizador e da indiferença a tudo o mais, o material psíquico, profundamente recalcado em geral, torna-se facilmente consciente.

O importante papel que a concentração desempenha na hipnose está bem demonstrado por um procedimento amplamente empregado na prática hipnótica, que consiste em concentrar a atenção do sujeito em fenômenos ópticos e acústicos.

A esse propósito, assinalemos as práticas "ocultistas" de *videntes em bolas de cristal ou espelhos* (lecanomancia)[3], que concentram febrilmente sua atenção num ponto e depois "profetizam". As pesquisas de Silberer[4] mostram que, nessas predições, é o próprio inconsciente de seus autores que fala; acrescentaremos que, em consequência do enfraquecimento da censura por causa da concentra-

---

2. Ver: "O papel da transferência na hipnose e na sugestão" (O.C., vol. I, p. 90).
3. O dicionário de Dupinay de Vorepierre dá a presente definição de "lecanomancia": "Traçavam-se certos caracteres ou sinais em pequenas pedras ou lâminas metálicas, que eram em seguida jogadas numa bacia cheia de água. A resposta era dada pelo ruído que a queda desses corpos produzia ao tocar o fundo do recipiente." (NTF)
4. H. Silberer: "Lekanomantische Versuche" [Experiências de lecanomancia], *Zen tralbl. f. Psychoanal.*, 2.º ano.

ção, é o material recalcado, e que por esse fato se tornou indiferente, aquele que se exprime nos videntes.

Pode-se observar algo análogo por ocasião de um afeto excessivamente intenso, como uma explosão de ódio, que se manifesta por uma saraivada de injúrias. No estudo psicológico que realizei a respeito das palavras obscenas, mostrei que, embora – ou talvez justamente por isso – o único desejo de quem insulta seja ofender o mais gravemente possível o objeto de seu ódio, sem escolher as palavras, estas exprimem acessoriamente e às claras seus próprios desejos anais e edipianos profundamente recalcados. Basta pensar nas injúrias obscenas empregadas pelas classes inferiores e nas versões atenuadas das mesmas em uso entre as pessoas cultivadas.

Outra prova dessa relação funcional entre a intensidade do interesse e o recalcamento é fornecida pela patologia mental. A fuga de ideias do *maníaco* permite ao conteúdo psíquico mais severamente recalcado chegar sem esforço à superfície; podemos supor que, ao contrário do melancólico, cujo mundo afetivo está inibido, isso lhe seja indiferente. Na *parafrenia* (demência precoce), que consiste essencialmente em indiferença pelo mundo externo e por toda relação objetal, constatamos que esses segredos, tão ciosamente guardados pelos neuróticos, exprimem-se com toda simplicidade. Sabe-se que os parafrênicos são os melhores intérpretes de símbolos; eles nos explicam sem o menor embaraço o sentido de todos os símbolos sexuais, uma vez que estes perderam para eles toda significação.

Aliás, os nossos tratamentos psicanalíticos mostram que certo grau de "indiferença" é uma condição prévia para que o material inconsciente tenha acesso à consciência. Somente quando o processo de cura tornou as pulsões de desejo recalcadas de certa forma indiferentes, e que a libido foi deslocada dessas pulsões para um objeto mais adequado, é que os pacientes podem admiti-las em sua consciência.

Para voltar a um domínio mais próximo do nosso ponto de partida, quero mencionar o processo psíquico do *chiste*, descrito por Freud, em que a atenção é retida pela técnica do chiste; essa retração da atenção permite às tendências recalcadas exprimirem-se. Por fim, cito um comentário feito verbalmente por um psicanalista, o dr. H. Sachs, que considera que as *palavras* usadas pelo *poeta* para revestir suas ideias indicam, frequentemente, as origens mais profundas, inconscientes, dessas ideias. Também neste caso devemos admitir, por analogia com a formação das comparações, que no poeta a concentração da atenção, na ideia a encontrar, permite ao material inconsciente exprimir-se nas palavras livremente escolhidas do poema.

Pfister, aliás, tinha assinalado que as garatujas que fazemos "sem pensar" (portanto, de uma forma certamente indiferente) contêm muitas vezes comunicações surpreendentes, oriundas da vida psíquica inconsciente.

Portanto, o fato de que em todos os casos evocados de concentração tenha havido um enfraquecimento proporcional da censura permite-nos concluir que a quantidade de energia utilizada pela concentração serviria, de outra forma, para fazer funcionar a censura. (No estado atual dos nossos conhecimentos psicanalíticos, não podemos decidir se se trata, nesse caso, de energia libidinal, ou de interesse, ou das duas coisas.) Compreenderemos melhor a alternância dessas duas funções se pensarmos que toda concentração é, afinal de contas, uma variante do trabalho de censura, que equivale a afastar da consciência qualquer impressão interna ou externa, com exceção daquelas que se relacionam com o domínio que retém a atenção, ou das que correspondem à atitude psíquica de concentração. Tudo o que incomoda ou perturba o sono é recalcado pela censura de quem dorme, exatamente como o são em estado vígil as ideias incompatíveis com a consciência, porque imorais. O cientista absorto pelo objeto de seu estudo torna-se surdo e cego a tudo o mais, o que significa que a censura recalca toda impressão que não se relaciona com esse objeto. Devemos supor a existência de um processo de recalcamento similar – às vezes fugaz – em todos os outros casos de concentração, como, por exemplo, na busca de uma comparação. Assim compreendemos melhor que a quantidade de energia utilizada para esse trabalho de recalcamento fugaz (censura) provém da energia de inibição constantemente em ação entre o pré-consciente e o consciente, e é captada à custa dessa energia.

A censura é um sistema de rendimento limitado. Quando a demanda endereçada a uma de suas funções aumenta, isso ocorre necessariamente à custa de outra. Esse fenômeno confirma inteiramente a opinião de Freud, segundo a qual o sistema psíquico funciona com quantidades de energia móveis e não diferençadas qualitativamente[5].

---

5. Esta parece igualmente válida para os serviços de censura dos Estados. Parece-me que, depois da guerra, a censura, que se tornou tão rigorosa em matéria de política, mostra maior condescendência para com a literatura erótica.

Além dessa descrição puramente *"econômica"* do processo, também podemos formar certa ideia da *dinâmica* do suposto deslocamento de energia no momento em que nos concentramos. Esse elemento de aparência mística e inexplicável, que se prende a todo e qualquer ato de vontade e de atenção, explica-se em grande parte se admitirmos a seguinte hipótese: o ato de atenção implica, em primeiro lugar, a firme inibição[6] de todos os atos, salvo o ato psíquico planejado. Se todas as vias de acesso à consciência estão fechadas, à exceção de uma única, a energia psíquica escoa *espontaneamente* na única direção possível, sem esforço especial (aliás inconcebível). Portanto, se quero olhar atentamente para alguma coisa, faço-o isolando da minha consciência todos os sentidos, exceto o visual; assim, a atenção acrescida nas excitações ópticas realiza-se por si mesma, tal como se eleva o nível de um rio em que fecharmos os canais de comunicação e de escoamento. *O princípio de toda ação é, portanto, uma inibição desigual.* A vontade não funciona como uma locomotiva que avança impetuosamente sobre os trilhos; seria mais como o agulheiro que bloqueia todas as vias, com exceção de uma única, à energia em si mesma indiferenciada – a energia locomotriz essencial –, de modo que esta é obrigada a encaminhar-se pela única via que permaneceu aberta. Tenho a impressão de que isso é válido para todo tipo de *"atividade"*, logo, para a atividade fisiológica também; a excitação de certo grupo muscular só poderá atingir um resultado se houver inibição dos músculos. Por conseguinte, a concentração psíquica necessária à formação de uma comparação só será possível se houver inibição do interesse (ou seja, indiferença) por todo o resto, entre outras coisas, pelo material recalcado que aproveita essa ocasião para manifestar-se.

Teria gostado de oferecer – com base na observação psicanalítica – algo de novo a respeito do prazer que proporciona a formação ou a escuta de uma comparação bem-sucedida. Ora, somente pude constatar que a teoria de Freud, no referente ao chiste, podia aplicar-se também a essa fonte de prazer estético. Uma vez que a atenção e como ela uma parte da atividade de censura concentram-se no estabelecimento de uma *comparação* entre duas coisas distanciadas (o que constitui um prazer em si), outros complexos até então severamente censurados são libertos da opressão que sofriam e o

---

6. Ver a psicologia de Pikler.

prazer essencial (o *"prazer último"*) provocado pela comparação pode ser atribuído a essa economia de energia inibitória. Poderíamos comparar, portanto, o prazer devido à semelhança (a similitude) com o *prazer preliminar* despertado pela *técnica do chiste*. De resto, existe toda uma longa série intermediária entre as simples comparações, que não libertam nenhuma fonte inconsciente de prazer, e as comparações "sutis" e "espirituosas" em que o prazer promana do inconsciente.

Esse prazer muito especial que sentimos ao reencontrar a mesma coisa num material inteiramente diferente equivale, por certo, à economia de trabalho intelectual que provoca o prazer preliminar na técnica do chiste. É provável que por trás desse *prazer da repetição se dissimule o prazer de redescoberta*.

Certas pessoas têm o dom de encontrar nos rostos desconhecidos traços íntimos de semelhança com os que elas conhecem. Esse sentimento de familiaridade, que nelas desperta a semelhança, parece protegê-las contra o efeito desagradável das novas impressões, suscitadas pelas fisionomias totalmente estranhas. Observamos também com que prazer revemos uma cidade que já visitamos, enquanto necessitamos de certo tempo (o tempo preciso para que haja repetição) antes que desapareça a aspereza das impressões de viagem bem recentes. Creio que tudo que "assimilamos espiritualmente", introjetamos, é de certa maneira "nobilitado" por esse fato, e participa da nossa libido narcísica. Talvez seja aí, no final das contas, que se encontra a fonte do prazer que sentimos, quando ao formar uma comparação redescobrimos a impressão familiar na impressão nova. A impressão particularmente estranha que a psicanálise causa nos pacientes pode explicar que alguns dentre eles – como nos exemplos citados no começo – se esforcem por atenuá-la, recorrendo a uma multidão de comparações. Do mesmo modo, a tendência para redescobrir o objeto amado em todas as coisas do mundo externo hostil é, provavelmente, a fonte primitiva da formação dos símbolos.

XLV

Dois símbolos típicos fecais e infantis

Em duas mulheres cujas angústias obsessivas estão ligadas à falta de filhos[1] e que, em seu inconsciente, regrediram do erotismo genital e parental para o erotismo anal, exatamente como ocorreu no famoso caso da paciente obsessiva de Freud[2], os *vermes* e os *ovos* desempenham um papel muito particular. Ambas (é incrível a que ponto as neuroses se repetem, muitas vezes até nos mínimos detalhes), vivem desde a infância dominadas pela angústia de ter piolhos nos cabelos. Fato extraordinário, acontece-lhes *efetivamente* encontrar, às vezes, para seu imenso terror, espécimes desses parasitas em seu couro cabeludo; isso, aliás, nada tem de surpreendente, visto que, em aparente contradição com o pavor que tais parasitas lhes inspiram, dão provas de inexplicável negligência em sua higiene capilar. Na realidade, ambas se esforçam inconscientemente por ficar infestadas, porquanto os piolhos fornecem-lhes uma excelente ocasião para satisfazer simbolicamente o mais secreto desejo dessas duas pacientes: o desejo recalcado de ter muitos, muitos filhos [que se desenvolvem, com efeito, como parasitas da mãe, como os vermes[3]], simultaneamente com o sadismo e o erotismo anal para onde elas regrediram após a decepção sofrida no plano genital

---

1. Uma dessas mulheres tinha, de fato, um filho, mas isso estava longe de satisfazer seu inconsciente.
2. Freud: "La prédisposition à la névrose obsessionnelle". *Int. Zeitschr. f. Psychoan.*, I, p. 525; *Collected Papers*, II, p. 122.
3. Ver o meu pequeno artigo "Os vermes: símbolo de gravidez", neste volume, p. 157.

(exterminar os vermes, espojar-se na sujeira). Para que a analogia dos dois casos seja ainda mais flagrante, as duas pacientes forneceram igualmente outro símbolo fecal e infantil que eu ainda não conhecia como tal, a saber, um interesse desmedido por ovos de galinha. Uma das pacientes, quando seu estado lhe permitia interessar-se de novo pela administração doméstica, falava-me com frequência de seu prazer inexplicável em manipular ovos frescos num cesto, em arrumá-los, em contá-los; se isso não a fizesse sentir vergonha, passaria horas entregue a essa tarefa. A outra (uma mulher do campo) deixou praticamente de poder trabalhar; o único lugar onde ela ainda pode exercer certa atividade é o pátio da criação; durante horas, fica dando comida aos gansos para engordá-los e observando as galinhas pondo os ovos – e chega mesmo a ajudá-las, enfiando o dedo na cloaca do animal para retirar-lhe o ovo. A analogia simbólica do ovo com as matérias fecais e com a criança é ainda mais transparente do que a dos vermes. Mas não se deve esquecer tampouco o valor pecuniário dos ovos; sabemos que é sobretudo o preço dos ovos que serve para avaliar as variações no custo de vida, mais particularmente nas regiões rurais, onde eles fazem, na prática, as vezes de unidade monetária. Parece que em certas condições de vida produz-se, em dado momento, uma parada da transformação ontogenética do erotismo anal em traços de caráter anais. Seja como for, essa predileção pelos ovos está muito mais próxima da coprofilia primitiva do que o amor – mais abstrato – pelo dinheiro[4].

---

4. Ver o meu artigo "Ontogênese do interesse pelo dinheiro", neste volume, p. 163.
    A versão alemã deste artigo termina com a seguinte frase, ausente na versão húngara da qual extraímos esta tradução: "Enfim, indicamos que os dois símbolos, coprofílico e infantil (como se poderia esperar), revelam, acessoriamente, sua significação fálica." (NTF)

XLVI

Espectrofobia

Num caso, a fobia histérica de espelhos e o terror de enxergar seu próprio rosto num espelho tinham origem "funcional" e "material". A explicação funcional era o temor de *se conhecer*. A explicação material, a fuga diante das tendências *voyeuristas* e *exibicionistas*. Também neste caso, como é tão frequente nas fantasias inconscientes, as diferentes partes do rosto representavam diferentes partes dos órgãos genitais.

XLVII

Fantasias de Pompadour

Assim poderíamos designar certas fantasias de heterismo que as mais virtuosas das mulheres se permitem em seus devaneios diurnos. Elevando seu parceiro à categoria régia, consentem que suas tendências, que, de outro modo, seriam incompatíveis com a moral, tenham acesso à consciência.

XLVIII

Loquacidade

A loquacidade manifestou-se em vários pacientes como um modo de resistência. Eles discutiam a torto e a direito, superficialmente, sobre toda espécie de coisas insignificantes, a fim de evitar a abordagem, em palavras ou em pensamentos, do que era importante.

XLIX

O leque como símbolo genital

Um paciente sonhou: *"Vi uma mulher com um leque no lugar dos órgãos genitais; ela se deslocava por meio desse leque; tinha as duas pernas cortadas."* Em virtude de um poderoso complexo de castração, o paciente estava chocado com a ausência de pênis nas mulheres; por isso tinha necessidade de imaginar a vulva como um pênis, exposta em forma de leque – mas, de qualquer modo, um pênis[1]. O paciente preferia sacrificar as pernas da mulher.

(A aproximar de uma perversão relativamente frequente, em que o sujeito só pode encontrar satisfação com mulheres capengas ou amputadas. Li certa vez num diário um pequeno anúncio em que alguém procurava corresponder-se com mulheres amputadas de uma perna.)

---

1. O leque aberto parece ser utilizado nos sonhos como símbolo manifesto do pênis (da ereção). Cf. as minhas observações em *Zeitschr. f. Psa.*

L

Policratismo

Assim poderíamos designar, por analogia com o poema de Schiller, "O anel de Policrates", a superstição que consiste em crer que, "se tudo está indo bem demais", a punição divina será tanto mais implacável. Num caso, a análise permitiu relacionar esse medo com a má consciência que o paciente sentia em virtude de suas fantasias condenáveis.

LI

Agitação em fim de sessão de análise

Quando a sessão de análise se aproxima do final, o paciente fica às vezes agitado. Interrompe suas associações para perguntar: "Ainda não são quatro horas?", ou afirmar: "Creio que a sessão já terminou!" A análise dessa atitude mostrou que o paciente tinha sentido um choque desagradável nas vezes precedentes, quando eu lhe significara de súbito o fim da sessão. Ele se instalava na casa do médico como se devesse ficar aí eternamente, com toda a segurança, junto do seu guia espiritual. Ser bruscamente arrancado dessa ilusão pode transtornar o paciente a tal ponto que ele pode acabar produzindo leves sintomas específicos[1]. A pergunta inquieta a respeito da hora, perto do final da sessão, é uma medida de proteção contra esse choque emocional; o paciente prefere sair por iniciativa própria a ser mandado embora. Observa-se na vida cotidiana um comportamento análogo a esse, na modéstia excessiva de certos indivíduos cheios de exigências. Eles não querem "ser pesados para ninguém", em outras palavras, fogem a toda e qualquer ocasião em que o seu amor-próprio poderia ser ferido pela impressão de serem importunos. O mecanismo dessa medida não deixa de lembrar o das fobias histéricas, que também são medidas de proteção contra situações geradoras de desprazer.

---

1. "Sensação de vertigem no fim da sessão analítica", neste volume, p. 145.

LII

A micção, meio de apaziguamento

Quando a criança pequena está tomada pelo medo, a mãe coloca-a no urinol e encoraja-a a urinar. Com isso, a criança acalma-se visivelmente e deixa de chorar. Oferece-se assim à criança, sem dúvida, um prêmio de libido, semelhante ao que lhe é, por vezes, concedido em guloseimas e outros comestíveis. O fato de a micção, precisamente, descarregar de forma tão eficaz o afeto de medo está ligado, sem dúvida, ao fato de proporcionar à criança um bem-estar brusco, em relação com a subitaneidade de seu susto.

LIII

Um provérbio erótico anal

Um paciente originário da Transilvânia contou-me que na sua região diz-se de um homem que tem uma sorte incrível (que, por exemplo, ganha no jogo ou na loteria): "Ele tem sorte como um sujeito que tivesse comido merda na infância."

LIV

Supostos erros

Existe uma espécie particular de erro que consiste em supor sem razão que se cometeu um erro. Esses "pretensos" erros não são nada raros. Quantas vezes um míope irá buscar seus óculos embaixo da mesa, quando os tem em cima do nariz; pensa-se, frequentemente, ter perdido a carteira para, após pacientes buscas, reencontrá-la no seu lugar habitual; sem falar das chaves da despensa das donas de casa, "perdidas" e "reencontradas". Seja como for, esse gênero de erro é suficientemente característico para tentar descobrir um mecanismo e um dinamismo específico a eles.

O primeiro caso que a análise me permitiu elucidar era um duplo erro bastante complexo.

Uma jovem senhora que se interessa muito pela psicanálise (devo-lhe a observação do "Pequeno homem-galo"[1]) tinha o hábito de vir, de tempos em tempos, visitar-me no consultório. Tive um dia de abreviar uma de suas visitas, observando-lhe que tinha muito trabalho. Ela se despediu e saiu; mas instantes depois voltou, dizendo que tinha deixado seu guarda-chuva no meu gabinete, coisa totalmente impossível, já que esse guarda-chuva... estava na mão dela. Permaneceu ainda alguns minutos e depois, de súbito, dirigindo-se a mim, quis saber se não teria contraído uma inflamação da *glândula* parótida (em húngaro: "fültö*mirigy*"); mas sua língua equivocou-se e ela disse "fültö *ürügy*" (o que significa *pretexto* parótido). Reconheceu então que teria gostado de ficar mais tempo em minha

---

1. "Um pequeno homem-galo", neste volume, p. 69.

companhia, de modo que seu inconsciente podia ter utilizado o pretexto do esquecimento do guarda-chuva como *pretexto* para voltar e prolongar a visita. Lamentavelmente não pude aprofundar a análise deste caso, deixando assim sem explicação o motivo pelo qual o esquecimento projetado não se realizara efetivamente, mas apenas no plano imaginário. A existência de uma tendência oculta (ou pretexto) é característica de todo ato falho.

Examinei de modo muito mais profundo o seguinte falso ato falho: um jovem foi convidado para a casa de campo de seu cunhado. Uma noite, um alegre grupo aí se reuniu; logo se providenciou a vinda de zíngaros e, instalados ao ar livre, dançou-se, cantou-se e bebeu-se até altas horas. O jovem não tinha o hábito de beber e por isso começou depressa a manifestar um sentimentalismo patológico, sobretudo quando o zíngaro entoou a canção "Trouxeram o cadáver para o pátio". Caiu em prantos e não podia deixar de pensar em seu pai, recentemente falecido, a quem nenhum dos alegres convivas havia dedicado um pensamento sequer, tal como na canção em que não havia ninguém para "chorar como convém" o morto, exposto no pátio. O nosso jovem não tardou em abandonar a alegre companhia e foi fazer um passeio solitário na noite à beira do lago vizinho envolto em névoa. Obedecendo a um impulso que depois não soube explicar (ele próprio estava, como dissemos, um pouco "enevoado"), retirou subitamente sua carteira bem recheada do bolso e jogou-a na água, embora o dinheiro que ela continha tivesse sido simplesmente confiado à sua guarda e pertencesse à mãe dele. Quanto ao que se passou em seguida, só lhe foi possível fazer um relato sumário. Voltou para junto de seus amigos, continuou bebendo, adormeceu e foi reconduzido de carro, sempre dormindo, até o seu apartamento na cidade. Acordou tarde, na sua cama. O seu primeiro pensamento foi... para a carteira. Ficou desesperado com o que fizera mas não comentou com ninguém; pediu um carro para ir ao lago, embora não tivesse a menor esperança de reencontrar o dinheiro. Nesse instante apareceu a arrumadeira que lhe entregou a carteira: ela a encontrara sob o travesseiro na própria cama daquele que supostamente a perdera no lago.

Nesse caso, a intoxicação alcoólica concomitante nos impede qualquer generalização sobre os supostos erros. Entretanto, a investigação psicanalítica demonstrou que, uma vez mais, o álcool não estava, propriamente dito, na origem do sintoma e apenas favorecera o surgimento de um complexo já existente e fortemente acentuado no plano afetivo[2]. A carteira, jogada à água com o dinheiro que lhe fora confiado, representava simbolicamente a própria mãe, que o jovem, fortemente fixado no pai, queria, de fato, em seu inconsciente, afogar. Na linguagem do consciente, isso poderia traduzir-se nos seguintes termos: "Se ao menos fosse a minha mãe que tivesse morrido e não meu pai![3]" Para explicar esse evento, o paciente supôs, tinha apenas agitado sua carteira por cima da água e depois, segundo parece, a recolocara sensatamente no bolso e a escondera cuidadosamente sob o travesseiro no momento de se despir; tinha, portanto, tomado todas as medidas necessárias para não perdê-la, mas eram justamente essas medidas que tinha esquecido e acordara com a lembrança certa de ter cometido sua maldade. Em termos de psicanálise, esse erro exprime a sua ambivalência. Depois de ter, na sua fantasia inconsciente, matado a mãe, metera-se na cama com ela, cercando-a de todos os cuidados. O luto exagerado por seu pai também exige uma dupla interpretação: tinha por tarefa dissimular sua alegria por entrar, enfim, na posse da herança paterna (incluindo seu bem mais precioso, a mãe). Das tendências ambivalentes, só a positiva (ternura) se traduziu nos fatos, ao passo que a tendência negativa revestiu a forma muito mais inocente e inofensiva do erro de memória.

Vejamos agora outro caso que pode explicar-se de modo semelhante, mas apresenta a vantagem de que nenhuma influência externa veio complicá-lo (como a intoxicação alcoólica no caso precedente).

Um estudante de medicina, que acabava de administrar seus medicamentos a um paciente, teve subitamente a ideia de que não lhe dera o remédio correto e de que o envenenara. Administrou um antídoto. Sua angústia indescritível só terminou quando um exame minucioso lhe provou a impossibilidade do equívoco. O estudante, que era dominado por um poderoso "complexo fraternal de rivali-

---

2. Ferenczi: "O álcool e as neuroses", *O.C.*, vol. I, p. 173.
3. O fato de a carteira estar repleta constitui uma alusão do paciente às fontes primitivas de seu ódio contra a mãe. Seus pais formavam um casal excepcionalmente fecundo, que quase todos os anos lhe davam um novo irmão ou uma nova irmã. Da mesma maneira, o dinheiro é uma alusão à teoria infantil anal do nascimento; o afogamento é o contrário do salvamento, do resgate das águas, etc.

dade", tinha, em fantasia, suprimido um rival, ao passo que, na realidade, contentara-se em tomar medidas de precaução para salvá-lo. Foi ainda uma sorte que ele não tivesse causado mal nenhum ao agir assim.

Um caso semelhante me aconteceu quando fui chamado, tarde da noite, para ver uma paciente que estava passando muito mal. Ela viera consultar-me na tarde desse mesmo dia e queixara-se, além de alguns padecimentos menores, de estar com a garganta irritada. Examinara-a sem nada constatar de orgânico, mas, antes, o que chamaria "uma pequena histeria". A situação econômica dessa paciente impedia-me de lhe propor uma psicanálise; contentara-me, portanto, com as palavras tranquilizadoras usuais e dera-lhe, para aliviar a dor de garganta, uma caixa de pastilhas de *"Formamint"* que o fabricante me enviara como amostra grátis; receitara-lhe três ou quatro pastilhas diárias.

No caminho para a casa dessa paciente, ocorreu-me o penoso pensamento de que talvez a tivesse envenenado com essas pastilhas. Desconhecia a fórmula desse preparado, que tinha recebido justamente nesse dia. Pensei de súbito que podia tratar-se de um *composto de formol,* talvez uma *form-amina* (tal qual!), ou seja, um desinfetante contendo uma forte dose de veneno violento. Encontrei a paciente sofrendo de algumas cólicas gástricas, mas, por outro lado, ela tinha um aspecto tão tranquilizador que voltei para casa razoavelmente aliviado. Só pelo caminho me dei conta de que o "Formamint" era provavelmente um preparado inofensivo à base de mentol, o que me foi confirmado no dia seguinte. Toda essa fantasia de envenenamento revelou ser, na análise, a expressão do meu descontentamento por ter sido perturbado em meu repouso noturno.

Portanto, esse gênero de erros dissimula provavelmente tendências agressivas deveras perigosas, cujo acesso à motricidade deve ser cuidadosamente barrado, mas que ainda têm a possibilidade de induzir a erro a percepção interna.

Sabemos que, normalmente, a *consciência* comanda o acesso ao plano motor. Entretanto, parece que nesses casos todas as disposições necessárias devem ser tomadas para que os atos proibidos pela consciência não possam realizar-se sob nenhum pretexto; a consciência pode então entregar-se mais tranquilamente às suas fantasias agressivas – de uma tonalidade evidentemente negativa. Esse comportamento faz pensar no sonho em que a liberdade pode ser tão maior ao nível fantasístico porque o sono paralisa toda atividade em geral⁴.

Há certa semelhança entre os erros que acabamos de descrever e a dúvida mórbida; nos dois casos, um ato que acaba de ser cometido é criticado *a posteriori*, com a diferença de que o obcecado que duvida está na *incerteza* quanto à realização *correta* do ato projetado, ao passo que o autor de um "suposto erro" tem a falsa *certeza* de ter feito *mal*. Trata-se de uma ligeira diferença ao nível do mecanismo da prova de realidade, que ainda somos totalmente incapazes de conceber no plano metapsicológico. A analogia desses atos falhos com os sintomas da neurose obsessiva nos confirma, aliás, nossa hipótese de que os supostos erros – como os fenômenos obsessivos – desempenham o papel de válvulas de segurança para as tendências ambivalentes.

Poderíamos igualmente apresentar o mecanismo desse tipo de erros como o contrário dos "atos sintomáticos". No caso dos supostos erros, a consciência pensa ter cometido um ato (proveniente do inconsciente) quando, na realidade, a motricidade foi convenientemente censurada. Em contrapartida, no caso dos chamados atos sintomáticos, a tendência recalcada, escapando à consciência, transforma-se em ação motriz. Mas o ato sintomático e o suposto erro têm em comum que, nos dois casos, existe uma disparidade entre duas funções da consciência: a percepção interna e a barragem do acesso à motricidade, quando essas duas funções, em geral, estão igualmente bem adaptadas ou igualmente perturbadas.

"O erro no erro" é comparável ao "sonho no sonho". As duas técnicas servem-se de uma espécie de reforço para se proteger das manifestações fortemente interditas do inconsciente. O erro no erro é *eo ipso* um corretivo, como o sonho no sonho priva uma parcela do conteúdo onírico de seu caráter onírico. Saber que se sonha já não é verdadeiramente sonhar como de costume, quando se tem por autêntico tudo o que se sonha; e se nos esquecemos de efetuar um ato falho, este simplesmente não se produzirá.

A melhor representação do caráter tendencioso dos "supostos erros" é fornecida por esta farsa estudantil: "Desculpe-me por tê-lo empurrado" – diz um estudante a um transeunte. "Mas você não me

---

4. O meu amigo, dr. Barthodeiszky, fez-me justamente observar que os supostos erros produzem-se quase sempre por ocasião de atividades profissionais ou outras, bem integradas, "automáticas", ou seja, inconscientes e, não obstante, seguras.

empurrou!" – responde este último. "Que não seja por isso!" – replica o estudante, e lhe aplica uma boa cotovelada.

Essa farsa transforma a moção desmascarada de um falso ato falho em ato realizado *a posteriori*, ao passo que, em geral, nos rejubilamos simplesmente por ver que se tratava de um erro e assim escapar a um perigo imaginário.

LV

A psicanálise vista pela escola psiquiátrica de Bordéus[1]

As vias da comunicação científica internacional ainda não estavam cortadas quando, em 1.º de maio de 1914, os ilustres dirigentes da Clínica Psiquiátrica de Bordéus publicaram um livro que permitia à psicanálise fazer, por assim dizer, sua entrada oficial na literatura francesa, na qual ela só era representada até agora – à parte algumas publicações menores – pela crítica superficial de Janet. Parece que nesse momento os autores já tinham consciência da audácia que era necessária para tomar a defesa de uma teoria científica redigida em língua alemã, pois desde o prefácio tratam de fornecer argumentos para se precaver contra a censura de "germanismo científico". É um sinal precursor dos tristes tempos que iriam se seguir, que os autores de uma obra científica se sentissem obrigados a sublinhar que, em matéria científica, o "esforço de independência" não deve degenerar em xenofobia. O "pensamento freudico", lê-se mais adiante (postos de lado os seus excessos), "está longe de ser destituído de grandeza", contém "algumas ideias fundamentais fecundas, recordando as tendências mais clássicas da psicologia e da

---

1. E. Régis, professor, e A. Hesnard, assistente da Clínica Psiquiátrica da Universidade de Bordéus: *La psychanalyse des névroses et des psychoses, ses applications médicales et extramédicales*, Paris, Librairie F. Alcan, 1914, 384 páginas. A edição que nos serviu de referência para esta tradução é a terceira, datada de 1929. Foi refundida e atualizada por A. Hesnard, o que explica algumas divergências que existem entre as citações dadas por Ferenczi e as que reproduzimos aqui. Elas serão assinaladas quando for necessário. (NTF)

psiquiatria contemporâneas"; por isso esperam que a psicanálise "encontrará um acolhimento imparcial na França" e "o exame consciencioso e refletido a que tem direito".

Se a coragem com que os autores esvaziaram o chauvinismo científico já nos foi simpática, essas últimas palavras despertaram em nós a esperança de vê-los revelarem-se pensadores independentes também para o restante, livres de preconceitos não só nacionais mas também científicos.

No segundo prefácio, eles mencionam a enorme massa de literatura psicanalítica que se acumulou e sublinham a ausência de uma apresentação bem ordenada dos princípios dispersos em diferentes obras; isso seria, na opinião deles, um sério obstáculo à propagação dessa nova psicologia, "sobretudo na França, onde os espíritos, embora curiosos de todas as novas hipóteses, exigem, para aceitar conhecer uma teoria, que ela seja sintética e claramente expressa". Segundo Régis e Hesnard, só considerações metodológicas dessa ordem poderiam desviar os franceses do estudo de uma tese científica, jamais razões de ordem sentimental, moral ou religiosa[2]; os franceses teriam uma imensa abertura de espírito para isso e uma excessiva aversão a toda dissimulação.

Assim, os autores, para agradar ao espírito francês, consideraram seu dever introduzir "no meio desse conjunto de hipóteses engenhosas" um pouco de sua "preocupação latina com a clareza e a harmonia". Sem se preocupar com a evolução histórica da doutrina, nem em que proporções suas diferentes partes foram elaboradas pelo criador do método e por seus alunos, eles pretendem reproduzir "a síntese abstrata que evoca por si só, em todo espírito francês, o estudo profundo da doutrina".

Podemos, desde já, fazer uma objeção ao plano de trabalho dos nossos críticos. Consideramos que a psicanálise, ciência em plena evolução e cujo curso é constantemente ampliado por novos e inesperados afluentes, tem excelentes razões para ater-se o máximo de tempo possível à coleta de fatos e ao estabelecimento de relações

---

2. Eis esta frase tal como figura na edição de 1929, com um sentido inverso ao que Ferenczi lhe dá no seu artigo: "Mas na França, como por toda parte, cumpre admitir que são sobretudo razões de ordem sentimental, ética ou religiosa... as que constituem o principal obstáculo." (NTF)

entre fatos vizinhos, e para abster-se de toda abstração e definição rígidas. Somos do parecer de que a sistematização demasiado precoce que, segundo Régis e Hesnard, o espírito latino exige (pois consideram que estudar uma doutrina que não está claramente formulada é contrário a tal espírito), dissimula simplesmente uma alteração dos fatos e constitui apenas uma precisão aparente. Essa precisão só é aparente, porque não leva em conta as dificuldades e obscuridades realmente existentes e altera os fatos ao comportar-se como se se já estivesse, desde o começo, na posse de conceitos fundamentais claros, dos quais os fatos particulares decorreriam por si só. Na realidade, se acompanharmos a evolução de uma teoria *in statu nascendi*, deparamo-nos com tantas surpresas e somos obrigados a reformular constantemente tantas definições novas, que nos vemos finalmente levados a renunciar, de um modo geral, a qualquer preocupação com essa cama de Procusto que toda evolução constitui, e a decidir fazer só um uso provisório e excepcional dessas formulações gerais e, por conseguinte, pouco explícitas. Mas tampouco rejeitemos de um modo precipitado a obra e tratemos de ver se os seus autores conseguem modificar a nossa primeira impressão. Devemos sublinhar, entretanto, que não se pode imputar à psicanálise a responsabilidade dessa organização: todo elogio ou censura quanto a essas formulações cabem aos autores.

Esse volumoso livro divide-se em duas partes muito desiguais: as primeiras 300 páginas contêm uma *exposição* detalhada da teoria e das aplicações da psicanálise; as 100 últimas páginas exprimem a posição pessoal, *crítica*, dos autores.

De acordo com o projeto de uma obra de caráter metódico, a exposição começa pela *definição* da psicanálise, uma tarefa que, de fato, ninguém empreendeu até agora. Ei-la reproduzida literalmente: "A psicanálise é um método de exploração psicológica e de tratamento psicoterápico das psiconeuroses, que se inspira num vasto sistema de interpretação da maioria dos mecanismos normais e patológicos do psiquismo humano e que se caracteriza pela análise das tendências afetivas e de seus efeitos, sendo essas tendências consideradas, em sua maior parte, derivadas do instinto sexual."

Repito que nós mesmos teríamos dificuldades para propor uma boa definição; mas as lacunas desta saltam aos olhos. Em nenhum caso se pode definir a psicanálise sem insistir, por exemplo, no *inconsciente*, esse elemento constitutivo de toda a teoria. Podemos, entretanto, perdoar essa falta aos autores; condensar tamanho volume de experiências numa única frase, por mais extensa que seja, seria uma verdadeira proeza.

A outra objeção refere-se à asserção de que a psicanálise faz derivar do instinto sexual a maioria das tendências afetivas. A psicanálise jamais ousou decidir que proporção das tendências do psiquismo era de origem sexual ou outra, por exemplo, egoísta. Contenta-se em afirmar que as forças pulsionais sexuais desempenham um papel *muito maior* e muito mais variado, na vida psíquica, do que se supunha até aqui, que os fatores sexuais *intervêm* provavelmente em quase toda atividade e, com frequência, têm um valor exemplar; entre essa hipótese e a asserção de que a psicanálise faz derivar quase tudo da sexualidade há uma diferença tão considerável que não poderia, de forma nenhuma, escapar às críticas. Esse grave erro persiste ao longo de toda a obra, e ainda voltaremos a ele.

Após uma breve exposição da história da psicanálise e de sua extensão, os autores retornam ao pequeno número de trabalhos franceses a respeito dela. Depois, lembram sucintamente as aplicações clínicas do método, as experiências que eles próprios tentaram e cujos resultados publicaram ("Encéphale", 1913). Lamentavelmente, não podemos, no momento atual, ter acesso a essa publicação, e devemos renunciar a julgar o valor das experiências a partir das quais R. e H. fundamentaram suas opiniões. É deplorável que os autores não comuniquem aqui suas experiências, ainda que sucintamente, para inserir um elemento mais concreto em seu trabalho extremamente teórico. Assim apresentada, a obra deles nada mais é do que uma montagem teórica e crítica, e a curiosidade do leitor sobre a experiência pessoal dos autores fica insatisfeita.

Aquele que tiver a responsabilidade de redigir o primeiro manual de psicanálise deverá, por certo, inspirar-se no exemplo fornecido pelos autores dessa obra. É interessante ver com que dedicação eles se entregam, em sua apresentação da psicanálise, a posturas mentais que lhes são estranhas, até mesmo, com frequência, antipáticas; com que cuidado compilam as declarações de princípio de Freud, disseminadas em cem pontos diferentes; com que habilidade conseguem tecer uma teoria coerente com fios dispersos. A tendência dos franceses para a clareza e a ordem – que os autores legitimamente glorificam – por certo os ajudou em sua tarefa.

O capítulo intitulado "O psicodinamismo"[3] tenta expor metodicamente a concepção fundamentalmente dinâmica dos processos psíquicos segundo Freud. (O "psicodinamismo" é um termo bem achado que esses autores criaram; até agora, falava-se mais de "psicologia dinâmica". Somos gratos aos autores por esse neologismo, mas assinalamos que, por outro lado, eles censuram a Freud "seu fraco pela heterogeneidade do vocabulário científico e seu uso imoderado de termos técnicos psicológicos compostos".) Eles opõem o psicodinamismo de Freud à concepção *psicostática* de Janet e sublinham justamente como uma das características principais da psicanálise o fato de que ela concebe "a vida psíquica como um sistema, em permanente evolução, de forças elementares, antagônicas, componentes ou resultantes".

Raros são aqueles, até o presente, que compreenderam tão bem quanto os autores o sentido do *inconsciente* segundo Freud. Com efeito, o inconsciente não é apenas o contrário do consciente, como pensa Lipps, e tampouco é o equivalente do subconsciente dos filósofos; é, outrossim, a realidade interior do psiquismo, o "real psíquico", "incompleta e dificilmente conhecida pela percepção interna, tal como a realidade exterior é mal conhecida pela percepção sensorial". A definição do "pré-consciente" é menos feliz. Para eles, é uma zona intermediária entre o *inconsciente* e o *consciente*, e "compreende todos esses fenômenos de devaneio, de distração, de inspiração, de sonho noturno, que são para nós as revelações subjetivas da realidade interna ignorada, as mensagens do real interior, os reflexos ou os ecos do inconsciente". Essa definição bastante imprecisa esquece de sublinhar que a "grande censura" — e a grande diferença psíquica — não deve ser procurada entre o pré-consciente e o consciente, mas entre o inconsciente e o pré-consciente, e que as características psicológicas do pré-consciente — posta de lado a qualidade de consciência — são as mesmas que as do consciente. O pré-consciente desempenha, portanto, um papel não só no devaneio e nas outras atividades semiconscientes semelhantes, mas também nas produções mais nobres e mais estruturadas do psiquismo.

Depois de uma apresentação correta da noção de censura, vem a descrição bastante boa do esquema de Freud sobre o funciona-

---

3. Na edição de 1929, esse capítulo intitula-se mais classicamente "A psicologia dinâmica de Freud". (NTF)

mento psíquico, os complexos e sua significação afetiva. Eles passam – com muita lógica – dos afetos para a exposição dos sentimentos e processos sexuais, tão enfatizados pela psicanálise. Mas quando os autores, superando uma vez mais sua aversão pelos termos psicológicos compostos, chamam a psicologia sexual dos analistas de "*pansexualismo*" e qualificam esse termo de "expressão engenhosa", dão uma nova prova de sua total incompreensão sobre esse ponto. "A noção de sexualidade compreende, com efeito, para Freud, uma enorme quantidade de conceitos diversos" – dizem eles na p. 299[4] – "e chega quase a ser um equivalente de Instinto em geral ou de Energia afetiva cinética"[5]. Ora, Freud jamais pretendeu tal coisa; pelo contrário, repetiu frequentemente que a sexualidade deve distinguir-se das outras atividades pulsionais, em especial das atividades egoístas; não é a Freud mas a eles mesmos que os autores devem atribuir essa generalização abusiva ou, eventualmente, a alguns antigos discípulos de Freud (por exemplo, Jung) que o abandonaram justamente porque ele recusava essa generalização energética da noção de libido. R. e H. conhecem bem demais a literatura psicanalítica para que esse fato tenha podido escapar à sua atenção, de modo que, sobre esse ponto – não obstante a promessa de objetividade –, temos de acusá-los de sofisma: combatem aqui o que o adversário jamais sustentou. Outra afirmação pessoal dos autores, pois Freud nada disse de semelhante, é que, segundo a psicanálise, o instinto sexual e o instinto de conservação da espécie seriam "a base dinâmica atual de nossa atividade mental normal e patológica. Pois o outro instinto fundamental do homem, o instinto de nutrição e de conservação pessoal... seria hoje incapaz de uma ação poderosa sobre o organismo psíquico, tendo sofrido uma atrofia ancestral sob a influência do meio social e da civilização".

Se, na exposição da psicanálise, os autores não tivessem abandonado a via histórica correta em proveito de uma dedução mais brilhante, mas falsa, a inexatidão dessa asserção ter-lhes-ia saltado aos olhos como a qualquer leitor dessa obra. Na obra de Freud não se encontra *uma única palavra* sobre a "atrofia do instinto de conservação"; R. e H. são os únicos responsáveis por essa ficção absurda. É igualmente falso afirmar que Freud se precipitou *a priori* sobre

---

4. P. 35 na edição de 1929. (NTF)
5. O adjetivo "cinético" deixou de figurar na edição de 1929. (NTF)

a sexualidade, em vez de chegar a esse conhecimento sob a pressão dos fatos e após uma luta prolongada.

Nas trinta páginas seguintes, os autores fornecem uma panorâmica muito boa da evolução da sexualidade, tal como foi esboçada nos *Três ensaios* de Freud; depois explicam o recalcamento e discutem em detalhes as relações entre as neuroses e as perversões.

Eis o que dizem a propósito do *método* psicanalítico: "A psicanálise, que servia na origem para investigar a fórmula patogênica das psiconeuroses, desvendou pouco a pouco as profundezas do inconsciente. A partir daí, desenvolveu-se de modo autônomo e – encontrando novas confirmações na variedade de suas técnicas – passou a ser um método de investigação psiquiátrica muito promissor."

Desejamos reproduzir textualmente a excelente definição da técnica psicanalítica.

"O método de investigação psicanalítica consiste em mergulharmos nas profundezas extremas do psiquismo examinado, em fundirmos, de certo modo, por determinado período, a nossa pessoa com a do sujeito examinado e em nos perguntar: por que tal ideia ou representação se associa – por associação livre – a tal ou qual outra ideia ou representação, qual é a origem puramente psicológica desse encadeamento e até que fonte primitiva é possível rastreá-la? O exame psicológico médico recorre aqui por um curto prazo à psicologia individual. Por exemplo, em vez de examinar os fatos objetivos, como é costume em patologia geral (alteração ou diminuição de dada função em consequência de tal ou qual alteração cerebral), e de aí buscar a explicação da presença na consciência do paciente do fato psíquico a examinar, em vez de esforçar-se em seguida por analisar o caráter clínico objetivo desse fato (se a personalidade consciente o aceita ou não e em que medida, se convém classificá-lo entre os delírios, alucinações, megalomanias, reações impulsivas, etc.); em lugar de tudo isso, portanto, o psicanalista faz suas, por um momento, as ideias encontradas no paciente, como se elas tivessem acudido à sua própria mente, e investiga assim a sua fonte direta. Vai encontrá-la necessariamente numa outra ideia, associada ou espontânea, fornecida pelas lembranças da pessoa examinada. Assim é que ele reconstrói a cronologia da psicogênese do fato psíquico examinado e chega, enfim, a um fato original primitivo, que se comprova ser sempre uma pulsão sexual mais ou menos recalcada que data da infância.

Desse modo, a psicanálise consegue organizar, numa rede psíquica relativamente simples, as associações desorganizadas e a variação constante dos estados conscientes do sujeito examinado, o que facilita o acesso às camadas cada vez mais profundas do psiquismo e, enfim, ao foco da dinâmica dos afetos inconscientes. Essa rede é formada pelo conjunto das lembranças, afetos, moções, representações verbais, representações de objetos ou representações abstraídas, etc., que estão ligadas entre si pelas leis da memória e do encadeamento psíquico inconsciente das ideias. Se o médico adota essa rede como fio condutor, este o conduzirá do sintoma à sua causa psíquica infantil."

Esta exposição impressionante e clara suscitará, sem dúvida, interesse pela psicanálise; como toda simplificação, ela possui um inestimável valor pedagógico, mas também comporta os inconvenientes de toda esquematização. A psicanálise de hoje está consideravelmente distanciada do processo que consiste em relacionar o sintoma neurótico com uma causa psíquica infantil particular; ela concebe o sintoma como a resultante de determinados fatores constitucionais e acidentais. É verdade que em numerosos casos esses fatores acidentais parecem preponderantes, de sorte que, no que lhes diz respeito, a descrição dos autores continua válida.

A exposição muito cuidadosa da interpretação dos sonhos, segundo Freud, que termina esse capítulo, não exige comentários mais detalhados, assim como a descrição da prova de associação e da "psicanálise da vida cotidiana". Os autores resumem sua impressão sobre as técnicas e os métodos da psicanálise, dizendo que, de todos os métodos de investigação psicológica, a psicanálise é um dos mais difíceis; é por essa razão, sem dúvida, que é tão exíguo o número de críticos que se apoiam numa experiência pessoal.

A exposição das aplicações não médicas da psicanálise (psicologia geral, psicologia da religião, estética, etc.) também é bem-sucedida. A única afirmação que refutamos formalmente é aquela em que os autores pretendem que "a psicanálise, na medida em que formula um julgamento sobre o valor de obras artísticas, deixa de ser uma ciência... rompe aqui a moldura estreita demais para ela da psicologia literária habitual e converte-se em filosofia". Mas como, por outro lado, os autores escrevem que a psicanálise "não se atreve a julgar francamente o valor literário de uma obra" (de resto, eles não poderiam citar uma só passagem, nas obras de Freud, em que este se preocupa com julgamentos de valor estético, moral ou outros), devemos qualificar, portanto, de impressão subjetiva injustificada a opinião dos autores segundo a qual a psicanálise permitir-se-ia implicitamente (e não "francamente") fornecer um código estético, moral ou algo parecido. A grande maioria dos psicanalistas, que seguiu integralmente Freud até o presente momento, sempre tratou a estética e a filosofia como objetos da psicanálise e recusou, em todas as ocasiões, transformar a própria psicanálise em filosofia, doutrina estética ou moral.

Ainda menos se justifica apresentar o conflito entre o princípio de prazer e o princípio de realidade, segundo Freud, como "sistema filosófico que explica as finalidades da vida humana" e não como um simples resumo de fatos da experiência, adquiridos empiricamente. Portanto, apesar de tudo, acumulam-se pouco a pouco os indícios comprobatórios de que R. e H. – que compreenderam perfeitamente os árduos problemas da técnica psicanalítica e mesmo a noção de "inconsciente", na qual tropeça a maioria das pessoas –, quando se trata de estética, de filosofia ou de moral (equidade), não dão mostras dessa imparcialidade científica, que se propunham respeitar, e associam à psicanálise conceitos que dela estão muito distanciados e até mesmo contra os quais ela sempre multiplicou as advertências. Pois ainda que os estetas, os pedagogos e os políticos sociais se sirvam de conhecimentos psicanalíticos para o desenvolvimento de seus próprios domínios (ao que ninguém lhes pode negar o direito), a psicanálise como tal é uma ciência livre de toda e qualquer tendência, assim como a botânica não deixa de ser uma ciência pelo fato de hortelões ou pregadores vegetarianos explorarem os conhecimentos botânicos no interesse de seus respectivos domínios particulares. Entretanto, se o psicanalista, que deveria ser o primeiro a aperceber-se das diferentes aplicações possíveis de seu método, aventura-se no terreno de disciplinas que lhe são *a priori* estranhas, é somente à falta de algo melhor: ele não pode esperar que os especialistas dessas disciplinas adquiram conhecimentos suficientes, em psicanálise, para cumprir essa tarefa – tal como o botânico que se fará hortelão se, como Robinson Crusoe, for obrigado a viver numa ilha deserta e se vir privado das vantagens da divisão do trabalho.

A aplicação médica da psicanálise (o tratamento das neuroses e psicoses) ocupa naturalmente a maior parte do livro. A apresentação e a classificação da literatura que com isso se relaciona são, uma vez mais, exatas e claras. Entretanto, à medida que se avança na leitura do livro, chama a atenção a neutralidade um pouco forçada dos autores, inclusive a abstenção total de tomadas de posição (embora aqui e ali – como já vimos – certa tendência perpasse como um relâmpago na fria objetividade da exposição). Essa serenidade faz pensar na calmaria que precede a tempestade e nada pressagia de bom. Na exposição da teoria das neuroses, temos poucas coisas a destacar, sendo uma delas, por exemplo, o confronto muito bem elaborado entre as opiniões de Freud e de Janet.

O capítulo referente à psicanálise das neuroses termina com a seguinte frase: "Para a psicanálise – que dá a mesma etiologia para todas as neuroses –, a descrição das diferentes formas patológicas, que permitia aos autores clássicos traçar as fronteiras entre as diferentes doenças nervosas, perdeu seu interesse." Entretanto, a psicanálise sempre advertiu alguns de seus adeptos, demasiado impacientes, contra uma simplificação tão abusiva dos fatos. Bastará lembrar com que perseverança Freud esforçou-se por elucidar o problema da escolha da neurose e por explicar os diferentes mecanismos, para compreender até que ponto estava longe do seu pensamento suprimir as separações representadas pelas diferenças características dos mecanismos de formação dos sintomas, onde colhia o essencial de seus conhecimentos. Mesmo se a classificação de Freud se afasta, em última instância, da nosologia tradicional, isso não significa o abandono dos métodos "clássicos", cujos representantes, como se sabe, não estão de acordo entre eles e sustentam os mais diversos projetos de classificação. No entanto, não quero negar que Freud efetivamente diverge, em muitos pontos essenciais, dos "clássicos" da psiquiatria – sempre com vantagem, ao que me parece.

A exposição sobre a psicanálise das psicoses fornece uma nova demonstração do talento didático dos autores. O único erro que me cumpre, entretanto, corrigir é a confusão que fizeram entre *introjeção* e *introversão*; mas admito sem reservas que seria preferível dar a duas noções tão radicalmente diferentes denominações de uma consonância menos semelhante.

Trata-se de um mal-entendido muito mais grave quando os autores, na discussão dos efeitos terapêuticos da psicanálise, mencionam entre as medidas terapêuticas complementares a *condenação* dos desejos injustificados. Acontece que a condenação, do mesmo modo que a *sublimação*, não é um meio terapêutico, mas um resultado do tratamento; tanto uma quanto a outra devem surgir no decorrer ou em consequência da análise, espontaneamente, e sem que haja sugestão por parte do médico; não devem ser corpos estranhos fraudulentamente introduzidos no universo psíquico do doente, mas aquisições duradouras e pessoais dele.

Esse capítulo termina com um resumo breve, mas, em seu todo, bastante completo da literatura sobre a transferência; é assim que termina a parte descritiva do livro.

A parte seguinte, crítica, da obra é introduzida por um pequeno ensaio verdadeiramente notável, intitulado "A psicanálise e os críticos". Aí podemos ler, entre outras coisas: "De imediato, pode-se rejeitar, sem hesitação, uma grande parte das críticas desfavoráveis à psicanálise. São todas aquelas que fazem intervir considerações de ordem *sentimental*: moral, ética, religiosa, etc. Todas elas são extremas. Ou representam Freud como um apóstolo desprezado ou desconhecido e emanam de discípulos místicos e entusiastas, mais do que de alunos convictos. Ou então tendem a fazer dele um iluminado, um sonhador, até mesmo um espírito falso e perigoso, arrastando seus adeptos para uma espécie de delirante contaminação coletiva. Elas emanam, pois... de moralistas perturbados em sua ignorância sistemática da sexualidade, de religiosos ultrajados em seus princípios ou de pedagogos assustados com tal liberdade de opiniões." "Os ataques desse gênero, dirigidos principalmente por Hoche, Förster, K. Mendel e outros... não devem ser levados em conta no terreno onde nos situamos, ou seja, o terreno científico. Também deixaremos de lado as críticas que recorrem ao espírito zombeteiro e tendem... a ridicularizar as ideias de Freud. A crítica científica não se harmoniza bem com o humor. A esse respeito, concebe-se como deve ser doloroso para um grande espírito como o criador da psicanálise ver a obra a que consagrou sua vida converter-se em objeto de zombarias tão fáceis."

Aprovamos praticamente em todos os pontos os comentários que os autores opõem aos críticos, embora lamentando que não citem os que *defendem* Freud de um ponto de vista religioso, ético, moral, etc. Pois conhecemos pouco tais críticos, que os autores rejeitam com razão. Entretanto, se algum jovem psicanalista se mostra aqui e ali excessivo na expressão de seu reconhecimento, talvez se lhe perdoe por conservar apenas sua objetividade *in merito*. Mas seria certamente castigá-lo com excessiva severidade se, por uma simples falta de estilo, o puséssemos na mesma categoria dos Hoche, Mendel, etc.

É menos compreensível, e mesmo um pouco desmoralizador, ver os autores citarem, entre os críticos sérios de Freud, ao lado dos nomes universalmente respeitados de Janet, Ladame, Dubois e Bleuler, o de Friedländer, mais conhecido entre nós! Nesse trabalho, tomamos também conhecimento de Kostyleff, autor pouco conhecido aqui, que descortinou na psicanálise provas em favor da teoria psicológica dos "reflexos cerebrais". Segundo parece, Kostyleff já publicou muito acerca da psicanálise em língua francesa. Enfim, os autores sublinham com toda razão que "lamentavelmente a grande maioria dos críticos absteve-se de toda e qualquer aplicação sistemática das técnicas propostas por Freud. Alguns... como Isserlin, recusam-se até mesmo a tentá-las, porque elas lhes parecem *a priori* inaceitáveis no plano lógico."

Os autores prometem, no que lhes diz respeito, julgar a psicanálise com equidade. Uma vez que consideram um erro aceitar ou rejeitar a nova doutrina em seu conjunto, desejam retomar a discussão da teoria em geral e em seguida pronunciar-se ponto por ponto.

Os equívocos encontrados na parte descritiva nos prepararam para ver o julgamento dos autores perturbado por uma interpretação defeituosa de partes importantes da doutrina psicanalítica, mas isso atinge proporções tais que – conhecendo a receptividade pouco comum dos autores para certas sutilezas da teoria e da técnica, e levando em conta seus respectivos protestos de objetividade e imparcialidade – não podemos deixar de ficar um pouco estupefatos. Dizemos somente "um pouco" porque temos podido observar, com frequência, uma excelente compreensão da psicanálise aliada à impossibilidade de alcançar a convicção. Destaquemos as principais objeções dos autores; pensamos que os leitores decidirão por si mesmos se depende da doutrina e do método ou da pessoa dos autores que estes tenham sido levados, finalmente, a rejeitar seus pontos essenciais.

"Tínhamos a intenção", assim começa a parte geral da crítica de Régis e Hesnard, "de dar neste livro uma visão de conjunto sistemática da psicanálise. Desse ângulo, a psicanálise não se pode comparar a nenhuma outra obra médica; ela nos surpreende por certas posturas filosóficas tão caracterizadas que já a compararam, justificadamente, a determinados sistemas metafísicos da psicologia. *Isso quer dizer que ela contém todas as qualidades e defeitos de um sistema*; suas qualidades teóricas: clareza, unidade, harmonia, que satisfazem o diletante e lhe poupam a fadiga de uma investigação pessoal, esse paciente reagrupamento dos fatos que até o presente constituía, em medicina, um critério de valor; existe, porém, um inconveniente prático: em virtude da natureza puramente hipotética da teoria, ela escapa em sua totalidade a qualquer demonstração."

De que modo essa acusação se coaduna com a recriminação precedentemente formulada pelos autores, quando qualificaram a psicanálise de "montagem de hipóteses engenhosas" em que somente os críticos "introduziram um pouco de sua preocupação de clareza e harmonia", a fim de satisfazer o desejo de síntese de seus leitores? Na medida em que os autores não retiraram suas críticas à ausência de síntese e à sistematização abusiva, é impossível levar a sério qualquer dessas objeções.

E se é o "paciente reagrupamento dos fatos" que caracteriza o não diletante, então o psicanalista, que passa muitas vezes anos estudando um caso e só se atreve a extrair conclusões a partir de vários casos examinados em profundidade, pode considerar-se a salvo da pecha de diletantismo.

Em contrapartida, admitimos sem reservas que a psicanálise seja designada pelo termo irônico de Kraepelin, que a qualifica de "*metapsiquiatria*" (o que, aliás, é apenas uma variante do termo *metapsicologia*, criado há muito tempo por Freud). Admitimos que o *inconsciente*, por essência indemonstrável, é uma hipótese, uma interpolação no profundo abismo que separa os processos fisiológicos dos processos psíquicos conscientes. Mas essa hipótese é tão justificada quanto certas hipóteses de base em outras ciências, como por exemplo a noção de matéria em física. A única questão consiste em saber se tal hipótese tem valor heurístico, se nos aproxima da compreensão de processos ainda inexplicados; pensamos que a noção de "inconsciente" é preciosa a esse respeito e deve, portanto, ser conservada. Seja como for, a existência dessa hipótese não basta para assimilar a psicanálise a uma mística, como os autores gostariam de fazer.

Permitimo-nos observar que os mesmos autores, que qualificam a psicanálise de "mística" porque não pode fazer a "demonstração experimental" do inconsciente nem "medi-lo com as unidades de medição", falam com muito respeito da chamada psiquiatria clássica, que – como dissemos antes – vincula a megalomania ou outros distúrbios psíquicos a alterações cerebrais específicas. Ora, ninguém pôde ainda demonstrar objetivamente e por via experimental a existência dessa relação, por exemplo, medindo uma ideia megalomaníaca por uma alteração cerebral; portanto, os autores podem considerar essa hipótese como não menos mística que o inconsciente.

A psicanálise é muito mais liberal; ela não rejeita a hipótese de uma correspondência entre certas alterações cerebrais e certos processos psíquicos. Mas reivindica o direito de explorar a verdade por um novo caminho e de tentar agitar as ideias estagnantes da psicologia e da psiquiatria, mediante a observação de mecanismos puramente psicológicos. Como só existe uma verdade, será imprescindível que a verdade fisiológica confirme, no final das contas, a verdade psicológica. Entretanto, é necessário edificar primeiro o método psicológico, gravemente desprezado até agora, de uma forma autônoma e independente da fisiologia. De resto, a falência completa da psiquiatria anatômica justificaria toda e qualquer tentativa, mesmo que fosse muito menos fundamentada do que a "metapsiquiatria", segundo Freud; e a esterilidade da orientação "clássica" deveria incitar seus adeptos a um pouco mais de comedimento em suas exigências diante das outras orientações e a mais modéstia em suas críticas.

Quando os autores censuram à psicanálise considerar as diferentes formas patológicas como "*entidades mórbidas*" *imutáveis*, contradizem-se uma vez mais na medida em que criticaram antes à psicanálise o fato de não atribuir importância nenhuma às *diferentes formas patológicas*, dado que, em definitivo, tudo desemboca na sexualidade. Além disso, é uma deformação dos fatos, pois a psicanálise jamais apresentou as formas patológicas como fenômenos últimos que não podem mais ser analisados, mas, pelo contrário, como mecanismos que, fixados em certa medida pela evolução onto e filogenética, baseiam-se, em última análise, em processos elementares e requerem mais análise. Seria interessante saber qual é a parte da doutrina, tão mal compreendida pelos autores, que os leva a fazer a psicanálise endossar tendências que lhe são completamente estranhas. Os autores não encontrarão na obra de

Freud uma única passagem onde a neurose se apresenta como uma "entidade que não pode mais ser analisada". A imparcialidade prometida esgotou-se, ao que parece, com a descrição da psicanálise e nada sobrou para a parte crítica. Segue-se o reproche da teleologia. Em psicanálise o inconsciente, a censura, a pulsão sexual, a psiconeurose, o sonho, etc. "são influenciados pela doutrina arcaica das causas finais". "Eles presumem a existência de uma espécie de premonição na natureza humana, que fornece ao ser psíquico os meios mais diversos e os mais espirituais para satisfazer o seu destino e cumprir seus fins últimos." Aqui, a neurose "não é o efeito de um distúrbio vital, à maneira da decomposição de uma mistura durante uma reação química, mas um meio de escapar a uma realidade excessivamente insuportável".

A isso replicaremos: a psicanálise descobriu toda uma série de mecanismos de defesa psíquicos adaptados e encontrou-os em ação nas neuroses. Mas essa descoberta não desmente, de forma alguma, a concepção científica em vigor nos dias de hoje; é bem conhecido, no entanto, de acordo com a investigação biológica, tida em alta estima – justificadamente – pelos nossos autores, que esses mecanismos de defesa também desempenham um importante papel em fisiologia e em patologia. Hoje, os sintomas da febre tifoide não são apenas considerados simples sinais de uma "perturbação vital", mas também uma combinação de fenômenos de insuficiência e de reações de defesa. A própria psicanálise não os julga de outro modo.

Mas é inteiramente falso pretender que Freud atribui a essa eficácia o sentido de uma tendência mística para um "destino" e não o de um fenômeno de adaptação que pode receber uma explicação biogenética; essas considerações denunciam, lamentavelmente, a indesculpável leviandade dos autores quando interpretam de forma abusiva ou, para sermos mais exatos, quando deformam numerosos pensamentos de Freud. Ele rejeitou energicamente a interpretação finalista dos fatos psicanalíticos proposta por Jung e foi por essa razão que Jung se separou do grupo freudiano.

"Devemos apreciar a psicanálise como uma das produções artísticas que ela tenta explicar; ela própria é um símbolo." É possível! O psicanalista deve ser suficientemente lógico consigo mesmo para admitir que os fatores determinantes individuais inconscientes, postos em evidência pela análise, podem fornecer um complemento importante para o trabalho psicanalítico, tanto quanto para qualquer outra criação. O verdadeiro psicanalista está tão convencido disso que jamais deixa de analisar-se a si mesmo e de corrigir seus resultados por meio da autoanálise. Mas considera que, mesmo após a subtração dos fatores pessoais, a psicanálise permanece válida e faz plenamente jus a ser reconhecida. Aos autores compete apresentar provas do contrário. Temos, aliás, a satisfação de constatar, nesta ocasião, que os próprios autores dão testemunho da utilidade prática da concepção e da técnica psicanalíticas na crítica "puramente científica", quando explicam um símbolo (a psicanálise) por meio de mecanismos inconscientes (autoprojeção).

Na crítica do "psicodinamismo" – após insistirem nos precursores franceses de Freud – consentem-lhe alguns elogios por seu trabalho consciencioso a respeito dos processos de "recalcamento". "É o real mérito de Freud e de seus discípulos terem mostrado que o recalcamento é uma das grandes leis da psicopatologia." Depois, reconhecem que a psicanálise permite reencontrar a ideogênese (mais um bom termo técnico extraído do grego, cuja autoria lhes reconhecemos com gratidão) de um sintoma patológico. Entretanto, Freud só teria explicado assim a *gênese* do sintoma, não a sua *causa*! Sem iniciar uma discussão filosófica profunda, notemos que a elucidação completa da gênese de um processo, ou seja, toda a história da sua evolução, dispensa a busca de qualquer outra "causa", visto que essa exposição implica o conhecimento de todas as condições, não sendo a "causa" mais do que a soma das condições de aparecimento. Entre essas condições, Freud sublinhou sempre a importância fundamental dos fatores biológicos; por isso, a veemência com que os autores opõem a psicogênese à teoria tóxica das psicopatias é totalmente supérflua. É evidente que esqueceram o que haviam dito em sua exposição consciência da teoria psicanalítica: "Em última análise, a psicanálise considera toda neurose e todo transtorno psíquico grave como a consequência de fatores químicos, de uma intoxicação do sistema nervoso por toxinas endógenas." Em contrapartida, é verdade que, ao demonstrar a psicogênese das neuroses, Freud evidenciou um novo aspecto do problema, que jamais teria sido acessível por meio da anatomia e da química do cérebro e com o qual a própria biologia, em nosso entender, teria muito a aprender.

O que a escola psiquiátrica de Bordéus, dignamente representada pelos autores do livro em questão, opõe à concepção psicanalítica das neuroses apresenta-se-nos agora de maneira muito clara: "De nossa parte, dizem eles, vemos a causa das psiconeuroses numa insuficiência, numa alteração do funcionamento psíquico, que dependem de alterações materiais e fisiológicas do cérebro, de variações dos fenômenos de excitação cerebral e de transtornos afetivos." Achamos que a ênfase atribuída à cerebralidade nessa definição não está em oposição à psicanálise; pelo contrário, os termos que traduzem o aspecto psíquico do problema parecem tão evidentes, mas tão vazios de significação, quanto todas as outras tentativas análogas realizadas pela psiquiatria pré-psicanalítica. As explicações que querem passar diretamente da cerebralidade para o universo psíquico consciente perdem-se em fumaça como um curto-circuito elétrico; são incapazes de fornecer uma elucidação duradoura dos problemas psíquicos. Aliás, os autores desdizem aqui o essencial do elogio que fizeram ao modo de investigação "ideogenético", ao sustentar que o encadeamento associativo de ideias não significa a causalidade de sua sucessão; pois reconhecer esse fato seria um argumento a favor do princípio tão desacreditado do *post hoc, ergo propter hoc.*

Quanto a nós, pensamos que não se deve desprezar o *post hoc* enquanto prova de uma relação causal; físicos eminentes tiveram que admitir que, na verdade, não possuímos quase nenhuma outra prova da causalidade além da inevitável ocorrência de um fenômeno após determinados outros fenômenos; não é gratuitamente que o efeito se diz *Folge* em alemão e *conséquence* em francês. Os autores, quando se recusam a dar uma significação psíquica de ordem causal à sucessão associativa, renunciam à única possibilidade de obter uma confirmação do determinismo psíquico.

A única passagem do livro em que os autores se referem a seus próprios trabalhos psicanalíticos encontra-se na crítica de *A interpretação dos sonhos*. Tal como a grande maioria dos intérpretes de sonhos que leram mal Freud, os críticos acham que o sonho não representa somente a "realização de desejos", mas também a concretização de diversos afetos. Eles esquecem que Freud sempre sublinhou de forma insistente que o sonho manifesto, e mesmo o conteúdo onírico latente, podem fornecer aos mais diversos afetos, ódio, medo, inquietação, sentimentos de culpa, etc., uma ocasião de se manifestarem; as diferentes partes do sonho, tomadas separadamente, não representam, em absoluto, a realização de um desejo. Freud apenas afirmou que, após a análise, o sonho, tomado em sua totalidade, *possui um sentido*, e que esse sentido nada mais é do que uma representação que satisfaz o desejo contido em um ou vários pensamentos latentes da véspera, representação composta com a ajuda de aspirações infantis inconscientes que ficaram insatisfeitas. Não é o fato de os críticos aceitarem de má vontade a interpretação de sonhos segundo Freud, mas o de se equivocarem tão sistematicamente sobre suas proposições claras e unívocas, que mostra a intervenção de outros e diferentes fatores, além dos intelectuais, na crítica da psicanálise. É, ao mesmo tempo, uma resposta à repetida acusação de que a psicanálise dispõe de um argumento fácil quando, para explicar a rejeição de sua doutrina, ela invoca a "resistência" de seus adversários.

Os autores consideram igualmente inaceitável que as *associações* obedeçam às mesmas leis no sonho e na neurose que na vida vígil; mas, duas páginas adiante, sustentam que o sonho obedece às mesmas leis elementares da *afetividade* que a vida vígil; os argumentos que citam em apoio dessa última afirmação não são muito mais sólidos que aqueles que ajudam a psicanálise a sustentar a primeira, havendo o cuidado de indicar, porém, as múltiplas *diferenças* que separam os modos de associação conscientes e inconscientes. Nenhuma crítica deixa, aliás, de sublinhar que não se pode situar num mesmo plano os sintomas da doença psíquica e os fenômenos da vida psíquica normal; e, no entanto, a patologia geral nos ensina que a "doença" nada mais é do que "a vida em outras condições". Nenhuma razão existe para que a psicopatologia escape a essa lei de alcance geral.

Os autores consideram que a explicação "ideogenética" de um sintoma mórbido é ainda mais contestável do que a busca de um conteúdo latente num sonho. "O estudo da sucessão de lembranças patogênicas tem, por certo, grande interesse; contudo, esse encadeamento é, por vezes, tão curiosamente complexo, exprime--se numa aproximação tão surpreendente de fatos impossíveis de comparar (jogos de palavras, analogias superficiais, símbolos *ex contrario*, etc.), que podemos nos perguntar com bons motivos como uma tendência bastante forte para prejudicar seriamente o organismo pode ligar-se ao sintoma por uma ponte tão frágil. Por exemplo, é muito difícil conceber a necessidade de introduzir entre uma contratura fixada e sua causa: um poderoso complexo bloqueado no inconsciente, um intermediário tão inconsistente e sutil quanto uma sequência de ideias, de imagens e de afetos ligados aleatoriamente, ou por alguns jogos de palavras."

Cumpre reconhecer que esse fato é inverossímil e surpreendeu até aquele que devia, no entanto, constatá-lo. A crítica, porém, não poderia limitar-se a constatar a inverossimilhança, mas teria de tentar estabelecer a eventual exatidão desse processo por meio de investigações precisas, a despeito de sua aparente falta de verossimilhança. Aliás, é fácil fornecer a explicação inutilmente esperada. Recalcar é permitir que a fonte de um afeto permaneça ou passe a ser inconsciente; para isso, o deslocamento do afeto para algo de análogo, mas *insignificante*, constitui um bom meio. Portanto, é justamente a sua *insignificância*, a sua *inverossimilhança*, que faz dos jogos de palavras, das analogias longínquas, etc. as melhores e as mais seguras pontes associativas do recalcamento. Apesar de toda a sua delicadeza e fragilidade, essas pontes desempenharam sua tarefa com perfeição, se conseguiram desviar a consciência do que devia ser recalcado para algo inofensivo. O que elas realizam não é, pois, uma proeza; seu trabalho assemelha-se mais ao do agulheiro que, sem grande esforço, pode desviar para outras vias a locomotiva que avança a grande velocidade. O fato de os próprios críticos acharem esse modo de encadeamento das ideias "inesperado", "inverossímil", até "impossível" apenas mostra que o processo do recalcamento recorreu a pontes associativas bem dissimuladas, difíceis de descobrir, já que ninguém suspeita delas ou nelas pensa.

O que os autores apresentam sob o título de "Crítica do pansexualismo" é apenas uma consequência direta de seu desprezo, já assinalado, a propósito do papel que Freud atribui à sexualidade na vida psíquica. Entretanto, eles honram com algumas palavras elogiosas a exposição feita por Freud da história da evolução da sexualidade. Como esse elogio constitui uma exceção, citá-lo-emos *in extenso*: "A psicologia psicanalítica da evolução sexual parece-nos muito interessante, em particular porque tem o grande mérito científico de explorar um universo inteiramente desconhecido, embora algumas passagens nos pareçam ditadas pelo desejo *a priori* do autor de encontrar aí a origem das psicopatias, mais do que por uma preocupação legítima de conhecimento. A psicologia das perversões sexuais – apesar de algumas restrições – parece-nos bastante racional, apoia-se numa ampla experiência e apenas num reduzido número de hipótese; numa palavra, é muito engenhosa e mais satisfatória do que muitas outras, dentre as teorias sobre as anomalias da pulsão sexual." Em compensação, R. e H. consideram inteiramente hipotética a tese freudiana segundo a qual a neurose é o negativo da perversão. Contudo, se fizessem a análise de não importa que histeria de angústia, com globus e náuseas, modificariam essa opinião e reconheceriam sem dificuldade nesses sintomas manifestações negativas da pulsão parcial erótica oral. De resto, já não se trata neste caso de opiniões divergentes, mas de contradições ao nível dos fatos. E estas não podem ser resolvidas pela discussão, mas somente pela experiência.

É a teoria do sentimento de inferioridade, proposta por Adler, que os autores copiam quando pretendem que certos neuróticos colocam instintivamente a sexualidade em primeiro plano, para motivar insuficiências de uma outra coisa. As objeções formuladas contra a teoria do sentimento de inferioridade – frequentemente expostas em outros artigos – conservam aqui todo o seu valor.

"É imprudente admitir, do ponto de vista social, que somos todos incestuosos ou homossexuais em potencial", declaram R. e H. mais adiante, e não podem admitir que a "ternura seja apenas a crueldade refreada e a crueldade seja a ternura sem moral". Naturalmente, nenhum psicanalista sustentou jamais esta última proposição; a crueldade propriamente dita nada tem a ver com o sentimento de ternura nem com a moral. Parece que o desejo de uma estilização aforística eficaz levou neste caso a melhor sobre a objetividade.

Sabe-se que os casos pouco claros nunca constituem um bom objeto para a discussão, mas convêm para quem busca a polêmica; por exemplo, os casos em que neurose e perversão existem conjuntamente propiciariam aos autores argumentos contra o caráter oposto desses dois estados. De fato, a unidade do desenvolvimento psíquico nunca é total o bastante para que um mesmo indivíduo não possa apresentar ao mesmo tempo uma perversão positiva e outra, negativa, evoluindo para a neurose.

Uma das conclusões finais desse capítulo mostra claramente, aliás, que aos autores desagrada sobremaneira a terminologia da psicanálise. As expressões "libido", "sexualidade", etc., em seu emprego atual, deveriam ser substituídas sempre pela palavra "afeto". Para os autores, tal psicogênese afetiva das psiconeuroses, inspirada na psicanálise, mas considerada num sentido mais amplo, "talvez não seja possível". Entretanto, seria um sacrifício intelectual para a psicanálise admitir essa generalização, antes que os fatos a obriguem a rever sua experiência, de acordo com a qual as psiconeuroses têm sempre uma base sexual.

Depois, os autores retornam, uma vez mais – e agora de modo mais preciso –, à sua apresentação da psicanálise como continuação do desenvolvimento da psicologia moderna anterior a Freud, principalmente a francesa. O próprio Freud sublinhou inúmeras vezes, e com insistência, a influência exercida sobre ele por Charcot, Bernheim e Janet. Em contrapartida, as ideias de Bergson, que os autores igualmente evocam nesse mesmo contexto, só mostram com a psicanálise uma semelhança parcial e limitada a certos detalhes psicológicos. No plano dos princípios, deve-se, antes, constatar uma oposição entre eles e não a analogia sustentada pelos críticos. "Seria para nós lisongeiro, e interessante para o fundador da *psicanálise*, se pudéssemos concluir que a sua psicanálise é uma tentativa mais ou menos inconsciente de reagrupar num único sistema os resultados da *análise psicológica* francesa." Se levarmos em conta as numerosas censuras e os magros louvores que R. e H. fazem à psicanálise, seria o caso de duvidar que essa filiação se apresente assim tão "lisongeira" para os cientistas franceses. A psicanálise não pode, em nenhum caso, admitir a exatidão dessa classificação. Ela pretende ter acrescentado *fatos novos* à obra dos cientistas franceses e só ter dado continuidade ao seu desenvolvimento a partir da *concepção nova* que ela representa. A semente que está na origem da psicanálise não tem nenhuma relação com a literatura francesa. Não foi Charcot, e menos ainda Janet, mas Breuer quem deu o primeiro impulso para a edificação da nova doutrina, a qual, aliás, despertou pouquíssimo interesse em Charcot e não foi sequer entendida por Janet.

A crítica da psicanálise, do ponto de vista médico, principia pela censura feita à psicanálise de querer, em sua necessidade desenfreada de conquista, submeter toda a neuropsiquiatria. Ontem, tratava-se apenas das psiconeuroses, hoje ela já anexou quadros clínicos psiquiátricos como a demência precoce, e amanhã talvez anuncie suas pretensões até no domínio da paralisia geral.

É indiscutível que o campo médico em que a psicanálise pode prestar serviços ampliou-se imensamente. Os próprios autores reconhecem que Freud logrou dar ao recalcamento, por exemplo, o valor de uma nova lei geral da psicopatologia. Consideramos que a psicanálise forneceu igualmente muitos outros fatos novos à psicologia e à patologia. Entretanto, uma vez na posse dessas descobertas, ela tinha a obrigação formal de rever todo o domínio das psicoses e das psiconeuroses. Se ela pôde em seguida contribuir efetivamente, diversas vezes, para a compreensão médica dos quadros clínicos psiquiátricos – lamentavelmente, nem sempre para a sua cura –, nem por isso merecerá que acusem de insaciabilidade quem no domínio científico, aliás, sempre pareceu deslocado. Pois ser "modesto" na busca da verdade certamente não é uma virtude. É evidente que a psicanálise também pode fornecer fatos novos e preciosos no domínio das psicoses orgânicas, tarefa que mais cedo ou mais tarde ela deverá empreender. Não se segue em absoluto que esses estados devam ser considerados essencialmente psicogênicos e tratados pela psicoterapia. Essa dedução apressada também desmente, em certa medida, a "imparcialidade" de que se vangloriam os autores e da qual, efetivamente, deram sobejas provas na primeira parte do livro.

Depois, os autores, na crítica que fazem da nosologia psicanalítica, exprimem suas dúvidas quanto ao fundamento da relação que Freud estabelece entre neuroses atuais e distúrbios da higiene sexual corporal; por outro lado, consideram que a reconstrução da psicogênese dos estados psíquicos mórbidos, tal como é praticada pela psicanálise, constitui um método excessivamente subjetivo, mesmo que seja correto; segundo R. e H., é um exagero querer descobrir um sentido escondido, por trás dos absurdos conteúdos psíquicos dos psicóticos, etc. Para responder a todas essas objeções, seria necessário escrever outro livro ou, pelo menos, ampliar de forma desmesurada os limites já vastos desta discussão. Aliás, todas essas objeções já foram feitas frequentes vezes e refutadas em cada caso. Apenas destacaremos aqui uma delas: se os autores chegam a admitir que a análise possa ter acesso ao *conteúdo* escondido de um sistema psiconeurótico, ou seja, que possa reconhecer num aparente "absurdo" algo que possui um sentido, que é decifrável, então por que recuam quando se trata de explicar a "salada verbal" do psicótico, ou seja, uma outra espécie de absurdo? Parece que os autores estabelecem uma diferença fundamental entre psiconeuroses e psicoses funcionais, quando a única diferença reside no mecanismo e – de toda maneira – na acessibilidade ao tratamento. De fato, as psiconeuroses constituem um capítulo da psiquiatria e devem ser avaliadas sob o mesmo ângulo que as outras psicoses. Por que razão um método de investigação psicológica, que se mostra eficaz nas "psiconeuroses", não seria aplicável às psicoses?

A parte crítica introduz a exposição do método terapêutico psicanalítico com as seguintes considerações: "Na suposição de que um indivíduo padeça de um complexo recalcado, não seria mais indicado reduzir o complexo ao silêncio, mediante um reforço ainda maior do recalcamento, em vez de trazê-lo à tona?" Segundo as palavras do próprio Freud, "o estado normal dos complexos sexuais é o de serem mantidos no inconsciente pelas forças morais, e não o de se tornarem conscientes".

Os autores não podem supor que Freud, um aluno de Bernheim, ignoraria a eficácia dos métodos baseados num reforço do recalcamento (hipnose, sugestão). Freud não faz nenhuma objeção ao emprego eventual dessas terapias. Simplesmente sustenta: primeiro, que esses métodos não são radicais, pois não fazem mais do que dissimular o núcleo patológico; segundo, que em muitos pacientes – de fato, na maioria – mostram-se inoperantes. Foi justamente a insatisfação provocada pelos resultados assim obtidos que levou Breuer e Freud a criar a psicanálise. E a referência às "palavras do próprio Freud" é absolutamente injustificada, quando os autores pretendem que os complexos sexuais devem ser normalmente recalcados. Pois seu conhecimento consciente é compatível com a saúde mental e o "recalcamento" não é o único meio e nem sempre o melhor para dominar tais complexos.

Reconhecemos que a técnica psicanalítica é uma técnica efetivamente difícil, mas esse não é um argumento válido contra a sua aplicação. A subjetividade do médico desempenha um papel importante entre essas dificuldades, mas não tem o caráter esmagador que os autores do livro lhe atribuem. As interpretações errôneas e o mau uso das técnicas vingam-se, espontaneamente, provocando distúrbios e transtornos, até mesmo um completo impedimento do progresso da análise. A "docilidade" dos pacientes está longe de ser tão grande quanto os autores imaginam. Em contrapartida, a proposição dos autores, que consiste em fazer examinar os doentes, a título experimental, por vários analistas, a fim de comparar os resultados, mostra sua total ignorância do modo como se desenrola uma psicanálise. Senão, saberiam que tal proposta é irrealizável, visto que os pacientes seriam solicitados a contar realmente *tudo* o que lhes acode ao espírito também na segunda sessão, logo, todas as interpretações de sua primeira sessão de análise; se não o fizessem, se calassem o menor detalhe, estariam faltando à regra fundamental da psicanálise e falseariam o resultado que a análise teria produzido sem essa dissimulação. Em todo caso, essa proposição absurda desmente a opinião expressa pelos autores de que basta um tempo "relativamente curto" para que a teoria e a prática da psicanálise sejam suficientemente assimiladas; de qualquer forma, o tempo que consagraram à redação desse livro não lhes foi suficiente.

Podemos concluir daí que a opinião desfavorável dos autores sobre a eficácia terapêutica da investigação psicanalítica, formulada a partir da experiência pessoal de ambos, tem pouco peso. Gostaríamos de responder ainda a duas de suas objeções teóricas. A primeira é que o efeito terapêutico da análise poderia ser obtido não pelo método, mas apenas pela transferência (a atitude benevolente em relação aos pacientes). A prova do contrário é fornecida, entre outras coisas, pelo caráter inteiramente provisório dos sucessos obtidos nas casas de saúde, onde certamente se ocupam bastante dos doentes, mas sem método. Esses sucessos desaparecem assim que o sujeito se afasta do "ambiente transferencial". Mas uma análise correta (os autores não insistem nesse ponto) resolve pouco a pouco a transferência, torna o paciente independente do método e deixa-o na posse de um autocontrole que o preserva das recidivas e o adverte a tempo de todo perigo dessa natureza.

A outra objeção teórica formulada pelos autores é que é necessário habituar os neuróticos e, em particular, os obsessivos, a não se ocuparem de seus sintomas mórbidos, a não ficar remexendo neles. Seria de temer que a psicanálise, em vez de curá-los, cultivasse nesses pacientes as ideias obsessivas e delirantes. O que pensariam os autores daquele que pretendesse proibir ao cirurgião o emprego do bisturi, sob o pretexto de que, sendo um instrumento pontiagudo e cortante, poderia ser perigoso? O que eles reclamam, entretanto, é da mesma ordem! A faca só é perigosa em mãos inábeis; a tortura que o neurótico se inflige, quando não está em condições de recorrer a um médico experiente, é da mesma natureza. Em compensação, "remexer" no psiquismo do paciente torna-se um instrumento terapêutico quando um especialista dirige o paciente para o núcleo escondido de seu mal, que ele jamais teria encontrado com suas estéreis ruminações.

*

Após termos aberto o nosso caminho – de um modo um tanto penoso – através da parte crítica da obra, podemos resumir a nossa impressão concluindo que, na medida em que os autores acham inadmissíveis tantos pontos fundamentais da psicanálise, o apreço elogioso que demonstram a respeito de detalhes, os quais só devem sua descoberta às orientações e aos procedimentos rejeitados pelos autores, perde praticamente todo o valor. Esforçamo-nos por realçar a oposição quase irredutível entre as concepções dos autores e as da psicanálise, mas tivemos de renunciar, naturalmente, à tentativa desesperada de reduzir essas contradições pela dialética. Preferimos concentrar a nossa atenção naqueles pontos em que a oposição dos autores tem por base uma compreensão errônea e uma interpretação abusiva do "pensamento freudico".

As inconsequências de que os autores se tornaram culpados e, em especial, as diferenças que existem entre a parte descritiva e a parte crítica são tão grandes que essas duas partes parecem não ser obra de uma mesma pessoa; por isso devemos expressar a nossa suspeita de que o autor da parte crítica poderia ser Régis, estando Hesnard na origem da exposição, e que a unificação dos pontos de vista fracassou justamente em virtude da dupla redação.

Para atenuar o efeito entristecedor da parte crítica, cedemos ao prazer de folhear de novo a primeira parte do livro, a mais bem-sucedida, e de nos deleitarmos, uma vez mais, com a finura da compreensão dos autores, seu domínio dialético e seu belo estilo[6].

---

6. O livro dá em anexo uma bibliografia cuidadosa e muito completa. Assinalamos aos autores que eles citam erroneamente Franck, um discípulo tardio de Freud, como um de seus precursores (p. 5). A maior parte dos meus próprios trabalhos aí é atribuída a certo H. Feltmann: sem dúvida, um erro de impressão.

LVI

A era glacial dos perigos

Pode-se conceber que, de certo ângulo, os acontecimentos mais atrozes e os mais perturbadores podem aparecer como experiências desmesuradas de psicologia experimental, uma espécie de *Naturexperiment*, que o cientista não pode realizar em seu gabinete, mas, no máximo, no laboratório do seu pensamento. A guerra é um desses experimentos de laboratório em escala cósmica. Em tempos de paz, só um exame pelo método complexo dos sonhos, dos sintomas neuróticos, das criações artísticas, das diversas religiões permite demonstrar (sem que por isso fique fácil admitir) que o psiquismo humano apresenta múltiplas camadas, que a cultura é tão só uma vitrina lindamente decorada, ao passo que nos fundos da loja se empilham mercadorias mais primitivas. A guerra arrancou brutalmente essa máscara e mostrou-nos o homem em sua natureza profunda, verdadeira e, no fundo do homem, a criança, o selvagem e o primitivo. Nossos contemporâneos, ainda recentemente tão orgulhosos e tão dispostos a criticar, consideram, com a veneração submissa que uma criança assustada tem por seu pai, todos aqueles a quem atribuem força, mesmo brutalidade, desde que deles esperem alguma proteção. A naturalidade com que partimos para matar, ou eventualmente nos fazermos matar, em nada difere das manifestações instintivas dos povos primitivos. Os homens reúnem-se para melhor se defenderem contra o exterior por suas forças conjugadas; a necessidade faz nascer a virtude: todo mundo é bom, pronto para todos os sacrifícios, humilde e temente a deus. Foi assim que as calamidades da era glacial forjaram outrora a primeira sociedade familiar e religiosa, base de toda a evolução ulterior. A guerra simplesmente nos lançou de novo na era glacial ou, melhor, ela pôs a nu as marcas profundas que esta imprimiu no universo psíquico da humanidade.

Daí poderíamos extrair este ensinamento: em tempo de paz, não tenhamos a menor vergonha de descobrir em nós o homem primitivo, inclusive o animal; não há desonra nesse parentesco próximo com a natureza. Em tempo de guerra, não reneguemos covardemente os valores culturais superiores da vida e só aceitemos sacrificar o estritamente necessário.

LVII

Prefácio para a obra de Freud: Sobre os sonhos[1]

A atividade literária de vulgarização não cabe, em geral, aos próprios espíritos criadores, mas a autores que, abertos para as ideias de outrem que os entusiasmam, possuem ademais o dom de simplificar suficientemente o emaranhado de problemas científicos – insistindo nos pontos essenciais e pondo de lado os mais complexos – a fim de torná-los acessíveis aos não iniciados; em seguida, eles misturam de bom grado a esse alimento espiritual assim filtrado alguma especiaria divertida ou poética de sua lavra ou – o que é pior – suas próprias especulações superficiais. Daí resulta que os produtos da literatura popular oferecem, com frequência, uma imagem bastante deformada do conteúdo das obras originais, em virtude tanto das mutilações como das adições, e atraem justificadamente a antipatia dos autores dessas obras. É raro que o próprio autor se encarregue da divulgação de sua obra, em parte, talvez, porque cada uma de suas parcelas lhe pareça tão preciosa quanto as demais, a ponto de não ser capaz de resolver-se a amputar qualquer delas, uma tarefa exigida pela vulgarização; por outro lado, o dom literário particular necessário para esse trabalho falta-lhe a maioria das vezes.

Freud mereceu o reconhecimento dos leitores interessados pela psicanálise, por ter ele mesmo empreendido, em pequenas brochuras, a exposição breve e popularizada de suas *investigações sobre o sonho*, tão ricas, precisamente, em interesses múltiplos. Apresento-

---

1. Essa obra foi traduzida para o húngaro por Ferenczi. (NTF)

-lhes aqui a tradução húngara de uma delas (*Über den Traum*, 2.ª edição, Bergmann, Wiesbaden); ela expõe as evoluções e os princípios fundamentais da interpretação de sonhos. A outra (*Der Wahn und die Träume in Jensen's Gradiva*, 2.ª edição, Deuticke, Viena[2]), analisa de maneira agradável o tema particular dos sonhos *inventados* pelos escritores e disseminados nas obras de poetas autênticos; mostra que obedecem às mesmas leis que os sonhos espontâneos, bem evidenciadas pela psicanálise.

É graças a esses notáveis dotes literários, isentos dessa supervalorização de si de que acabamos de falar, que Freud, apesar de sua qualidade de criador, pôde realizar de forma tão magistral sua tarefa também de divulgador nessas duas brochuras e em outros artigos mais curtos. Ignotus, um eminente crítico literário e fervoroso partidário da psicanálise, coloca o escritor Freud a par de Gottfried Keller.

Precisamente porque o próprio autor expõe aí sua obra, compreende-se que ele não se limite a dar um extrato árido, mas que, em numerosos trechos, Freud apresente o seu assunto sob novos ângulos; este pequeno volume será, portanto, lido com proveito mesmo por aqueles que conhecem a obra principal (*Die Traumdeutung*, 4.ª edição, Deuticke, Viena)[3]. Por outro lado, a leitura deste trabalho poderia levar numerosas pessoas, que mantinham até agora uma atitude de reserva, a ler a própria obra original, cuja redação, tenho a convicção disso, inaugura uma nova era para a psicologia e a psicopatologia.

---

2. Freud: *Délire et rêve dans la Gradiva de Jensen*, Gallimard. (NTF)
3. Freud: *L'interpretation des rêves*, PUF.

LVIII

A *propósito de* La représentation des personnes inconnues et des lapsus linguae *(Claparède)*[1]

Na esteira do artigo de Kollarits, Claparède nota que em indivíduos com audição colorida, a cor que acompanha a sonoridade verbal pode contribuir para a formação da imagem que fazemos de um desconhecido ao ouvir ou ler o nome dele. Nos casos desse gênero, toda explicação freudiana seria, segundo Claparède, supérflua. (Sem dúvida, diremos, mas a própria sinestesia e sua "coloração" individual requerem a explicação freudiana.) A hipótese de que o testemunho possa ser falseado pela audição colorida de quem testemunha parece-nos uma nova e interessante indicação.

A maneira como Claparède explica dois *lapsus linguae*, por ele próprio cometidos, revela uma irreflexão incomum nesse autor. Um dia ele disse tintura de iodo em vez de tintura de ópio, e outra vez bismuto em lugar de magnésio. Explicação: a tintura de iodo e a tintura de ópio são líquidos de um tom castanho-escuro; o bismuto e o magnésio, pós brancos. "Deveria supor que tive o desejo secreto de constipar o paciente que queria ser purgado?", pergunta Claparède, que responde negativamente. Não podemos dar-lhe uma resposta firme, mas apenas constatar que foi essa a primeira coisa que lhe acudiu ao espírito quando quis explicar seu lapso.

---

1. *Archives de Psychologie*, tomo XIV, agosto de 1914.

LIX

Inversão de afetos em sonho

Um cavalheiro de certa idade foi despertado no meio da noite por sua mulher porque ria em seu sono, com um riso tão forte e exagerado que ela ficou alarmada. Mais tarde, o marido contou que tivera o seguinte sonho: "Estava deitado na minha cama; um homem que conheço entrou no meu quarto; eu queria acender a luz mas não conseguia; fiz várias tentativas, porém sem resultado. Então minha mulher levantou-se para vir ajudar-me, mas ela tampouco conseguiu nada; como estava com vergonha de se mostrar em *négligé* diante daquele cavalheiro, ela acabou desistindo e meteu-se de novo na cama. Tudo isso era tão cômico que eu fui tomado de um formidável acesso de riso. Minha mulher repetia sem parar: 'Mas do que é que você ri?' Porém continuei rindo até acordar." – Na manhã seguinte, o sonhante estava muito abatido e com dores de cabeça. – "Foi esse riso formidável que me extenuou", dizia ele.

Do ponto de vista analítico, esse sonho parece muito menos engraçado. Esse "cavalheiro seu conhecido" que tinha surgido no quarto é, no pensamento latente do sonho, "a imagem da morte, evocada na véspera sob o nome do 'grande desconhecido'". O cavalheiro idoso que sofria de arteriosclerose tivera na véspera sérios motivos para pensar na morte. O riso desenfreado substitui *o pranto e os soluços* diante da ideia de que deve morrer. O que ele não consegue acender é a luz da vida. Esse pensamento triste talvez esteja igualmente relacionado com uma tentativa recente de coito, não coroado de êxito, em que mesmo a ajuda de sua mulher em *négligé* não lhe foi de nenhum préstimo; tomou então consciência de que sua vida estava em declive. O trabalho do sonho conseguiu transformar o triste pensamento de importância e morte numa cena cômica, e os soluços, em riso.

Encontramos igualmente "inversões de afetos" e inversões de gestos expressivos nas neuroses, assim como no decorrer da análise, sob a forma de "sintomas transitórios"[1].

---

1. "Um pequeno homem-galo", neste volume, p. 69. (N. do T.)

LX

Uma variante do símbolo "calçado" para representar a vagina

Um paciente sonha que deve "procurar uma galocha de borracha no chão imundo, enquanto seus irmãos e um grande número de outras pessoas, acompanhadas de suas mulheres, partiram na frente há bastante tempo". (A cena desenrola-se no regresso de uma alegre excursão ou numa circunstância análoga.) O paciente não é casado, ao passo que seu irmão caçula já o é há muito tempo. O paciente tem uma ligação com uma mulher casada que já não é muito jovem e teve de se submeter a uma intervenção cirúrgica em consequência de uma ruptura do períneo. No dia anterior ao sonho, eles tinham tido relações sexuais insatisfatórias, durante as quais o paciente não tinha podido estar pronto no momento desejado (como no sonho). A "sujeira" é uma alusão à vergonha que sentiria se o marido soubesse da coisa. Por essa razão é que o símbolo habitual do calçado transformou-se em galocha suja e, além disso, muito extensível.

(Essas variantes individuais dos símbolos distinguem-se dos símbolos universais pela abundância das associações que provocam, ao passo que habitualmente os símbolos raras vezes suscitam ideias no espírito do sonhante.)

LXI

Dois tipos de neurose de guerra (histeria)[1]

Não está de forma alguma nas minhas intenções exprimir opiniões definitivas sobre o importante problema das neuroses de guerra, após um período de estudo relativamente curto. Faz apenas dois meses que assumi a direção do serviço de neurologia do hospital. Cerca de duzentos casos estavam submetidos à minha observação. O número de casos era grande demais, o tempo para estudá-los curto demais. A psicanálise ensinou-nos ser muito menos a exploração estatística de um grande número de casos do que a investigação profunda de casos individuais o que pode conduzir à obtenção de progressos na teoria das neuroses. Estas comunicações devem, portanto, ser consideradas como trabalhos preliminares, cujo objetivo único é refletir as impressões que um psicanalista pode extrair da observação maciça das neuroses de guerra.

A minha primeira impressão ao penetrar na sala do hospital inteiramente ocupada por neuróticos de guerra foi um profundo assombro, do qual certamente os senhores compartilharão quando tiverem a oportunidade de ver esse grupo de doentes que ali estão diante de nós, sentados, em pé ou deitados. São cerca de cinquenta pacientes que dão, quase todos, a impressão de estarem gravemente afetados ou até inválidos. Alguns são incapazes de se deslocar; na maioria, a menor tentativa de deslocamento provoca tremores tão

---

[1]. Redigido de acordo com uma conferência proferida na reunião científica dos médicos do hospital militar Maria-Valéria.

violentos dos joelhos e dos pés que a minha voz dificilmente se sobrepõe ao ruído das solas dos sapatos batendo no chão.

Como disse, na maior parte dos casos são as pernas que tremem; contudo, há outros em que – como poderão verificar – a menor velocidade de movimento da musculatura do corpo todo faz-se acompanhar de crispações e tremores. É o modo de andar desses pacientes o que mais impressiona; dá a impressão de uma paresia espasmódica; no entanto, as diferentes combinações de tremores, rigidez e fraqueza produzem tipos de locomoção muito particulares, que só um filme poderia eventualmente reproduzir. A maioria dos pacientes conta que adoeceu em consequência da explosão de um obus muito perto. Uma razoável minoria explica sua doença como fruto de um esfriamento brutal e violento (imersão na água gelada, permanência ao ar livre com roupas encharcadas), os demais apontam diversos acidentes ou, então, que supostamente adoeceram em virtude do esforço excessivo que lhes era exigido no campo de batalha. As vítimas das explosões de obuses falam de um "sopro" que as jogou por terra, outras foram soterradas em parte pelas massas de terra levantadas pela deflagração.

A correspondência que existe, num grande número de pacientes, entre os sintomas e as causas patogênicas poderia justificar neste caso a hipótese de uma afecção orgânica do cérebro ou da medula espinhal. Eu mesmo tive no começo a impressão de que essa estranha sintomatologia, ignorada até aqui pela patologia, poderia resultar de alguma alteração orgânica do sistema nervoso central; trata-se de paralisia e de excitação centrais, que não puderam ser observadas antes pelo simples fato de que os choques sofridos pelos soldados durante essa guerra eram desconhecidos em tempos de paz. Ative-me por muito tempo a essa hipótese, mesmo quando o exame de casos individuais me convenceu de que nunca se encontravam neles os sintomas que, no entanto, são constantes nas lesões centrais orgânicas, em particular, os sinais de uma lesão do feixe piramidal (reflexo patelar espasmódico, sinal de Babinski, clônus do pé[2]). Mas tive de admitir mais tarde que a ausência desses sintomas característicos e, por outro lado, o quadro de conjunto de cada caso individual, mais particularmente a presença de distúrbios

---

2. Eliminei deliberadamente os casos cujo quadro clínico era complicado por sintomas orgânicos centrais.

da inervação incomuns e variados ao extremo, constituíam sólidos argumentos contra a tese da alteração orgânica, ou mesmo somente "molecular" ou "microrgânica", do tecido nervoso.

A impressão de estranheza e de desconhecido só se dissipou depois de ter procedido a um exame mais profundo de um pequeno grupo de pacientes, cuja doença parecia ter atingido apenas certas partes do corpo e não o corpo inteiro. Só a compreensão desses casos *monossintomáticos* permitiu a classificação nosológica correta desse grupo mórbido.

Eis dois pacientes. Ambos apresentam – além do distúrbio característico da marcha (que não descreverei aqui) – um sintoma impressionante: uma permanente *oscilação da cabeça*, devido à contração rítmica alternante dos músculos do pescoço. O braço direito de um terceiro paciente está imobilizado por uma *contratura da articulação do cotovelo em ângulo obtuso*; todo movimento ativo desse membro parece impossível, toda tentativa de mobilização ativa ou passiva desencadeia um tremor violento da musculatura do braço e uma aceleração simultânea do pulso. A sensibilidade à dor nesse braço está diminuída, a mão apresenta um aspecto cianótico. A musculatura da face e a dos membros inferiores não apresentam nenhum vestígio de paresia. Quando o paciente faz um *grande esforço*, é capaz, apesar de um tremor violento, de modificar ligeiramente a sua posição rígida. Outro paciente assemelha-se ao precedente, só que *seu braço direito está contraído em ângulo agudo ao nível do cotovelo e o antebraço apertado espasmodicamente contra a caixa torácica*. O sintoma de outro paciente localiza-se na região escapular. *Suspende o ombro direito de forma permanente* e observam-se também contrações que lembram tiques.

Eis um paciente que permanece sentado, perfeitamente calmo; se o convidamos a levantar-se, violentas contrações clônicas aparecem na *perna esquerda* – e unicamente nessa perna. Quando fazemos o paciente despir-se, o único sintoma aparente é uma contratura permanente da musculatura da perna esquerda, uma espécie de cãibra fixa. O tremor clônico só se manifesta durante as tentativas de mobilização ativa ou passiva da posição em pé equino, mas esse tremor não tem o caráter de um clônus do pé típico, e os outros sinais de lesão do feixe piramidal estão igualmente ausentes. Essa contratura prolongou-se durante várias semanas e nunca desapareceu em estado vígil. Outro paciente apresenta uma contratura e um tremor de *seus dois membros direitos*, estando a metade esquerda do corpo incólume.

Uma anamnese mais precisa e as relações que se observam entre os dados da anamnese e os diferentes sintomas permitem-nos definir com segurança esses casos como "funcionais" ou, mais exatamente, como *psiconeuroses*. Perguntamos, por exemplo, a esse homem que apresenta uma contratura do lado esquerdo do corpo como foi que adoeceu; ele conta que um obus explodiu à *sua esquerda* e que o "sopro" o atingiu desse mesmo lado. Se o deslocamento de ar tivesse realmente provocado um alteração orgânica no cérebro desse soldado, o hemisfério esquerdo é que teria sido essencialmente afetado (feita abstração da eventualidade de um contragolpe) e os sintomas deveriam ser muito mais acentuados do lado oposto (direito) do corpo; ora, neste caso, o lado direito está perfeitamente incólume. Uma hipótese muito mais plausível parece ser que se trata de um caso psicogênico, de uma fixação traumática do investimento psíquico num lado do corpo, ou seja, de um caso de *histeria*.

Essa hipótese transforma-se em certeza quando se estuda a anamnese dos casos que acabamos de apresentar. O soldado, cujo braço direito está contraído em ângulo obtuso, foi afetado pela deflagração quando avançava com o braço em *posição de balanço*. Ora, essa posição corresponde perfeitamente àquela que a contratura reproduz. O outro, que aperta o ombro contra a ilharga e mantém o cotovelo fixado em ângulo agudo, conserva igualmente a posição que tinha no momento da explosão: estava estendido no solo para encostar a arma ao ombro em posição de tiro e, para tanto, devia apertar o braço contra as costelas e dobrar o cotovelo em ângulo agudo. Nesses casos, é impossível que a comoção tenha provocado o aparecimento de focos centrais orgânicos. Não é concebível que num tão grande número de casos uma lesão cerebral possa atacar precisamente os centros que correspondem aos músculos que funcionavam no momento do traumatismo. Uma hipótese mais admirável seria a de uma fixação da *inervação predominante no momento da comoção* (*do pavor*). O soldado cuja metade do corpo está contraída prolonga sem dúvida indefinidamente a inervação da metade do corpo mais ameaçada – o que poderíamos interpretar como um reflexo de fuga. Os outros dois conservam a posição do braço que tinham imediatamente antes da explosão: a posição de balanço e a de apoiar a arma no ombro para fazer pontaria. A favor desta concepção posso citar um fato muito conhecido da vida cotidiana, e outro, um pouco menos conhecido, no domínio da psicanálise. Pode-se correntemente observar que, quando se é dominado por um súbito pavor, "os pés adquirem raízes" na posição em que se encontram e que a inervação então predominante em todo o corpo, os braços, os músculos do rosto, prolonga-se igualmente durante certo tempo. Os atores conhecem bem esse "meio de expressão" e dele se servem com eficácia para simular o medo.

Entretanto, existe uma variedade de movimentos expressivos que é menos conhecida como tal. Depois de Breuer e Freud, ficamos sabendo que a natureza dos fenômenos de excitação e de paralisia histéricas consiste na transformação duradoura, na *conversão* de um afeto numa inervação física. A psicanálise pode atribuir todos esses casos de *histeria de conversão* a uma ou várias experiências afetivas inconscientes e "esquecidas" em si mesmas (ou, como diríamos hoje, recalcadas), mas que emprestam sua energia a certos processos físicos associados em pensamento a esses acontecimentos, que se erguem no presente como pedras tumulares de lembranças enterradas nas profundezas, imóveis e inalteráveis como um monumento. Não cabe aqui estendermo-nos sobre as condições que devem necessariamente somar-se ao *trauma psíquico* descrito para que se realize o quadro sintomático de uma histeria de conversão (constituição sexual); basta constatar que os casos de *neurose de guerra* que apresentamos devem ser considerados, com base nos dados de anamnese, como *histerias de conversão* no sentido de Breuer e Freud. Também nesse caso o trauma é a consequência de um afeto súbito (o medo) que não pode ser dominado pelo psiquismo; as inervações predominantes no momento do trauma, que persistem sob a forma de sintomas mórbidos, indicam que o movimento afetivo, em parte ainda não liquidado, permanece ativo na vida psíquica inconsciente. Em outras palavras: esses pacientes ainda não se refizeram de seu pavor, mesmo que já não pensem conscientemente no transe por que passaram e até se mostrem, por vezes, alegres e de bom humor, como se seu espírito não estivesse torturado, de forma alguma, por tão horríveis lembranças.

Considerando as reflexões que precedem, não fiquei surpreendido, e os senhores tampouco ficarão, com o fato de uma anamnese mais precisa nos ter igualmente permitido compreender os outros casos "monossintomáticos" aqui apresentados. O soldado, cuja perna esquerda apresenta uma contratura permanente, conta que estava na Sérvia descendo com prudência uma encosta escarpada e que estendera *sua perna esquerda* para baixo em busca de um ponto de apoio quando, abalado por uma explosão, rolou até o fundo da ravina. Portanto, o paciente ficou, também neste caso, "petrificado" na posição que tinha nesse exato momento. Quanto aos dois pacientes que têm um tremor de cabeça, um deles conta que, no momento crítico, a cabeça batera contra o parapeito da trincheira, e o outro, que "tinha enfiado a cabeça entre os ombros" quando ouviu o assobio característico do obus que se aproximava. O paciente cujo ombro esquerdo treme sem parar foi, no momento da explosão, *ligeiramente ferido* na parte de seu corpo que é agora vítima de espasmos (a cicatriz ainda é visível).

No início, quando os pacientes me forneciam esses dados de anamnese, sua importância na formação do sintoma escapava tanto a mim quanto a eles mesmos, o que exclui, portanto, que eu tenha exercido sobre eles uma sugestão com as minhas perguntas. Mais tarde, naturalmente, chamei a atenção dos meus pacientes – agora de forma deliberada – para as circunstâncias do traumatismo, mas evitando deixá-los perceber a importância que eu atribuía às suas respostas.

Espero que esta hipótese suscite algumas objeções de vossa parte. Vão dizer-me que no momento crítico o paciente não estava em condições de observar com tanta precisão a situação real, que esses dados de anamnese apenas são, talvez, tentativas de explicação *a posteriori* do próprio paciente, e que nos deixamos simplesmente "levar" pelos pacientes.

Eis o que eu poderia responder: é certo que no instante que *precede* a comoção o soldado estava em plena posse de sua consciência; podia, portanto, perceber a aproximação do perigo (o que é confirmado por grande número de pessoas que não adoeceram apesar da proximidade da explosão). No momento da própria comoção, ele perdeu a consciência e, mais tarde, uma amnésia retroativa pôde desenvolver-se nele; o traço mnêmico da situação que precedeu a comoção já estava então fixado e pôde – no inconsciente – influenciar a formação do sintoma. É precisamente o temor de ser enganado pelo paciente e a desconfiança a respeito de seus depoimentos que são a causa dessa total ignorância que, ainda há muito pouco tempo, reinava nos círculos médicos a respeito de tudo o que se refere à psicologia das neuroses. Somente depois que Breuer, e sobretudo Freud, começaram a *ouvir* os neuróticos é que eles puderam ter acesso ao mecanismo secreto de seus sintomas. Mesmo quando os pacientes tinham inventado posteriormente os detalhes da situação traumática, essa "invenção" devia ser determinada pelos traços mnêmicos do acontecimento real, que se tornaram inconscientes.

Só uma análise em regra poderia decidir se, nos casos que lhes estamos apresentando, houve ou não, além do trauma, uma complacência somática qualquer como fator predisponente. Mas pode-se facilmente imaginar que, no momento da comoção, é precisamente a inervação ativa que desempenha o papel de "fator predisponente", de "complacência somática", e que explica a fixação da excitação afetiva (relegada ao inconsciente justamente em virtude de sua força) nas partes inervadas do corpo. Esses "deslocamentos de afetos" para uma inervação corporal, indiferente mas acessível no momento crítico, são muito conhecidos graças à psicanálise das histerias de conversão.

Lamentavelmente, não estou em condições de confirmar as minhas observações pela psicanálise desses casos. Por isso devo contentar-me em classificar essas neuroses de guerra "monossintomáticas" no grupo das histerias de conversão.

Consideremos agora o segundo grupo de pacientes, muito mais numeroso, que apresenta, como verão, um *tremor generalizado* e perturbações da marcha. Uma vez mais, para compreender esse quadro clínico, devemos partir do sintoma principal: a *perturbação da marcha*. Vejam, por exemplo, esse paciente tranquilamente deitado: a partir do instante em que tenta erguer-se, seus membros inferiores começam a tremer, primeiro ao nível das articulações do tornozelo e do joelho; depois o tremor intensifica-se, progressivamente, sua amplitude aumenta até que, por fim, o equilíbrio estático do corpo vê-se comprometido a ponto de o paciente cair se não o segurarem; assim que se senta ou se deita, o tremor cessa espontaneamente. (Insisto, uma vez mais, na total ausência de sintomas orgânicos.) Este outro paciente pode caminhar, apoiando-se em duas bengalas, mas seu andar é inseguro e quando avança a perna direita percebemos um ruído duplo: é o calcanhar direito que, a cada passo, bate por duas vezes no chão antes que o paciente se atreva a apoiar nele todo o seu peso. A marcha deste último é ampla e rígida, como a de um tabético; o quarto paciente, que está perto daquele, locomove-se como um atáxico e, no entanto, em posição deitada, não há em ambos o menor vestígio de ataxia verdadeira e ainda menos de comprometimento da medula espinhal. O que melhor poderia traduzir a marcha característica desses dois pacientes é o "passo de desfile" ou "passo de ganso": eles erguem a perna sem dobrar o joelho e depois deixam-na cair ruidosamente. O caso mais grave é o de outro paciente que, durante suas tentativas de marcha, passa do tremor intencional ao espasmo generalizado de toda a musculatura, cujo paroxismo se faz acompanhar de perturbações da consciência.

Este último sintoma incita-nos a prestar maior atenção aos fenômenos que acompanham as perturbações da marcha. Em todos esses pacientes, sem exceção, quando tentam caminhar ou manter-se de pé sem apoio, surgem palpitações intensas e uma aceleração do pulso; a maioria transpira copiosamente, sobretudo na região axilar, mas também na frontal; apresentam uma expressão angustiada. – Se os observarmos mais atentamente, notaremos, além das perturbações da marcha, a existência de outros sintomas constantes: hiperestesia da maior parte dos órgãos dos sentidos[3], com destaque para a sensibilidade auditiva, mas também visual. A hiperacusia e a fotofobia tornam esses pacientes muito receosos; a maior parte deles queixa-se de um sono muito leve, perturbado por pesadelos angustiados e terríveis. De um modo geral, esses sonhos repetem as situações perigosas vividas na frente de batalha. Além disso, quase todos se queixam de uma inibição total ou de uma forte diminuição da libido e da potência sexual.

Antes de nos decidirmos por uma classificação nosográfica dessa síndrome, cumpre-nos estudar com muita atenção a anamnese, tal como nos casos "monossintomáticos". A maioria dos pacientes afirma ter sido afetada pelo "sopro de um obus"; alguns ficaram recobertos de terra. Perderam logo a consciência, para só voltar a acordar na retaguarda, num posto sanitário. Depois permaneceram completamente "paralisados" durante vários dias ou mesmo semanas – um ou dois meses em alguns casos. *O tremor apareceu desde as primeiras tentativas para caminhar*, ao passo que na cama já tinham

---

3. A hiperestesia cutânea é, com frequência, tão intensa que a busca do reflexo patelar desencadeia violentos movimentos de defesa.

recuperado havia muito a faculdade de movimento e, aparentemente, não apresentavam mais nenhum sintoma de paralisia. Em certos casos, o soldado continuou prestando seu serviço após a comoção e só mais tarde, por ocasião de um medo insignificante, puramente psíquico, é que adoeceu. É o caso, por exemplo, de um voluntário que partiu em patrulha de reconhecimento na noite que se seguiu à comoção; pelo caminho, tropeçou numa trincheira, sentiu medo, e somente após esse evento a doença se manifestou. A "soma dos fatores patogênicos" é mais impressionante ainda nesses casos muito frequentes em que, segundo a anamnese, não é a explosão mas outros eventos aterradores ou então unicamente a soma dos esforços e das privações sobre-humanas e a permanente tensão ansiosa, inerentes à guerra, que aparecem como as causas determinantes da doença. De acordo com as informações fornecidas na anamnese, registram-se quase com a mesma frequência as comoções por deflagração, os sofrimentos súbitos, repetidos ou insuportáveis por sua duração (mergulho na água gelada, sobretudo no inverno durante a travessia de um rio a vau; chuva, neve durante um bivaque). No mesmo dia, doze soldados de um mesmo regimento chegaram ao nosso hospital com essa síndrome de incapacidade de marcha que descrevemos; todos adoeceram nas mesmas circunstâncias, quando vadeavam um rio, após vários dias de marcha sob a neve e a chuva. Também no caso deles, um "período de paralisia" precedeu o estado atual; esse período desapareceu com bastante rapidez para ceder lugar, *desde a primeira tentativa de marcha*, à síndrome atual.

É inútil repetir que também nesse caso investiguei cuidadosamente, mas sem êxito, a existência eventual de sintomas orgânicos.

No que se refere aos casos de resfriamento, é frequente ouvir dizer que o estado do paciente estava em vias de melhora espontânea, quando se decidiu tratá-lo de seus *supostos* "reumatismos" com banhos quentes ou enviá-lo em convalescença para uma cura termal numa estância de águas (Trencsén-Teplicz, Pöstyén), onde teve uma recaída.

Resumindo o que acabamos de dizer: a doença sobrevém nos soldados em consequência de uma comoção súbita ou de traumatismos repetidos e mais ou menos importantes. A perda de consciência (não constante) é seguida de um estado de paralisia que desaparece espontaneamente ao fim de certo tempo, para ceder lugar ao estado crônico desde a primeira tentativa de andar ou por ocasão de uma nova terapêutica. Esse estado consiste em diversos fenômenos gerais e num andar claudicante que nada justifica no plano orgânico. Existe uma relação inegável entre os distúrbios da inervação que sobrevêm quando das tentativas de andar e os sintomas gerais, na medida em que estes últimos são reforçados ou frequentemente deflagrados pelas perturbações da marcha. Além disso, existem certos sintomas constantes, dos quais o mais notável é a hiperestesia de todos os sentidos.

Entretanto, conhecemos em psicanálise um estado em que toda tentativa do paciente para realizar certos atos desencadeia fenômenos gerais. É a *histeria de angústia*, segundo Freud, que se caracteriza frequentemente pelo fato de que as tentativas de *deslocamento*, a inervação voluntária para levantar-se ou caminhar, estão vinculadas a uma *angústia* intensa, que obriga o paciente a evitar certos movimentos e a transformar todo o seu modo de vida nesse sentido. Os neurólogos conhecem de longa data essas evitações sob o nome *de fobias*, mas sem que tivessem chegado alguma vez a entendê-las. Eles deram aos distúrbios de inervação os nomes de *astasia* (incapacidade de manter-se em pé) ou de *abasia* (incapacidade para a marcha), e denominaram as evitações antes mencionadas com base em características superficiais (agorafobia, claustrofobia, topofobia, etc.).

Só a psicanálise forneceu uma explicação para esse curioso quadro clínico. Verificou-se que nesses pacientes os efeitos afetivos de certos *traumas psíquicos*, sobretudo as experiências capazes de abalar sua *confiança em si mesmos*, são recalcados no inconsciente e, a partir daí, entravam a capacidade de ação deles. A toda ameaça de *repetição* da experiência patogênica, eles reagem com uma *produção de angústia*; depois, o paciente habitua-se pouco a pouco a eliminar esses estados de angústia, evitando todo e qualquer ato que possa levar, de um modo ou de outro, à repetição da situação patogênica para ele. A *astasia-abasia* é apenas o estágio final desse sistema de evitação; ela impede toda locomoção em geral, a fim de evitar com a maior segurança possível certa situação. Limito-me a recordar neste ponto que toda angústia neurótica tem uma raiz sexual (Freud) e que também existe uma predisposição constitucional para a topofobia (Abraham).

No que se refere aos nossos pacientes, seus sintomas "gerais" correspondem exatamente à síndrome da *angústia*. Como já disse, toda tentativa para superar a aparente paralisia a fim de poder locomover-se pode provocar em nossos doentes palpitações, aceleração do pulso, transpiração, alteração dos traços fisionômicos e até mesmo um estado vizinho da inconsciência. Contudo, esse quadro reproduz em todos os pontos essa irrupção súbita da angústia que tanto a vida cotidiana quanto a história dos pacientes afetados pela *neurose de angústia* nos tornaram familiar. Mesmo a hiperestesia de todos os sentidos, mencionada como um sintoma constante, e o sono perturbado por pesadelos correspondem a essa constante "expectativa angustiada" de que se queixam as pessoas que sofrem de neurose de angústia. Quanto aos transtornos da libido e da potência sexual, podemos considerá-los com muito mais fortes motivos como neuróticos.

Dito isto, creio ser justificado considerar todas as neuroses de guerra como *histerias de angústia* e interpretar os distúrbios da motilidade como uma manifestação *de fobias* que têm por objetivo impedir o surgimento da angústia. A maioria dos casos aqui apresentados poderiam ser designados, portanto, sob o nome de *"astasia-abasia* histérica"; quanto aos casos particulares em que, como se viu, a posição *sentada é* igualmente impossível, o nome de *"anhedria histérica"* é o que mais lhe conviria.

Procuremos agora representar-nos como os choques revelados pela anamnese puderam produzir esses quadros clínicos. Só poderemos fazê-lo muito imperfeitamente, visto que, como dissemos, não estamos em condições de efetuar psicanálises em regra. Mas o contato cotidiano com os pacientes e o breve interrogatório psicanalítico de alguns dentre eles forneceram-me, de qualquer modo, alguns elementos que permitem responder provisoriamente a esse problema.

Impressionou-me o número desses soldados angustiados que tinham obtido altas condecorações, quer por serviços anteriormente prestados, quer por sua conduta heroica diante do inimigo. Quando se lhes perguntava se antes tinham um temperamento angustiado, quase sempre respondiam que nem agora nem outrora sentiam qualquer espécie de angústia. "Pelo contrário, disseram alguns, eu era sempre o primeiro a me apresentar para uma missão perigosa." Não lhes posso dizer muita coisa dos poucos casos analisados de maneira mais profunda. Um camponês húngaro que tinha perdido seu pai quando ainda era criança fora desde bem jovem obrigado pelas circunstâncias a fazer os mesmos trabalhos agrícolas dos "grandes". Por razões que a análise não pôde elucidar, tornara-se muito ambicioso, queria fazer tudo tão bem quanto os adultos e levava muito a sério toda e qualquer crítica ao seu trabalho ou, o que acontecia com certa frequência, toda e qualquer zombaria. Mais tarde, teve contínuas brigas com os vizinhos e os policiais da aldeia e, no fim, como ele dizia, "já não tinha medo de ninguém". No *front*, teve um traumatismo causado por uma explosão e caiu de grande altura; desde então, passou a caminhar tremendo (e apresenta igualmente um sintoma de conversão: uma cãibra na barriga da perna), é hipersensível, chora com facilidade, mas também tem, por vezes, acessos de furor, por exemplo, quando soube que teria de prosseguir ainda com o seu tratamento. Outro paciente que pude interrogar mais a fundo é um técnico judeu-húngaro; na escola, era um aluno muito aplicado, que alimentava projetos ambiciosos (realizar descobertas, fazer fortuna, etc.); praticara outrora a sua religião, mas, pouco a pouco, chegou à conclusão de que poderia viver sem deus; por outro lado, tinha a intenção de romper seu noivado, que fora oficializado seis anos antes, pois achava que uma promessa feita quando ainda era muito jovem e despreocupado não tinha mais valor e que esse casamento prejudicaria a sua carreira. Alistou-se como voluntário para servir no *front* e lembra-se muito bem das circunstâncias em que sua doença começou. A companhia dele sofria um violento bombardeio de saturação da artilharia inimiga; quando ouviu assobiar o obus que vinha na sua direção, fez o juramento de que, se escapasse incólume, se casaria apesar de tudo com a jovem; ao mesmo tempo murmurou uma prece hebraica, "Schema Israel". O obus explodiu perto dele. Após um curto momento de aturdimento, recuperou os sentidos mas percebeu que não podia andar. Com efeito, ele tem um modo curioso de andar; avança em passos miudinhos (sem tremer) e apoiado numa bengala, tem um medo constante de cair e sempre que possível busca o apoio de móveis ou paredes. Sob todos os aspectos, tornou-se humilde e muito modesto, fala em voz baixa, numa locução ofegante e apressada, e sua escrita é quase ilegível. Reatou mais ou menos o contato com a noiva, mas (depois que se sentiu melhor) renunciou de novo à sua fé.

As condições que podem conduzir, como acabamos de dizer, ao aparecimento de uma histeria de angústia acompanhada de fobias manifestam-se claramente nesses dois casos. Os dois pacientes tinham-se em elevada conta, superestimavam-se, talvez. O confronto com uma potência muitíssimo superior, o sopro de um obus, que os jogou por terra como bonecos de palha, abalou seriamente a autoconfiança de ambos. Esse choque psíquico pode muito bem ter acarretado uma *regressão neurótica*, ou seja, o retorno a um estágio ultrapassado há muito tempo (nos planos onto e filogenético). (Essa regressão nunca falta na sintomatologia das neuroses, pois as fases totalmente superadas na aparência jamais perdem por completo seu poder de atração e manifestam-se sempre, desde que se apresente uma ocasião propícia.) Parece que o estágio para o qual esses dois neuróticos regrediram é o estágio infantil do primeiro ano, em que não se sabe ainda ficar de pé nem andar corretamente. Sabemos existir na filogênese um protótipo desse estágio, pois a marcha vertical é uma conquista bastante tardia dos nossos ancestrais mamíferos.

Nem todos os neuróticos de guerra apresentam necessariamente um amor-próprio tão excessivo. Um traumatismo suficientemente grande pode abalar a autoconfiança do chamado normal e despertar nele uma angústia tão intensa que até mesmo a tentativa de sentar-se, de se levantar ou de caminhar é acompanhada – tal como na criança que aprende a andar – de um sentimento de angústia. A exclamação ingênua de uma enfermeira durante a visita da manhã veio confirmar a minha concepção: "Doutor", disse-me ela, "este homem caminha como uma criança pequena que aprende a andar." A par desse traço regressivo que prega os pacientes à cama e entrava sua mobilidade, a função secundária da neurose também está sempre presente, sem dúvida. Pode-se facilmente compreender que a perspectiva de regressar curado ao *front*, onde tudo correu tão mal da primeira vez, amedronta esses pacientes e retarda – de maneira mais ou menos inconsciente – sua cura.

Examinemos ainda alguns dos sintomas que acabamos de descrever. O mais impressionante é, sem dúvida, o *tremor* que domina o quadro clínico na maior parte dos casos. Aliás, as perturbações da marcha que acabamos de estudar são quase sempre a consequência de um clonus dos membros inferiores. O sintoma de tremor apresenta igualmente esse caráter regressivo impossível de ignorar. Um membro suscetível de receber diferentes inervações, e dispondo de uma complexa coordenação motora, transforma-se nesses neuróticos num apêndice corporal sacudido por tremores inúteis à menor veleidade de movimento. O modelo ontogenético desse modo de reação encontra-se na primeira infância e o modelo filogenético na longínqua série de ancestrais animais, quando o ser vivo ainda reagia às excitações, não pela modificação do meio ambiente exterior (fuga, aproximação), mas por uma transformação do seu próprio corpo. – Creio, pois, que esse tremor "neurótico" decorre de um distúrbio de inervação idêntico ao que conhecemos na vida corrente: é um tremor de angústia – ou, melhor, de medo. Toda inervação muscular pode ser refreada ou impedida pela inervação inibidora dos antagonistas. Quando os músculos agonistas e antagonistas são inervados simultaneamente produz-se uma rigidez espasmódica; quando sua inervação alterna ritmicamente, o resultado é um tremor do membro inervado. Nossos casos reproduzem todas as combinações possíveis de espasmos e tremores. Assim é que se realiza essa perturbação específica da marcha que consiste numa impossibilidade total de se deslocar, a despeito de todo o esforço, e que a expressão *"piétiner sur place"*[4] caracterizaria perfeitamente. Esse distúrbio da coordenação torna-se ao mesmo tempo um dispositivo de defesa que impede o paciente de reviver a angústia. Notemos aqui que nas astasias e abasias habituais da nossa prática em tempos de paz, essa combinação da perturbação da marcha e do tremor está ausente na maioria das vezes. Os estados topofóbicos são então provocados unicamente pela fraqueza, por sensações de vertigem, etc.

Outro sintoma notável e constante das neuroses de guerra é a hiperestesia mais ou menos acentuada de todos os sentidos: a fotofobia, a hiperacusia e a angústia vinculada ao contato passivo. Este último sintoma não é geralmente atribuído à hiperestesia cutânea; a sensibilidade cutânea pode estar diminuída ou mesmo suprimida; trata-se, neste caso, de uma simples exageração da *reação de defesa* contra o contato. Tentaremos explicar esse sintoma pela seguinte hipótese de Freud: quando uma pessoa está preparada para um choque, para um perigo iminente, o investimento de atenção mobilizada durante a expectativa é capaz de *localizar* a excitação produzida pelo choque e pode impedir o aparecimento de efeitos à distância, como os que observamos nas *neuroses traumáticas*. A outra

---

4. Em francês no texto alemão: "marcar passo". (N. do T.)

possibilidade de localização dos efeitos do choque é – segundo Freud – uma lesão grave e real do corpo no momento do traumatismo, que seja proporcional à gravidade do choque psíquico. Nos casos de *histeria de angústia* que estivemos observando, nada de semelhante se produziu; houve um choque brutal, na grande maioria das vezes inesperado, sem lesão orgânica grave. Mesmo nos casos em que a aproximação do perigo foi percebida, a atenção mobilizada durante a expectativa não foi proporcional à intensidade real da excitação produzida pelo choque e não pôde impedir o escoamento da excitação por vias anormais. É provável, aliás, que a consciência exclua automaticamente essas excitações intensas demais. Podemos supor que se produz, após o traumatismo, certo desequilíbrio entre a consciência mais ou menos poupada pelo choque e as outras partes do aparelho neuropsíquico. O ajustamento só pode ocorrer se a consciência assume a sua parte das excitações desagradáveis; é justamente esse o papel de certo dispositivo "traumatófilo": a hiperestesia dos órgãos dos sentidos, que transmite à consciência, progressivamente e em pequenas doses, a quantidade de expectativa angustiada e de choque que o paciente tinha tentado economizar no momento do choque. Segundo a concepção de Freud, devemos considerar, portanto, que os pequenos traumatismos repetidos, o sobressalto ao menor ruído ou relâmpago de luz, são uma tendência para a cura, uma tendência do organismo para restabelecer o equilíbrio perturbado da distribuição da tensão.

Freud explica da mesma maneira os pesadelos dos neuróticos traumáticos que revivem constantemente em sonhos o acidente em que estiveram outrora envolvidos. Nesse caso, o psiquismo não se apoia em nenhuma excitação externa para reagir a ela de forma excessiva, mas cria ele mesmo a representação capaz de lhe causar medo. Portanto, mesmo esse sintoma penoso serve à tendência para a cura.

Como exemplo impressionante da hiperestesia "traumatófila", eis o caso desse homem chocado pela explosão de um obus e de quem toda a musculatura – como nós o vemos – encontra-se num estado de agitação permanente, incapaz de efetuar qualquer movimento voluntário. Seus olhos estão tão sensíveis que ele os conserva constantemente erguidos para evitar a luz do dia; a curtos intervalos, uma ou duas vezes por segundo, volta o seu olhar para os lados a fim de captar rapidamente a imagem do que o rodeia; o resto do tempo, suas pupilas dissimulam-se sob as pálpebras superiores, que batem num movimento rápido. Sua hiperacusia é ainda mais acentuada, se possível, e lembra a hipersensibilidade auditiva das pessoas vitimadas pela raiva. Os ruídos do dia impedem-no de ficar na sala comum e tivemos de instalá-lo no quarto do enfermeiro para que pudesse dormir. Para nossa surpresa, o paciente não tardou em pedir para passar a noite na sala comum. Interrogado sobre as razões do seu pedido, respondeu textualmente: "*É verdade que na sala comum sou muitas vezes acordado em sobressalto no meio da noite, mas dormir sozinho é ainda pior; nesse grande silêncio não posso adormecer, pois devo fazer um esforço constante de atenção para escutar se realmente não há nenhum ruído.*" Este caso vem confirmar o que expusemos antes: a repetição do afeto de medo e a hiperestesia dos órgãos sensoriais são fenômenos que os neuróticos traumáticos buscam ou mantêm involuntariamente, porque favorecem seus esforços de cura.

Esse comportamento dos neuróticos traumáticos, apesar do seu caráter trágico, lembra o daquele hóspede de hotel arrancado do seu mais profundo sono pelo ruído de um sapato que o seu vizinho de quarto jogou contra a porta ao despir-se, e que, após ter tentado em vão reconciliar o sono, suplica ao agitado vizinho que lhe faça o favor de jogar o outro sapato contra a porta, a fim de que ele possa finalmente adormecer. É igualmente o comportamento de certas pessoas, descrito pela primeira vez por Abraham, que sofreram uma agressão sexual na infância e que, mais tarde, têm a compulsão de expor-se de novo a aventuras do mesmo gênero; penso que elas procuram dominar por essa experiência consciente ulterior a experiência primitiva, inconsciente e incompreensível na origem.

Não é impossível que se possa explicar certos resultados obtidos por neurólogos no tratamento de neuróticos de guerra com correntes elétricas dolorosas, entre outros motivos pelo fato de que essas dores satisfazem a traumatofilia inconsciente dos pacientes.

A teoria de Freud segundo a qual, nas neuroses, não se trata de um desequilíbrio das energias na acepção banal, mas de um distúrbio específico das energias libidinais, é rejeitada por um grande número de contraditores que lhe opõem que mesmo um traumatismo comum "que indiscutivelmente não provoca transtornos sexuais" pode acarretar neuroses. Entretanto, vemos que uma deflagração, que não é certamente um choque sexual por si mesmo, provoca com frequência a perda da *libido sexual* e a *impotência sexual*. Portanto, não se exclui de forma alguma que os *choques comuns* possam igualmente conduzir à neurose *pela via de um distúrbio sexual*. A impotência, esse sintoma aparentemente muito secundário da neurose traumática, pode adquirir importância se se estudar em maior detalhe a patologia desse estado. Nós, psicanalistas, podemos considerar como explicação preliminar a hipótese de que, nesses traumatismos, trata-se de uma *lesão do ego*, de uma ferida do *amor-próprio*, do *narcisismo*, cuja consequência natural é a retirada dos "investimentos objetais da libido", em outras palavras, o desaparecimento da capacidade de amar um outro[5].

Não creio ter suscitado nos senhores a esperança de obter de mim uma explicação completa dos processos psicopatológicos das neuroses traumáticas ou das neuroses de guerra. Terei alcançado o meu objetivo se conseguir mostrar-lhes que os quadros clínicos que lhes apresentei pertencem efetivamente aos dois grupos mórbidos que a psicanálise designa pelos nomes de *histeria de angústia* e *histeria de conversão*. Tampouco estou em condições de explicar-lhes detalhadamente por que num caso se desenvolve a *angústia*, num outro uma *conversão*, num terceiro caso uma combinação das duas. Mas talvez tenha podido mostrar que, também para essas neuroses, a investigação psicanalítica indica, uma vez mais, pelo menos o caminho que poderia levar a uma explicação, ao passo que o resto da neurologia esgota-se na descrição das doenças e na criação de uma nomenclatura vazia de sentido.

---

5. Ver, a este respeito, o meu artigo "A psicanálise das neuroses de guerra", *O.C.*, vol. III.

LXII

Formações compostas de traços eróticos e de traços de caráter

Podemos observar em toda uma série de casos que certos traços de caráter regridem facilmente a um estágio anterior do desenvolvimento erótico do qual são, de fato, os produtos de sublimação; assim se criam formações compostas de traços eróticos e traços de caráter.

1º. Um menino reconheceu perante o juizado de menores de Bratislava ter roubado dinheiro da caixa de esmolas de uma igreja, introduzindo nela longos bastões de seus próprios excrementos e por esse meio retirando da caixa as cédulas que a eles se colavam[1]. Não é certamente por acaso que esse menino, ao buscar um meio de satisfazer seu desejo de dinheiro, teve justamente essa ideia. Basta que o traço de caráter anal de entesouramento desperte o erotismo anal (a coprofilia) de onde deriva. É uma das maneiras como a representação recalcada retorna na representação que a recalca.

2º. Aquelas mulheres que sofrem de uma "psicose de dona de casa" dão livre curso à sua paixão incoercível de limpeza, de preferência nas privadas (combinação do asseio [traço de caráter anal] e de coprofilia [erotismo anal]).

3º. Constatei em vários casos a existência de uma acentuada avareza, mas que só envolve certas despesas particulares, como a lavanderia ou o papel higiênico. Muitas pessoas que têm uma vida financeiramente confortável dão provas de surpreendente parcimônia, quando se trata de mudar as roupas de cama, e dificilmente se

---

1. Comunicado pelo dr. Nikolaus Sisa.

resolvem a comprar papel higiênico para a casa. (Avareza [caráter anal]+imundície [erotismo anal].)

4º Num trabalho precedente[2] relatei o caso de uma criança que para ter "moedas de ouro" bem brilhantes engolia moedas de cobre e as recuperava, efetivamente limpas e brilhantes, em seus excrementos. Os sucos químicos do aparelho digestivo tinham eliminado a ferrugem das moedas. Combinação de dois traços de caráter: amor ao dinheiro e ao asseio, por um lado, e erotismo anal original, por outro.

5º A extravagância maníaca de numerosas pessoas de caráter anal atinge seu ponto culminante na pontualidade rigorosa com que evacuam seus intestinos.

6º A obstinação é um conhecido e típico traço de caráter anal. Um meio muito popular para exprimir a obstinação consiste em desnudar as nádegas convidando para atividades coprofílicas. É o erotismo anal primitivo que se manifesta nesse modo de expressão.

7º A análise de numerosos neuróticos e a observação do comportamento de crianças mostram que "brincar com o fogo", desfrutar o espetáculo do fogo, inclusive a tendência para atear incêndios, é um traço de caráter erótico uretral. Muitos incendiários eram precisamente enuréticos outrora e a ambição que se desenvolveu a partir dessa inferioridade escolhe facilmente, por razões ainda ignoradas, esse modo erostrático para conquistar a glória. Uma coleção de casos de incêndios criminosos enumera uma grande quantidade deles em que os incendiários atearam fogo à própria cama, indicando assim a fonte primitiva enurética de seu traço de caráter piromaníaco.

8º Um homem que ainda se lembra muito bem da fraqueza infantil de sua bexiga tornou-se mais tarde um bombeiro voluntário e zeloso, um fato que, pelo que acabamos de dizer, não nos surpreende muito. Se a extinção de incêndios é já uma formação composta do caráter erostrático e do erotismo uretral, a persistência das tendências uretrais ainda se manifesta mais claramente na escolha da profissão. Ele tornou-se médico e escolheu como especialidade a urologia, o que lhe permite interessar-se assiduamente pela evacuação da bexiga... dos outros.

Se ainda precisássemos de provas, esta série de observações nos forneceria um argumento a mais contra as teses errôneas de

---

2. "Ontogênese do interesse pelo dinheiro", neste volume, p. 163.

Jung, que pretende não se dever considerar os movimentos eróticos que surgem no decorrer da análise como "reais", mas apenas como "simbólicos". A adjunção constante de tendências eróticas aos traços de caráter aparentemente já "estabilizados" mostra melhor do que tudo a que ponto esses movimentos eróticos inconscientes ainda estão vivos e como se aproveitam de qualquer ocasião para realizar-se sob não importa que disfarce, quase sempre muito transparente, como acabamos de expor.

LXIII

O silêncio é de ouro

Um paciente obsessivo, por outro lado muito avaro de suas palavras e deveras inibido em suas associações, mostrou-se particularmente prolixo durante uma sessão. Quando chamei sua atenção para esse fato, ele mesmo constatou o caráter inabitual desse comportamento, deplorando-o com a autoironia que lhe era peculiar, porque "o silêncio é de ouro". Aproveitei essa associação para mostrar-lhe a identidade simbólica que existe entre as fezes e o ouro, e sugeri que ele tinha o hábito de economizar sua fala do mesmo modo que o dinheiro e as matérias fecais; talvez ele estivesse nesse dia de um humor excepcionalmente pródigo? Expliquei-lhe, por outro lado, o sentido psicológico do provérbio "o silêncio é de ouro". O silêncio é de ouro porque não falar representa em si uma economia.

Dito isso, o paciente foi tomado de um riso incoercível e contou-me que sofria em geral de constipação, mas que, nesse dia, *excepcionalmente*, sua evacuação tinha sido muito abundante. A circunstância atual na origem dessa loquacidade e dessa prodigalidade era a libertação inesperada de um constrangimento exterior: tinha podido *evitar* uma viagem cansativa que lhe teria sido muito penosa.

Outro paciente (histérico) apresentava, entre outros, dois sintomas que surgiam sempre simultaneamente: espasmo das cordas vocais e espasmo do esfíncter anal (tenesmo). Quando estava de bom humor, falava em voz clara e forte, e tinha evacuação abundante e "satisfatória". Quando estava deprimido (em particular, por ocasião de alguma insuficiência) ou quando tinha de lidar com pessoas mais velhas ou superiores, a afonia e o espasmo esfincteriano apareciam simultaneamente.

(A análise revelou, entre outras coisas, que o paciente pertencia a essa categoria bastante comum de indivíduos que retêm inconscientemente suas fezes porque esperam ficar assim "fortalecidos" no plano físico e psíquico, ao passo que receiam ficar "debilitados" pela evacuação. Segundo a minha experiência, a relação associativa entre "força" e "retenção" remonta a acidentes da infância, quando os pacientes eram "fracos demais" para reter suas fezes. Essa tendência para a retenção também se estende em seguida à esfera psíquica e leva esses sujeitos a reter toda "efusão" sentimental; uma explosão de sentimentos que não puderam reprimir provoca neles o mesmo sentimento de vergonha que a incontinência anal de outrora.)

Freud ensinou-me que há certas relações entre a fala e o erotismo anal: contou-me o caso de um gago em quem todas as particularidades de elocução podiam ser associadas a fantasias eróticas anais. Também Ernest Jones mencionou por diversas vezes em seus trabalhos a hipótese de um deslocamento da libido do anal para o fonético. Num estudo precedente sobre as palavras obscenas, eu mesmo já pude indicar as relações que existem entre a vocalização e o erotismo anal.

Considero que esses dois casos mereciam ser publicados porque confirmam a hipótese segundo a qual a vocalização e a elocução, assim como o erotismo anal, estão intimamente vinculados, não só de uma forma ocasional e excepcional, mas sistematicamente. O provérbio "o silêncio é de ouro" poderia muito bem ser a confirmação dessa hipótese pela psicologia popular.

LXIV

Ostwald, sobre a psicanálise

A revista de filosofia da natureza intitulada *Annalen der Natur und Kulturphilosophie* (XIII, 3) apresenta um estudo crítico de um conjunto de trabalhos recentemente publicados sobre a "psicologia individual", em que a psicanálise, segundo Freud, é mencionada, entre outras correntes, mas de um modo que não corresponde em absoluto aos fatos.

Segundo esse artigo crítico, a psicanálise seria uma concepção que pretende que "as doenças nervosas têm geralmente por origem... graves choques psicológicos sofridos outrora pelo paciente e que ele não teve a possibilidade de ab-reagir". O método terapêutico das neuroses segundo Freud consistiria, por conseguinte, em "descobrir as feridas outrora sofridas e liquidá-las, trazendo-as para a consciência e por ab-reação".

Com efeito, isso corresponde às primeiras construções provisórias que permitiram a Breuer e Freud, *há mais de vinte anos*, fazer-nos compreender melhor certos fenômenos até então incompreensíveis e considerados até "absurdos". Entretanto, Freud, prosseguindo incansavelmente em suas investigações, pôde completar depois essas reflexões preliminares, mediante conceitos fundamentais, "transformá-las" com base em novas experiências, de tal modo que a apresentação feita por esse artigo crítico deve ser considerada superada, não correspondendo mais aos fatos de hoje, mesmo que grande parte das formulações antigas da teoria tenha sido integrada na desenvolvida depois. Mas como a psicanálise poderia levar seriamente em consideração o comentário do crítico em que ele declara que a teoria de Freud (embora seja, fundamentalmente, de uma "indubitável exatidão") deve ser "transformada" por causa do seu caráter parcial e de sua ineficácia, quando cumpre constatar que o crítico ignora tudo a respeito das "transformações" que se produzem de forma incessante há duas décadas, ou seja, sobre a evolução da psicanálise?

Em outra passagem, a nova orientação psicológica dá este conselho benevolente e por certo excelente, o de que não se deve esquecer nem menosprezar a contribuição importante que *a lei biogenética fundamental de Haeckel* pode fornecer à psicologia.

Entretanto, aquilo cuja ausência na psicologia individual o crítico tanto deplora, ele teria sobejamente encontrado na psicanálise de Freud, que se define por essa lei. Pois há muitos anos que a pesquisa psicanalítica progride justamente sob o signo da genial lei da natureza de Haeckel e deve à tomada em consideração do paralelismo onto e filogenético as concepções profundas sobre a vida psíquica da criança e dos doentes mentais. Remeto o crítico para os últimos anos do *Jahrbuch für Psychoanalyse* (Deuticke, Viena e Leipzig) e, em particular, para *Totem e tabu*, de Freud.

O psicólogo está na obrigação de assinalar nesta ocasião – não sem lamentar – os maus-tratos infligidos à sua disciplina, mesmo quando se trata de uma revista tão imparcial quanto os *Annalen* de Ostwald. Certamente nunca ocorreu ainda de os *Annalen* julgarem a obra de um químico eminente com base nos seus primeiros trabalhos, sem se preocupar com sua evolução ulterior. É ainda menos provável que o crítico aconselhasse o químico em questão a interessar-se pela orientação da química... precisamente aquilo de que se ocupa há muitos anos.

LXV

Polução sem sonho orgástico e orgasmo em sonho sem polução

É frequente os pacientes relatarem que tiveram uma polução durante o sono, sem que o conteúdo onírico que o acompanhava tivesse um caráter sensual ou denunciasse um vínculo qualquer com o domínio sexual. A análise pode, por vezes, reencontrar o fio que leva do conteúdo onírico consciente inofensivo à fantasia sexual inconsciente que explica a polução. Em todo caso, quando o deslocamento da coisa propriamente dita pode ser mantido até o momento final do processo de satisfação orgânica, isso prova uma grande aptidão para o recalcamento. É naturalmente muito mais frequente que o sonho comece – como de hábito – por disfarçar e deformar a fantasia, para só desvendar abertamente o processo sexual ou genital à consciência do sonhante no momento do orgasmo.

Existe, porém, uma forma típica de sonhos de polução sem orgasmo, que pude estudar quase cotidianamente num paciente jovem e durante um longo período de tempo. Ele tinha uma polução todas as noites, mas nunca estava ligada a um conteúdo onírico sensual.

Tratava-se de *sonhos de ocupação* que culminavam numa polução; esses sonhos confirmam, portanto, a tese de Tausk, que afirma ser a compulsão patológica para manter-se ocupado uma atividade sexual disfarçada.

Esse jovem sonhava, por exemplo, com uma descoberta mecânica complicada (ele queria tornar-se mecânico): um automóvel voador que reuniria todas as vantagens do avião e do automóvel. O trabalho começava com dificuldades, ele enfrentava toda sorte de obstáculos e quando, enfim, terminada a máquina, a punha em funcionamento – despertava com uma polução. Outras vezes, sonhava com um difícil problema de matemática, cuja solução coincidia com uma polução, etc.

Como eu sabia por Freud que as poluções correspondem, em geral, a atividades masturbatórias noturnas ou, pelo menos, a fantasias de masturbação, investiguei cuidadosamente todas as informações a respeito do onanismo na história do paciente e fiquei sabendo que ele tivera de travar um combate particularmente duro para defender-se disso. Sua mãe pertencia a essa categoria de pessoas descuidadas na aparência (mas muito sensuais em seu inconsciente), que se recusam a ver os sinais de maturidade em seus filhos para preservar por mais tempo sua intimidade física com eles. A fim de combater as fantasias que, no seu caso, eram abertamente incestuosas, não restava alternativa ao jovem paciente senão transpor toda a sua sexualidade para outra linguagem, tão anódina quanto possível. O que ele fez conscientemente na época em que recomeçou a masturbar-se. "Masturbava-se sem fantasias." Desde que reprimiu inteiramente o onanismo em estado vígil, este reapareceu de noite sob a forma de polução de ocupação.

Parece, portanto, que o problema da polução sem orgasmo está em relação particularmente estreita com o *onanismo sem fantasia sexual* de que nos fala tão amiúde. Entretanto devemos acolher com a maior reserva o que os adultos nos declaram a esse respeito; é somente na criança de tenra idade, na idade do "onanismo primário", que é admissível a possibilidade de uma excitação genital puramente local, sem a participação do resto do psiquismo. Nos adultos, sempre acabaremos sabendo, mais cedo ou mais tarde, que eles tinham certos pensamentos durante a masturbação, mesmo que não se tratasse de fantasias sensuais. Esses pensamentos são, com frequência, muito particulares: problemas de matemática ou de mecânica (como no nosso jovem), enumeração de quantidades e até mesmo – num caso – a recitação do alfabeto hebraico.

A analogia com as ideias obsessivas e os atos compulsivos não pode escapar nesse caso à atenção do psicanalista. O onanismo também é uma espécie de ato compulsivo, cuja verdadeira significação será mascarada por pensamentos absurdos ou insensatos na situação dada.

POLUÇÃO SEM SONHO ORGÁSTICO

Uma análise mais aprofundada do paciente que recitava o alfabeto hebraico enquanto se masturbava (e que, durante certo tempo, acompanhava o onanismo com orações judaicas) mostrou que também se tratava, nesse caso, de uma fantasia masturbatória incestuosa e inconsciente, cujo conteúdo proibido era, de algum modo, exorcizado pela recitação de santas preces ou de sua herança: o alfabeto hebraico.

Outro rapaz, de onze anos de idade, imaginava durante a masturbação cenas religiosas desprovidas de todo conteúdo sensual. Na maioria das vezes, evocava a imagem da Virgem Maria, o que se compreende ainda melhor pelo fato de sua mãe chamar-se Maria.

A ponte associativa que facilita o deslocamento da fantasia de um modo de atividade genital para a atividade de rezar, aparentemente tão distanciada, poderia ser o *automatismo*, que é comum a ambas.

A recitação automática de orações que pode até ser acompanhada de movimentos automáticos ritmados do corpo (balançar o corpo em algumas seitas judaicas, movimentos rítmicos complexos dos "dervixes rodopiantes", golpes com os punhos sobre o peito, etc.) convém muito bem, em virtude desse automatismo, à representação disfarçada de outro automatismo rítmico, de ordem genital. O mesmo pode ser dito a respeito da recitação automática do alfabeto ou de séries numéricas, cujo caráter totalmente abstrato e desprovido de todo e qualquer conteúdo sensual favorece também a fuga diante da sexualidade consciente. [Ver o ensaio de Freud: "Zwangshandlungen und Religionsübung"[1].]

As poluções ou o onanismo em estado vígil, quando sobrevém a ejaculação, como no caso citado, no momento da resolução de um problema difícil, são sintomas em miniatura de uma *neurose de angústia*. Freud mostrou que a maioria dos sentimentos de angústia, como os sonhos angustiantes, é de origem neurótica: a libido, incapaz de ganhar acesso à consciência (recalcada), ressurge nos sintomas físicos e psíquicos de *angústia* nos sujeitos a isso predispostos. Trata-se, portanto, no presente caso, de poluções de angústia, como ocorre, às vezes, nos rapazes, mesmo em estado vígil. Pois a produção de angústia pela libido é um processo reversível. Uma grande angústia pode igualmente desencadear uma

---

1. "Actes compulsifs et pratique religieuse", *Coll. Pap.*, vol. II, cap. II. (NTF)

excitação de caráter libidinal. (Freud assinala repetidas vezes essa fonte da libido nas suas obras: *Três ensaios sobre a teoria da sexualidade* e *A interpretação dos sonhos*.) Um terceiro grupo de sonhos não orgásticos só pode ser explicado, segundo parece, com a ajuda da noção de *sinestesia*. Fala-se de poluções noturnas com orgasmo quando os fenômenos psíquicos concomitantes limitam-se à representação de paisagens maravilhosas vistas, por exemplo, da janela de um trem, ou à visão de cores vivas, labaredas, etc. Uma senhora relatou-me um exemplo característico de sonhos desse gênero: após uma longa série de aparições coloridas de uma harmoniosa beleza, ela vislumbrou de súbito uma paisagem japonesa e no mesmo instante em que uma erupção vulcânica ia ocorrer numa profusão de luzes e cores, uma erupção real produziu-se em sua própria esfera genital, ou seja, um orgasmo. Tudo se passa nesse caso como se a gama completa das sensações genitais fosse transposta para o domínio visual estético. Combinações análogas entre estimulações simultâneas de áreas sensoriais heterogêneas são conhecidas sob o nome de "sinestesias" (audição colorida, odorizada, etc.).

Mas sabemos pela psicanálise que as sensações ópticas não estão, por si mesmas, isentas de ressonâncias eróticas, e que a *escopofilia* pode desempenhar um papel importante – até exclusivo em certos casos patológicos – na excitação sexual. Se acrescentarmos ainda que as "paisagens" no sonho representam, na maioria das vezes, uma geografia sexual (Freud), pode-se interpretar esse gênero de sonhos simplesmente como sonhos deformados de *voyeurismo*, em que as imagens sexuais são substituídas por símbolos visuais. Portanto, em vez de introduzir a noção de "sinestesia" para explicar esses fenômenos devemos, pelo contrário, fazer uso dessas observações para explicar o fenômeno particular da sinestesia.

*
* *

Conforme mostra esta série de exemplos, os sonhos de poluição sem conteúdo manifestamente sexual não são raros. Rank apresentou a hipótese de que todos os sonhos, portanto, mesmo aqueles que em aparência nada têm de sensuais, chegam num certo nível de elaboração à satisfação de desejo orgástico. Muito mais raros são os sonhos de coito manifesto, com orgasmo completo, sem o fenômeno fisiológico correspondente, a polução.

Uma única vez tive ocasião de estudar de perto um sonho desse tipo, pelo que vou relatá-lo nos próprios termos em que o paciente o contou.

Primeiro quadro: *"Uma criança pequena fez xixi na cama; um homem corpulento e espadaúdo olha pela janela, desviando deliberadamente o olhar da cama e da criança que nela se encontra, como se sentisse vergonha diante dela."*

Segundo quadro: *"Estou na cama com a minha namorada, tive com ela uma relação plenamente satisfatória; creio que tive duas relações com ela, uma normal, a outra* per anum.*"* Como um acompanhamento obscuro para esse fragmento de sonho, recordo-me ainda confusamente das seguintes coisas: como se *"um amigo, a quem muito estimo e de quem sou sócio num negócio, estivesse no quarto vizinho e enviasse seu filho com um recado ao quarto, onde se desenrola a cena do coito. Naturalmente, sinto vergonha por mostrar-me assim, mas a criança não está nada perturbada. O pai da criança tampouco parece tomar conhecimento dessas ações sexuais"*. Acordo sem qualquer sinal de polução.

Eis os antecedentes desse sonho: o paciente sofre de uma constipação tenaz e tem o hábito de favorecer a evacuação natural com enemas. Na noite anterior ao sonho, o efeito da lavagem manifestara-se tão rapidamente que ele nem tivera tempo de chegar ao banheiro e a evacuação acontecera no seu próprio quarto. Em seguida, fora-lhe muito desagradável chamar a arrumadeira e – depois de explicar-lhe o que tinha acontecido – pedir-lhe para retirar o urinol.

Sabendo disso, não é difícil explicar a primeira parte do sonho. O rapazinho que se conduziu de maneira tão inconveniente só pode ser, levando-se em conta os acontecimentos da véspera, o próprio sonhador. O sentimento de vergonha representado pela atitude do homem é o sentimento experimentado pelo próprio sonhante, que se prolonga em seu sono. Trata-se, portanto, de uma "dissociação" da pessoa, sem dúvida a serviço de tendências que visam a realização de desejos. Não foi ele (o adulto), mas a criança quem se conduziu de forma tão inconveniente, diz o sonho. Ao passo que o pensamento latente do sonho seria: tenho vergonha de ter me comportado como uma criança pequena.

Somente a segunda parte do sonho se relaciona com o nosso tema: aí estamos na presença de um sonho de coito sem polução.

E, se o examinarmos em detalhe, chegaremos à conclusão de que essa parte do sonho exprime – como é frequentemente o caso – o mesmo pensamento onírico da primeira parte, mas com a ajuda de outro material; poderíamos dizer à maneira de Rank: com um material proveniente de um nível superior da vida psíquica. A evacuação anal, proibida na véspera, converte-se aqui em ejaculação genital – sem dúvida uma deformação realizando um desejo –, pois não há por que ter vergonha *dessa* evacuação, pelo contrário, é sinal de que "não se é mais criança", sobretudo se se é capaz de efetuar o ato duas vezes seguidas. Entretanto, algo de anal se introduziu nessa parte do sonho a partir dos pensamentos oníricos latentes e é por essa razão, sem dúvida, que ele realiza o ato uma vez *per anum*. Acrescentados, posteriormente, com um material totalmente diferente, ressurgem, porém, o sentimento de vergonha e a criança pequena mencionados na primeira parte do sonho. A vergonha por não ter ainda realizado o projeto elaborado em comum com seu sócio; outro sentimento de constrangimento, também atual, em virtude de suas relações com uma mulher que já não é muito jovem (quando teria igualmente podido casar com a filha desse amigo paterno e tão estimado); todos esses pensamentos, em si mesmos desagradáveis, parecem corresponder a deformações destinadas à realização de desejos relacionados com a pulsão mais proibida: o erotismo anal. Esse fragmento do sonho promove o infortúnio anal ao nível da genitalidade e do amor objetal, apoiando-se na identidade simbólica de todas as excreções orgânicas (fezes, líquido seminal).

Que ajuda oferece a análise desse sonho para a compreensão dos sonhos de coito sem poluição?

Em meu entender, a seguinte: nesse sonho não se trata (ou trata-se muito pouco) de apaziguar o desejo pela bem-amada, mas, antes, de dissimular o pensamento desagradável, que perturba o próprio sono, de que o acidente vergonhoso da véspera possa vir a ser conhecido. Mesmo se o material dessa deformação foi tomado na esfera genital, não dispunha dessa força de impulsão que pode desencadear o mecanismo genital orgânico quando o desejo pela mulher é muito ardente.

A interpretação do segundo fragmento do sonho possui um modelo muito conhecido. Todos se lembram daquele sonho interpretado por Freud em que uma senhora que acaba de perder um jovem primo sonha com a morte do outro primo, agora o único, e a quem ela ama ternamente. A sonhante recusara-se, com toda razão, a admitir que esse sonho pudesse exprimir uma realização de desejo, e foi somente no decorrer da análise que ela se lembrou de ter sido no enterro do primeiro primo que viu pela última vez o homem a quem amava; a morte do outro primo não significa, portanto, uma satisfação em si, mas a esperança de uma ocasião que lhe propicie obter outra satisfação (rever esse homem).

No nosso sonho, tampouco é a relação sexual em si mesma que constitui a realização de um desejo, mas é a situação que permite considerar o acidente da véspera como não ocorrido; a relação sexual não é, portanto, o fim em si, mas apenas o instrumento para atingir outro fim.

A título de conclusão, podemos dizer, por conseguinte, que no caso da polução sem sonho sensual o desejo inconsciente é suficientemente intenso para deflagrar o processo genital, mas demasiado fraco para quebrar a censura rigorosa que separa o inconsciente do pré-consciente. Em contrapartida, no caso do sonho orgástico sem polução, o desejo sexual inconsciente é demasiado fraco para provocar uma polução, e o seu único objetivo consiste em substituir um pensamento intolerável para o pré-consciente. Nesses casos, as portas da censura estão escancaradas para o desejo sexual, o qual – apesar de sua fraqueza – torna-se por essa mesma razão plenamente consciente. Com efeito, só um poderoso desejo inconsciente pode ter acesso aos processos corporais, enquanto os desejos pré-conscientes desencadeiam tão só processos psíquicos.

Não haveria exceção à regra se esses sonhos de orgasmo sem polução se produzissem nos casos de fraqueza real da pulsão sexual. Também deveríamos considerar aqui a parte inconsciente da libido como sendo débil, e o sonho seria antes *a realização do desejo de experimentar um desejo sexual.*

LXVI

Sonhos de não iniciados

Sabemos que é muitas vezes difícil interpretar os sonhos de um paciente em análise. Ele está, de certo modo, "prevenido" e evita cuidadosamente produzir sonhos fáceis de traduzir e que eventualmente ele mesmo poderia interpretar. A situação é muito diferente para a grande massa de pessoas que não possui noção nenhuma do que seja psicanálise. Elas descrevem à mesa ou numa simples conversa seus sonhos elementares, puros de todo saber psicanalítico, ignorando que assim traem, para o ouvinte iniciado, os desejos mais íntimos e mais secretos que dissimulam para si mesmas. Aconteceu-me passar várias semanas numa estância de veraneio onde, durante as refeições, pude reunir uma bela coleção desses sonhos facilmente interpretáveis.

"Imaginem só o que sonhei esta noite", diz à sua vizinha uma senhora que residia na pensão com sua filha: "Sonhei a noite passada que raptavam a minha filha; durante o nosso passeio pela floresta, surgiram uns homens que arrastaram a minha filha à força. Foi horrível!" – Da minha parte, não achava esse sonho horrível e pensei que essa senhora teria gostado muito de se desembaraçar da filha, que já estava mais do que em idade de casar. No dia seguinte, ouvi a boa senhora queixar-se de que a temporada anterior tinha sido mais agradável, porque havia todo um grupo de jovens, ao passo que desta vez sua filha não tinha nenhuma companhia, só havia cavalheiros idosos... Dois dias depois, ela anunciou sua intenção de partir em breve, o que fizeram de fato.

Um colega que residia no mesmo lugar disse-me certa manhã: "Esta noite sonhei com você, lutava com um vagabundo num canal e ele queria enfiar sua cabeça debaixo da água. Corri para chamar a polícia." Não pude impedir-me de lhe perguntar: "O que foi que eu lhe fiz para que me queira tanto mal?" – "Nada, absolutamente! Eu estava com certeza perturbado nessa noite, quando sonhei isso, pois tinha cólicas violentas." – "Talvez esse fato tenha interferido na formação do sonho, respondi, o *canal* onde eu devia me afogar faz alusão a um tubo digestivo que, no sonho, era a mim que fazia sofrer e não a você. Repito, você certamente me quer mal por alguma coisa!" – "Você não vai pensar que eu quis afogá-lo só porque ontem me recusou um pequeno favor? Não posso acreditar nisso!" – Mas eu não podia deixar de acreditar que esse sonho era o fruto de uma fantasia de vingança.

"Doutor, o que é que significa passar a noite sonhando que se calçam e descalçam sapatos?", perguntou-me no café da manhã uma jovem e bonita viúva de guerra. "Pelo amor de deus, vamos deixar isso para mais tarde, sim?" – foi a minha única resposta, e tentei desviar a conversa. Mas não era fácil distrair a jovem senhora do seu sonho. No dia seguinte, procurou-me para pedir dessa vez a interpretação do seguinte sonho: "Ontem sonhei que tinha casado, coagida por minha mãe, com um homem idoso. Em seguida, possuía uma porção enorme de sapatos que calçava e descalçava, sapatos pretos, castanhos e amarelos." A posse dessa multidão de sapatos causava-lhe certamente muita alegria, pois ria só de falar-me nisso. "No que é que o marido idoso do sonho a faz pensar?" – "É curioso, no marido de uma jovem amiga minha que casou, efetivamente, com um homem já idoso. Acho esses casamentos imorais; é uma verdadeira provocação ao adultério." Não tive necessidade de procurar mais longe a explicação dos sapatos de todas as cores, e disse para os meus botões que os celibatários de certa idade fariam bem em ficar de pé atrás com essa senhora.

Ao que parecia, espalhara-se pela pensão a notícia de que eu me interessava por sonhos, pois um belo dia tive a visita da enfermeira de um paciente que se hospedava na pensão e que me contou o horrível sonho seguinte: "Num quarto, eu via um saco onde estava metido o cadáver da minha irmã morta. O próprio saco estava colocado num recipiente de madeira, cheio de água suja, que provinha talvez da decomposição do cadáver, mas não exalava mau cheiro. Curioso, eu esquecia constantemente que minha irmã estava morta; começava a cantar e depois, para punir-me, dava-me palmadas na boca. Quando abri o saco, vi que a minha irmã não estava morta, apenas muito pálida. *Ao lado dela havia o cadáver de um bebê.* A minha irmã tinha uma espinha feia no rosto."

Para compreender o sonho, é necessário saber que a sonhante era uma robusta mulher de 38 para 39 anos que, apesar de uma evidente aptidão para a maternidade, ficara solteira e escolhera a profissão de enfermeira. Interpretei a curiosa fantasia do parto no caixão, a dúvida sobre o estado de sua irmã, morta ou viva, como a identificação da irmã morta com uma pessoa viva. Seu estranho comportamento com a irmã morta parecia indicar que essa pessoa viva era a própria sonhante que se regozijava com a morte da irmã e depois se punia por sua alegria. Talvez sentisse ciúmes da irmã (que era casada, como fiquei sabendo) e tivesse gostado de ocupar o lugar dela, para também ter filhos. Fiz-lhe a seguinte pergunta: "Após a morte de sua irmã, nunca pensou que o seu cunhado, como acontece tantas vezes, poderia desposá-la?" – "Eu não", foi a resposta, "*mas o meu cunhado pediu-me efetivamente em casamento; recusei, entretanto, porque não queria ter a meu cargo os quatro filhos de minha irmã.*"

Não quis entrar nos detalhes da análise desse sonho, mas bastou-me esse relato para compreender que a nossa interlocutora tinha certamente lamentado muito sua precipitação em rejeitar a oferta de seu cunhado. Ignoro se outros acontecimentos atuais intervieram na formação desse sonho – penso num aborto, por exemplo –, mas pus de lado esse problema, pois era evidentemente impensável levar mais adiante a investigação nesse sentido. Se não foi possível, neste caso, resolver o problema de saber se se tratava de uma fantasia ou da realidade – o que se justifica em matéria de inconsciente –, conseguimos, porém, a partir do simples relato do sonho, conhecer certos elementos importantes da vida psíquica da sonhante.

LXVII

As patoneuroses[1]

Um jovem de 22 anos veio consultar-me queixando-se de ter fantasias "sádicas" (e em parte masoquistas). Mencionou de passagem que sofrera recentemente a ablação de um testículo por tuberculose. Alguns meses depois procurou-me de novo para me pedir um conselho: deveria aceitar o conselho do cirurgião e retirar igualmente o outro testículo, que a doença atingira depois? Coisa surpreendente, em vez de estar deprimido como seria de esperar, o doente mostrava-se, antes, num acentuado estado de excitação. O seu pedido de iniciar um tratamento psicanalítico após a intervenção, "visto que, após a eliminação da libido orgânica, seria mais fácil reparar os desvios patológicos da psique", pareceu-me deslocado em relação ao caráter trágico da situação. Essa ideia ocorrera-lhe depois de ter lido alguns livros psicanalíticos. Deixei ao cirurgião a decisão relativa à operação e emiti um parecer desfavorável sobre a utilidade de uma psicoterapia. A castração foi efetuada alguns dias mais tarde.

Alguns dias depois, recebi uma carta desesperada do pai do doente, na qual relatava consideráveis mudanças no caráter e no modo de vida de seu filho, o que o fazia temer uma doença mental. O jovem tinha um comportamento bizarro, negligenciava os estu-

---

1. Artigo extraído de uma coletânea intitulada "Histeria e patoneuroses". Os outros artigos contidos nessa mesma coletânea figurarão no volume III das *Obras completas* de Ferenczi, com exceção do artigo "Dois tipos de neurose de guerra (histeria)", incluído no presente volume, p. 293. (NTF)

dos, assim como a música, à qual se consagrara antes com paixão, não tinha a menor preocupação com as horas e recusava-se a ver seus pais; justificava sua conduta pelo amor que dizia sentir por uma jovem cujo pai era um burguês eminente da cidade.

Voltei a ver ainda mais duas vezes o rapaz. Na primeira dessas vezes, o caráter erotomaníaco e interpretativo foi o que se destacou em primeiro plano. Essa moça amava-o (pequenos detalhes forneciam-lhe a prova disso). Mas o mundo inteiro estava com os olhos fixados nos órgãos genitais dele; alguns faziam-lhe alusões diretas e já tivera até de provocar um jovem para duelo. (Seu pai confirmou esse fato.) Ele saberia mostrar a todos que era um homem! Servia-se de seus conhecimentos extraídos da literatura psicanalítica para atribuir a outrem a responsabilidade por sua doença, em especial a seus pais. "A minha mãe está inconscientemente apaixonada por mim, por isso ela se comporta de forma tão bizarra a meu respeito." Para grande susto de sua mãe, fê-la compartilhar de seu segredo. Nessa época, como acontece às vezes na parafrenia, o doente percebia em certa medida a mudança que se operara nele. Não só os outros, mas também ele tinha mudado. Seu amor pela jovem já não tinha a mesma intensidade, mas ele ia consertar tudo por meio da "autoanálise".

Vi o doente pela última vez algumas semanas mais tarde. O processo mórbido progredira com rapidez, aproximando-se visivelmente, sem que ele percebesse isso, da raiz de toda paranoia: a homossexualidade. Tinha a impressão, dizia ele, de ser "infuenciado" por homens; era essa influência que modificava seus sentimentos para com a sua bem-amada. Como a maioria dos paranoicos, assimilava essa influência a uma "transmissão de pensamento". Sem expressá-lo de forma clara no início, não tardou em deixar transparecer que, de fato, o mundo inteiro o tomava por um homossexual. Contou em detalhe a cena durante a qual acabou por perder o controle de si mesmo. Viajava num compartimento de trem; diante dele sentara-se um homenzinho ridículo que o encarava com ar irônico, como se quisesse dizer-lhe: "Bem que eu seria capaz de dar-te um beijo." A ideia de que até aquele homenzinho desprovido de virilidade o tomava por mulher excitou-o muito e foi então que nasceu nele, pela primeira vez, o pensamento vingativo: "E você, eu também poderia beijá-lo!" Entretanto, na parada seguinte, abandonou o trem como se fugisse, esquecendo-se até de sua mala, que exigiu

um tempo considerável para ser localizada e recuperada. (Recordo o que a interpretação de sonhos nos ensina a respeito da "mala": é um símbolo genital e, por conseguinte, a perda da mala pode ser interpretada neste caso como uma alusão à castração sofrida.)
Tornou-se necessária a internação do doente e por isso não sei muita coisa sobre sua condição ulterior. Apenas ouvi dizer que o seu estado de demência tinha progredido rapidamente.
Mas o pouco que sei desse caso é suficientemente importante para que o estudemos de modo mais profundo.

Em primeiro lugar, chama a atenção a maneira precisa como a homossexualidade se exprime no delírio do doente quando, em geral, somente a análise pode franquear o acesso a essa raiz da doença mental em questão. Aliás, tais casos já foram objeto de publicações de Moricheau-Beauchant (Poitiers) e minhas. O paranoico que, no começo, apresenta apenas ideias delirantes bastante confusas de interpretação e de suspeita, pode mais tarde adquirir consciência de sua homossexualidade, sob a forma de desconfianças e suspeições injustificadas, naturalmente; do mesmo modo, o obsessivo, cuja doença manifesta-se por meio de obsessões absurdas, pode desvendar, ao fim de certo tempo, o verdadeiro pano de fundo psíquico de sua doença, mas sob a forma de um cerimonial compulsivo e, portanto, estranho por natureza ao seu ego.

Mas este caso nos apresenta um problema muito mais profundo se o considerarmos sob o seguinte ângulo: a doença mental, a paranoia, foi desencadeada *traumaticamente* pela castração? A castração do homem, a "emasculação", é especialmente adequada, com efeito, para evocar ou reavivar fantasias de feminilidade, a partir das lembranças bissexuais recalcadas da infância que se exprimem em seguida no delírio.

Aliás, o caso não é único a esse respeito. Publiquei anos atrás uma observação em que essa excitação da zona erógena anal tinha desempenhado o papel deflagrador da demência[2]. Após uma intervenção ao nível do reto, ocorrera nesse paciente a eclosão do delírio de perseguição. A intervenção retal também pode suscitar ou despertar fantasias de homossexualidade passiva.

---

2. "Um caso de paranoia deflagrado por uma excitação da zona anal", *O.C.*, vol. I, p. 129.

A primeira teoria psicanalítica do trauma para explicar a origem das neuroses continua válida até hoje. Ela não foi desmentida mas *completada* pela teoria de Freud a respeito da constituição sexual e seu papel predisponente na formação das neuroses; assim, não temos objeção de princípio a formular contra a hipótese de uma *paranoia traumática* em que, apesar de uma constituição sexual normal, certos acontecimentos fornecem o impulso inicial para o desenvolvimento de uma psiconeurose.

Segundo a teoria freudiana da constituição sexual, a paranoia é uma psiconeurose narcísica. Atinge os indivíduos cujo desenvolvimento sexual foi perturbado durante a fase de transição entre o narcisismo e o amor objetal, e que por esse fato estão predispostos a regredir para a fase homossexual, ou seja, para uma escolha de objeto mais próxima da escolha narcísica.

No seu ensaio "Introdução ao narcisismo", Freud cita, entre outras coisas, a minha hipótese segundo a qual as modificações particulares que a vida amorosa dos doentes orgânicos sofre (retirada da libido do objeto e concentração de todo o interesse tanto libidinal quanto egoísta no ego) deixa supor a persistência, subjacente no amor objetal do adulto normal, de uma grande parte do narcisismo primitivo que apenas aguarda uma ocasião para se manifestar. Portanto, uma doença orgânica ou um ferimento podem muito bem acarretar uma regressão ao chamado narcisismo traumático ou uma variante neurótica dela.

As minhas observações referentes ao comportamento libidinal dos doentes orgânicos multiplicaram-se durante esse tempo e aproveitei a ocasião para comunicar algumas ideias sobre as neuroses resultantes de uma doença orgânica ou de um ferimento, a que darei o nome de *neuroses de doença* ou *patoneuroses*.

Parece que, em numerosos casos, a libido retirada do mundo externo não é investida no ego como um todo, mas, essencialmente, no *órgão* doente ou ferido, e provoca ao nível do ponto doente ou ferido sintomas que devemos atribuir a um recrudescimento local da libido.

As pessoas que têm um dente cariado ou doloroso são não só capazes de retirar todo seu interesse do mundo externo para concentrá-lo no ponto sensível – o que, no final das contas, é compreensível –, mas, ao mesmo tempo, utilizam esse ponto para obter satisfações particulares que só podemos classificar de libidinais. Chupam, empurram, aspiram, com a ajuda da língua, o dente dolorido, escarafuncham-no com o auxílio de diversos instrumentos e elas mesmas reconhecem que essas manipulações fazem-se acompanhar de sensações manifestas de prazer. Somos levados a dizer que, em consequência das excitações produzidas pela doença, determinada parte do corpo adquiriu – como na histeria – *qualidades genitais*, ou seja, foi *"genitalizada"*. Baseando-me num caso que analisei, posso afirmar que essas parestesias dentárias podem desencadear no psiquismo fantasias eróticas, orais e canibais, ou seja, transformar a psicossexualidade num sentido correspondente. Freud fez-me observar que o erotismo oral podia ser estimulado da mesma maneira pelos tratamentos dentários ou ortodônticos prolongados.

Um homem portador de uma doença gástrica, para quem todo interesse estava mobilizado pela digestão, fez o comentário característico de que "o mundo inteiro tinha mau gosto" para ele; era como se toda a sua libido estivesse concentrada no estômago. Talvez seja possível um dia atribuir as alterações caracteriais específicas que se podem observar nas doenças orgânicas a formações reativas do ego a partir desses deslocamentos da libido. Diz-se que os doentes com distúrbios gástricos são "coléricos", fala-se de "salacidade tísica", etc.

Pediatras informaram-me que, após uma coqueluche – uma vez curado o processo infeccioso –, acessos de tosse nervosa podiam persistir durante vários anos; esse pequeno sintoma histérico poderia igualmente explicar-se pela acumulação de libido no órgão que esteve doente.

Em análise, observa-se com frequência, após uma doença intestinal, um despertar do *erotismo anal*, em geral sob um disfarce neurótico.

Poderia multiplicar esses exemplos, mas esses bastam para o meu propósito. Mostram-nos que uma doença orgânica pode acarretar uma perturbação da libido não só narcísica, mas, eventualmente, também "transferencial" (histérica), sendo preservada a relação de objeto libidinal. Chamarei a esse estado *histeria de doença* (pato--histeria), em oposição à *neurose sexual* de Freud, em que a perturbação da libido é primária e o distúrbio funcional orgânico secundário. (Cegueira histérica, asma nervosa.)

É mais difícil distinguir esses estados da *hipocondria, a terceira neurose atual, segundo Freud*. A diferença essencial é que na hipocondria não existem e nunca existiram alterações detectáveis dos órgãos.

A *neurose traumática* resulta de um choque psíquico e físico intenso, *sem lesão corporal importante*. Sua sintomatologia combina a regressão narcísica (abandono de uma parte dos investimentos de objeto) e os sintomas da histeria de conversão ou de angústia, que classificamos, como se sabe, entre as neuroses de transferência.

Mas em que caso a doença ou o ferimento vão provocar uma regressão narcísica mais importante e desencadear um "narcisismo de doença" ou uma autêntica neurose narcísica? Creio que três condições poderiam determinar essa eventualidade: 1.º se o narcisismo é constitucionalmente muito forte, mesmo antes da agressão – ainda que seja em estado latente –, de modo que a menor lesão de qualquer parte do corpo, não importa qual, atinge por inteiro o ego; 2.º se o traumatismo constitui uma ameaça para a vida ou se o sujeito está persuadido disso, ou seja, se o ego e a existência em geral estão ameaçados; 3.º enfim, podemos também imaginar que uma *regressão ou neurose narcísica resulta da lesão de uma parte do corpo fortemente investida pela libido*, parte com a qual o ego facilmente se identifica por inteiro. Considerarei aqui apenas esta última eventualidade.

Sabemos que a libido não está igualmente repartida em todo o corpo, que existem *zonas erógenas* nas quais as energias libidinais estão, por assim dizer, condensadas; a tensão é aí muito mais forte do que nas outras partes do corpo. *A priori*, podemos supor que um ferimento ou uma doença dessas zonas acarretará distúrbios muito mais profundos da libido do que quando se trata de outra parte do corpo.

Durante a minha breve prática hospitalar em oftalmologia pude observar que *as psicoses supervenientes após uma operação dos olhos* não são raras; aliás, os manuais de oftalmologia assinalam esse fato. Os olhos são uma das partes do corpo mais investidas de libido, como atesta, além da psicanálise das neuroses, o rico folclore relativo ao valor da menina dos olhos. Pode-se compreender que a perda dos olhos ou o risco de perdê-los possa afetar o ego inteiro ou desencadear uma neurose narcísica de doença.

A seção de cirurgia do hospital militar, cujo serviço de neurologia estava sob a minha direção, enviou-me em todo um ano de guerra um único paciente para observação do seu estado mental. Era um soldado de uns trinta anos, a quem um obus tinha quase inteiramente despedaçado o maxilar inferior. Seu rosto estava horrivelmente desfigurado. O que impressionava em seu comportamento era um narcisismo ingênuo. Ele desejava que a irmã enfermeira lhe fizesse as unhas com regularidade todos os dias; recusava-se a comer o cardápio comum do hospital porque, dizia, era-lhe devido um melhor regime e repetia incansavelmente essa reivindicação à maneira dos brigões. Era, portanto, um caso autêntico de "narcisismo de doença". Somente uma observação prolongada pôde revelar nele, por trás desse sintoma aparentemente benigno, os indícios de uma mania da perseguição.

Estava escrevendo este artigo quando li uma nota bibliográfica a respeito do estudo de Wagner, *Vom Seelenzustand nach schweren Gesichtsverletzungen*[3]. Considera o autor que os ferimentos no rosto são acompanhados de depressões muito mais severas do que os ferimentos em qualquer outra parte do corpo, seja qual for a sua gravidade. Os feridos dizem todos que teriam preferido perder um braço ou uma perna. É igualmente impressionante a frequência com a qual os feridos no rosto se olham num espelho.

É certo que o rosto não pode ser propriamente qualificado de zona erógena, mas desempenha um papel sexual primordial como palco de uma pulsão parcial muito importante: a *exibição* normal – enquanto a mais vistosa das partes descobertas do corpo. Não é difícil conceber que a mutilação dessa parte tão importante do corpo possa conduzir a uma regressão narcísica, mesmo sem qualquer predisposição particular. Eu mesmo já observei um caso de torpor afetivo passageiro, de caráter parafrênico, numa bela jovem que fora submetida a uma cirurgia no rosto.

A identificação do ego, como um todo, com as diferentes partes do rosto é um traço comum a todos os homens. É verossímil que o deslocamento dos movimentos libidinais "de baixo para cima" (Freud) que se produz no momento do período de sublimação "genitalize" secundariamente – sem dúvida, por meio da rica inervação vascular – o papel sexual do rosto, que na origem é unicamente exibicionista. (Por "genitalização" de uma parte do corpo entendo, como Freud, um recrudescimento periódico da irrigação sanguínea, da secreção mucosa e da turgidez, acompanhado de estímulos nervosos correspondentes.)

Sabe-se que, no outro polo do corpo, o *ânus* e o *reto* conservam durante a vida toda grande parte de sua erogeneidade. O caso ante-

---

3. "Do estado mental após ferimentos graves do rosto." (N. do T.)

riormente citado, em que a irritação da zona anal desempenhou o papel de fator desencadeante de uma paranoia, também atesta existir, a partir daí, um caminho que leva ao narcisismo de doença e à sua variante neurótica.

Entre as zonas erógenas, o *órgão genital* ocupa um lugar muito especial. Sabemos, desde Freud, que muito cedo, no decorrer do desenvolvimento, o órgão genital assegura sua primazia sobre todas as zonas erógenas, de modo que a função erógena das demais zonas diminui em proveito da zona genital. Acrescente-se que essa primazia manifesta-se igualmente pelo fato de que toda excitação de uma zona erógena afeta de imediato os órgãos genitais, de sorte que o órgão genital, enquanto órgão erótico central, está na mesma relação com as outras zonas que o cérebro com os órgãos sensoriais. O desenvolvimento de tal órgão, o qual reúne todos os outros erotismos, é provavelmente a condição preliminar para o estágio narcísico da sexualidade, postulado por Freud. Estamos no direito de formular a hipótese de que existe, durante a vida inteira, uma relação das mais íntimas entre o órgão genital e o ego narcísico (Freud); é bem provável que seja até o órgão genital que constitui o núcleo de cristalização da formação narcísica do ego. Os sonhos, as neuroses, o folclore e os chistes, em que a identificação entre o ego e o órgão genital ocorre constantemente, fornecem provas psicológicas em favor dessa hipótese.

Dito isto, não ficaríamos surpresos se se apurasse que as doenças ou os ferimentos de órgãos genitais são particularmente suscetíveis de provocar uma regressão ao narcisismo de doença. Remeto em primeiro lugar ao que se chama as *psicoses puerperais*, que não podem ser atribuídas nem a uma "infecção", nem a uma banal "excitação", mas a uma lesão da zona erógena central, inevitável quando de um parto. Sabe-se que a maioria dessas psicoses pertence ao grupo das parafrenias (demência precoce). Mas outras doenças dos órgãos genitais, gonorreia, sífilis, etc., mais particularmente no homem, podem também provocar choques psicológicos profundos e arrastar o ego todo para a doença. A afirmação exagerada de um ginecologista italiano que pretende atribuir a origem de todas as doenças mentais na mulher às doenças dos órgãos genitais e seus anexos não passa de uma generalização abusiva da hipótese de uma patoneurose genital. O gozo doloroso associado ao órgão de excreção (neste caso, a vagina) é parcialmente transferido para o produto excretado (a criança). Pode-se assim explicar que muitas mães prefiram justamente "a criança parida na dor". Foi Freud quem chamou a minha atenção para essa analogia.

Pode-se admitir que a lesão das zonas genitais ou de todas as outras zonas erógenas mencionadas também seja capaz de provocar uma neurose histérica, portanto, não narcísica; entretanto, *ceteris paribus*, essas zonas são mais propícias do que outras a reagir de maneira narcísica a uma doença ou a um ferimento. Creio, portanto, que no caso exposto no início deste artigo, em que a paranoia se manifestou na esteira de uma castração, é lícito atribuir à lesão da zona genital não só o sentido de um fator "deflagrador" banal, mas também um papel etiológico específico.

Além das considerações parcialmente teóricas já citadas, podemos destacar em apoio desta última afirmação uma observação muito frequente em psiquiatria. Os pacientes que sofrem de parafrenia (demência precoce) queixam-se amiúde de sensações particulares em certas partes do corpo; sentem, por exemplo, que o nariz está recurvado, que a posição dos olhos mudou, que a cabeça está deformada, etc., quando um minucioso exame não evidencia a menor alteração objetiva ao nível das partes do corpo em questão.

Não pode ser um acaso se essas sensações hipocondríacas se manifestam com tanta frequência justamente ao nível do rosto, dos olhos (muitas vezes, dos órgãos genitais), por conseguinte, precisamente ao nível das partes do corpo cuja importância narcísica acabamos de sublinhar. É ainda mais notável que, na grande maioria das vezes, sejam essas zonas erógenas aquelas que os parafrênicos preferem para cometer automutilações: eles se castram, furam-se os olhos ou convidam o médico a efetuar intervenções de cirurgia estética no rosto, no nariz.

Freud ensinou-nos que na parafrenia esses sintomas espetaculares servem à tendência autoterapêutica, o que nos permite supor, mesmo nos casos de autocegueira ou de autocastração, que o paciente tenta desembaraçar-se, por meio dessa intervenção brutal, de parestesias hipocondríaco-narcísicas como as que acabamos de descrever. Seja como for, o próprio fato de que uma parafrenia puramente psicogênica possa provocar tais parestesias, justamente nas zonas erógenas, e de que o doente reaja mediante o recurso à automutilação, fala com nitidez a favor da reversibilidade desse processo e, portanto, do fato de que uma agressão traumática ou patológica a essas partes do corpo narcisicamente importantes pode acarretar uma patoneurose narcísica com maior facilidade do que se se tratasse de alguma outra parte do corpo.

Também conhecemos essa reciprocidade entre os estados de excitação centrais e periféricos de outra perspectiva. Assim, por exemplo, uma lesão cutânea pode ser pruriginosa, em contrapartida um prurido de origem central pode levar a pessoa a coçar-se, ou seja, a uma lesão da superfície cutânea pruriginosa e provocar assim uma espécie de autolesão.

Como uma lesão corporal ou um distúrbio mórbido num órgão podem modificar a distribuição da libido, é algo de que ainda não sabemos nada. De momento, devemos nos contentar com a simples constatação do fato.

Entretanto, quando um cão lambe ternamente, durante horas, sua pata ferida, seria uma racionalização abusiva supor que ele busca assim um efeito médico terapêutico, a desinfecção de sua ferida ou alguma outra coisa desse gênero. É muito mais admissível que a libido se condense maciçamente no membro lesionado, de sorte que o animal o trata então com aquela solicitude que reserva habitualmente para as suas partes genitais.

De acordo com tudo o que precede, é muito provável que não sejam apenas os glóbulos brancos que se reúnem nas partes feridas do corpo por "quimiotaxia" para exercer aí sua atividade reparadora, mas que também se acumule aí uma quantidade maior de libido proveniente de outros investimentos orgânicos. Talvez esse recrudescimento libidinal participe também da deflagração dos processos de cura. *Mit wollustigem Reiz schliesst sich die Wunde geschwind* (Mürike)[4].

Entretanto, se o ego se defende contra esse recrudescimento libidinal local por meio do recalcamento, a ferida ou a doença podem levar a uma *patoneurose histérica;* se se identifica inteiramente com ele, conduzirá a uma *patoneurose narcísica,* eventualmente a um simples *narcisismo de doença.*

Pode-se esperar que o estudo aprofundado desses processos nos forneça alguma luz sobre certos problemas, ainda muito obscuros, da teoria sexual, sobretudo os do *masoquismo* e da *genitalidade feminina.*

---

4. Com uma voluptuosa titilação, a ferida rapidamente se fecha. (N. do T.)

O lugar da atividade masoquista, por mais complexa e sublimada que seja a forma que venha a adquirir mais tarde, é sempre, na origem, a superfície cutânea do corpo (Freud). Parece que as lesões cutâneas inevitáveis produzem em todos os homens incrementos traumáticos localizados da libido que – no começo, puros autoerotismos – podem em certas circunstâncias tornar-se o ponto de partida de um masoquismo autêntico[5]. Em todo caso, é certo que no masoquismo os incrementos libidinais nas partes lesadas do corpo produzem-se da mesma maneira que se supõe ser a dos casos de doença ou de patoneurose de que falamos antes.

Quanto à *genitalidade feminina*, sabemos por Freud que a função genital da mulher, na origem inteiramente viril, ativa, ligada ao clitóris, só se torna feminina, passiva, vaginal depois da puberdade. Parece, no entanto, que a condição prévia da primeira satisfação sexual plenamente feminina é justamente uma *lesão orgânica*: a ruptura do hímen pelo pênis e a dilatação brutal da vagina. Suponho que essa lesão, que na origem não acarreta prazer sexual, mas dor, provoca secundariamente, à maneira das patoneuroses, o deslocamento da libido para a vagina ferida, tal como a cereja picada pelo pássaro ou cortada pelo verme amadurece e enche-se de açúcar muito mais depressa do que outra.

É verdade que esse deslocamento de libido do clitóris (atividade) para a vagina (passividade) já se organizou no decorrer da filogênese e também se produz mais ou menos sem traumatismo. Mas, num dos tipos de vida amorosa que Freud descreveu, a mulher odeia o seu primeiro parceiro e só pode amar o segundo; ela parece, portanto, ter preservado os dois tempos primitivos do processo que leva à genitalidade feminina (passiva): a reação primária de ódio em resposta à lesão corporal, e o deslocamento secundário da libido para a parte ferida do corpo, para a arma que causou o ferimento e para o portador dessa arma.

---

5. Sei por comunicações verbais de Freud que o masoquismo pode sempre ter como origem as ameaças de castração e suspeito de que é um processo secundário, *neurótico* desta vez, que conduz ao recalcamento da pulsão genital normal e ao despertar regressivo, ainda que já genitalizado, do masoquismo cutâneo acima mencionado, ou seja, do *masoquismo primitivo*.

LXVIII

Consequências psíquicas de uma "castração" na infância

No meu artigo "Um pequeno homem-galo" descrevi o caso de um menino[1] que sofrera em sua tenra infância um leve ferimento ao nível do pênis, o que exerceria depois uma influência decisiva sobre toda a sua vida pulsional e, sobretudo, sobre o seu desenvolvimento psíquico; no mesmo trabalho mostrei a importância do fator constitucional na angústia de castração, cabendo aí ao vivenciado apenas um papel de fato deflagrador.

Há cerca de três anos, recebi a visita de um homem que podemos considerar o oposto do pequeno "homem-galo". Quando tinha apenas três anos de idade, sofreu efetivamente uma castração. Naturalmente, não se deve entender com isso uma castração no sentido médico do termo, mas outra operação envolvendo o pênis. O paciente lembrava-se perfeitamente de como isso tinha acontecido. Ele tinha dificuldade para urinar (provavelmente devido a uma fimose), o que incitou seu pai, um proprietário rural enérgico e rude, a ir consultar – embora fosse cristão – não o médico do distrito, mas o açougueiro ritual judaico da aldeia, que aconselhou uma circuncisão, remédio perfeitamente justificado nesse caso, do ponto de vista médico. O pai consentiu logo; o açougueiro foi buscar uma longa e afiada faca e procedeu à ablação do prepúcio do garoto, que se debateu ferozmente e só pôde ser dominado pela força.

---

1. "Um pequeno homem-galo", neste volume, p. 69. (N. do T.)

Trata-se de M.L., funcionário agrícola croata, que me procurou porque sofria de impotência. Segundo o seu relato, ficou solteiro e jamais teve relações sérias com mulheres, salvo com prostitutas do mais baixo nível; entretanto, nem mesmo com elas tinha a certeza de sua potência; faltava-lhe coragem a esse respeito. Logo se apurou que essa falta de confiança não afetava somente a sua vida sexual, mas também o resto de sua existência, o que explicava o fato de esse homem, de uma inteligência superior à média, não ser bem-sucedido tanto no plano social quanto no material.

Como sua função não lhe permitia tirar férias muito longas, só podia vir me ver durante períodos de algumas semanas (l a 3) e com grandes intervalos entre eles, o que reduzia consideravelmente o alcance terapêutico da análise, bem como a possibilidade de um estudo psicanalítico aprofundado do caso. Entretanto, a análise fez vir à tona, pouco a pouco, um número suficiente de fatos característicos para que a publicação desse caso me pareça justificada.

Durante a primeira sessão (assim poderíamos chamar a cada um dos ciclos de análise), foi muito difícil induzir o paciente a falar. Sua resistência intensa, quase insuperável, provinha do fato de que ele tinha reais pecados a censurar-se. Tinha uma forte propensão para corrigir a sorte quando jogava cartas, não só quando uma oportunidade se apresentava, mas preparando-se de antemão, através de vários truques. Depois de uma trapaça bem-sucedida, quando corria por vezes sérios riscos, não sentia, porém, a menor satisfação; esbanjava o dinheiro assim ganho, bebia e depois recriminava-se amargamente. Sua incorreção no jogo nunca foi descoberta, mas conseguiu granjear uma má reputação de outra maneira: embriagava-se com frequência, tornava-se então brutal e confraternizava na embriaguez com a raia miúda (garçons, músicos, etc.), do que se sentia terrivelmente envergonhado quando voltava a ficar sóbrio. Ao evocar a lista de seus crimes da infância, foram exumados alguns furtos insignificantes; o mais audacioso foi o furto da carteira do pai no bolso das calças durante o seu sono. Esse pai era um homem violento que educava o filho a golpes de chicote, bebia excessivamente e morreria numa crise de alcoolismo. É nesse ponto da história que se insere o relato da intervenção cirúrgica já mencionada e que foi executada de um modo tão brutal.

Quando o paciente se sentiu aliviado por esse relato, pôde manifestar-se outro aspecto de sua vida afetiva: surgiu então a imagem de um homem sensível, desejando amar e ser amado, dotado para a poesia e as ciências. Entretanto, fosse para confessar um dos seus delitos ou para recitar um dos seus poemas, mostrava sempre a mesma conduta reticente muito particular: a voz estrangulava-se, passava a praguejar terrivelmente, ficava hirto, chegava quase ao opistótono como um histérico; seus músculos contraídos ao máximo, o rosto escarlate, as veias tumefactas; depois, uma vez feita a comunicação crítica, acalmava-se de súbito e podia enxugar o suor de angústia que lhe perlava a fronte.

Contou-me mais tarde que sentia nessas ocasiões uma forte retração do pênis e que era dominado pela compulsão a agarrar o órgão genital de seu interlocutor.

Antes de ele sair, expliquei-lhe que vivera toda a sua vida com a ideia desencorajadora da mutilação que sofrera; tinha sido isso o que o acovardara e criara nele a compulsão a conquistar certas vantagens mesmo à custa da malícia e da trapaça. O furto no bolso da calça do pai nada mais era, aliás, senão a compensação simbólica para a espoliação de que ele próprio fora vítima. A retração peniana que sobrevinha quando ele tinha de assumir uma responsabilidade evocava a sua própria depreciação; a compulsão a agarrar o órgão sexual do seu interlocutor era uma tentativa para libertar-se dessa representação torturante, tornando-se em fantasia o possuidor de um órgão de valor integral.

Numa sessão posterior, reconheceu a existência, a par dos sofrimentos já mencionados, de fantasias de um caráter quase mítico, que surgiam habitualmente nele quando estava sozinho. Sentia-se como uma águia que, de olhos abertos, voava rumo ao sol. Sem nenhum temor, aproximava-se velozmente do sol e, com seu bico acerado, arrancava um pedaço da borda do astro, cujo brilho empalidecia de súbito, como num eclipse. Essa fantasia solar simbólica traía para o iniciado a inextinguível sede de vingança do paciente em relação ao pai (o sol), a quem queria fazer pagar com uma mutilação a falta de ímpeto de sua genitalidade, criada por culpa daquele. A comparação com a águia é a figuração de um desejo, uma imagem que dissimula a consciência que tem de sua ereção defeituosa. Uma boa confirmação dessa interpretação sol = pai é fornecida pelo próprio paciente, quando se queixa de que a experiência mais nefasta para a sua potência foi uma cura de sol. A ponte associativa entre o sol e o pai era dada pelos olhos brilhantes e ameaçadores do pai que, na infância do paciente – ao invés da atitude audaciosa da fantasia –, o obrigavam sempre a baixar os olhos[2].

O seu estranho comportamento quando tinha de comunicar uma representação penosa ou que, pensava, poderia desagradar ao médico, também encontrou logo sua explicação. A voz estrangulada, as pragas, o opistótono, etc. eram apenas uma maneira de reviver inconscientemente a castração e todo o seu comportamento durante essa intervenção brutal. Durante as comunicações menos perigosas somente subsistia a retração do pênis como alusão à castração. O choque psíquico precoce tinha criado uma sólida relação psíquica e nervosa entre a parte lesada do seu corpo e sua vida afetiva (semelhante à que constatei em certos neuróticos de guerra), de forma que seus afetos poderiam ser descritos pela série completa de sensações de retração e de castração. Todo afeto ulterior vinha logo excitar a chaga ainda dolorosa de seu psiquismo e a parte correspondente do seu organismo.

A compulsão a agarrar, quando estava angustiado, um órgão genital estranho superior ao dele pode explicar-se de várias maneiras. Em primeiro lugar, alude ao seu desejo já assinalado de possuir um pênis maior; mas o paciente servia-se também disso como medida de proteção contra a reprodução da castração; detinha como penhor o pênis de seu presumido adversário. (Interpretei no mesmo sentido o seu onanismo, que se prolongara por um período de tempo incomum.) Ele não se atrevia a abandonar seu pênis e confiá-lo a uma mulher desconhecida e talvez perigosa. (O complexo de castração tem um sentido geral e pode-se supor que desempenha o papel de móbil em muitos masturbadores.)

E, por fim, descobri, subjacentes nessa compulsão, fantasias homossexuais passivas; estando castrado, o paciente considerava-se como uma mulher e desejava, pelo menos, receber sua parte do prazer sexual feminino.

É provavelmente esse distúrbio do desenvolvimento sexual – o qual sobreveio precisamente entre o estágio narcísico e o estágio

---

2. Pode-se pensar que é em geral o olho do pai que fornece o *tertium comparationis* para que se constitua o símbolo do sol. Basta-nos recordar que o "olho de deus" está cercado de raios. Conheço um hipnotizador profissional que pensa dever suas faculdades de sugestão a seus olhos penetrantes. Na sua infância, opusera-se a um pai muito severo e durante muito tempo treinara-se em olhar de frente a mais intensa irradiação solar.

genital – a causa do seu extraordinário narcisismo e de seus arcaísmos eróticos anais. Suas ideias a esse respeito eram extremamente originais. Contento-me em mencionar que ele defecava de preferência num riacho, que passava não longe de seu domicílio, e que ficava depois por muito tempo acompanhando com gosto o destino ulterior dessas partes integrantes do seu ego, das quais se separava com muita pena. Tinha um faro especial para reconhecer a origem erótica anal da avareza; um dia, por exemplo, tendo sua irmã oferecido um almoço em sua homenagem que ele considerou mesquinho, ocorreu-lhe a ideia de que "sua irmã tinha apanhado os filhós do carnaval simplesmente em seu ânus".

Acreditando-se despojado de seu bem mais precioso, tinha horror a toda espécie de despesa; julgava-se enganado, "lesado", em toda parte, e daí a sua tendência a enganar os outros. Apresentava uma intensa idiossincrasia a respeito do alfaiate e do barbeiro.

Não pudemos situar o momento preciso da eclosão de sua neurose. Quando era jovem, o paciente tivera durante anos o temor de tornar-se epiléptico. Pode-se presumir neste ponto uma identificação com o pai, que tinha crises de etilismo, mas a significação certamente polivalente desse sintoma não foi suficientemente analisada.

Na "série etiológica" de Freud, esse caso poderia ocupar uma situação extrema; é provável que mesmo uma criança que não apresentasse nenhuma predisposição teria acabado neurótica em consequência de tal traumatismo.

Como médico-chefe do serviço de neurologia de um hospital militar, pude interrogar muçulmanos da Bósnia que tinham sido circuncidados na infância. Tomei conhecimento de que na maioria das crianças a operação era efetuada no decorrer do segundo ano de vida e não acarretava nenhuma espécie de sequela neurótica, em especial, nenhuma impotência. Nos judeus, a circuncisão ritual tem lugar oito dias após o nascimento da criança; também nesse caso verifica-se a total ausência de sintomas que lembrem os do paciente. É muito possível, portanto, que essa intervenção só produza um efeito patológico tardio se for praticada na idade crítica do narcisismo.

No presente caso e em outros semelhantes devemos reconhecer, na esteira de Freud, o papel predominante do "protesto viril" na formação do sintoma. O desejo mais ardente, o mais profundo, desse paciente era, de fato, o de poder ser um homem; mas não pela ideia de "superioridade"; para poder também ele, como seu pai, amar uma mulher e formar uma família. Por outro lado, não deve causar surpresa que ele produza fantasias não só libidinais mas também egoístas, fantasias de um amor-próprio ferido pela circuncisão.

LXIX

Compulsão de contato simétrico do corpo

Grande número de neuróticos, mas também muitos indivíduos normais, sob todos os outros aspectos, sofrem de uma curiosa compulsão supersticiosa. Quando são levados a tocar numa certa parte de seus próprios corpos, por acaso ou intencionalmente, sentem-se forçados a tocar também na parte simétrica correspondente. Por exemplo, se tocaram na orelha direita com a mão direita, sentem logo a necessidade de tocar exatamente da mesma maneira na orelha esquerda com a mão esquerda. Se não o fizerem, são tomados de angústia, como é em geral o caso quando uma manifestação obsessiva é contrariada.

Tive ocasião de analisar uma jovem que, além de outras manifestações neuróticas, apresentava também essa particularidade (mas que não sentia subjetivamente como um distúrbio). Uma pergunta direta quanto à origem do sintoma não resultou, como de hábito, em nenhuma explicação. A primeira associação conduziu a cenas da infância. Uma governanta severa de quem ela tinha muito medo vigiava sem tréguas para que as crianças, ao fazerem sua toalete, não esquecessem de lavar corretamente as duas orelhas, as duas mãos, etc. e não se contentassem em lavar apenas metade do corpo. Essa informação poderia incitar-nos a considerar a "compulsão de contato simétrico" como sendo simplesmente um "automatismo de comando pós-hipnótico", o qual pode persistir durante anos após a ordem recebida.

Como sempre, foi necessário sacrificar, no decorrer da análise, essa explicação simples em proveito de outra, mais complicada. Pois a mesma governanta, que insistia tanto para que o corpo fosse bem lavado e esfregado, obrigava as crianças a excluírem uma única parte do corpo, os órgãos genitais, que lhes era estritamente proibido lavar ou mesmo tocar. No entanto, essa era a parte do corpo cuja toalete não era uma tarefa enfadonha, mas um prazer.

Acabei, finalmente, por formular a hipótese de que a compulsão de lavagem exagerada e de toque simétrico do corpo significava, na realidade, um desafio, camuflado aqui de zelo e obediência. A compulsão de contato simétrico do corpo seria a supercompensação de uma dúvida: não seria preferível tocar *certa* parte do corpo situada na linha mediana?

A irmã mais velha da paciente, que está isenta, sob todos os demais aspectos, de características neuróticas, compartilha com ela, porém, esse sintoma de "compulsão de contato simétrico do corpo".

LXX

Pecunia olet

Tratei durante muito tempo um jovem comerciante que apresentava obsessões e angústias; entretanto, não pude terminar o tratamento porque a melhoria interveniente – como ocorre tantas vezes – foi utilizada pela resistência do paciente como pretexto para interromper a terapia.

A análise pôs rapidamente em evidência que a causa atual da doença tinha sido fornecida pela relação do paciente com sua mulher. Tive de explicar ao doente, com base em indícios evidentes, que o escolho onde ele encalhara era o conflito entre seu amor ao dinheiro (erotismo anal) e o resto de sua sexualidade. Tinha casado com uma mulher mais do que abastada, a quem não amava, ao passo que o seu inconsciente sonhava com uma dedicação desinteressada; entre outras coisas, pensava com frequência, mesmo conscientemente, numa mulher sem nenhuma fortuna, mas dotada de um enorme charme, junto de quem talvez tivesse encontrado a felicidade a que aspirava. Entretanto, tive de explicar ao paciente que essa felicidade tampouco teria sido sem nuvens, pois a sua segunda paixão, não menos intensa, o amor ao dinheiro, continuaria insaciada.

Durante uma das nossas entrevistas, o paciente forneceu-me a confirmação – em meu entender decisiva – das interpretações precedentes. Lembrou-se de que, pouco depois dos esponsais, quando de um momento de intimidade com sua noiva, ficou alarmado pelo hálito desagradável dela. Deixou-a precipitadamente e correu para a casa de um amigo de confiança com a intenção de romper logo o noivado. Mas acalmou-se e, como o cheiro desagradável não se manifestou mais, renunciou ao seu projeto e o casamento concretizou-se.

Eis como expliquei essa lembrança: o mau hálito da noiva, manifestamente insignificante em si, associara-se ao erotismo anal primitivo do paciente, do qual derivava seu amor pelo dinheiro; não queria confessar a si mesmo que se casava pelo dinheiro e fugia dessa eventualidade com a mesma angústia com que o fizera, outrora, das suas próprias pulsões eróticas anais insuficientemente recalcadas. Trata-se, portanto, de um caso de *regressão caracterial*, ou seja, da regressão de um traço de caráter (o amor pelo dinheiro) ao seu estágio erótico anterior[1]. Por um instante, a fantasia inconsciente pôde converter a boca da noiva em orifício anal.

Quem não tiver uma sólida experiência da psicanálise achará esta interpretação extraordinariamente forçada e, sem dúvida, muito desagradável. Dirá o que ouvimos dizer tantas vezes: "Por que motivo o chamado erotismo 'anal' deve desempenhar um papel também nesse caso? Não será possível explicá-lo mais simplesmente pela aversão muito compreensível de todo homem civilizado pelo odor desagradável em questão, sem que para isso tenha de se invocar a noção de 'regressão caracterial'?"

Em vez de discutir essa questão, vou apresentar rapidamente outro caso.

*
* *

Assinalei a uma senhora que crê amar apaixonadamente seu marido que muitos dos seus sintomas sugerem que, na verdade, o desposou por interesse e, como tal coisa lhe parece incompatível com seu caráter, ela exagera sua paixão pelo marido. Após uma longa resistência, ela confessará finalmente, para si mesma e a mim, que na época de seu noivado outro jovem tinha a sua preferência; que ela e sua família estavam sofrendo então sérias dificuldades materiais e que seu marido esperava, nessa mesma época, receber uma vultosa herança.

---

1. Ver "Sintomas transitórios no decorrer de uma psicanálise", *O.C.*, vol. I, p. 185, e "Formações compostas de traços eróticos e de traços de caráter", neste volume, p. 311.

Tal como no caso precedente, chamei-lhe a atenção para o erotismo anal, e a paciente logo reagiu com a seguinte lembrança:

"Pouco depois de ficar noiva, revi pela primeira vez o jovem a quem tinha amado e aconteceu o seguinte incidente: ele me saudou e beijou minha mão; no mesmo instante, acudiu-me o pensamento de que tinha ido há pouco ao banheiro e ainda não tinha podido lavar as mãos. Talvez ele tivesse percebido o cheiro de matérias fecais nos meus dedos! A minha angústia foi tão intensa que tive de levar logo os dedos ao nariz para cheirá-los e, ao mesmo tempo, pareceu-me que uma amiga presente me olhava com um sorriso irônico."

Interpretei naturalmente essa lembrança como uma confirmação da minha hipótese precedente e acrescentei que, na realidade, ela temia que o jovem "farejasse" nela que se casava por interesse. Nessa cena tive, aliás, de suspeitar da repetição de jogos infantis com as matérias fecais. A paciente tinha algumas vagas lembranças de ter praticado outrora tais jogos com seu irmão quando estavam no banheiro.

Caberá ao leitor decidir se a acentuada semelhança entre estes casos decorre do mero acaso ou se um certo sentido pode ser-lhes atribuído, eventualmente no sentido que lhe atribui a psicanálise. Entretanto, cumpre-me sublinhar nesta ocasião que a psicanálise nunca baseia suas teses em especulações, mas na acumulação de tais concordâncias, ou seja, em fatos. Responder à questão relativa à origem dessas concordâncias é outro problema; a análise por certo não o deixará sem solução. Mas recusa-se a fornecer explicações enquanto só dispuser de fatos. Seja como for, é injustificável a recusa em verificar fatos sob o pretexto de lógica.

O provérbio latino que escolhi para título desta comunicação, dando-lhe uma redação um pouco diferente, apresenta-se a uma nova luz após o que acabamos de expor. A proposição "o dinheiro *não* tem dinheiro" é um eufemismo invertido. No inconsciente, isso enuncia-se sem dúvida da seguinte maneira: *Pecunia olet*, ou seja: dinheiro = matérias fecais.

LXXI

Minha amizade com Miksa Schächter

Conheci-o em 1898, em circunstâncias curiosas. Eu era assistente no hospital Rókus. Durante mais de um ano, a má vontade de Kàlmàn Müller prendera-me ao serviço das prostitutas, quando o meu desejo era ocupar-me das doenças nervosas. Supliquei verdadeiramente ao diretor, um homem duro – para com os seus subordinados –, que me liberasse desse trabalho, que não correspondia de forma alguma às minhas inclinações: ele recusou secamente. Na falta de outro material de observação, efetuava experiências de psicologia em mim mesmo e, entre outras coisas, procurava descobrir que parcela de verdade haveria nos chamados fenômenos "ocultos". Uma noite, após o jantar no refeitório comum, transpus a porta sempre fechada do "Pequeno Rókus" a fim de me recolher ao meu pequeno quarto de assistente; a meia-noite já passara havia muito tempo quando decidi experimentar o que se chama a "escrita automática". Os espíritas falavam muito dela na época, e Janet tinha publicado observações interessantes a esse respeito. Pensei que a hora tardia, a fadiga e um pouco de emoção favoreceriam o "desdobramento psíquico". Assim, peguei num lápis e, segurando-o levemente, coloquei a ponta numa folha de papel em branco; estava decidido a abandonar por completo o instrumento a si mesmo; que ele escreva o que lhe agrade. Primeiro vieram garatujas sem qualquer significação, depois letras e algumas palavras (nas quais não tinha pensado) e, finalmente, frases coerentes. Não tardou muito para que eu conduzisse verdadeiros diálogos com o meu lápis: fazia-lhe perguntas e recebia respostas inteiramente inesperadas. Com a avidez da

juventude, questionei-o primeiro sobre os grandes problemas teóricos da vida, depois passei às questões práticas. O lápis fez-me então a seguinte proposta: "*Escreva um artigo sobre o espiritismo para a revista* Gyógyàszat[1], *o seu redator ficará interessado.*"
Estava chegando de Viena e conhecia muito pouco a literatura médica húngara. Ignorava que o *Orvosi Hetilap*[2] era o órgão dos meios universitários oficiais e influentes, e a *Gyógyàszat*, um fórum onde um só homem, de caráter e vontade de ferro – Miksa Schächter –, defendia a verdade e a moral médicas contra todo ataque, viesse de onde viesse.

No dia seguinte, pus-me a trabalhar no meu primeiro artigo médico: "A propósito do espiritismo". Como ponto de partida, usei justamente os fenômenos de automatismo observados em mim mesmo e desenvolvi o meu ponto de vista – que não mudou, mas posso justificar melhor hoje –, a saber, que os chamados fenômenos ocultos nada têm de sobrenatural e são apenas as manifestações das funções psíquicas inconscientes do homem. Enviei o artigo à *Gyógyàszat*.

Pouco depois, Schächter fez-me saber pelo meu confrade Luís Lévy que publicaria o meu artigo e, na mesma ocasião, pediu-me que o visitasse. Foi assim que as minhas experiências de automatismo estiveram na origem de uma guinada decisiva na minha vida e fundaram uma amizade íntima de várias décadas.

É evidente que essa ignorância da vida médica a que me referi era apenas aparente. Informações colhidas aqui e ali, observações feitas de passagem permitiram ao meu ego inconsciente estar bastante bem informado para saber para onde deve dirigir-se um jovem médico-autor em busca da verdade, quando procura um apoio moral.

Mas encontrei mais do que isso em Mika Schächter: uma calorosa amizade, uma família sempre acolhedora com a qual eu podia sentir-me em minha própria casa e – sobretudo – um modelo que eu sabia inigualável, mas de quem, durante numerosos anos, aspirava a mostrar-me digno, antes de mais nada.

Lembro-me de que na época eu podia passar horas na companhia de um dos meus amigos não médico, louvando as qualidades de caráter e de espírito excepcionais de Schächter e, em primeiro

---

1. "Terapêutica." (NTF)
2. "A Semana Médica." (NTF)

lugar, seu puritanismo, tão rigoroso para ele próprio quanto para os outros; dava-me a impressão de um monólito talhado no mármore, sem falhas nem manchas.

Seus encorajamentos incitaram-me a escrever artigos para a sua revista, não apenas sobre assuntos médicos, mas também acerca dos problemas gerais de política médica; naturalmente, tudo isso era um pouco à maneira de um discípulo entusiasta; eu era propenso a seguir suas opções com certa subserviência, tanto que me era às vezes aplicado o apelido irônico de Schächter miniatura.

Hoje, essa situação está superada há muito tempo. Só me preocupo, já lá vão anos, com assuntos estreitamente ligados à minha profissão. Mas continua inesquecível a época maravilhosa em que trabalhava com Schächter de mãos dadas, caminhando na mesma direção, num espírito de compreensão e de mútuo apoio. Esse período representou para mim uma verdadeira escola de formação do caráter.

Não tenho a intenção de traçar aqui o retrato espiritual de Miksa Schächter; outros, mais qualificados do que eu, se encarregarão disso. Quero simplesmente esboçar alguns traços de seu caráter que todo esse tempo passado em sua intimidade me permitiram observar.

Ouço ainda ressoar sua fala que, tanto no fundo quanto na forma, era perfeita. Mesmo na mais íntima das conversas, mesmo sob o efeito de uma viva paixão, ele jamais admitia a menor negligência em sua maneira de exprimir-se. Sua voz agradável, suas frases amplas, seu tom comedido faziam dele um orador nato, embora tivesse o cuidado de proclamar – valendo-se como de hábito do modelo britânico – que preparava sempre esmeradamente todas as suas intervenções públicas.

Era sempre interessante discutir com ele, era mesmo um verdadeiro prazer. Até quando eu estava seguro de conhecer o meu assunto a fundo, ele conseguia sempre apanhar-me em falta, de sorte que me via obrigado a mobilizar toda a minha energia para fazer-lhe frente. Com seu talento dialético, lograva encurralar-me até quando eu tinha razão, mas, nesses casos, ele cedia em seguida sorrindo, reconhecendo que simplesmente se divertira procurando argumentar comigo.

Entretanto, havia dois pontos sobre os quais não gracejava: a religião e a moral. E quis o destino que em ambos eu me encontrasse em oposição a ele.

Schächter era um homem profundamente religioso, que observava com extremo rigor e fazia sua família observar as antigas tradições e ritos judaicos. Quanto a mim, nem a influência da minha família nem minhas inclinações ou convicções pessoais me impeliam para a religião; considerava (e ainda considero) que a religião é uma sobrevivência atávica de tempos remotos, que só deve sua existência – à semelhança das artes – a certo estado de alma. Abordamos esse assunto uma única vez, mas, quando percebi a que ponto a mera evocação desse tema lhe era penosa, evitei voltar a abordar essa discussão. Eu assistia tranquilamente, não sem certo prazer estético, a numerosas cerimônias de rezas na casa dos Schächter nas noites de sexta-feira, antes do jantar; quanto a Schächter, considerava o meu ceticismo com uma indulgência amistosa e nunca tentou converter-me.

No início, como já disse, conjugávamos os nossos esforços num trabalho de purificação moral. Mais tarde, sob a influência inovadora da psicanálise de Freud, afastei-me sensivelmente dessa linha de ação para concentrar todo o meu interesse nos mecanismos psíquicos. Naturalmente, isso só era possível dando provas de uma total ausência de preconceitos e tive de adquirir consciência de que a mentira e a hipocrisia, em matéria de sexualidade, não são apenas uma ameaça para a saúde psíquica, mas também um obstáculo para o verdadeiro conhecimento do psiquismo. Schächter não via com bons olhos entabular-se uma discussão tão aberta e corajosa sobre os temas sexuais e esforçou-se por dissuadir-me disso; mas quando compreendeu que eu me atinha firmemente aos meus princípios, não me impediu de propagá-los nas colunas da *Gyógyàszat*. Pude assim dar-me conta, uma vez mais, de que Schächter, apesar de todo o seu conservadorismo, jamais entravava a livre marcha do progresso.

Foi uma viagem comum a Corfu que me permitiu conhecer a faceta mais amável de Schächter. Sabe-se que os melhores amigos costumam brigar em viagens; no entanto, nossa relação só se aprofundou e se reforçou pela vida em comum.

Eu admirava igualmente a distinção e o tato de grande senhor que ele sabia imprimir ao seu comportamento quando estava no estrangeiro e mesmo no convívio com pessoas de uma classe superior. Soube representar dignamente a corporação médica húngara no exterior; ao anúncio de sua chegada – pois durante muito tempo ele voltou a Corfu todos os anos – os notáveis da cidade acorriam a cumprimentá-lo; o pintor paisagista do lugar, bem como os comerciantes, tinham o prazer de render suas homenagens a um cliente generoso, do mesmo modo que os fiéis da pobre sinagoga local, onde ele jamais esquecia de deixar um donativo durante sua visita. Pude constatar nessa ocasião a que ponto seus caridosos donativos ultrapassavam o que seus modestos recursos pessoais lhe permitiam. Voltava sempre de Corfu com o rosto vermelho de sol, carregado de cestas de excelentes laranjas colhidas nas árvores; transbordava de força vital e assemelhava-se quase a esses frutos meridionais, pletóricos do sol do Mar Jônico. Depois, de volta a casa, vivia meses de duro trabalho, sob um clima rigoroso, apoiado nas reservas que seu corpo e seu psiquismo tinham acumulado em Corfu. Pode-se dizer que o que embelezou a vida de Schächter, além de sua família amorosa, foi Corfu.

Quis o acaso que eu me encontrasse junto dele numa outra circunstância, dolorosa, de sua vida. Eu repousava justamente na "Kurhaus" do Semmering quando o meu pobre amigo, já muito doente, aí chegou a conselho de seus médicos. Nos primeiros dias, foi acolhido por um radioso sol de inverno; sua fisionomia e seu humor reconfortaram-se um pouco. Mas as incessantes tempestades de neve que se seguiram viram-no piorar cada vez mais e – nada ignorando do destino que o esperava – quis apressar seu regresso a casa. E, de fato, partiu.

"Um caráter antigo", dizia com muita pertinência o médico-chefe da clínica que passava dia após dia várias horas em sua companhia, deliciando-se com sua conversa e suas reflexões sábias, espirituais e sempre instrutivas, e admirando seu espírito superior que a doença não conseguiria alterar.

Eu ainda estava no Semmering quando me chegou a notícia de sua morte. Continuo ainda incapaz de conceber com nitidez que o perdi – que o perdemos.

LXXII

Crítica da concepção de Adler

A escola psicológica de Adler, por ter desdenhado o inconsciente e subestimado a sexualidade, colocou-se fora do campo da psicanálise. Entretanto, a leitura um pouco difícil desse grosso volume de quatrocentas páginas continua sendo instrutiva, mesmo para nós; essa obra permite-nos seguir os caminhos que podem conduzir uma orientação e um método científicos empíricos para um sistema dogmático apressadamente elaborado e fortemente eivado de filosofia[1].

Em seu prefácio, eis como o dr. Furtmüller caracteriza a diferença entre a "psicologia atual" e a concepção adleriana: a primeira "interessa-se essencialmente pelos fenômenos psíquicos localizados na periferia da personalidade e só se acerca do núcleo com inquietação e timidez", ao passo que "Adler postula como princípio metodológico básico que se deve, em primeiro lugar, assegurar-se do núcleo da personalidade para, em seguida, compreender e avaliar com exatidão os fenômenos periféricos". Esta frase é suficiente para mostrar-nos que a nova orientação abandona, pura e simplesmente, a divisão tópica do aparelho psíquico, deduzida da experiência, ao preço de um duro e laborioso trabalho, para substituí-la pelas noções de "núcleo" e "periferia", inspiradas sem dúvida na anatomia. Ele não diz o que se deve entender por "núcleo da perso-

---

[1] "Heilen und Bilden." Obras médicas e pedagógicas da *Verein für Individualpsychologie* [Sociedade de Psicologia Individual], editada pelos drs. Alfred Adler e Karl Furtmüller.

nalidade", mas trata-se provavelmente de algo do gênero do que o pedagogo subentende quando se diz "em constante confronto com a personalidade viva de seus alunos". Embora esse prefácio exponha fielmente os princípios básicos da "psicologia individual" – do que não temos razão nenhuma de duvidar –, evidencia-se que esta contém um elemento puramente intuitivo, inacessível à análise psicológica; a nova orientação exclui-se, por esse fato, das investigações puramente psicológicas e arroga-se a etiqueta de filosofia. Mas os sistemas filosóficos nada mais são do que produtos da impaciência, da incapacidade de suportar incertezas reais; a formação de sistemas é uma compulsão para dominar as dúvidas; com um toque de varinha de condão ela propicia a paz ao filósofo e o dispensa da obrigação de fazer tentativas tímidas e inquietas. Seja qual for a felicidade que o filósofo conhece, não o invejamos; renunciando provisoriamente à harmonia interior, contentamo-nos com os valores reais que a psicanálise nos oferece.

Os quatorze ensaios contidos nesse volume são de autoria de Alfred Adler. A maior parte deles já foi publicada em diversas revistas; agora reagrupados, dão-nos um quadro instrutivo do desenvolvimento da "psicologia individual".

Foi a obra de Adler sobre a "inferioridade orgânica", trabalho importante do ponto de vista biológico, que forneceu o ponto de partida da nova teoria. Ele data do período psicanalítico do autor e, na época, despertara em muitos de nós a esperança de que esse homem penetrante chegaria a desvendar o paralelo biológico das descobertas psicanalíticas de Freud. A ambiguidade do termo "inferioridade" permitiu em seguida ao autor introduzir sub-repticiamente a noção nada científica e puramente antropocêntrica de *valor* nas noções biológicas. Acentuando o aspecto parcial de certos casos (incompletamente analisados no sentido de Freud), onde – segundo Adler – os sintomas neuróticos compensam "inferioridades orgânicas" existentes e, apoiando-se em observações similares feitas em sujeitos normais ou indivíduos de gênio[2], chegou à "teoria da inferioridade orgânica" do psiquismo, cuja função seria compensar a inferioridade dos órgãos "sobre os quais ela foi construída". Adler

---

2. Uma estatística objetiva estabeleceria, sem dúvida, que existem muito mais oradores de laringe bem desenvolvida, músicos de ouvido aguçado e pintores dotados de boa visão do que sugere a teoria da inferioridade orgânica.

abandona assim uma segunda distinção psicológica fundamental no plano heurístico, a distinção entre as pulsões *do ego* e as pulsões *sexuais*. Destas últimas não se volta mais a falar; o psiquismo tornou-se um órgão puramente utilitário.

Para Adler, é "sobretudo ao nível dos órgãos marcados de inferioridade que a atividade orgânica primitiva (a pulsão) está ligada ao prazer". Devemos concluir daí que ele considera os órgãos genitais, cuja atividade está sempre ligada ao prazer, como órgãos inferiores. Adler chama igualmente "inferioridade" (em vez de superioridade) à força particular de uma pulsão. Ele pretende que o sentimento de inferioridade psíquico está sempre alicerçado numa inferioridade orgânica real (inibição do desenvolvimento de um órgão), mas não o demonstra. A assimilação incondicional dessas duas noções, tão favorável à teoria de Adler, é portanto injustificada.

Em seguida, Adler é apenas consequente consigo mesmo quando atribui a maior importância à pulsão de autovalorização: a *pulsão agressiva*. Ele acaba subordinando praticamente *todas as pulsões* à noção de pulsão agressiva, pela simples razão de que toda pulsão tem um componente motor. A neurose e o gênio proviriam de uma inibição da pulsão agressiva. Neste ponto, o autor distancia-se de novo da psicanálise na medida em que abandona a hipótese dos erotismos orgânicos e volta à antiga concepção que consiste em assimilar sexualidade e genitalidade. Só admite a possibilidade de uma associação ulterior entre as funções sexuais e as outras funções orgânicas (por exemplo: associação entre sexualidade e pulsão agressiva no sadismo).

Cumpre reconhecer que Adler tentou preencher uma lacuna do nosso saber psicológico quando, no capítulo consagrado à pulsão agressiva e suas "associações", elaborou uma parte da *psicologia do ego* de que a psicanálise ainda não se ocupara. Mas a psicanálise só poderá pronunciar-se sobre as teses expostas por Adler depois de ter estabelecido as verdadeiras bases de uma psicologia do ego pelo estudo das neuroses narcísicas (as doenças do ego).

Como se vê, tudo se passa como se Adler quisesse atribuir à sexualidade um papel acessório. Por isso causa surpresa a constatação de que, depois, atribuirá um poder considerável à sexualidade em sua psicologia; quase todos os objetivos do homem seriam uma expressão da sua fuga perante o *hermafroditismo psíquico* e, sobretudo, diante do papel feminino, ou seja, o "protesto viril". Por conseguinte, é o protesto viril que endossa tudo e desempenha o papel mais importante em tudo o que é psíquico, em toda evolução ou degenerescência psíquicas, tanto na doença quanto no sonho. Adler mantém simultaneamente todos os seus princípios precedentes (inferioridade orgânica, pulsão agressiva), mas estabelecendo uma relação – deveras laboriosa – entre esses princípios e a nova teoria.

Para aumentar ainda mais a confusão, se possível, ele introduz, enfim, na "psicologia individual" a noção de "finalidade" e a filosofia do *Als-ob* ["Como se"] segundo Waihinger, esta última com a intenção explícita de demonstrar a irrealidade, a existência puramente "como se" dos afetos e das tendências sexuais descobertas pela psicanálise, tanto nos doentes quanto nos sujeitos normais. Assim equipado, Adler, em sua crítica à teoria freudiana da sexualidade infantil, ataca mais especialmente o complexo incestuoso, depois a sexualidade imoderada dos neuróticos, desvendada pela psicanálise, e conclui que são simples tendências defensivas, soluções de compromisso, formações "como se" devidas à exacerbação do protesto masculino, protesto que assenta sempre numa inferioridade (suposta ou real?). *"Não podemos admitir que as excitações sexuais do neurótico e do homem civilizado sejam reais"*, diz ele para terminar.

Como vemos, Adler começou como biólogo e terminou como filósofo que não quer admitir no "homem civilizado" – como se o homem fosse um ser à parte, superior a tudo o que é animal – a realidade da sexualidade que, no entanto, domina sem exceção o mundo orgânico.

Sublinhemos uma vez mais que a obra de Adler, errônea no conjunto, está cheia de observações corretas, de ideias biológicas e características interessantes, cujo valor nunca foi contestado pela psicanálise. Seja como for, Adler, com seu estilo dialético de jurista, dá muito trabalho aos seus leitores e torna difícil a compreensão de suas ideias.

O artigo do dr. K. Furtmüller, igualmente nesse volume, dá uma visão muito mais clara e precisa das tendências de Adler ("A importância psicológica da psicanálise"). Após ter avaliado com precisão e objetividade os progressos que a psicologia deve a Breuer e a Freud, caracteriza a diferença entre Freud e Adler da seguinte maneira: "Segundo a concepção de Freud, o neurótico sofre de 'lembranças' que aderem a ele de maneira inoportuna e perturbadora, como um 'lastro do passado', tornando-o inapto para cumprir a sua 'verdadeira tarefa, que é assegurar o seu futuro'." Mas essa concepção só seria válida na medida em que "a existência de representações inconscientes é concebida como um distúrbio patológico"; deixa de poder sustentar-se "a partir do instante em que admite que o inconsciente desempenha igualmente um papel no psiquismo normal". É impensável que o homem normal, no plano psíquico, passe também a vida inteira com o olhar voltado para trás. Essa hipótese contradiz, ademais, o indiscutível valor prático da associação livre, da "irrupção das ideias", que constitui também um preliminar da psicanálise segundo Freud. Adler afirma que, na *vida atual*, além do passado psíquico, intervém igualmente "um *objetivo vital inconsciente*, uma representação inconsciente do papel que o indivíduo quer desempenhar no mundo". O material do passado forneceria às nossas tendências apenas o *meio* e não o *fim*. Furtmüller considera contrário à lógica profunda da evolução da psicanálise que os autores, totalmente favoráveis a Freud, rejeitem o essencial das correlações estabelecidas pelas investigações de Adler, embora admitindo tacitamente, com frequência, certos detalhes.

A formação clara de Furtmüller põe em evidência o que distingue a psicanálise da "psicologia individual". A psicanálise explica o presente e os movimentos evolutivos em função do passado (portanto, de uma maneira *causal*). Em contrapartida, Adler introduz na interpretação psicológica um elemento místico, "finalista", algo que é independente do passado. Em outras palavras: ele abandona o determinismo psíquico e retorna à hipótese de uma tendência evolutiva e de um livre-arbítrio independentes do passado.

A psicanálise sempre reconheceu francamente o que havia de utilizável nas ideias de Adler, mas nem por isso é obrigada a adotar suas conclusões. Aliás, essa exigência visa menos a nós do que à chamada "escola psicanalítica de Zurique", sobre a qual Adler insiste em ter prioridade. É indiscutível que as duas orientações concordam, pelo menos, no tocante ao finalismo e à dessexualização do psiquismo. Quanto a nós, é deveras indiferente saber quem foi o primeiro que tentou perturbar o desenvolvimento da psicanálise por meio dessas tendências. A única coisa contra a qual nos levantamos aqui é a falsificação dos fatos. É falso pretender que Freud "reduz todo evento psíquico à sexualidade", que ele assimila a libido à afetividade ou à energia psíquica. Essas afirmações (que Furtmüller desmente, aliás, parcialmente na mesma página) não são confirmadas por nenhuma passagem das obras de Freud.

O ensaio de Leopold Erwin Wechsberg, "Rousseau e a ética", é interessante. O elemento típico da biografia de um paranoico e a maneira como se exprime o patológico na obra literária são fielmente descritos. Não se exclui a possibilidade de que haja ainda um futuro para as construções de Adler – unicamente preocupado com o destino do ego e desdenhando o da libido – na explicação das neuroses narcísicas.

Otto Klaus dá uma explicação parcial das "mentiras infantis" a partir da tendência da criança para pôr o meio a seu serviço.

Alfred Appelt, diretor de escola, discute os progressos obtidos no tratamento dos gagos; a prof. F. Asnaurow estuda, do ângulo adleriano, o papel do sadismo na escola e na pedagogia. Para caracterizar o artigo de Wechsberg, "A criança ansiosa", citaremos a seguinte passagem: "Uma menininha de sete anos vem há muito tempo acordando, frequentemente, em sobressalto, de noite, angustiada pelo seguinte sonho: ela está num parque, as mães e as governantas estão sentadas em bancos à sua volta e ela brinca no meio com outras crianças. De súbito, ergue os olhos e procura sua mãe entre as mulheres. Vai de uma em uma, tomando cada uma pela mãe até perceber sucessivamente que nenhuma é ela. Acorda num estado de angústia crescente – e a angústia persiste; enfim, com o pretexto de uma necessidade de ir ao banheiro, desperta a mãe, que dorme no mesmo quarto." Esse sonho de repetição explica-se pelo que se segue no estado vígil. Só pode ter um sentido: o que aconteceria se eu não tivesse mãe para cuidar de que nada me aconteça? Mas, em lugar de ater-se a essa interpretação, eis o que diz o autor: *Esse sonho indica o futuro*. A angústia do sonho é uma advertência: "*É um poderoso incitamento que leva a criança a tornar-se adulta e independente, como seja não tivesse mãe.*" Nem que se fizesse de propósito, seria difícil encontrar uma representação mais caricatural da tendência a querer introduzir à força tudo o que é psíquico no leito de Procusto da "pulsão de autovalorização" e do *Als-ob*.

O dr. Johs. Dück considera que a educação visa reforçar os centros que intervêm no conflito entre inteligência e sensualidade. Apoiando-se na teoria do "desgaste da força nervosa", ele pede, entre outras coisas, que as pessoas estressadas renunciem a engendrar filhos e deixem às energias não empregadas a tarefa de propagar a espécie. A nota seguinte é igualmente interessante: "Por que é tão raro ver os professores do ensino secundário e superior nas piscinas ou nos campos de esporte e de atletismo? Por certo, não apenas porque lhes falta tempo, mas, sobretudo, porque devem enfrentar aí uma formidável concorrência!"

O volume contém igualmente trabalhos de Màday, Friedrich Thalberg, dr. Joseph Kramer, dr. H. E. Oppenheim (o artigo sobre o suicídio de escolares já tinha sido publicado nas "Discussões da Associação Psicanalítica de Viena"), dr. Karl Molitor, dr. Fried Lint, dra. Vera Eppelbaum e dra. Charlot Strasser, assim como as "Lembranças de infância de um antigo nervoso".

LXXIII

A psicanálise dos estados orgânicos (Groddeck)[1]

Quem quer que tenha estudado obras de psicanálise certamente notou que sempre concebemos o *inconsciente* como uma camada psíquica mais próxima da esfera física, dispondo de forças pulsionais que não são, ou são muito pouco, influenciadas pelo psiquismo *consciente*. Nas observações psicanalíticas vemos mencionar distúrbios intestinais, laringites, transtornos da menstruação, que são formações reativas a desejos reprimidos ou então que representam esses desejos de um modo deformado e incompreensível para a consciência. É certo que sempre mantivemos abertas as vias que levam desses fenômenos à fisiologia normal e patológica (limito-me a remeter o leitor à identidade estabelecida entre os mecanismos histéricos e os mecanismos de expressão dos afetos); entretanto, sobre esse ponto, a psicanálise concentrou sobretudo o seu interesse em certas alterações físicas, condicionadas psiquicamente, que se observam na histeria.

Na brochura em questão, o dr. Groddeck foi o primeiro a lançar-se na corajosa tentativa de aplicar à medicina orgânica os resultados das teorias de Freud. E, a partir desse primeiro passo, culminou numa série de êxitos tão surpreendentes, em pontos de vista tão novos e em tão vastas perspectivas que o valor, pelo menos heurístico, de suas investigações parece indiscutível. Não temos razões para rejeitar *a priori* mesmo aquilo que, à primeira vista, pare-

---

1. Dr. Georg Groddeck (Baden-Baden): "Die psychische Bedingheit und psychoanalytische Behandlung organischer Leiden", editado por S. Hirzel, Berlim, 1917.

ce surpreendente nas afirmações de Groddeck. O que ele afirma são, na grande maioria das vezes, fatos e não hipóteses. Pretende ter conseguido demonstrar num grande número de enfermidades orgânicas – inflamações, tumores, anomalias constitucionais – que a doença constitui-se como medida de defesa contra "sensibilidades" inconscientes; em outras palavras, que ela está a serviço de uma tendência. Teria até conseguido obter sensíveis melhoras, inclusive curas, em casos de alterações orgânicas muito graves (por exemplo: bócio, esclerodermia, gota, afecções pulmonares, etc.) pelo trabalho psicanalítico, pelo fato de tornar conscientes essas tendências. Entretanto, Groddeck não deseja, em nenhuma hipótese, posar de mágico e contenta-se em sustentar modestamente que apenas cria pela psicanálise condições mais favoráveis *"für das Es von dem man gelebt wird"*[2]. Identifica esse *"Es"* com o *inconsciente* segundo Freud.

Nenhuma espécie de consideração nos autoriza a rejeitar de imediato esses fatos nem, aliás, nenhum fato em geral, pois que para determinar o valor dos fatos basta saber se – após verificação em condições idênticas – eles provam ser exatos ou não. De resto, não existe nenhuma razão teórica para considerar impossíveis os processos desse gênero.

O dr. Groddeck, um clínico geral, não partiu da psicanálise, mas descobriu-a ao esforçar-se por tratar e curar distúrbios orgânicos. É o que explica as profundas diferenças que existem na terminologia empregada para definir os fenômenos e os mecanismos em questão. Mas há entre nós demasiados pontos em comum para renunciar à esperança de transpor, em breve, o abismo que separa essas duas séries de observações complementares. Já se publicam atualmente observações e concepções de ordem puramente psicanalítica, que se aproximam de maneira singular das constatações de Groddeck.

Cumpre sublinhar a ausência total de indícios de filosofia "finalista" na maneira como Groddeck emprega a teleologia, a qual pode ser igualmente demonstrada na esfera orgânica (mesmo quando isso possa ser determinado causalmente). Ele escapa assim com muita felicidade aos escolhos que fizeram naufragar as investigações de Adler, após começos tão promissores.

---

2. "Para o Isso pelo qual se é vivido." (N. do T.)

O amor à verdade que induz o autor a desvendar, no interesse da ciência, os pontos fracos de sua própria organização física e psíquica inspira-nos igualmente respeito. Aguardamos com grande interesse as próximas publicações de Groddeck e, em especial, suas observações aprofundadas sobre doenças e curas.

Enfim, não podemos dissimular o nosso receio de ver numerosos leitores repelidos pela abordagem extremamente original, mas com frequência fantasista do autor, o que poderia levá-los a rejeitar ao mesmo tempo o núcleo de reflexão séria que esse livro contém.

LXXIV

A propósito de "Um sonho que satisfaz um desejo orgânico", de Claparède[1]

Num compartimento de trem onde fazia um calor sufocante, Claparède, que não conseguiu abrir a janela, sonha estar sentado nesse mesmo compartimento junto da janela aberta e aspirando em largos haustos o ar fresco. Claparède tem razão em classificar esse sonho entre os "sonhos de comodidade", no sentido de Freud, mas engana-se ao acreditar que por esse termo entendem-se essencialmente os "sonhos de sede"; a noção de "sonhos de comodidade" engloba todas as espécies de sonhos provocados por um desconforto qualquer.

Claparède receia, também erroneamente, que os "psicanalistas puristas" o recriminem por não ter analisado esse sonho até o fim, na medida em que não retrocedeu até as fontes infantis dele. Ora, no caso presente, o psicanalista não teria provavelmente encontrado nenhum pretexto para prosseguir em sua investigação, uma vez que a solução é dada diretamente pela situação. Com efeito, os sonhos de comodidade são eles mesmos de tipo infantil: são realizações simples e não deformadas de desejos; seus motivos – em geral, sensações corporais de grande intensidade – não têm necessidade de recorrer ao capital infantil para fazer-se valer. O que não quer dizer que não existam sonhos de comodidade de maior complexidade, em que só um longo trabalho de interpretação,

---

[1]. Título original: "Un rêve satisfaisant un désir organique", *Archives de Psychologie* (vol. XVI, n.º 63).

remontando em geral até os elementos infantis, pode reconhecer o sentido.

Claparède acrescenta, por outro lado, que o seu sonho confirma plenamente a concepção de Freud segundo a qual o sonho é guardião do sono.

LXXV

A psicologia do conto

Num número recente de *Nyugat*, Anna Lesznai publica reflexões extremamente interessantes sobre a psicologia do conto. Ela menciona também de passagem a tese freudiana. "Os freudistas estabeleceram há muito tempo a importância decisiva da *Wunscherfüllung* [realização de desejo] nos contos, mas alguns dentre eles, entregando-se a uma simplificação excessiva, consideram que o conto sempre teve por sentido a realização de um desejo sexual. Quanto a mim, a essência do conto parece-me residir, não na realização de um desejo sexual ilimitado, como pretendem os freudistas, mas na realização de um desejo de ilimitação. A própria sexualidade nada mais é do que um símbolo."

Devo alinhar aqui alguns comentários retificativos. Os "freudistas" jamais simplificaram a vida psíquica ao ponto de assimilá-la à sexualidade. Não foram os "freudistas" que cometeram esse erro, mas Jung, o líder da escola cismática suíça de psicanálise. Freud e seus discípulos mantiveram sempre que as pulsões sexuais e as pulsões do ego tinham uma importância igual no psiquismo. No que se refere aos contos, fui o primeiro a assinalar, no meu artigo "O desenvolvimento do sentido de realidade e seus estágios"[1], que esse gênero literário representava um retorno ao *estado ilimitado*, ao *estado de onipotência do ego*, mas nem por isso quis minimizar a influência dos objetivos sexuais sobre o conto. Portanto, é à psicanálise e não a Anna Lesznai que cabe a primazia da hipótese que atri-

---

1. Neste volume, p. 45. (N. do T.)

bui às pulsões do ego um papel dominante entre as motivações do conto. A única coisa que as separa é que, em meu entender, o protótipo de todo movimento egoísta deve ser procurado no passado: na bem-aventurada infância, ou primeira infância, até na quietude perfeita, experimentada no seio materno, ao passo que Lesznai, em seus trabalhos sobre a psicologia do conto – como, aliás, Silberer[2] muito antes dela –, suspeita, por trás desse movimento, da existência de alguma tendência "anagógica", que impele o indivíduo para o alto e para longe, rumo a um aperfeiçoamento intelectual que, no conto, encarna de maneira primitiva um saber ainda embrionário.

Essa contradição corresponde aproximadamente à que separa a psicanálise freudiana da "evolução criadora" mística de Bergson, a qual, aliás, não constitui uma novidade, mas uma descendente direta do idealismo platônico.

Se alguém pode ser acusado de "simplificação" – coisa muito grave em matéria científica –, não é certamente a psicanálise, mas Anna Lesznai, que, quando pretende não ser a sexualidade mais do que um símbolo, reduz sem razão válida a dualidade do jogo das forças biológicas que ainda não é possível combinar num monismo, pulsões do ego e pulsões de conservação da espécie (libidinais), a variantes das pulsões do ego.

Não se trata de uma vã querela de palavras, uma espécie de batalha de *homousion* e *homoiusion*[3], levantarmo-nos repetidamente contra essas tendências, cuja paternidade atribuímos a Alfred Adler e a Carl Gustav Jung. Em nosso entender, duas concepções do universo se defrontam. Uma que, por uma generalização apressada, se perde nos dédalos do misticismo e da metafísica, e outra que retarda o mais possível a unificação filosófica a fim de deixar campo livre à observação imparcial.

---

2. L. Silberer: "Traum und Myth", *Jahrd f. Psychoanal.* e "Probleme der Mystik", ed. Heller, Viena.

3. Alusão a uma célebre querela dos teólogos da Idade Média a propósito da natureza humana do Cristo. (NTF)

LXXVI

Efeito vivificante e efeito curativo do "ar fresco" e do "bom ar"

É um fato comprovado pela experiência que uma pessoa sente-se mal num recinto mal arejado, que cheira a bafio, e nos lugares superlotados, ao passo que ao ar livre, sobretudo nas florestas, nos campos ou nas montanhas, sente-se revigorada. Por essa razão é que os médicos enviam para o "ar puro" aqueles pacientes que têm grande necessidade de repouso e, em muitas doenças, a estada ao ar livre é expressamente recomendada a título de remédio, com indiscutível êxito.

Tentou-se, durante muito tempo, explicar esse efeito vivificante e curativo do ar fresco por diferenças de composição química. Acreditava-se que nos lugares fechados e nas grandes cidades o ar estava "viciado", ao passo que ao ar livre, em especial nas áreas onde a evaporação é intensa (floresta, mar), havia muito *ozônio*, e que é a esse oxigênio concentrado que se devia atribuir o efeito terapêutico do ar fresco. Entretanto, os químicos demonstraram que mesmo numa sala que, durante horas, permaneceu lotada de gente, a concentração em oxigênio do ar não é muito diferente da do ar alpestre. E, mesmo num local superpovoado, a concentração em gás carbônico não é suficiente para causar danos à saúde. Do mesmo modo, a crença muito difundida de que o ozônio possui virtudes terapêuticas revelou-se desprovida de todo fundamento; contudo, essa superstição sobreviveu, como se atesta pelos numerosos preparados de ozônio de que as pessoas se servem para "refrescar" o ar dos quartos de doentes, dos teatros, etc.

Tendo fracassado as explicações de natureza química, passou-se para as explicações de ordem física. Alguns pretendem que, na realidade, o papel terapêutico do ar é inteiramente desprezível e atribuem a ação principal à irradiação solar, na medida em que ela provoca (sobretudo por seus raios de ondas rápidas e outras) efeitos químicos importantes e, por esse fato, uma intensificação do metabolismo e da reação orgânica aos processos mórbidos. É indiscutível que isso é em grande parte exato; os resultados terapêuticos obtidos, por exemplo, pela "luz artificial de altitude", sem mudança de ar, confirmam isso. Outros procuram o fator curativo e estimulante do metabolismo, não na composição química do ar, mas em suas qualidades físicas, considerando-se principalmente sua temperatura, seu grau higrométrico, etc. Acham eles que a quantidade de calor, correspondente à diferença entre a temperatura do corpo e a do ar inspirado, é tomada do organismo, que assim se vê forçado a absorver maior quantidade de substâncias nutritivas, etc. e, por conseguinte, seu metabolismo é estimulado. Com efeito, a partir do instante em que se produz a aceleração do metabolismo, ela não se limita geralmente a compensar a quantidade de energia perdida, mas – uma vez deflagrada – ultrapassa essa compensação e leva o organismo a armazenar reservas de energia. Em outras palavras, o doente ganha peso e forças. O trabalho muscular do exercício realizado ao ar livre age da mesma forma; quanto às clássicas "curas deitadas", a energia economizada em virtude da imobilidade aumenta igualmente os efeitos de uma alimentação abundante e sua obra de assimilação.

Todo homem que raciocina, todo médico, deve levar em conta o que há de válido nas observações e considerações que precedem. O meu objetivo, nesta breve contribuição, não é, aliás, contrariar o que acaba de ser dito. Quero apenas chamar a atenção para um fator a que atribuo igualmente importância e que até agora tem sido um tanto negligenciado: isso me permitirá assinalar uma séria lacuna do atual pensamento médico.

Qualquer pessoa pode constatar o prazer que sente em inspirar demorada e profundamente quando, ao sair de um recinto mal arejado e que exala bafio, se encontra ao ar livre. É assim que respira o citadino quando sai das ruas poeirentas e tórridas, a fim de escapar para o ar puro ou fazer uma excursão nas montanhas. Mas podemos observar esse mesmo tempo de respiração em nós mesmos e nos outros quando se pulveriza um perfume refrescante na peça; aliás, mesmo ao ar livre, a respiração profunda é ainda mais benéfica quando a brisa, além do frescor, carrega também um aroma de ervas secas ou de flores. É o fator de que eu queria falar; o ar ou a brisa agradavelmente frescos ou agradavelmente perfumados, e sobretudo quando simultaneamente frescos e perfumados, modificam o tipo respiratório de um modo específico e exercem assim uma ação marcada sobre o funcionamento dos outros órgãos e sobre o metabolismo do organismo.

A respiração profunda modifica, em primeiro lugar, o ritmo do fluxo sanguíneo na pequena circulação: suprime a estagnação que corresponde à respiração tranquila, superficial. A respiração profunda age igualmente sobre a grande circulação: a pressão aumenta em virtude de uma massa sanguínea maior chegar pela veia pulmonar numa mesma unidade de tempo. As veias viscerais abdominais são esvaziadas pela respiração profunda como numa massagem, o que estimula o funcionamento dos órgãos, etc. Não quero enumerar todos os efeitos orgânicos da respiração profunda, bastando-me assinalar que a qualidade agradavelmente estimulante da massa de ar pode, por intermédio de uma respiração mais profunda, melhorar consideravelmente o funcionamento das diferentes vísceras e constitui, portanto, um fator não desprezível do efeito terapêutico das curas de ar. Em contrapartida, o ar de um recinto superlotado, malcheiroso, abafado deflagra como que por reflexo uma respiração superficial e, à continuação, todos os sintomas desagradáveis que se explicavam até agora pela intoxicação carbônica, a penúria de oxigênio, etc.

Observa-se também outro fenômeno curioso: no ar viciado, produz-se uma congestão dos seios nasais que reduz consideravelmente o orifício respiratório, ao passo que no ar fresco não só as narinas se dilatam, mas os seios nasais descongestionam-se por via reflexa para deixar passar o máximo de ar pelo nariz e permitir ao indivíduo desfrutar, tão plena e demoradamente quanto possível, do frescor e do perfume do ar.

Para melhor compreender a qualidade vivificante e curativa do ar fresco, devemos, portanto, juntar aos fatores puramente químicos e físicos um movimento de natureza psíquica: o efeito estimulante da inspiração de ar fresco e o efeito inibidor da inspiração de ar viciado.

E, uma vez nesse caminho, poderemos nos convencer também de que a permanência ao ar livre não age apenas pela temperatura e o perfume do ar, mas igualmente pela modificação da disposição interior. Quando uma pessoa que se conserva num recinto fechado e trabalha ou ouve uma exposição enfadonha, abandona a atmosfera e o trabalho fatigantes, ela "respira" e o seu organismo encontra--se, sob muitos aspectos, numa disposição muito diferente da que tinha durante o trabalho.

É nesse ponto preciso que se pode pôr o dedo sobre as insuficiências do atual pensamento médico, o qual aborda os problemas de modo unilateral, desdenhando os fatores psicológicos, e enfatizar o fato de que o fisiologia e a patologia negligenciam totalmente esses fatores e as importantes modificações produzidas pelo *sofrimento* e o *prazer* psíquicos no funcionamento de cada órgão e no organismo como um todo. Entretanto, as belas experiências animais de Pavlov, relativas aos fatores psíquicos que atuam sobre a digestão gástrica, mostram perfeitamente como os pontos de vista biológicos e os conhecimentos adquiridos são enriquecidos se se toma em consideração, para o estudo dos mecanismos vitais, não só o corpo, mas também o psiquismo.

Discorri em outra parte sobre a necessidade de completar a fisiologia atual, que aprecia o funcionamento dos órgãos e do organismo do ponto de vista exclusivo do princípio de utilidade. Assim como o nosso saber sobre a digestão estava incompleto enquanto só entrava em consideração a riqueza em calorias dos alimentos, com exclusão de importantes fatores psíquicos, como o apetite, por exemplo, também no tocante ao funcionamento dos outros órgãos é necessário criar, a par da biologia baseada no princípio de utilidade, uma fisiologia que considere os efeitos do *humor psíquico* (uma *Lust-Physiologie* para completar a atual *Nutz-Physiologie*)[1].

A fisiologia concebe o organismo como uma simples *máquina para trabalhar*, cuja única preocupação é realizar o máximo de trabalho útil com um mínimo consumo de energia, quando o organismo também é feito de *alegria de viver* e esforça-se, por conseguinte, por obter o máximo *de prazer* possível para cada órgão e para o organismo como um todo, ignorando com frequência, quando assim procede, a economia recomendada pelo princípio de utilidade.

O aprofundamento dessa concepção da biologia teria, sem dúvida, um efeito favorável sobre o ofício de curar. Aquele que leva

---

1. Cf. "Fenômenos de materialização histérica", *O.C.*, vol. III. (N. do T.)

em conta os fatores psíquicos que intervêm no funcionamento do organismo e, sobretudo, que conhece as condições do "mau humor" e – *sit venia verbo* – do "bom humor" dos órgãos tem possibilidades muito maiores de compreender e de curar os processos mórbidos.

LXXVII

Consulta médica

O artigo que se segue não foi escrito por Ferenczi. Trata-se de uma entrevista que concedeu, em abril de 1918, a um escritor húngaro, considerado um dos melhores de sua geração, Kosztolànyi, para uma revista literária que se poderia qualificar hoje de "progressista": *Esztendö*. Decidimos incluir este texto nas *Obras completas* de Ferenczi porque nos proporciona um retrato extremamente vivo de sua pessoa, de seu caráter e de sua maneira de reagir. Quanto às ideias desenvolvidas nesta entrevista, pode-se encontrar o seu essencial num artigo publicado neste mesmo volume, intitulado "A era glacial dos perigos".

O dr. Sándor Ferenczi fala do problema da guerra e da paz para o público de *Esztendö*.

Um de meus amigos disse no começo da guerra que a humanidade só enxerga a verdade se lhe furarem um olho. Desde então, vazaram-lhe um olho. Mas, com o olho que lhe resta, ela continua não vendo a verdade.

Após quatro anos e meio de guerra, metade da humanidade perdeu um pouco suas ilusões a respeito dela e a outra metade perdeu um pouco a fé na revolução, que é uma variedade mais perversa da guerra. Por toda a parte, a ausência de informação, a devastação política. Caminho nesta primavera ácida, calcinada, as minhas esperanças reduzidas a cinzas, e reflito sobre a quem me dirigir a fim de obter um pouco de luz.

Uma estranha ideia me ocorre: é a um médico que se deve ir perguntar o que é que, em definitivo, se pode esperar como futuro para a humanidade, essa "raça maldita". Qual é o diagnóstico e qual é o prognóstico? Existirá uma esperança de cura para o doente? Ou teremos de renunciar a isso definitivamente?

Dirigi-me, pois, ao dr. Sándor Ferenczi, o excelente neurologista, que me recebe em seu quarto no segundo andar do Hotel Royal. Não conheço nenhum homem que pense com mais paixão do que ele. Consagrou sua vida a um trabalho científico rigoroso; é um colaborador de pujante inteligência e invenção do dr. Sigmund Freud, de Viena, fundador da única teoria psicológica revolucionária e destinada a conhecer um sério desenvolvimento no futuro.

Após ter terminado as consultas com seus pacientes, Ferenczi fez-me entrar em seu gabinete.

Doutor, disse eu, é também de um grande doente que venho falar-lhe hoje: da humanidade atual. Recorro ao senhor para consultá-lo, se assim posso exprimir-me. A humanidade está condenada pela maioria dos pensadores mais eminentes. Se me dirijo ao senhor, é como consequência direta de uma postura lógica. Desejo informar os leitores de *Esztendö*, de um modo claro e honesto, o que pensa a ciência atual da guerra e da paz, qual é sua opinião sobre o homem. Tenho a impressão de que é aos senhores, os médicos, que essa questão mais deve interessar e preocupar. Pois tanto cada indivíduo quanto a humanidade inteira poderiam tornar-se hoje seus pacientes.

– Eu também penso que a guerra é, antes de tudo, um problema psicológico. Qual é a causa das guerras? Podemos responder sem hesitar: a natureza humana. E por que esse estado de coisas continua? Porque ela ainda tem necessidade disso e o deseja com tenacidade. Para essa humanidade que está hoje em guerra, a guerra é, na realidade, seu *Normalzustand*, seu estado natural, e posso acrescentar que a maior parte da humanidade sente-se relativamente à vontade nessa forma de vida. Quero observar-lhe que a guerra não está na origem de nenhuma nova doença nervosa, pelo menos na retaguarda do *front*. Aqueles que permaneceram em suas casas continuam trabalhando em meio a suas pequenas preocupações, seus desejos e seus amores. Direi mesmo que, tendo o problema de sobrevivência sobrepujado todos os outros, muitos neuróticos cuja doença tem sua origem em conflitos sexuais ficaram curados. São numerosos aqueles que revivem uma segunda infância feliz: são alimentados, vestidos e, livres de toda preocupação material, estão dispensados de toda e qualquer responsabilidade. Quanto à própria guerra, voltou a ser a boa e velha guerra antiga, abertamente cruel. Parece que a guerra "cavalheiresca", aquela que se resolve no combate singular, está em vias de extinção. Os instintos humanos mostram-se a nu nesta guerra, mesmo que ainda se recuse a admiti-lo; só a mais audaciosa hipocrisia pode ainda falar de uma "humanização" da guerra. Na minha opinião, só é sincera uma condução dura e cruel da guerra.

— Como explica, doutor, as lamentações que ouvimos dos partidários sinceros da paz, tanto em nosso país como no estrangeiro?

— Eles simplesmente superestimaram, avaliaram mal o grau de "civilização" da humanidade. Freud exprimiu o que havia de trágico nesta guerra atual. Começávamos a considerar o mundo como uma pátria maior e hoje a realidade impôs-se a todos nós; aprendemos que a nossa pátria não é o mundo inteiro e que a "civilização" humana atual está edificada sobre um pseudo-humanismo instável. Dissimulamos os nossos instintos, mas não os domesticamos; segundo a terminologia de Freud, "idealizamo-los", mas não os "sublimamos". E enquanto não se fizer essa sublimação haverá sempre guerras. Existe apenas uma diferença formal entre a civilização dos selvagens e a nossa moral atual. A guerra pôs a descoberto importantes e grandes verdades. Quando não há guerra durante um largo período de tempo, produzem-se consideráveis desvios ideológicos, aparecem nos povos poderosas tendências para a idealização. As mais diversas correntes ideológicas, todas as espécies de concepções unilaterais, nacionalistas, imperialistas, socialistas, anarquistas opõem-se umas às outras e provocam guerras ou, o que dá no mesmo, revoluções. Parece ser esse o ponto em que nos encontramos no tocante à realidade material e psíquica. Por exemplo, estou agora lendo Kjellen. Ele descreve de maneira muito clara e interessante a estrutura da Rússia de antes da guerra, assinala as relações de forças, sublinha o confronto entre as tendências imperialistas e democráticas e aponta as reivindicações de independência das diferentes nacionalidades do império (dos ucranianos, por exemplo). Naturalmente, ele não se atreve a profetizar. Mas agora a guerra responde a todas as perguntas. Veja só a que ponto ela já transformou todas as noções. Por exemplo, a Rússia era outrora o "colosso eslavo". E hoje...

O dr. Ferenczi, muito excitado, caminha no gabinete de um lado para o outro. Foi agora que notei como sua fronte vertical, sua cabeça interessante lembram Schopenhauer; até mesmo os seus olhos azuis repletos de jovialidade têm algo do alegre pessimismo schopenhaueriano.

– O psiquismo humano, diz ele, dando continuidade ao seu pensamento, apresenta dois modos de evolução: uma evolução aparente e outra, real. Mencionei há instantes que um dos modos de evolução era a idealização, a falsa idealização da realidade, que nós mesmos praticamos. A idealização não faz mais do que encobrir os instintos primitivos que nos habitam. Assinale-se que o idealismo e a maldade humana convivem muitíssimo bem. Podemos ver à nossa volta idealistas sinceros e entusiastas que são, eventualmente, seres miseráveis e crápulas em sua vida privada. Para explicar o que é a idealização, vou escolher o exemplo do instinto que nós, neurologistas, melhor estudamos: o instinto erótico[1]. Certas pessoas adoecem porque, nesse domínio, exigem de si mesmas muito mais do que podem suportar. Por exemplo, os histéricos entregam-se inconscientemente ao modo mais primitivo de erotismo, a que se tem o costume de chamar "perversão", e cuja "idealização" manifesta-se, em geral, por um esteticismo rebuscado e excessivamente refinado, além de uma aversão genérica à sexualidade. Esses exageros conseguem dissimular durante muito tempo a vida instintiva inconsciente; mas um dia esse idealismo fabricado desmorona e a realidade psíquica vem à superfície; é então que a doença aparece. O tratamento dessa doença pela psicanálise leva o paciente a renunciar às perfeições imaginárias, a admitir por sua conta coisas que até então lhe pareciam desprezíveis e vulgares, e cuja realidade ele negava. Pois aquele que nega os seus instintos é levado a desenvolver duas personalidades opostas em seu íntimo. Sob a falsa bondade desencadeia-se o vulcão dos instintos.

– Acredita, doutor, que a humanidade seja hoje "idealista" nesse sentido?

– É indiscutível que adoecemos porque não nos conhecemos. Existe um provérbio alemão: *Was ich nicht weiss, macht mir nicht heis* [Aquilo que não sei, não me faz frio nem calor]. Quando justamente o contrário é que é verdade. Na realidade, o que nos pode fazer mal é o que não sabemos, o que não quisemos saber, o que não foi

---

1. Em vez do termo apropriado de "pulsão", empregamos aqui o de "instinto" que é o termo mais corrente utilizado por Ferenczi nesta circunstância. (NTF)

em nós conscientizado, e é por isso que todos nós sofremos atualmente, nós, os homens. Nossos instintos encobertos de crueldade foram desvendados. O que é verdadeiro para o indivíduo é ainda mais verdadeiro para os povos, para as grandes comunidades que Freud designou por *Gross-Individuum*, grandes unidades. Mas o grau de evolução dessas unidades ainda é muito inferior ao dos indivíduos.

– Qual é, então, o caminho de uma verdadeira evolução?

– Na verdade, seria necessário tratar os povos. Até o momento, a medicina conhecia três tipos de tratamento psicológico. O primeiro é o tratamento por sugestão, por hipnose, universalmente empregado pela sociedade atual; a religião é uma terapêutica desse tipo: ela promulga leis morais, faz pesar sua autoridade sobre as pessoas e fornece diretrizes, exigindo que elas sejam obedecidas. O outro método é aquele que quer desenvolver o sentido da lógica na esperança de que quanto mais o ser for razoável, mais ele será bom. O terceiro método, o qual ainda não foi experimentado no domínio da educação das pessoas e dos povos, é o método psicanalítico, que assenta o seu procedimento terapêutico na descoberta, no conhecimento dos princípios básicos do psiquismo. A pedagogia psicanalítica ainda não existe. Eu mesmo não ousaria dar conselhos, apenas fornecer um projeto. Talvez me responsabilizasse pela educação de uma criança, mas do que se trata aqui é de educar povos, a humanidade inteira. Essa educação deveria levar em conta o verdadeiro sentido dos instintos humanos; assim, em vez de negá-los, deveria orientar – conscientemente – a energia motora dos instintos perigosos e primitivos a serviço de objetivos justos e razoáveis, a fim de que ela se converta na força ativa de um mecanismo e se transforme em trabalho útil. É o que, em oposição à "idealização", chamamos "sublimação". Para substituir o "recalcamento" dos desejos, seria necessário devolver a plenitude de seus direitos à "condenação" consciente de alguns dentre eles. Assim, o problema da guerra é também um problema de educação. Como o homem não vem ao mundo já pronto e acabado, mas tem de ser feito, eu diria até que se trata de um problema de educação das crianças. Se é possível vencer a guerra em alguma parte, é sem dúvida nos quartos de crianças.

– Que resultados se pode esperar dessa escolarização psicológica?

– Ela nos permitiria conhecer os nossos verdadeiros instintos e transpô-los para outro terreno. Não é necessário que os instintos assim trazidos para a luz sejam todos saciados. No tratamento dos povos, é igualmente a prevenção do mal que conta; certos conflitos deveriam ser reconhecidos e solucionados de antemão, mas só tomamos conhecimento deles ao cabo de sangrentos combates, passando pela explosão e satisfação dos instintos. Na criança e nos povos primitivos, desejar e agir são a mesma coisa; no adulto e nos povos mais evoluídos, a pulsão não se transforma logo em ato. Alguns neuróticos podem curar-se desviando seus instintos sexuais para outros terrenos. É o que se poderia fazer em benefício da sociedade doente. Mesmo espontaneamente, os homens conseguem, aliás com certa frequência, transpor suas pulsões socialmente nocivas para outros domínios. Conhecemos excelentes cirurgiões que são homens profundamente cruéis. "Que personagem grosseiro", diz-se de um tal cirurgião, "mas que bom médico, apesar de tudo." De fato, *porque* é verdadeiramente um personagem grosseiro é que esse homem é um cirurgião cheio de entusiasmo por sua profissão.

– Qual seria o primeiro passo a dar na educação dos povos? O meu interlocutor sorri.

– As crianças são educadas por professores do ensino primário, estes por professores com curso superior, e estes por professores universitários. Mas, lamentavelmente, muito poucos professores das universidades são hoje partidários dessa psicologia, a única que, na minha opinião, está apta a educar a humanidade. A Alemanha fecha-se com obstinação à teoria psicanalítica, constrói na base do idealismo, dá-se princípios a seguir. Também entre nós apenas os escritores e os poetas se interessam pela psicanálise. Mas na Holanda, na Suíça, na América, já existe um grande número de professores de psicologia de espírito aberto e que são detentores de cátedras universitárias. Vimos há pouco que a eliminação da guerra é apenas uma questão de pedagogia. Modifiquemos agora essa ideia da seguinte maneira: o problema da guerra é o problema da educação dos professores universitários.

– Tenho a impressão de que o resultado desta consulta é um tanto deprimente. Certa vez, durante uma consulta médica, ouvi pronunciar duas malévolas palavras latinas: *nihil faciendi*. Noutros termos, não é isso o que está me dizendo, doutor?

– Absolutamente. Longe de não haver nada a fazer, há pelo contrário muito, muito a fazer para evitar a guerra, de uma forma ou de outra.
– Portanto, o paciente poderia ainda ter cura, apesar de tudo?
– Creio que sim.

Mas quanto a saber se essa cura ocorrerá em mil anos ou em cem anos, não obtive resposta.

Désiré Kosztolànyi

LXXVIII

Neuroses do domingo

A psiquiatria expõe estados patológicos cujo desenrolar apresenta uma nítida periodicidade; bastará lembrar a mania e a melancolia cíclicas. Também sabemos, depois que Freud o demonstrou psicanaliticamente, que os psiconeuróticos – uma substancial proporção dos quais sofre, como se sabe, de lembranças recalcadas – celebram o aniversário de certos eventos decisivos ou importantes em suas vidas com uma exacerbação de seus sintomas. Mas, que seja do meu conhecimento, ninguém descreveu ainda neuroses cujas flutuações sintomáticas se ligam a certo dia da semana.

E, no entanto, creio poder afirmar a existência dessa periodicidade peculiar. Tratei numerosos neuróticos cuja história patológica, descrita e reproduzida no decorrer da análise, relatava que certos estados nervosos – sobretudo em sua juventude – se produziam num determinado dia da semana, com uma perfeita regularidade.

A maior parte desses pacientes sofria de um retorno periódico de seus transtornos nos *domingos*. Tratava-se em geral de *dores de cabeça* e *distúrbios gastrintestinais*, que apareciam nesses dias sem qualquer razão particular e muitas vezes comprometiam seriamente o dia livre semanal dessas pessoas. Seria desnecessário acrescentar que não descartei a eventualidade de causas racionais. Os próprios pacientes esforçavam-se – com aparente êxito – por dar uma explicação racional para essa curiosa periodicidade do seu estado e tentavam ligá-la aos hábitos de vida peculiares dos domingos. Dorme-se mais tempo no domingo do que nos demais dias, daí as dores de cabeça, diziam alguns; aos domingos come-se melhor e com maior abundância, e por isso os desarranjos gástricos são mais fáceis, diziam outros. Eu próprio me abstenho de pôr em dúvida a ação desses fatores puramente somáticos sobre a constituição da periodicidade do domingo.

Entretanto, certos fatos parecem indicar que esses fatores fisiológicos não esgotam os dados do problema. As dores de cabeça, por exemplo, aparecem mesmo quando a duração do sono não excede no domingo a dos outros dias, e os distúrbios de estômago surgem apesar de o doente e seu meio, instruídos pela experiência, terem praticado nesse dia uma dieta profilática.

Num desses casos, informaram-me que um garotinho apresentava arrepios e vômitos todas as sextas-feiras à noite. (Era um menino judeu para quem o "repouso dominical" começava sexta à noite.) Ele mesmo e toda a sua família relacionavam esse estado com o consumo de peixe, pois no jantar de sexta à noite raramente o peixe estava ausente da mesa deles. De nada serviu renunciar ao consumo desses pratos; os distúrbios continuaram aparecendo, exatamente como antes, o que foi então atribuído a uma idiossincrasia associada à simples vista do prato perigoso. O fator psicológico que considero um adjuvante ou até, eventualmente, a causa única do retorno periódico desses sintomas é fornecido pelas circunstâncias que – à parte o sono prolongado e a refeição mais abundante – caracterizam o domingo.

O domingo é o dia feriado da humanidade civilizada de hoje. Mas seria um erro acreditar que esse dia feriado significa simplesmente um dia de repouso físico e psíquico; outros fatores afetivos contribuem de maneira notável para o relaxamento que em geral ele ocasiona. Nesse dia, não apenas somos senhores de nós mesmos, sentindo-nos livres de todos os entraves que o dever e as repressões exteriores nos impõem, mas também experimentamos uma espécie de libertação interior. Sabemos por Freud que as potências internas que dirigem os nossos pensamentos e os nossos atos por caminhos irrepreensíveis no plano lógico, ético e estético nada mais fazem senão reproduzir instintivamente o que a necessidade externa impunha outrora ao homem. Não deve nos surpreender o fato de que a redução da pressão exterior atual acarrete igualmente a libertação parcial das pulsões, de hábito reprimidas com firmeza. A atenuação da censura externa acarreta a da censura interna. Para o espectador não envolvido é sempre interessante observar como o "nível" de um grupo humano muda por ocasião das festas. *Auf der Alm, da gibt's ka' Sünd*[1], diz o provérbio estírio, o que significa que, quando das excursões dominicais pelas montanhas, "tudo é permitido". Os adultos conduzem-se como crianças e as crianças ficam à rédea solta, entregando-se muitas vezes a travessuras que provocam, da parte das pessoas responsáveis por elas, punições que põem bruscamente um triste fim à alegria desenfreada. Nem sempre é esse o caso, pois os adultos dão muitas vezes provas, nessas ocasiões, de uma longanimidade extraordinária, como se estivessem tacitamente ligados por um acordo secreto que assegura aos culpados uma impunidade provisória.

Mas nem a todos é dado descarregarem com essa liberdade e essa naturalidade seu excesso de bom humor dos dias festivos. Os que apresentam uma disposição neurótica são propensos a uma inversão de afetos, justamente nessas ocasiões, seja porque têm de conter pulsões particularmente perigosas (que precisam controlar com uma atenção especial quando são tentados pelo mau exemplo dos outros), seja porque sua consciência hipersensível não perdoa nenhuma falta. Ocorre, porém, nesses "desmancha-prazeres" que, além de sua depressão inoportuna, as moções reprimidas, ativadas pela festa e pelas fantasias autopunitivas mobilizadas contra elas, manifestam-se através de pequenos sintomas histéricos. É assim que qualificarei as dores de cabeça e os distúrbios gástricos dominicais antes mencionados; "o sono prolongado", a "refeição abundante", etc., são apenas os pretextos utilizados por essa pequena neurose para revestir suas verdadeiras motivações com um disfarce racional.

A favor dessa concepção, citemos o fato de que além das "neuroses de domingo", periódicas mas efêmeras, também existem as "neuroses de férias", mais prolongadas. As pessoas que as contraem padecem durante suas férias escolares ou profissionais de um estado psíquico mais ou menos penoso. Além das pequenas histerias já mencionadas, constata-se nelas, com frequência, uma curiosa mudança de humor. Penso num certo *tédio carregado de tensão*, que pode obstruir todas as distrações do indivíduo e acarretar igualmente uma incapacidade para o trabalho muito penosa em si. "Preguiça e

---

1. "Nos prados montanhosos não existe pecado." (NTF)

má consciência", "preguiça sem prazer" – são as expressões utilizadas por um desses pacientes para caracterizar seu estado de alma. Outro falava de uma nostalgia por algo indefinido e recordava-se de que já na sua infância tinha o hábito de atormentar a mãe durante horas com este pedido de múltiplos sentidos: "Mamãe, me dá alguma coisa!" Mas tudo o que sua mãe podia dar-lhe deixava-o insatisfeito e ele continuava queixando-se e suplicando, até o momento em que recebia uma severa reprimenda ou mesmo um corretivo; então se acalmava[2]. Seriam igualmente tais desejos insatisfeitos os que se dissimulam por trás das neuroses do domingo? E, se assim for, qual é o conteúdo desses desejos? De onde vem a má consciência, a tendência autopunitiva dos sintomas e o notável efeito terapêutico – bem conhecido dos pais – da punição?

No último dos pacientes citados, a psicanálise descobriu no conteúdo oculto de seus inconscientes desejos culposos – apesar de toda a minha boa vontade em introduzir, enfim, algo de novo nas motivações essenciais das ações humanas – uma vez mais os componentes da fantasia edipiana: violência contra a autoridade e impulsos tendentes a apoderar-se do progenitor do outro sexo. Enquanto a experiência não me fornecer nada de melhor, considerarei essa motivação dos sintomas como igualmente válida para as outras neuroses de dias festivos.

No rapaz que sofria de distúrbios gástricos nas noites de sexta-feira, é necessário procurar mais longe a determinação dos sintomas. Sabe-se que os judeus devotos têm a obrigação não só de comer peixe na sexta-feira à noite mas também de praticar o amor conjugal; pelo menos é assim que muitos judeus, sobretudo os pobres, interpretam a santificação do sabá prescrita pela Bíblia. Se pela desatenção dos pais, ou por sua própria curiosidade, a criança é levada a observar mais do que deveria, uma associação permanente pode estabelecer-se nela entre o peixe (símbolo de fecundidade) e esses eventos excitantes. Assim se explica a sua idiossincrasia; mas, neste caso, o próprio vômito é apenas a "materialização" desses

---

2. Num encantador poema humorístico do poeta húngaro Vörösmarty, "Pierrot", é em vão que a mãe tenta consolar com presentes e carinhos seu filho Pierrot, que está profundamente triste; ela pronuncia enfim o nome da pequena vizinha, Juliette; o pequeno negativista reage de pronto: "Que ela venha depressa." Mas a mãe, inquieta, não se deixa lograr, repreende asperamente o rapaz e manda-o para a escola.

NEUROSES DO DOMINGO

processos de que ele foi testemunha. A própria forma do peixe pode fornecer a ponte associativa.

Os homens querem ter festas, assim como querem ter pão. *Panem et circenses!* Freud, em *Totem e tabu,* explicou por que os clãs totêmicos sentem a necessidade, em determinados dias, de retalhar o animal totêmico, venerado o resto do tempo com um terror sagrado. As bacanais e as saturnais têm, aliás, seu equivalente em todos os povos, mesmo em nossos dias. Assim, os folguedos populares no dia do padroeiro, entre os cristãos, e a festa do Purim dos judeus também conservaram traços dessas antigas festividades. Podemos supor que certos restos dessa tendência libertadora atávica misturam-se ao ambiente de festa hebdomadária e provocam nas pessoas particularmente sensíveis as "neuroses periódicas do domingo".

O *Katzenjammer* ou o *blauen Montag*[3] que sucedem aos dias festivos equivalem a uma melancolia cíclica subsequente e passageira.

Não obstante os dias de festa, quando o homem, por ocasião da redução da pressão que as responsabilidades e obrigações exteriores fazem pesar sobre ele, experimenta igualmente a necessidade de uma realização sexual, talvez ele não faça mais do que seguir a pista dos processos biológicos que sempre impeliram a humanidade, em todos os tempos, à organização de festas.

A periodicidade dos processos genitais seria, portanto, o protótipo e o modelo da necessidade normal de alternar o labor penoso do dia a dia com a liberdade dos folguedos, assim como o das "neuroses de festas" periódicas e talvez o do desenrolar cíclico da psicose maníaco-depressiva.

---

3. Em alemão no texto: "náusea" ou "enjoo das segundas-feiras". (N. do T.)

LXXIX

Pensamento e inervação muscular

Muitas pessoas, cada vez que querem refletir profundamente sobre alguma coisa, tendem a interromper o movimento que estavam fazendo, por exemplo, caminhar, e só lhe dão prosseguimento depois que terminaram seu trabalho intelectual. Outras, pelo contrário, são incapazes de se entregar a uma atividade intelectual de certa complexidade se permanecerem quietas: elas são obrigadas a desenvolver uma atividade muscular intensa enquanto refletem, levantam-se, andam de um lado para outro, etc. As pessoas pertencentes à primeira categoria manifestam-se com frequência como indivíduos fortemente inibidos que, para realizar um empreendimento intelectual independente, não importa qual, devem primeiro vencer fortes resistências internas, de ordem intelectual e afetiva. Em compensação, as pessoas do segundo grupo, que se designa habitualmente pelo nome de "tipo motor", são indivíduos cujas ideias lhes afluem com excessiva rapidez e dotados de uma imaginação muito viva. Esse seria um argumento a favor de uma relação íntima entre o pensamento e a motilidade, se se verificasse ser exato que o sujeito inibido utiliza a energia economizada pela suspensão das inervações musculares para superar as resistências ao livre curso da atividade intelectual, ao passo que o "tipo motor" deve esbanjar a energia muscular a fim de moderar o "extravasamento em geral demasiado fácil das intensidades" no processo intelectual (Freud), ou seja, a fim de introduzir a reflexão lógica no lugar da imaginação. Como dissemos, a quantidade de "esforço" necessário ao pensamento nem sempre depende da dificuldade intelectual apresentada pela tarefa a executar, mas, muitas vezes, as nossas análises o atestam, de fatores afetivos; os processos mentais impregnados de desprazer requerem, *ceteris paribus*, um maior esforço, e o pensamento inibido apresenta-se frequentemente na análise como condicionado pela censura, ou seja, como neurótico. Nas ciclotimias leves pode-se observar um paralelismo entre a inibição ou a facilidade de atividade fantasística e o grau de vivacidade dos movimentos. Esses sintomas motores acessórios da inibição ou da excitação intelectual também se produzem, por vezes, no indivíduo "normal"[1].

Com efeito, um estudo mais aprofundado mostra que, contrariando as aparências, não se trata de uma simples transformação de energia muscular em energia psíquica e vice-versa, mas de processos mais complexos: a concentração e a fragmentação da *atenção*. O sujeito inibido deve dirigir toda a sua atenção para a atividade de pensar, de modo que é incapaz de efetuar ao mesmo tempo movimentos coordenados que exijam igualmente atenção. Em contrapartida, o indivíduo "submerso" pelas ideias é obrigado a desviar uma parte de sua *atenção* do processo intelectual a fim de moderar, de retardar um pouco o afluxo de pensamentos.

Por conseguinte, o sujeito inibido só interrompe, enquanto estiver refletindo, os movimentos coordenados, e não o dispêndio de inervação muscular; se o observarmos mais atentamente, verifica-se até que, durante a reflexão, o tônus dos músculos *não mobilizados* aumenta com regularidade. (Este fato foi demonstrado pelos fisiologistas.) No "tipo motor", não se trata de um simples recrudescimento do tônus muscular (do dispêndio de inervação), mas da intervenção de certa atividade muscular para favorecer a atenção.

Tampouco se deve acreditar que a incapacidade de pensar e de agir seja um fenômeno especificamente neurótico. Com efeito, é muito frequente nos neuróticos que uma barragem intelectual localizada, determinada por um complexo, seja precisamente camuflada por uma vivacidade e uma atividade excessivas nos domínios psíquicos não obstruídos.

---

1. Uma paciente que fazia tremer uma perna o tempo todo (hábito que nela se aparentava a um tique) traía sempre, no decorrer da análise, o momento em que alguma coisa lhe acudia ao espírito pela brusca interrupção do tremor, de modo que eu podia sempre adivinhar quando ela me escondia conscientemente um pensamento. Durante as verdadeiras pausas associativas, ela não parava de tremer a perna.

A psicanálise poderia contribuir de diversas maneiras para a elucidação das complexas relações entre atividade psíquica e inervação muscular. Refiro-me neste ponto à explicação que Freud nos deu das *alucinações oníricas*, ou seja, que elas devem sua existência a uma excitação regressiva do sistema perceptivo (regressão), consequência da barragem constituída pelo sono (paralisia) na extremidade motora do aparelho psíquico. A outra contribuição importante da psicanálise para o conhecimento das relações entre o esforço intelectual e a inervação muscular é a explicação que nos dá Freud do *riso* deflagrado por um efeito espirituoso ou cômico; o riso seria, segundo a sua explicação, que nos parece muito plausível, a descarga *motora* de uma tensão *psíquica* que se tornou supérflua. Recordemos, enfim, a concepção de Breuer e de Freud no tocante à *conversão* da excitação psíquica em motricidade, e a de Freud, segundo a qual os sujeitos obsessivos substituem, de fato, a ação pelo pensamento.

O paralelismo geralmente constatado entre as atividades psíquicas do pensamento e da atenção, por uma parte, e, por outra, as inervações motoras, sua reciprocidade quantitativa frequentemente assinalada e sua dependência mútua, falam de toda maneira a favor de uma identidade desses dois processos. Freud tem provavelmente razão quando considera o pensamento uma "experimentação com mobilização de quantidades mínimas de investimento", e quando situa a função de *atenção*, que "explora" periodicamente o mundo exterior e "se antecipa" às impressões sensíveis, na extremidade motora do aparelho psíquico.

LXXX

Repugnância pelo café da manhã

Muitas crianças experimentam uma repugnância muitas vezes insuperável pelo desjejum. Preferem ir para a escola com o estômago vazio e, se as obrigam a comer, acontece vomitarem tudo o que ingeriram. Ignoro que explicação fisiológica os pediatras dão para esse fenômeno, se é que esse problema alguma vez os preocupou. Da minha parte, o exame psicanalítico de um caso desse gênero levou-me a formular uma interpretação psicológica do sintoma.

O meu paciente conservou sempre essa idiossincrasia, mesmo na idade adulta, e foi possível apurar que se tratava de um deslocamento da repugnância inconsciente que as mãos de sua mãe lhe inspiravam. Desde a infância, sabia da existência de relações sexuais entre seus pais, mas tinha recalcado o seu saber porque era incompatível com os sentimentos de ternura e de respeito que alimentava por ambos. Mas quando a mãe, pela manhã, ao sair do seu quarto, servia-lhe o café com as mesmas mãos que tinham desempenhado um papel no ato proibido – fazendo talvez o filho beijar-lhe antes a mão –, a moção reprimida manifestava-se na repugnância pelo desjejum, sem que a criança fosse consciente das verdadeiras causas de sua idiossincrasia.

Competiria aos pediatras averiguar se essa explicação é válida ou não em outros casos ou, eventualmente, em todos os casos. Isso nos forneceria alguns elementos para a terapêutica.

Mostrei num outro artigo que a associação particular que existe entre o sentimento de repugnância e o fato de cuspir ou de vomitar indica a presença no inconsciente de uma tendência coprofílica para engolir coisas "repugnantes". Se for esse o caso, cuspir e vomitar já constituiriam formações reativas à coprofagia. Esta concepção é igualmente válida no caso da "repugnância pelo café da manhã".

LXXXI

Cornélia, a mãe dos Gracos

Cornélia foi durante muitos anos a esposa de Tibério Semprônio e deu-lhe doze filhos. Só sobreviveram dois rapazes, Tibério e Caio, e uma filha, Semprônia (que casaria mais tarde com Cipião, o Africano). Depois da morte de seu marido, ela recusou a mão de Ptolomeu, rei do Egito, para consagrar-se inteiramente aos filhos. *Um dia em que se fez menção a suas joias, Cornélia apontou para seus filhos e disse: estes são os meus tesouros, as minhas joias.* Suportou com estoicismo e num completo recolhimento o fim trágico de seus dois filhos. Cornélia era uma das mais nobres mulheres de Roma, respeitada igualmente por sua grande cultura; admirava-se o belo estilo de suas cartas. O povo romano perpetuou a memória da "mãe dos Gracos" numa estátua de bronze[1].

Eis o que nos informa Plutarco a respeito dessa nobre dama romana; entretanto, todas as nossas informações sobre a sua pessoa são em segunda mão, e os especialistas acham que mesmo os dois fragmentos de cartas conservados nos escritos de Cornélio Nepos não são autênticos.

É certamente uma grande temeridade de minha parte ousar, depois de mais de dois mil anos, propor novas sugestões para a compreensão do caráter de Cornélia. Entretanto, a publicação nesta revista[2] deixa prever que os meus conhecimentos não provêm de investigações recentes, mas da experiência e da reflexão psicanalíti-

---

1. Baseado no artigo "Cornélia", da enclopédia húngara *Pallas*.
2. Escrevi este artigo em alemão para a revista *Imago*.

cas. Pois ainda hoje existem mulheres pertencentes à espécie da nobre Cornélia que, modestas, reservadas, muitas vezes um pouco frias no que diz respeito a si mesmas, envaidecem-se dos filhos que têm, como outras das joias que possuem; acontece, por vezes, que uma psiconeurose desenvolve-se numa mulher desse tipo, oferecendo ao psiquiatra uma ocasião de analisar esse traço de caráter ao mesmo tempo que os outros. Pode, assim, obter uma noção sumária das particularidades psicológicas do modelo dessas mulheres, Cornélia, e explicar em certa medida o interesse suscitado pelo episódio contado a seu respeito.

Tenho à minha disposição dois casos clínicos dessa espécie, o que é o mínimo necessário para permitir uma generalização. Com efeito, realizei a análise completa de duas dessas mulheres e pude estabelecer a existência de uma notável conformidade entre o destino exterior e interior de ambas.

Uma delas, mulher casada há muitos anos, começou, durante muito tempo, cada sessão de análise por um panegírico do primogênito e do caçula de seus filhos, ou então com queixas a respeito do comportamento dos do meio, "cuja conduta deixa muito a desejar". Mas os dotes intelectuais destes últimos lhe forneciam, por outro lado, a ocasião para numerosas referências afetuosas. Sua aparência e seu comportamento eram provavelmente semelhantes aos de Cornélia. Inabordável, ela evitava o olhar dos homens quando eles ousavam contemplar sua beleza com desejo, e mostrava em tais ocasiões não só reserva mas uma verdadeira repulsa. Vivia unicamente para os seus deveres de esposa e de mãe. Lamentavelmente, essa bela harmonia foi perturbada por uma neurose histérica que se manifestou por sintomas físicos penosos e transtornos temporários do humor, por um lado; e, por outro, como a análise rapidamente descobriu, por uma total incapacidade de acesso ao gozo genital. No decorrer da análise, o seu comportamento em relação ao filho caçula adquiriu uma forma particular. A paciente percebeu-se com pavor de que, quando acariciava esse rapaz, experimentava impulsos eróticos, sensações sexuais caracterizadas, as quais, no entanto, estavam ausentes em suas relações conjugais. Depois surgiram, sob a forma de transferência para o médico, traços de caráter que surpreenderam a ela mesma; por trás de sua atitude um tanto fingida e distante apareceu aos poucos um desejo feminino de agradar fortemente acentuado, que poderíamos considerar normal; ela sabia fazer uso de todos os meios para atrair as atenções para os seus encantos. Depois, os seus sonhos permitiram adivinhar sem dificuldade, com a ajuda do simbolismo bem conhecido, que *o filho representava para ela os órgãos genitais*. Não foi preciso muita perspicácia para dar mais um passo e adivinhar que a tendência da paciente para *exaltar diante dos outros as perfeições de seus filhos era um substituto do desejo normal de exibição*. Apurou-se também que essa pulsão parcial era muito acentuada nela, tanto por constituição, quanto como resultado de certas experiências, e que seu recalque desempenhava um papel considerável na formação de sua neurose. Essa pulsão sofreu um impulso de recalque particularmente forte por ocasião de uma intervenção cirúrgica a que fora submetida quando ainda era muito jovem. Em consequência disso, passara a sentir-se desvalorizada em relação às outras moças e transferira todo o seu interesse para o domínio intelectual, escrevendo – como Cornélia – belas cartas e até pequenos poemas; por outro lado, tinha começado a adquirir o caráter um pouco santarrão de que já falamos.

Foi a sua relação com as *joias* que nos forneceu a chave da comparação de que se servira Cornélia. Ela era muito modesta em sua toalete e em suas joias. Mas todas as vezes em que queria lembrar-se de uma experiência genital penosa, datando de sua infância, começava sempre por perder algum objeto de valor que lhe pertencesse, de modo que, pouco a pouco, ficou sem joias.

À medida que despertava nela a aptidão para o prazer sexual e adquiria consciência do seu desejo de exibição, sua bazófia excessiva a respeito das qualidades excepcionais dos filhos atenuava-se; desse modo, sua relação com os filhos tornou-se mais natural e mais íntima. A paciente já não sentia vergonha em confessar o seu prazer de possuir toda espécie de roupas femininas e diminuiu consideravelmente o exagerado apreço que tinha pela parte espiritual do homem.

A sensação erótica experimentada no contato com seu filho caçula, que tanto assustara a paciente no começo, encontrou sua explicação nas camadas mais profundas de sua personalidade e nas lembranças do primeiro período do seu desenvolvimento. Essa sensação apenas reproduzia aquelas de que participara profusamente antes da intervenção do brutal recalque do autoerotismo infantil; esse prazer transformara-se pouco a pouco em angústia e, quando irrompia inopinadamente em sua consciência, devia ser sentido como algo de assustador.

Depois de tais constatações, quem poderia ainda levar a sério todo o palavreado sobre a irrealidade, a natureza "como se" dos símbolos? Para essa mulher, os filhos e as joias eram indiscutivelmente os símbolos que, tanto na vida real, quanto na realidade psíquica, suplantavam todo e qualquer outro conteúdo psíquico.

A outra paciente de que quero falar traía sua relação com as joias e os filhos de um modo muito mais óbvio. Escolhera a profissão de lapidadora de diamantes, gostava de trazer-me seu filho para mostrá-lo e – em contradição total com sua toalete respeitável – como a de uma governanta, dizia ela – tinha sonhos típicos de nudez.

Em decorrência destas observações, sinto-me justificado para considerar o caso da famosa Cornélia – apesar do seu caráter antigo – exatamente da mesma maneira que o da mulher dos nossos dias, e para supor que suas belas qualidades são os produtos sublimados da mesma tendência exibicionista perversa reencontrada em nossas pacientes, dissimulada sob qualidades semelhantes.

Nesta sequência: órgãos genitais, filhos, joias, o último termo é certamente o símbolo menos direto, o mais atenuado. Cornélia tinha razão, portanto, em chamar a atenção de suas concidadãs para o fato de que a adoração de símbolos é antinatural e em referir-se, pelo seu próprio exemplo, a objetos de amor mais naturais. Quanto a nós, podemos permitir-nos imaginar uma Cornélia ainda mais antiga, pré-histórica, que teria ido mais longe ainda e, apercebendo-se de que suas companheiras se excediam no culto do símbolo "filho", apontou para seus próprios órgãos genitais dizendo: *"Estes são os meus tesouros, as minhas joias, a fonte primitiva do culto que devotais aos vossos filhos."*

Aliás, não é necessário recorrer à pré-história para encontrar tais exemplos. Toda mulher neurótica ou exibicionista pode fazer-nos a demonstração *ad oculus* de como esse simbolismo se reporta à sua verdadeira significação.

No meu artigo sobre a "Análise das comparações"[3], afirmei que o texto literal das comparações que nos ocorrem espontaneamente contém, com frequência, um saber profundo proveniente do inconsciente. A comparação de Cornélia poderia figurar nos exemplos que aí foram enumerados.

---

3. Cf. "Análise das comparações", neste volume, p. 223. (N. do T.)

LXXXII

A técnica psicanalítica

I

Abuso da liberdade de associação[1]

Todo o método psicanalítico assenta na "regra fundamental" formulada por Freud, ou seja, a obrigação para o paciente de comunicar tudo o que lhe vem ao espírito no decorrer da sessão de análise. Não se deve, sob nenhum pretexto, tolerar qualquer exceção a essa regra, e é imprescindível esclarecer, sem indulgência, tudo o que o paciente, seja qual for a razão invocada, procura subtrair à comunicação. Entretanto, quando ele foi educado, não sem dificuldades, a obedecer à risca a essa regra, pode acontecer que a sua resistência se apposse precisamente dessa regra e que ele tente derrotar o médico com suas próprias armas. Os neuróticos obsessivos recorrem com frequência a um expediente que consiste em proceder como se tivessem entendido mal a injunção do médico de tudo dizerem, mesmo as ideias absurdas, para apresentar *unicamente* um material absurdo, à maneira de associações. Se não os interrompermos e os deixarmos prosseguir tranquilamente, na esperança de que acabem por cansar-se de tal procedimento, correremos o risco de ficar decepcionados; até chegarmos à convicção de que os pacientes procuram inconscientemente

---

1. Conferência pronunciada em Budapeste, em dezembro de 1918, sob a égide da Associação Psicanalítica da Hungria.

reduzir o médico ao absurdo. Ao associarem desse modo superficial, fornecem em geral uma série ininterrupta de associações verbais, cuja seleção deixa transparecer, naturalmente, o material inconsciente que procuram subtrair à análise. Mas, de um modo geral, é impossível analisar em detalhe essas ideias isoladas porque, quando por acaso lhes mostramos certos traços escondidos surpreendentes, em vez de simplesmente aceitarem ou recusarem a nossa interpretação, tratam de fornecer-nos um novo material "absurdo". Não nos resta outra alternativa senão chamar a atenção do paciente para o caráter tendencioso de sua conduta, ao que ele não deixará de replicar com um ar triunfante, por assim dizer: "Mas estou fazendo apenas o que me pediu, digo simplesmente todos os absurdos que me vêm à cabeça!" Ao mesmo tempo, sugere que talvez fosse melhor renunciar à estrita observância da "regra fundamental", organizar as entrevistas de modo sistemático, dirigir-lhe perguntas específicas e precisas, procurar metodicamente ou mesmo pela hipnose o material esquecido. É fácil responder a essa objeção: pedimos ao paciente, de fato, que nos diga tudo o que lhe venha ao espírito, mesmo o absurdo, mas não lhe exigimos, em absoluto, que diga exclusivamente palavras absurdas ou incoerentes. Esse procedimento – explicamo-lhe – contradiz justamente a regra psicanalítica, que proíbe toda e qualquer escolha crítica entre as ideias. O paciente perspicaz responderá que não é culpa dele se só lhe acodem ao espírito absurdos, e acabará fazendo a pergunta aberrante: "Será que daqui em diante devo calar esses absurdos?" Não devemos zangar-nos, pois nesse caso o paciente teria, com efeito, atingido o seu objetivo, mas incitá-lo, pelo contrário, a que prossiga o trabalho. A experiência mostra que o nosso apelo para que não se abuse da associação livre tem geralmente por efeito que, a partir daí, o paciente deixa de ter exclusivamente ideias absurdas.

Uma única explicação raras vezes é suficiente a esse respeito. O paciente entra de novo em resistência contra o médico ou o tratamento, põe-se outra vez a associar de modo absurdo e apresenta-nos inclusive este delicado problema: o que se deve fazer se não lhe acodem ao espírito nem mesmo palavras inteiras, mas sons inarticulados, gritos de animais ou melodias em vez de palavras? Solicitamos ao paciente que exprima com plena confiança sons e melodias, tal qual o resto, observando-lhe, porém, a má vontade que se dissimula por trás de seu temor.

Outra forma de "resistência à associação" que é muito conhecida é aquela em que "não acode absolutamente nada ao espírito" do paciente. Isso pode acontecer sem qualquer razão particular. Entretanto, se o paciente permanece calado por bastante tempo, isso significa em geral que ele *cala* alguma coisa. O seu súbito silêncio deverá sempre ser interpretado, portanto, como sintoma "passageiro".

Um silêncio prolongado explica-se muitas vezes pelo fato de que a demanda de dizer *tudo* ainda não foi tomada ao pé da letra. Se interrogarmos o paciente, após uma longa pausa, sobre o conteúdo de seus pensamentos durante esse silêncio, ele responderá que *só* estava olhando para um objeto no gabinete, ou experimentando uma sensação esquisita ou uma parestesia nesta ou naquela parte do seu corpo, e assim por diante. Nada mais nos resta senão explicar-lhe mais uma vez que deve dizer tudo o que se passa nele, portanto, tanto as suas percepções sensoriais, quanto os seus pensamentos, seus sentimentos e seus impulsos. Entretanto, como essa enumeração não poderia ser completa, o paciente encontrará sempre um meio, quando recair na resistência, de racionalizar seu silêncio e suas reticências. Alguns, por exemplo, dizem que se calaram porque não tinham pensamentos *claros*, apenas sensações vagas e confusas. Eles demonstram assim, naturalmente, que ainda criticam suas ideias, apesar da recomendação que lhes foi feita.

Se, à continuação, constata-se que essas explicações de nada serviram, teremos forçosamente de supor que o paciente apenas quer nos levar a dar explicações e comentários detalhados, a fim de impedir o trabalho. O melhor nesses casos ainda é opor o nosso próprio silêncio ao dele. Pode acontecer que se passe a maior parte da sessão sem que o médico ou o paciente digam uma palavra. O paciente talvez tenha dificuldade em suportar o silêncio do médico; terá a impressão de que o médico está zangado com ele, em outras palavras, projetará nele sua própria má consciência, o que o levará finalmente a ceder e a renunciar ao negativismo.

A ameaça de adormecer de tédio, formulada por alguns pacientes, tampouco nos deve perturbar; é certo que, em alguns casos, o paciente adormece efetivamente, por um breve instante, mas seu despertar rápido fez-me concluir que o pré-consciente se mantinha na situação do tratamento mesmo durante o sono. Portanto, o perigo de que o paciente durma durante toda a sessão não existe[2].

Alguns pacientes fazem objeções à associação livre argumentando que lhes acode uma quantidade excessiva de ideias, ao mesmo tempo, e que não sabem qual delas dizer primeiro. Se os autorizamos a determinar eles próprios a ordem dessas ideias, respondem ser incapazes de tomar essa decisão e de dar prioridade a uma em detrimento de outras. Num caso desse gênero, tive de recorrer ao expediente que consistia em fazer com que o paciente me contasse todas as suas ideias pela ordem em que estas se lhe apresentavam. O paciente expressou então o receio de esquecer as outras ideias enquanto descrevia a primeira. Tranquilizei-o com a explicação de que tudo o que é importante – mesmo que pareça de momento esquecido – voltará espontaneamente mais tarde[3].

Mesmo os pequenos detalhes do modo de associação têm sua importância. Sempre que o paciente introduz cada ideia com a proposição: "Estou pensando em...", assinala-nos que pratica um exame crítico entre o momento em que percebe suas ideias e aquele em que as comunica. Alguns preferem dar às suas ideias desagradáveis a forma de uma projeção sobre o médico, dizendo, por exemplo: "Você crê que estou pensando que..." ou "É claro, você vai interpretar isso como..." Em resposta à ordem para que ponha de lado a crítica, alguns replicam: "No final das contas, a crítica também é uma ideia", com o que se deve anuir, não sem assinalar que

---

2. Situaremos no capítulo da "contratransferência" o fato de que em certas sessões o médico também deixa passar as associações do paciente e só dá ouvidos a algumas de suas falas; pode-se produzir nesse caso uma sonolência de alguns segundos. Um exame ulterior leva-nos, em geral, a constatar que reagimos pela retirada do investimento consciente ao vazio e à futilidade das associações fornecidas nesse momento preciso; à primeira ideia do paciente relacionada, de algum modo, com o tratamento, estamos de novo atentos. Portanto, tampouco existe algum perigo de que o médico adormeça e deixe de prestar atenção ao paciente. (Uma discussão sobre esse tema com o prof. Freud confirmou plenamente essa observação.)

3. É inútil sublinhar que o psicanalista deve evitar mentir ao paciente; isso vale igualmente para as questões relativas à pessoa do médico ou ao seu método. O psicanalista deve ser como Epaminondas, de quem Cornélio Nepos diz que *nec joco quidem mentiretur* [nem brincando admitia que se mentisse]. Contudo, o médico tem o direito e o dever de esconder do paciente uma parte da verdade, por exemplo, aquela para a qual o paciente ainda não está maduro, em outras palavras, em condições de determinar ele próprio o *tempo* de suas declarações.

lhes seria impossível, caso observassem rigorosamente a regra fundamental, comunicar a crítica da ideia antes da própria ideia ou no lugar dela.

Num caso, fui obrigado, em contradição formal com a regra psicanalítica, a convidar o paciente a dizer sempre até o fim a frase que tinha começado. Eu observara, com efeito, que a partir do instante em que a frase adquirisse uma feição desagradável, ele jamais a concluía e, com um "a propósito" bem no meio, passava a falar de coisas secundárias, sem importância. Foi preciso explicar-lhe que a regra fundamental não exigia, certamente, que *se pensasse até o fim* uma ideia, mas, sem dúvida alguma, exigia que *se dissesse até o fim* o que já tinha sido pensado. Numerosas exortações foram, não obstante, necessárias, antes que ele conseguisse isso.

Mesmo pacientes muito inteligentes e habitualmente perspicazes tentam, por vezes, levar ao absurdo o método da associação livre, colocando-nos diante do seguinte problema: o que fazer se lhes acode ao espírito levantarem-se inopinadamente e dar o fora, ou maltratar fisicamente o médico, agredi-lo ou destroçar os móveis, etc.? Nesse caso, explica-se-lhes que não receberam a ordem de *fazer* tudo, mas somente de *dizer* tudo; em geral, eles respondem exprimindo o receio de ser incapazes de distinguir com nitidez entre pensamento e ação. Podemos tranquilizar esses hiperansiosos explicando-lhes que tal receio nada mais é do que uma reminiscência da infância, quando eram ainda incapazes, de fato, de realizar essa distinção.

Há casos mais raros em que os pacientes são, com efeito, literalmente sobrepujados por um impulso, de modo que, em vez de continuar associando, eles vão *pôr em cena*[4] seus conteúdos psíquicos. Não só produzem "sintomas passageiros" em vez de ideias, mas executam, às vezes de um modo inteiramente consciente, ações complexas, cenas inteiras de cuja natureza transferencial e repetitiva nem de leve suspeitam. Assim, um paciente, em certos momentos de maior tensão, pulava subitamente do divã e ficava caminhan-

---

4. *Agieren*, no nosso texto alemão. Classicamente traduzido por "atuar". O termo húngaro, mais preciso na ocorrência, permite-nos adotar o sentido estrito de "pôr em cena" (*mettre en scène*), que é o do verbo alemão. [NTF: Para os leitores mais habituados à terminologia psicológica anglo-saxônica, a expressão equivalente é *acting out,* usualmente traduzida como "passagem ao ato". (N. do T.)]

do a grandes passadas de um extremo ao outro do gabinete, enquanto proferia um chorrilho de injúrias. Movimentação e injúrias que encontraram sua justificação histórica no decorrer da análise.

Uma paciente histérica de tipo infantil, que eu tinha conseguido desviar provisoriamente de suas técnicas pueris de sedução (demorados olhares suplicantes lançados ao médico, roupas excêntricas e exibicionistas), surpreendeu-me um dia com um ataque direto e inopinado: ergueu-se de um salto, exigiu que eu a beijasse e, finalmente, começou a me bater. É evidente que, mesmo em face de incidentes desse gênero, o médico nunca deve abandonar sua paciência benevolente. Cumpre indicar repetidamente a natureza transferencial dessas condutas, diante das quais o médico terá de manter um comportamento inteiramente passivo. A referência indignada à moral é, na ocorrência, tão pouco válida e imprópria quanto o consentimento a qualquer exigência, seja ela qual for. Verifica-se em seguida que tal acolhimento faz rapidamente cair o humor belicoso do paciente e que o alvoroço em questão – aliás, a interpretar analiticamente – é logo eliminado.

No meu artigo sobre "Palavras obscenas"[5] pedi que não se poupasse aos pacientes o esforço de superar a resistência à pronunciação de certas palavras. Algumas facilidades, como permitir que determinadas comunicações sejam feitas por escrito, contradizem o objetivo do tratamento, cujo princípio consiste em levar o paciente a dominar suas resistências internas mediante uma prática consequente e progressiva. Mesmo quando ele tenta lembrar-se de algo que o médico sabe, este não deve ajudá-lo, senão estariam perdidas ideias substitutivas eventualmente preciosas.

Essa ausência de ajuda por parte do médico não deve, é claro, ser um hábito. Quando nos importa mais apressar certas explicações do que exercitar as forças psíquicas do paciente, devemos exprimir simplesmente diante dele certas ideias que supomos serem suas, mas que ele não ousa comunicar, e levá-lo assim a reconhecê-las. A situação do médico no tratamento psicanalítico lembra, sob muitos aspectos, o do obstetra, que também deve, tanto quanto possível, comportar-se passivamente, limitar-se ao papel de espectador de um processo natural, mas que, nos momentos críticos, terá o fórceps ao alcance da mão para terminar um nascimento que não progrida espontaneamente.

---

5. Cf. *O.C.*, vol. I, p. 109.

II

*Perguntas do paciente.
Decisões a tomar durante o tratamento*

Adotei como regra, cada vez que o paciente me faz um pergunta ou me pede uma informação, responder-lhe com outra pergunta, a saber: Como lhe ocorreu perguntar-me isso? Se eu simplesmente respondesse, a moção que o incitou a formular essa questão seria neutralizada pela resposta. Assim, orientamos o interesse do paciente para as fontes de sua curiosidade, e quando tratamos sua pergunta de maneira analítica, ele geralmente esquece de repetir a pergunta inicial; o que nos prova que essas indagações, de fato, importavam-lhe pouco e só tinham valor enquanto meio de expressão do inconsciente.

Em contrapartida, a situação torna-se muito delicada quando o paciente não recorre a nós para uma pergunta qualquer, mas nos pede que tomemos uma decisão num assunto importante para ele, por exemplo, a escolha entre duas alternativas. O médico se esforçará sempre por protelar as decisões a tomar até que o paciente esteja em condições, graças à segurança que adquire pouco a pouco no tratamento, de agir com total independência. É aconselhável, portanto, não aceitar sem mais nem menos a necessidade de uma decisão, cujo caráter urgente o paciente sublinha, e considerar que talvez seja o próprio paciente quem, inconscientemente, empurra para o primeiro plano esses problemas, na aparência muito atuais, seja porque dá ao material analítico que vai surgindo a forma de um problema, seja porque a sua resistência recorre a esse procedimento a fim de perturbar o curso da análise. Uma das minhas pacientes fazia uma utilização tão característica desse último procedimento, que tive de lhe explicar, na terminologia militar então em voga, que ela me lançava esses problemas como bombas de gás, para me desorientar, quando não encontrava nenhuma outra saída. Evidentemente, acontece que o paciente tenha, na verdade, durante o tratamento, coisas importantes a decidir sem demora; é preferível, nesse caso, evitar o mais possível desempenhar o papel de guia espiritual, à maneira de um *directeur de conscience*, e limitar-mo-nos ao de confessor analítico que elucida todas as motivações do paciente (mesmo as inconscientes) sob os seus diferentes aspectos, sem se imiscuir em suas decisões e em suas ações. A esse respeito, a psicanálise situa-se no polo oposto ao de todas as psicoterapias praticadas até hoje, sejam elas fundamentadas na sugestão ou na "persuasão".

Há duas espécies de circunstâncias em que o psicanalista pode ser levado a intervir diretamente na vida do paciente. Em primeiro lugar, quando adquire a convicção de que os interesses vitais dele exigem efetivamente uma decisão imediata que este ainda é incapaz de tomar sozinho. Mas, nesse caso, o médico deve ter consciência de que, ao agir assim, já não se comporta como psicanalista e de que podem até resultar de sua intervenção algumas dificuldades para prosseguir com o tratamento, por exemplo, um reforço pouco desejável da relação transferencial. Em segundo lugar, o médico pode e deve, se o caso se apresenta, praticar a "terapia ativa", induzindo o paciente a superar sua incapacidade quase fóbica para tomar uma decisão qualquer. Ele espera assim, graças às modificações dos investimentos afetivos que daí resultam, ter acesso ao material inconsciente até então inacessível[6].

III

O papel do "por exemplo" na análise

Quando o paciente nos apresenta alguma proposição geral, seja ela uma locução ou uma afirmação abstrata, perguntamos-lhe sempre o que foi que lhe deu precisamente a ideia dessa generalização. Essa pergunta tornou-se tão habitual que eu a faço automaticamente, a partir do instante em que ele começa a falar de um modo genérico demais. É a tendência para passar do geral ao particular, depois ao específico, o que rege justamente toda a psicanálise. Só esta permite a reconstrução tão perfeita quanto possível da história do paciente e só ela pode preencher suas amnésias neuróticas. Seria errôneo, portanto, seguir o pendor dos pacientes para a

---

6. Ver, a esse respeito, o meu artigo "Dificuldades técnicas de uma análise de histeria" (vol. III desta edição) e a conferência proferida por Freud, em 1918, no Congresso da Associação Internacional de Psicanálise, em Budapeste: "Os novos caminhos da psicanálise", em *La Tecnique Psychanalytique*, PUF.

generalização e submeter precipitadamente a uma tese geral as observações que lhes dizem respeito. Há pouco lugar para generalizações moralizadoras ou filosóficas numa psicanálise correta, que é uma sequência de constatações concretas.

Que o "por exemplo" seja um bom recurso técnico para trazer diretamente a análise de um material distante e pouco importante para o que é próximo e essencial, eis o que me foi confirmado pelo sonho de uma jovem paciente.

Ela sonhou: "Doem-me os dentes e tenho uma face inchada. Sei que isso só poderá melhorar se o sr. X (meu antigo noivo) me friccionar esse local; mas para isso devo obter o consentimento de uma mulher. Esta dá efetivamente seu acordo e o sr. X esfrega-me a face com sua mão; aí, um dente salta como se tivesse acabado de brotar e fosse ele a causa da dor."

Segundo fragmento do sonho: "A minha mãe inquieta-se comigo e quer saber a maneira como se desenrola uma psicanálise. Eu lhe digo:

– A gente deita num divã e fala tudo o que vem à mente.
– E que coisas se dizem? – indaga minha mãe.
– Bem, tudo, absolutamente tudo o que nos passa pela cabeça.
– E o que é que lhe passa pela cabeça? – insiste ela.
– Todo tipo de pensamentos, mesmo os mais incríveis.
– *O quê, por exemplo?*
– Por exemplo, ter sonhado que o médico a beijava e... – esta frase ficou incompleta e eu acordei."

Não quero entrar nos detalhes da interpretação, observando apenas que se trata de um sonho em que o segundo fragmento interpreta o primeiro. E essa inquietação desenvolve-se muito metodicamente. A mãe, que ocupa aqui, de maneira óbvia, o lugar do analista, não se contenta com generalidades, com a ajuda das quais a sonhante tenta esquivar-se a maiores explicações, e só para de perguntar quando a filha lhe dá em resposta à pergunta *"Por exemplo?"* a única interpretação correta do sonho, de ordem sexual.

O que sustentei num artigo sobre a "Análise das comparações"[7], ou seja, que por trás das comparações, lançadas aparentemente com negligência, esconde-se sempre um material muito im-

---
7. Neste volume, p. 223.

portante, é igualmente válido, portanto, para essas ideias que os pacientes fornecem de preferência em resposta à pergunta "O quê, por exemplo?".

IV

Domínio da contratransferência

A psicanálise – à qual parece caber a tarefa de destruir tudo o que for místico – logrou descobrir a lógica simples e, poderíamos dizer, rudimentar a que obedece a diplomacia médica mais complexa. Encontrou na transferência para o médico o fator eficiente de toda a sugestão médica, e constatou que, em última análise, essa transferência nada mais faz do que repetir a relação infantil erótica com os pais, com a mãe benevolente e o pai severo, e que depende da história ou da predisposição constitucional do paciente que este seja sensível a um ou a outro modo de sugestão[8].

Portanto, a psicanálise descobriu que os doentes nervosos são como crianças e querem ser tratados como tal. Personalidades médicas dotadas de intuição já o sabiam antes de nós, pelo menos comportavam-se como se o soubessem. Assim se explica a fama de certos médicos de sanatórios, "amáveis" ou "grosseiros".

O psicanalista, por sua parte, não tem mais o direito de ser, à sua moda, afável e compassivo ou rude e grosseiro, na expectativa de que o psiquismo do paciente se adapte ao caráter do médico. Cumpre-lhe saber *dosar* a sua simpatia e mesmo interiormente jamais deve abandonar-se a seus afetos, pois o fato de estar dominado por afetos, ou mesmo por paixões, constitui um terreno pouco favorável à recepção e assimilação dos dados analíticos. Mas sendo o médico, não obstante, um ser humano e, como tal, suscetível de humores, simpatias, antipatias e também de ímpetos pulsionais – sem tal sensibilidade não poderia mesmo compreender as lutas psíquicas do paciente –, é obrigado, ao longo da análise, a realizar uma dupla tarefa: deve, por um lado, observar o paciente, examinar suas falas, construir seu inconsciente a partir de suas proposições e de seu comportamento; por outro lado, deve controlar constantemen-

---

8. Cf. "Transferência e introjeção", *O.C.*, vol. I, p. 77.

te sua própria atitude a respeito do paciente e, se necessário, retificá-la, ou seja, dominar a *contratransferência* (Freud). A condição prévia para isso é, naturalmente, que o médico tenha sido analisado. Entretanto, mesmo analisado, não poderia emancipar-se das particularidades do seu caráter e das flutuações do seu humor a ponto de tornar supérfluo o controle da contratransferência. É difícil dizer de um modo geral como deve efetuar-se o controle da contratransferência. Para que se possa ter uma ideia, o melhor é tomar exemplos da experiência.

No começo da prática psicanalítica, suspeita-se muito pouco, evidentemente, dos perigos que pairam *deste lado*. Está-se na euforia do primeiro contato com o inconsciente; o entusiasmo do médico comunica-se ao paciente e o psicanalista deve a essa alegre segurança alguns êxitos terapêuticos surpreendentes. Sem dúvida, o papel da análise nesses êxitos é um tanto fraco, e o da pura sugestão, imenso; em outras palavras, são êxitos resultantes da transferência. Na euforia da lua de mel da análise, está-se igualmente muito longe de tomar em consideração a contratransferência e ainda mais longe de a controlar. Sucumbimos a todos os afetos que a relação médico-paciente pode suscitar, deixamo-nos comover pelas angústias dos pacientes e até por suas fantasias, indignamo-nos contra todos aqueles que lhes são hostis ou lhes causaram mal. Em suma, o médico faz seus todos os interesses do paciente e espanta-se, em seguida, quando esse paciente, em quem a conduta dele despertou provavelmente vãs esperanças, dá provas, de súbito, de exigências apaixonadas. As mulheres pedem ao médico que case com elas, os homens, que os entretenha ou os apoie, e todos deduzem de suas falas argumentos propícios a justificar tais pretensões. Naturalmente, essas dificuldades são superadas prontamente no transcorrer da análise; invoca-se a sua natureza transferencial e são utilizadas como material para o prosseguimento do trabalho. Mas temos aí um resumo dos casos em que os médicos que praticam, seja uma terapêutica não analítica, seja a análise selvagem, são objeto de acusações ou de incriminações judiciárias. É o inconsciente do médico que os pacientes desvendam em suas acusações. O médico entusiasta que, no seu desejo de curar e de explicar, quer "provocar" seus pacientes, negligencia os sinais, pequenos e grandes, da atração inconsciente que experimenta por seus pacientes de ambos os sexos, mas estes apercebem-se deles e deduzem corretamente dos mesmos a tendência que se encontra em sua origem, sem suspeitar de que o próprio médico não tinha consciência disso. O curioso é que nesse gênero de situação as duas partes têm razão. O médico pode jurar que – conscientemente – só pensava em curar o seu paciente; mas o paciente também tem razão, pois o médico arvorou-se inconscientemente em protetor ou defensor do seu cliente e deixou-o entrevê-lo através de diversos indícios.

A postura psicanalítica preserva-nos, evidentemente, de tais dissabores. Ocorre, porém, que um controle insuficiente da contratransferência coloca o paciente num estado agora impossível de resolver, o que lhe servirá de pretexto para interromper o tratamento. Resignemo-nos a que a aprendizagem dessa regra técnica da psicanálise custe um paciente ao médico.

Depois, quando o psicanalista aprendeu laboriosamente a avaliar os sintomas da contratransferência e chega a controlar tudo o que poderia dar lugar a complicações em seus atos, suas falas e até seus sentimentos, ele corre então o perigo de cair no outro extremo, tornar-se excessivamente duro e inacessível ao paciente; o que retardaria ou mesmo tornaria impossível o surgimento da transferência, condição prévia de toda análise bem-sucedida. Poderíamos definir esta segunda fase como a de resistência à contratransferência. Uma ansiedade desmedida a esse respeito não é a atitude correta e só depois de ter transposto essa fase é que o médico pode aguardar a terceira: a de controle da contratransferência.

Somente quando o adquiriu, portanto, uma vez assegurado que a sentinela nomeada para esse efeito dará imediatamente o alerta se os sentimentos a respeito do paciente ameaçarem ultrapassar a medida certa, quer no sentido positivo, quer no negativo: somente então o médico poderá "relaxar" durante o tratamento, como é exigido pela técnica psicanalítica.

A terapêutica analítica cria, portanto, para o médico, exigências que parecem contradizer-se radicalmente. Pede-lhe que dê livre curso às suas associações e às suas fantasias, que deixe falar *o seu próprio inconsciente*; Freud nos ensinou, com efeito, ser essa a única maneira de aprendermos intuitivamente as manifestações do *inconsciente*, dissimuladas no conteúdo manifesto das proposições e dos comportamentos do paciente. Por outro lado, o médico deve submeter a um exame metódico o material fornecido, tanto pelo paciente, quanto por ele próprio, e só esse trabalho intelectual deve guiá-lo, em seguida, em suas falas e em suas ações. Com o tempo, ele aprenderá a interromper esse estado permissivo em face de certos sinais automáticos, oriundos do pré-consciente, substituindo-o pela atitude crítica. Entretanto, essa oscilação permanente entre o livre jogo da imaginação e o exame crítico exige do psicanalista o que não é exigido em nenhum outro domínio da terapêutica: uma liberdade e uma mobilidade dos investimentos psíquicos, isentos de toda inibição.

LXXXIII

A nudez como meio de intimidação

A coincidência fortuita entre duas observações, um sonho e uma lembrança de infância (cada uma num paciente diferente), fez-me supor que, tanto no quarto de criança quanto no inconsciente, a *nudez* pode ser utilizada como *meio de intimidação*.

I

Uma paciente cuja *grande hystérie*[1] ressurgira após a perda brutal de seu filho primogênito, a quem idolatrava, e que, em seu desgosto da vida, ameaçava constantemente se suicidar, sonhou um dia que *estava com seu filho caçula e hesitava em despir-se e lavar-se nua diante do garoto. "Se fizer isso, dizia-se ela, essa lembrança, gravada de modo indelével na memória da criança, poderá prejudicá-la, até destruí-la."* Após alguma hesitação, decidiu-se, mesmo assim, despiu-se diante da criança e lavou seu corpo nu com uma esponja.

O pensamento que se encontra entre aspas, neste relato, provém da vida vígil e relaciona-se com a intenção suicida da paciente; ela sabe, mormente pela leitura de livros de psicologia, que o seu suicídio poderia provocar um efeito desastroso sobre a vida psíquica da criança, que ficaria órfã. Por outro lado, ela tem, sobretudo após a morte do primogênito, frequentes impulsos hostis, inteiramente conscientes, em relação ao filho sobrevivente; teve até

---

1. Em francês no texto húngaro.

uma fantasia na qual era o caçula quem morria no lugar do primogênito.

No sonho, pelo contrário, essa hesitação atual entre a intenção suicida e o sentimento de dever, entre o amor e o ódio para com o filho favorecido pela sorte, converte-se curiosamente numa hesitação entre a exibição e seu oposto. Foi na sua própria vivência que a paciente foi buscar o material desse sonho. Ela amava tanto seu filho primogênito que jamais permitiria a alguém lavá-lo ou banhá-lo. Naturalmente, o rapazinho respondia a esse amor, e seu apego adquiriu até, por momentos, formas tão manifestamente eróticas que a mãe viu-se obrigada a consultar um médico a esse respeito. Nessa época, ela já conhecia um pouco a psicanálise, mas não se atrevia a apresentar o caso a um psicanalista. Tinha medo dos problemas que correria o risco de ver expostos. (Podemos acrescentar que ela tinha, sem dúvida, o temor inconsciente de que o analista lhe impusesse a renúncia à sua ternura pelo filho mais velho.)

Mas como veio a paciente a inverter a situação de modo que se vê lavando-se com uma esponja diante do caçula, em vez de lavar o primogênito, como fazia na realidade? Podemos representar-nos assim o mecanismo dessa inversão: ela estava a ponto de transferir seu amor para o filho vivo e queria, portanto, lavá-lo como fazia outrora com o desaparecido (a toalete do caçula não era um privilégio tão exclusivo da mãe). Isso está relacionado com a ideia: continuar a viver! Contudo, ela ainda não dá realidade a essa ideia. Tratar o caçula tão ternamente quanto outrora o filho bem-amado que morrera, parecia-lhe ainda uma profanação. Mas essa intenção é realizada no sonho: só que, em vez do caçula, é *a própria* paciente que se toma por objeto de admiração e de ternura, atribuindo ao filho apenas o papel de espectador – e mesmo assim com uma intenção ainda explicitamente malévola. Não há dúvida de que a mãe identifica a sua própria pessoa com o morto bem-amado. Quando ele ainda vivia, ela repetia frequentemente a respeito do rapaz: "Ele é exatamente como eu" ou "Ele e eu somos um só".

Esse desmedido amor materno permitiu-lhe, entretanto, fazer uma transferência para o filho – investir de novo o seu narcisismo infantil muito pronunciado. Esse narcisismo transferido representou para ela a salvação, porque a satisfação esperada lhe foi recusada no momento da escolha de objeto sexual. Mas também a criança lhe foi roubada e o narcisismo teve de manifestar-se sob sua forma primitiva. Que tenha assumido justamente a forma da exibição para exprimir-se é explicado, suponho, por experiências infantis dessa ordem. Neste caso, o papel da exibição como meio de punição e de intimidação ficou inexplicado.

II

Outro paciente, no mesmo dia, relatou-me algo de muito semelhante. Contou-me esta lembrança infantil que lhe causara uma impressão muito viva: sua mãe dissera-lhe que o irmão dela, quando pequeno, tinha sido "um filhinho da mamãe"; vivia sempre agarrado às saias da mãe, só queria dormir com ela, etc. A mãe só conseguira fazê-lo perder esse hábito pondo-se nua diante dele para intimidá-lo e desviá-lo de sua pessoa. A coisa – era essa a moral da história – tinha tido o resultado esperado. Esse meio de intimidação parece ter agido até sobre a segunda geração, no caso, sobre o meu paciente. Ainda hoje, ele não pode falar do tratamento infligido a seu tio sem exprimir a mais viva indignação; e suspeito de que a mãe dele ter-lhe-á contado essa história com um objetivo pedagógico.

Essas duas observações obrigam a perguntar se a nudez não poderia constituir um bom meio de intimidar ou de assustar uma criança. E pode-se responder pela afirmativa.

Freud nos ensinou que a libido recalcada transforma-se em *angústia*. O que sabemos até hoje sobre os estados de angústia na infância é muito claro a esse respeito: trata-se sempre de um aumento excessivo da libido, do qual o ego procura defender-se; a libido recalcada pelo ego transforma-se em angústia, e a angústia procura em seguida, secundariamente, objetos apropriados (na maioria das vezes, animais) a que pode apegar-se. A sensibilidade do ego aos aumentos da libido explica-se pelas relações temporais entre o desenvolvimento do ego e o da libido, tal como foram definidas por Freud. O ego ainda rudimentar da criança assusta-se com as quantidades inesperadas de libido e de possibilidades libidinais com as quais ainda não sabe – ou não sabe mais – o que fazer.

É possível que a alma popular suspeite da existência dessas relações e que o nosso caso nada tenha de excepcional[2]. Deveriam ser feitas pesquisas quanto à frequência das medidas educativas ou coercitivas, que consistem *em intimidar o ego, confrontando-o com quantidades ou modos inadequados de libido.*

---

2. Na crença popular, a nudez (e o desnudamento, mormente de certas partes do corpo: os órgãos genitais e o traseiro) desempenha importante papel como meio mágico ou manobra de intimidação.

Bibliografia

Esta bibliografia foi estabelecida a partir de "Bausteine zur Psychoanalyse" e completada pela de "Final Contributions to Psychoanalysis". Dá sequência à bibliografia que figura no volume I das *Obras completas* e abrange o período que vai de 1913 a 1918. A bibliografia completa do ano de 1919 figurará no volume III, se bem que, por razões de lógica interna da obra de Ferenczi, tenhamos preferido concluir este volume na metade do ano de 1919. Por isso, incluiremos na bibliografia do volume II somente os artigos nele incluídos, com a numeração de ordem que lhes atribui o catálogo de "Bausteine".

Lista de abreviaturas

B.I a IV : *Bausteine zur Psychonalyse* (Internationaler Psychoanalytischer Verlag, Viena – reeditado em 1964 por Verlag Hans Huber A. G., Berna).
B.F. : *British Journal of Medical Psychology* (Cambridge University Press, Londres).
C. : *Contributions to Psycho-Analysis,* reeditado sob o título de *Sex and Psycho-Analysis* (R. G. Badger, Boston).
F.C. : *Further Contribution to the Theory and Technique of Psycho-Analysis* (The Hogarth Press e Institute of Psycho-Analysis, Londres).
Fin. : *Final Contributions to the Problems and Methods of Psycho-Analysis* (Londres, Hogarth Press).
Gy. : Gyógyászat.
Im. : *Imago* (Internationaler Psychoanalytischer, Verlag, Viena).
J. : *The International Journal of Psycho-Analysis* (Baillière, Tindall and Cox, Londres).

Jb.	: *Jahrbuch für psychoanalytische und psychopathologische Forschungen* (Publicação interrompida; esgotado).
O.C.I.	: *Oeuvres Complètes de S. Ferenczi*, volume I: *Psychanalyse* I (Éditions Payot, Paris).
O.C.II	: *Oeuvres Complètes de S. Ferenczi*, volume II: *Psychanalyse* II (Éditions Payot, Paris).
O.H.	: *Orvosi Hetilap*.
P.	: *Zeitschrift für psychoanalytische Pädagogik* (Internationaler Psychoanalytischer, Verlag, Viena).
P.V.	: *Populäre Vorträge über Psychoanalyse* (Internationaler Psychoanalytischer, Verlag, Viena, esgotado).
Q.	: *The Psychoanalytic Quarterly* (The Psychoanalytic Quarterly Press, Nova York).
R.	: *The Psychoanalytic Review*. (The Nervous and Mental Disease Publ. Co., Nova York, Washington).
R.F.	: *Revue Française de Psychanalyse* (Denoël et Steele, Paris).
Z.	: *Internationale Zeitschrift für Psychoanalyse* (Internationaler Psychoanalytischer Verlag, Viena).
Zb.	: *Zentralblatt für Psychoanalyse* (Publicação interrompida; esgotado).

A versão que serviu de base à tradução que figura no presente volume será indicada por uma seta. As outras versões que levamos em conta para a elaboração da versão francesa serão assinaladas com asteriscos (NTF).

1913

103 Importance de la psychanalyse dans la justice et dans la société.
→ – *O.C.*, II.
→ – A psychoanalizisröl és annak jogi és társadalmi jelentöségéröl. – *Gy.*, 1914, n.° 6. "Ideges Tünetek".
– Ein Vortrag für Richter und Staatsanwälte. – *P.V.*, 103.
* – On psycho-analysis and its judicial and sociological signifiance. – *F.C.*, 424.

104 Dressage d'un cheval sauvage.
– *O.C.*, II.
– Zähmung eines wilden Pferdes. – *Zb.*, 1912-13 (III, 83-86); *P.V.*, 169.
→ – Vad ló megszeliditése. "Ideges tünetek".
* – Taming of a wild horse. – *Fin.*, 336.

105 A qui raconte-t-on ses rêves?
– *O.C.*, II.
→ – Kinek meséljük el az àlmainkat. – "A psychoanalizis haladàsa".

* – Wem erzählt man seine Träume? – *Zb.*, 1912-13 (III, 258); *B.*, III, p. 47.
– To whom does one relate one's dreams? – *F.C.* 349.
106 La genèsedu "jus primae noctis".
– *O.C.*, II.
* – Zur Génese des jus primae noctis. – *Zb.*, 1912-13 (III, 258); *B.*, III, 47.
→ – A jus primae noctis genézisénez. – "A pszichoanalizis haladàsa".
– On the genesis of the jus primae noctis. – *Fin.*, 341.
107 Liébault, sur lê role de l'inconscient dans les états psychiques morbides.
– *O.C.*, II.
→ – Liébault über die Rolle des unbewussten bei psychischen Krankheitszuständen. – *Zb.*, 1912-13 (III, 260); *B.*, III, 42.
108 Extraits de la "Psychologie" de Hermann Lotze.
– *O.C.*, II.
→ – Részlet Lotze "Psychologià" jàbol. – "Ideges tünetek".
* – Aus der "Psychologie" von Hermann Lotze.– *Im.*, 1913 (11, 238--41); *B. L*, 269.
109 Foi, incrédulité et conviction sous l'angle de la psychologie médicale.
– *O.C.*, II.
→ – A hit, a hitetlenség és a meggyözödés az orvosi lélektan vilàgitàsàban. – "A pszichoanalizis haladàsa".
– Glaube, Unglaube und Ueberzeugung. – *P.V.*, 175.
* – Belief, disbelief and conviction. – *F.C.*, 437.
110 Quelques observations d'intérêt neurologique faites sur les yeux.
– Az idegkôrtanban értékesithetö néhàny megfigyelés a szemen. – *O.H.*, 1913, n.º 42.
111 Lê développement du sens de réalité et ses stades.
– *O.C.*, II.
→ – Entwicklungsstufen des Wirklichkeitssinnes. – *Z.*, 1913, (I, 124--38); *B.*, I, 62; *P.*, 1933, VII, 282.
* – A valósàgérzék fejlödésfokai. – *Gy.*, 1913, n.º 46, 47. "Ideges Tünetek".
* – Stages in the development of the sense of reality. – *C.*, 213.
112 Le symbolisme des yeux.
– *O.C.*, II.
→ – Zur Augensymbolik. – *Z.*, 1913 (I, 161-64); *B.*, II, 264.
* – A szem-szimbólikàrol. – "Ideges tünetek".
– On eye symbolism. – *C.*, 270.
113 Le complexe du "grand-père".
– *O.C.*, II.
→ – Zum Thema: "Grossvaterkomplex". – *Z.*, 1913 (I, 228-29); *B.*, I, 106.

* – A nagyapakomplexum. – "Ideges tünetek".
– The grand father complex. – F.C., 323.
114 Un petit homme-coq.
– O.C., II.
↪ – Ein kleiner Hahnemann. – Z., 1913 (1, 240-46); P., 1933 (VII, 169); B., II, 185.
* – Egy kakasimàdó fiu – "Ideges tünetek".
– A little Chanticleer. – C., 240.
115 Un symptôme transitoire: la position du malade durant la cure.
– O.C., II.
* – Ein "passagères" Symptom. Position während der Kur. – Z., 1913 (I, 378); B., II, 36.
↪ – Múló tünetképzödés: a beteg pozitúràja a kúra közben. – "A psychoanalizis haladàsa".
– A transient symptom: the position during treatment. – F.C., 242.
116 Recherche compulsive d'étymologie.
– O.C., II.
↪ – Zwanghaftes Etymologisieren. – Z., 1913 (I, 378); B., II, 37.
* – Obsessional etymologizing. – F.C.,.318.
117 Symbolisme des draps.
– O.C., II.
* – Symbolik der Bettwäsche. – Z., 1913 (I, 378); B., II, 250.
↪ – A'gynemü-szimbólika. – "A pszichoanalizis haladàsa".
– The symbolism of bed-linen. – F.C., 359.
118 Le cerf-volant, symbole d'érection.
– O.C., II.
* – Der Drachenflieger als Erektionssymbol. – Z., 1913 (I, 379); B., II, 250.
↪ – A sàrkàny, mint erekciós-szimbólum – "A pszichoanalysis haladàsa".
– The kite as symbol of erection. – F.C., 359.
119 Paresthésies de la région génitale dans certains cas d'impuissance.
– O.C., II.
* – Parästhesien der Genitalgegend bei Impotenz. – Z., 1913 (I, 379); B., II, 26
↪ – A genitàlis tàjék paresztéziéja impotenciànàl. – "A pszichoanalizis haladàsa".
– Paresthesias of the genital region in impotence. – F.C., 312.
120 Les gaz intestinaux: privilèges des adultes.
– O.C., II.
* – Der Flatus, ein Vorrecht der Erwachsenen. – Z., 1913 (I, 380); B., II, 27.
↪ – A flatus, a felnöttek privilegiuma. – "A pszichoanalizis haladàsa".

- Flatus as an adult prerogrative. – *F.C.*, 325.
121 Représentations infantiles de l'organe genital féminin.
– *O.C.*, II.
* – Infantile Vorstellungen über das weibliche Genital-organ. – Z., 1913 (I, 381); B., II, 25x.
→ – Infantilis felfogàs a nöi nemi azervekröl. – "A pszichoanalizis haladàsa".
– Infantile ideas about the female genital organ. – *F.C.*, 314.
122 Conception infantile de la digestion.
– *O.C.*, II.
* – Kindliche Vorstellungen von der Verdauung. – Z., 1913 (I, 381); B., II, 252.
→ – Gyermekek felfogàsa as emésztésröl. – "A pszichoanalizis haladàsa".
– Childish ideas of digestion. – *F.C.*, 325.
123 Raisons de l'attitude renfermée d'un enfant.
– *O.C.*, II.
* – Ursache der Verschlossenheit bei einem Kinde. – Z., 1913, (I, 382); B., III, 48.
→ – Egy gyermek zàrkózottsàgànak az oka. – "A pszichoanalizis haladàsa".
– The cause of reserve in a child. – *F.C.*, 324.
124 Critique de "Métamorphoses et symboles de la libido" de Jung.
– *O.C.*, II.
→ – Kritik der Jungschen "Wandlungen und Symbole der Libido". – Z., 1913 (I, 391-403); B., I, 243.
* – Jung libidóelméletének biràlata. – "Ideges tünetek".
125 Ontogenèse des symboles.
– *O.C.*, II.
* – Zur ontogenese der Symbole. – Z., 1913 (I, 436-38) B., I, 101.
→ – A szimbólumok ontogenézise. – "Ideges tünetek."
* – The ontogenesis of symbols. – *C.*, 276.
126 A propos de "Écrits sur la psychanalyse" de Jones.
– Rf. Jones, P.: Papers on Psycho-Analysis. – Z., 1913 (I, 93); B., IV, 49.
– Jones professzor pszichoanalitikai dolgozatai. – "A pszichoanalizis haladàsa".
127 A propos de "Sur le mouvemente psychanalytique" de A. Maeder.
– Z., 1913 (I, 94); B., IV, 51.
– Bevezetö a pszichoanalizisbe (Maeder). – "A pszichoanalizis haladàsa".
128 A propos de "La théorie freudienne de la névrose obsessionnelle" de A. Brill.
– Rf Brill, A. A.: "Freuds' Theory of Compulsion Neurosis". – Z., 1913 (I, 180).

129 A propos de "Mécanisme psychologique de la paranóia" de A. Brill.
– Rf Brill, A. A.: Psychological Mechanismus of Paranoia. – Z., 1913 (I, 180).
130 A propos de "États oniriques histériques, leur mécanisme psychologique", de A. Brill.
– Rf Bril, A. A.: Hysterical dreamy states, their Psychological Mechanism. – Z., 1913 (I, 180).
131 A propos de "Quelques remarques sur la technique de la psychanalyse", de A. Brill.
– Rf Brill, A. A.: A few Remarks on the Technique of Psychoanalysis. – Z., 1913 (I, 180).
132 A propos de "L'enfant unique ou préféré dans la vie adulte", de A. Brill.
– Rf Brill, A. A.: The only of favourite Child in adult life. – Z., 1913 (I, 180); B., IV, 53.
– Az elkényeztetett gyermek pszichologiàja (Brill). – "A pszichoanalizis haladàsa".
133 A propos de "Érotisme anal et caractère", de A. Brill.
– Rf Brill, A. A.: Analeroticism and Character. – Z., 1913 (I, 181); B., IV, 52.
134 A propos du "sens des idées dans la mesure ou elles sont déterminées par des situations inconscientes", de Prince, M.
– Rf Prince, Morton: The Meaning of Ideas as Determined by Unconscious Settings. – Z., 1913 (I, 185).

1914

135 Quelques observations cliniques de malades paranoiaques et paraphréniques.
– O.C., II.
* – Einige klinische Beobachtungen bei der Paranoia und Paraphrenie. – Z., 1914 (II, 11-17); B., II, 270.
→ – Néhàny klinikay megfigyelés paranoiàs és parafréniàs betegeken. "Ideges tünetek".
* – Some clinical observations on paranoia and paraphrenia. – C., 282.
– Quelques observations cliniques des cas de paranoia et de paraphrénie. – R.F., 1932 (V, 97).
136 Nosologie de l'homosexualité masculine.
– O.C., II.
→ – Zur Nosologie der männlichen Homosexualität (Homo-erotik). – Z., 1914 (II, 131-42); B., I, 152.
* – A férfiak homoszexualitàsa. – "Ideges tünetek".
– On the nosology of male homosexuality (C., 296).

137 Névrose oksessionnelle et piété.
- *O.C.*, II.
→ - Zwangsneurose und Frömmigkeit. - Z., 1914 (H, 272); *B.*, II, 32.
* - Obsessional neurosis and piety - *F.C.*, 450.
138 Sensation de verge en fi de séance d'analyse.
- *O.C.*, II.
* - Schwindelempfindung nach Schluss der Analysenstunde. - Z., 1914 (II, 272-74); B., 11, 29.
→ - Szédülés érzete az analizis óra végén. - "A pszichoanalizis haladàsa"
- On the feeling of giddiness at the end of the analytical Hour.
- *F.C*, 239.
139 Quand le patient s'endort pendant la séance d'analyse.
- *O.C.*, II.
* - Einschlafen des Patienten wälrend der Analyse. - Z., 1914 (II, 274); *B.*, II, 31.
→ - Ha paciens analizis közben elalszik. - "A pszichoanalizis haladàsa".
- Falling asleep during the analysais. - *F.C.*, 249.
140 Effect psychique des bains de soleil.
- *O.C.*, II.
→ - Zur psychischen Wirkung des Sonnenbades. - Z., 1914 (II, 378); *B.*, III, 49.
* - The psychic effect of sunbath. - *F.C.*, 365.
141 Mains honteuses.
- *O.C.*, II.
→ - Ueber verschämte Hände. - Z., 1914 (II, 378); *B.*, II, 33.
* - Szégyenlös kezek. - "A pszichoanalizis haladàsa".
- On embarassed hands. - *F.C.*, 315.
142 Se frotter les yeux: substitut de l'onanisme.
- *O.C.*, II.
* - Reiben der Augen, ein Onanieerzatz. - Z., 1914 (II, 379); *B.*, II, 35.
→ - Szemdörzsölés: onània. - "A pszichoanalizis haladàsa".
- Rubbing the eyes as a substitute for onanism. - *F.C.*, 317.
143 La vermine: symbole de grossesse.
- *O.C.*, II.
* - Ungeziefer als Symbol der Schwangerschaft. - Z., 1914 (II, 381); *B.*, II, 261.
→ - Elösködök mint terhességi szimbólumok. - "A pszichoanalizis haladàsa".
- Vermin as symbol of pregnancy. - *F.C.*, 361.
144 L'horreur de fumer des cigares et des cigarettes.
- *O.C.*, II.
* - Angst vor Zigarren - und Zigarettenrauchen. - Z., 1914 (II, 383); *B*, III, 49.

→ – Félelem a szivarozàstol. – "A pszichoanalizis haladàsa".
– Dread of cigar and cigarette smoking. – *F.C.*, 318.
145 L'"oubli" d'un symptôme.
– *O.C.*, II.
* – Das "Vergessen" eines Symptoms und seine Aufklärung im Traume. – *Z.*, 1914 (II, 384); *B.*, II, 36.
→ – Egy tünet "elfelejtése". – "A pszichoanalizis haladàsa".
– The "forgetting" of a sympton and its explanation in a dream. – *F.C.*, 412.
146 Ontogenèse de l'intérêt pour l'argent.
– *O.C.*, II.
→ – Zur Ontogenie des Geldinteresses. – *Z.*, 1914 (II, 506-13); *B.*, I, 109.
* – A pénz iràant valor érdeklödés lelki gyökerei – "Ideges tünetek".
* – On the ontogenesis of an interest in money – *C.*, 319.
147 Analyse discontinue.
– *O.C.*, II.
* – Diskontinuierliche Analysen. – *Z.*, 1914 (II, 514); *B.*, II, 55.
→ – Frakcionàlt analizisek. – "A pszichoanalizis haladàsa".
– Discontinuous analysis. – *F.C.*, 233.
148 Progrès de la théoria psychanalytique des névroses (1907-13).
– *O.C.*, II.
* – Rf Algemeine Neurosenlehre. – *jb.*, 1914 (VI, 317-328).
→ – A neurózisok pszichoanalitikus tanànak haladàsa. – *Gy.*, 1916, n.° 1; "A pszichoanalizis haladàsa".
148a La psychanalyse du crime.
– *O.C.*, II.
→ – Büntények lélekelemzése. – Szabad gondolat, 1914, n.° I.
149 Les symptômes névrotiques: leur apparition et leur disparation.
– "Ideges tünetek" (Mano Dick éditeur). Contient les articles n.ºs 77, 81, 83, 84, 85, 86, 92, 93, 100, 103, 104, 108, 111, 112, 113, 124, 125, 135, 136, 146 du présent catalogue.
150 A propos de "la critique de la théorie freudienne", de Bleuler.
– Rf Bleuler, E.: Kritik der Freudschen Théorie. – *Z.*, 1914 (II, 62); *B.*, IV, 54.
– Bleuler ujabb kritikàja a pszichoanalizisröl. – "A pszichoanalizis haladàsa."
151 Contribution à l'étude des types psychologiques (Jung).
– *O.C.*, II.
* – Rf Jung, C.G. – *Z.*, 1914 (II, 86); *B.*, IV, 64;
→ – A lélektani tipusokról (Jung). – "A pszichoanalizis haladàsa."
152 A propos des "Troubles psychiques de la puissance masculine", de Maxim Steiner.

- Rf. Steiner, Maxim: Die psychischen Störungen der männlichen Potenz. – Z., 1914 (II, 87); B., IV, 66.
- Az impotencia coecundi analitikus gyógyitàsa (Steiner). "A pszichoanalizis haladàsa".

153 Rf Flournoy, H.: Épilepsie émotionnelle. – Z., 1914 (II, 175).
154 Rf Weber, R.: Rêverie et images. – Z., 1914 (II, 175); B., IV, 68.
155 A propos de "l'essence de l'hypnose", de P. Bjerre.
- Rf Bjerre, P.: Das Wesen der Hypnose. – Z., 1914 (11-471); B., IV, 69.
- A hipnózis lényege (Bjerre). – "A pszichoanalizis haladàsa".
156 Rf Berguer, G.: Note sur lê langage du rêve. – Z., 1914 (II, 528); B., IV, 70.
- Az àlomnyelvröl (Berguer). – "A pszichoanalizis haladàsa").
157 Partos, E.: Analyse d'une erreur scientifique. – Z., 1914 (II, 529).
- Egy tudomànyos tévedés (Pàrtos). – "A pszichoanalizis haladàsa".
158 A propos de l'ouvrage de Meggendorfer: "De la syphilis dans l'ascendance de malades atteints de démence précoce".
- Rf Meggendorfer, F.: Ueber Syphilis in der Aszendenz von Dementia praecox-Kranken. – Z., 1914 (II, 530); B., IV, 71.

1915

159 Anomalies psychogènes de la phonation.
- O.C., II.
* - Psychogene Anomalien der Stimmlage. – Z., 1915 (III, 25-28); B., II, 227.
→ - A hangképzés pszichogén anomàliài. – "A pszichoanalizis haladàsa".
* - Psychogenic anomalies of voice production – F.C., 105.
160 Le rêve du pessaire occlusif.
- O.C., II.
* - Der Traum von Okklusivpessar. – Z., 1915 (III, 29-33); B., II, 134.
→ - Egy szexuàlszimblikus àlom. – "A pszichoanalizis haladàsa".
- The dream of the occlusive pessary. – F.C., 304.
161 L'importance scientifique des "Trois essais sur la sexualité", de Freud.
- O.C., II.
→ - Die wissenschaftliche Bedeutung von Freuds "Drei Abhandlungen zur Sexualtheorie". – Z., 1915 (III, 227-229); P.V., 84; B., I, 237.
* - A szexualitàs elméletéröl. – Gy, 1915, n.º 32. Préface à l'édition hongroise des "Trois essais sur la théorie de la sexualité", de Freud. Mano Dick.
- The scientific signifianse of Freud's "Three Contributions to the Theory of Sexuality". – F.C., 253.

162 Nonum prematur in annum.
– O.C., II.
→ – Z., 1915 (III; 229); B., II, 253.
– F.C., 419.
163 Une explication du "déjà vu", par Hebbel.
– O.C., II.
→ – Hebbels Erklärung des "déjà vu". – Z., 1915 (III, 250); B., III, 43.
* – Hebbel's explanation of "déjà vu". – F.C., 422.
164 Analyse des comparaisons.
– O.C., II.
* – Analyse von Gleichnissen. – Z., 1915 (III, 270-278); B., II, 164.
→ – Hasonlatok analizise. – "A pszichoanalizis haladàsa" Gy., 1916, n.° 34, 35.
– Almanach de Psychanalyse, 1928, 144.
– The analysis of comparisons. – F.C., 397.
165 Deux symboles typiques fécaux et infantiles.
– O.C., II.
* – Zwei typische Kopro-und Pädosymbole. – Z., 1915 (III, 292-293); B., II, 261.
→ – Két tipikus kopro- és paedoszimbólum. – "A pszichoanalizis haladàsa".
– Two typical faecal and anal (sic 1) symbols. – F.C., 327.
166 Spectrophobie.
– O.C., II.
* – Spektrophobie. – Z., 1915 (III, 293); B., III, 51.
→ – Spektrofóbia. – "A pszichoanalizis haladàsa".
– Spectrophobia. – F.C., 365.
167 Fantasmes de Pompadour.
– O.C., II.
* – Pompadourphantasien. – Z., 1915 (III, 294); B., III, 49.
→ – Pompadour-fantàziàk. – "A pszichoanalizis haladàsa".
– Pompadour fantasies. – F.C., 351.
168 Bavardage.
– O.C., II.
* – Geschwätzigkeit. – Z., 1915 (III, 294); B., II, 36.
→ – Fecsegés. – "A pszichoanalizis haladàsa".
– Talkativeness. – F.C., 252.
169 L'éventail comme symbole génital.
– O.C., II.
* – Der Fächer als Genitalsymbol. – Z., 1915 (III, 294); B., III, 50.
→ – A legyezö mint genitàlszimbólum. – "A pszichoanalizis haladàsa".
– The fan as a genital symbol. – F.C., 361.
170 Polycratisme.

- *O.C.*, II.
* – Polykratismus. – *Z.*, 1915 (III, 294); *B.*, III, 50.
→ – Polykratizmus. – "A pszichoanalizis haladàsa".
– Polycratism. – *F. C.*, 423.
171 Agitation en fin de séance d'analyse.
– *O.C.*, II.
→ – Unruhe gegen das Ende der Analysenstunde. – *Z.*, 1915 (III, 294); *B.*, II, 28.
– Restlessness towards the end of the hour of analysis. – *F.C.*, 238.
172 La miction, moyen d'apaisement.
– *O.C.*, II.
→ – Urinieren als Beruhigungsmittel. – *Z.*, 1915 (III, 295); *B.*, II, 35.
– Mictirutin as a sedative. – *F.C.*, 317.
173 Un proverbe érotique anal.
– *O.C.*, II.
→ – Ein analerotisches Sprichwort. – *Z.*, 1915 (III, 295); *B.*, III, 50.
→ – An anal-erotic proverb. – *F.C.*, 365.
174 Erreurs supposées.
– *O.C.*, II.
* – Ueber vermeintliche Fehlhandlungen. – *Z.*, 1915 (III, 338-342); *B.*, II, 129.
→ – Vélt tévcselekmények. – "A Pszichoanalizis Haladàsa".
– On supposed mistakes. – *F.C.*, 407.
175 La psychanalyse vue par l'École Psychiatrique de Bourdeaux.
– *O.C.*, II.
* – Die psychiatrische Schule von Bordeaux über die Psychoanalyse. – *Z.*, 1915 (III, 352-369); *B.*, IV, 12.
→ – A bordeaux-i pszichiàtriai iskola a lélekelemzésröl. – "A pszichoanalizis haladàsa".
176 L'ére glaciaire des périls.
– *O.C.*, II.
* – A veszedelmek jégkortszaka. – Nyugat, 1915, août-septembre.
177 Préface à l'ouvrage de Freud: "Du rêve".
– *O.C.*, II.
→ – Préface pour "Az àlomról" – Manó Dick, éditeur, Budapest.
178 Rappel à l'armée des personnaes de 43 à 50 anos.
– A 43-50 évesek sorozàsa. – *Gy*, 1915, n.º 36.
179 Post-cure de soldats ayant subi des blessures au cerveau.
– Agysérüléses katonák utókezelése. – *Gy*, 1915, n.º 43.
180 Rf Kollarits, Dr J.: Observations de psychologie quotidienne.
– *Z.*, 1915 (III, 46); *B.*, IV, 72.
– Mindennapi pszichopathológia. – "A pszichoanalizis haladàsa".
181 Rf Kollarits, Dr. J.: Contribution à l'étude des rêves.

- Z., 1915 (III, 49); B., IV, 79.
- "Adalék az àlomtanhoz" (Kollarits). "A pszichoanilizis haladàsa".

182 Contribution à la connaissance des formations rappelant les symboles dans le cadre de la schizophrénie, de P. Schilder et H. Weidner. Critique.
- Rf Schilder u. Weidner: Zur Kenntnis symbolähnlicher Bildungen im Rahmen der Schizophrenie. – Z., 1915 (III, 59); B., IV, 86.

183 Critique de "Contribution clinique à l'étude de l'idiotie", de Buchner.
- Rf Buchner, Lothar (pseud.): Klinischer Beitrag zur Lehre vom Verhältnisblödsinn. – Z., 1915 (III, 60); B., IV, 88.

184 A propos des "Essais sur la Psychologie", de C. G. Jung.
- Rf Jung, Dr C. G.: Psychologische Abhandlungen. – Z., 1915 (III, 162); B., IV, 91.

185 A propos "De la représentation des personnes et des lapsus linguae", de Claparède.
- O.C., II.
→ – Z., 1915 (III, 123); B., IV, 90.

1916

186 Contribution à la psychanalyse.
- Contributions to Psycho-Analysis. R. G. Badger, Boston (nouvelle édition sous le titre de "Sex and Psycho-Analysis"); contient les n.ºs 61, 66, 6, 75, 80, 85, 91, 100, 111, 112, 114, 125, 135, 136, 146 de ce catalogue.

187 Inversion d'affects en rêve.
- O.C., II.
* – Affektvertauschung im Traume. – Z., 1916-17 (IV, 112); B., II, 114.
→ – Indulatcsere az àlomban. – "A pszichoanalizis haladàsa".
- Interchange of affect in dreams. – F.C., 345.

188 Une variante du symbole "chaussure" pour représenter le vagin.
- O.C., II.
* – Sinnreiche Variante des Schuhsymbols der Vagina. – Z., 1916-17 (IV, 112); B., II, 249.
→ – A vagina cipöszimbólumànak variànsa. – "A pszichoanalizis haladàsa".
- Significant variation of the shoe as a vagina symbol. – F.C., 358.

189 Deux types de névrose de guerre (hystérie).
- O.C., II.
* – Ueber zwei Typen der Kriegsneurose (hyesterie). – Z., 1916-17 (IV, 131-145); B., III, 58.
→ – Elözetes megjegyzések a hàborus neurózis némely tipusàrol – Gy., 1916, n.º 11-18.

– A hàborus neurózisok két tipusa (hisztéria). – "A hisztéria és a pathoneurózisok".
– Two types of war-neurosis. – F.C., 124.

190 Formations composites de traits érotiques et de traits de caractère
– O.C., II.
* – Mischgebilde von erotischen und Charakterzügen. – Z., 1916-17 (IV, 146); B., II, 233.
→ – Erótikus és jellembeli vonàsok keveredése. – "A pszichoanalizis haladàsa".
* – Composite formations of erotic and character traits. – F.C., 257

191 Le silence est d'or.
– O.C., II.
* – Schweigen ist Gold. – Z., 1916-17 (IV, 155); B., II, 255.
→ – Hallgatni-arany. – "A pszichoanalizis haladàsa".
– Silence is golden. – F.C., 250.

1917

192 Ostwald, sur la psychanalyse.
– O.C., II.
* – Ostwald über die Psychoanalyse. – Z., 1916-17 (IV, 169); B., IV, 46.
→ – Ostwald a pszichoanalizisröl. – "A pszichoanalizis haladàsa".

193 Pollution sans rêve orgastique et orgasme en rêve sans pollution.
– O.C., II.
* – Pollution ohne orgastische Traum und Orgamus im Traume ohne Pollution. – Z., 1916-17 (IV, 187-192); B., II, 152.
→ – Pollució orgasztikus àlom nélkül és àlombeli orgazmus pollùcio nélkül. – "A pszichoanalizis haladàsa".
– Pollution without dream orgasm and dream orgasm without pollution. – F.C., 297.

194 Rêves de non-initiés.
– O.C., II.
* – Träume der Ahnungslosen. – Z., 1916-17 (IV, 208); P.V., 66.
→ – Avatatlanok àlmai. "A pszichoanalizis haladàsa".
– Dreams of the unsuspecting. – F.C., 346.

195 Les pathonévroses.
– O.C., II.
* – Von Krankheits- oder Pathoneurosen. – Z., 1916-17 (IV, 219--228); B., III, 80.
→ – Pathoneurózisok – "A hisztéria és a pathoneurózisok".
* – Disease or patho-neuroses. – F.C., 78.

196 Conséquences psychiques d'une "castration" dans l'enfance.
– O.C., II.

* – Die psychischen Folgen einer "Kastration" im Kindesalter – Z., 1916, 17 (IV, 263-266); B., II, 196.
→ – Gyermekkori "kasztràció lelki következményei". – "A pszichoanalizis haladàsa".
– On the psychical consequences of "castration" in infancy. – F.C., 244.

197 Compulsion de l'attouchement symétrique du corps.
– O.C., II.
* – Symmetrischer Berührungszwang. – Z., 1916-17 (IV, 266); B., II, 236.
→ – A test szimetrikus érintésének kényszere. – "A pszichoanalizis haladàsa".
– The compulsion to symmetrical touching – F.C., 242.

198 Pecunia - olet.
– O.C., II.
* – Z., 1916-17 (IV, 327); B., II, 257.
→ – "A pszichoanalizis haladàsa".
– F.C., 362.

199 Mon amitié avec Miksa Schächter.
– O.C., II.
→ – Baràtsàgom Schächter Mikisàval. – Gy., 1937, n.° 57.

200 A propos de "Homme, pourquoi es-tu nerveux?", de I. Décsi.
– Rf Décsi, Dr. L: "Ember, mért vagy ideges?". – Gy., 1917, n.° 31.

201 Critique de la conception d'Adler.
– O.C., II.
* – Rf Adler u. Furtmüller: Heilen und Bilden. – Z., 1916-17 (IV, 115); B., IV, 99.
→ – Az Adler-fèle irànyzat kritikàja. – "A pszichoanalizis haladàsa".

202 A propos de "Le physique et le psychique en pathologie", de Bleuler.
– Rf Bleuler, E.: Physisch und Psychisch in der Pathologie. – Z., 1916-17 (IV, 119); B., IV, 108.
– Pszichikum és fizikum a pathológiàban (Bleuler). – "A pszichoanalizis haladàsa".

203 A propos de "Problèmes psychanalytiques", de Kaplan.
– Rf Kaplan, L.: "Psychoanalytische Probleme". – Z., 1916-17 (IV, 120); B., IV, 1909.
– Pszichoanalitikus problémàk (Kaplan). – "A pszichoanalizis haladàsa".

204 A propos de "L'oeuvre d'Adler", de J. J. Putnam.
– Rf Putnam, J. J.: "The Work of Adler". – Z., 1916-17 (IV, 161); B., IV, 114.
– Putnam professzor biràlata Adler-röl. – "A pszichoanalizis haladàsa".

205 A propos de la "Psychanalyse sexuelle de Freud", de Schultz.
– Rf Schultz, J. H.: Z. Freuds Sexualpsychoanalyse. – Z., 1916-17 (IV, 270); *B.*, IV, 118.
206 La psychanalyse des états organiques (Groddeck).
– *O.C.*, II.
* – Rf Groddeck, G.: Die psychische Bedingtheit und psychoanalytische Behandlung organischer Leiden. – Z., 1916-17 (IV, 346); *B.*, IV, 123.
→ – Organikus àllapotok pszichoanalizise (Groddeck). – "A pszichoanalizis haladàsa".
– Review of Groddeck, G. – *Fin.*, 342.
207 A propos de "Rêve satisfaisant un désir organique", de Claparède.
– *O.C.*, II.
→ – Rf Claparède, Ed. – Z., 1916-17 (IV, 345); *B.*, IV, 122.

1918

208 La psychologie du conte.
– *O.C.*, II.
→ – A mese lélektanàról. – Nyugat, 1918, n° 17.
209 Effet vivifiante et effet curatif de l'"air frais" et du "bon air".
– *O.C.*, II.
→ – A "friss levegö" és "jó levegö" üditö és gyógyitó hatàsa. – *Gy.*, 1918.
– Kellemes érzetek hatàsa a lélekzésre. – "A pszichoanalizis haladàsa".

1919

211 Névroses du dimanche.
– *O.C.*, II.
* – Sonntagsneurosen. – Z., 1919 (V, 46-48); *B.*, III, 119.
→ – Vasàrnapi neurózisok. – "A pszichoanalizis haladàsa".
– Sunday neuroses. – *F.C.*, 174.
212 Pensée et innervation musculaire.
– *O.C.*, II.
* – Denken und Muskelinnervation. – Z., 1919 (V, 102); *B.*, I, 189.
→ – Gondolkodàs és izombeidegzés – "A pszichoanalizis haladàsa".
– Thinking and muscle innervation. – *F.C.*, 230.
213 Dégout pour le petit déjeuner.
– *O.C.*, II.
* – Ekel vor dem Frühstück. – Z., 1919 (V, 117); *B.*, II, 247.
→ – Undorodàs a reggelitöl. – "A pszichoanalizis haladàsa".

– Disgust for breakfast. – *F.C.*, 326.
214 Cornelia, la mère des Gracques.
– *O.C.*, II.
* – Cornelia, die Mutter der Gracchen. – Z., 1919 (V, 117-120); *P. V.*,154.
→ – Cornelia a Gracchusok anyja. – "A psyzichoanalizis haladàsa".
– Cornelia, the mother of the Gracchi. – *F.C.*, 318.
216 La technique psychanalytique.
– *O.C.*, II.
→ – Zur psychoanalytischen Technik. – Z., 1919 (V, 181-92); *B.*, II, 38.
* – A pszichoanalyzis technikàjàról. – "A pszichoanalizis haladàsa".
* – On the technique of psycho-analysis – *F.C.*, 117.
– Sur la technique psychanalytique. – *R.F.*, 1929 (III, 617).
217 La nudité comme moyen d'intimidation.
– *O.C.*, II.
→ – Die Nacktheit als Schreckmittel. – Z., 1919 (V, 303-305); *B.*, II, 222.
* – N'kedness as a means of inspiring terror. – *F.C.*, 329.

GRÁFICA PAYM
Tel. [11] 4392-3344
paym@graficapaym.com.br